PESQUISAS SOBRE CURRÍCULOS, GÊNEROS E SEXUALIDADES

Agradecemos
ao *Programa de Pós-Graduação em Educação: Conhecimento e Inclusão Social* da Faculdade de Educação da UFMG e à Editora *Mazza*, pelo apoio financeiro e pela parceria na publicação da 1ª edição deste livro; à Capes e ao CNPq, que financiaram a maior parte das pesquisas aqui reunidas.

Dedicamos este livro a
uma *multidão* de pessoas que lutam, de diferentes modos, contra os modelos excludentes que não lhes cabem; todas as pesquisadoras e todos os pesquisadores do GECC (Grupo de Estudos e Pesquisas em Currículos e Culturas - FaE/UFMG) que aceitam trabalhar *junto*, com comprometimento e dedicação, buscando insuflar na vida uma grande e nova leveza.

MARLUCY ALVES PARAÍSO
MARIA CAROLINA DA SILVA CALDEIRA
(orgs.)

PESQUISAS SOBRE CURRÍCULOS, GÊNEROS E SEXUALIDADES

2ª edição

MAZZA edições

2ª edição - 2021

Revisão
Bruno D'Abruzzo

Capa e diagramação
Thiago Amormino

P474 Pesquisas sobre currículos, gêneros e sexualidades / Marlucy Alves Paraíso e Maria Carolina da Silva Caldeira, organizadoras. 2. ed. - Belo Horizonte : Mazza Edições, 2021. 368 p. ; 16 x 23 cm.

ISBN 978-65-5749-013-6

1. Educação - Currículos - Gênero. 2. Educação - Sexualidade. 3. Pesquisas - Currículos. I. Paraíso, Marlucy Alves. II. Caldeira, Maria Carolina da Silva.

CDD: 370
CDU: 37

MAZZA EDIÇÕES
Rua Bragança, 101 - Pompeia
30280-410 Belo Horizonte - MG
Telefax: 31 3481 0591
pedidos@mazzaedicoes.com.br
www.mazzaedicoes.com.br

Sumário

Prefácio

Currículos de gênero e sexualidade Sobre *tormentas* e *resistências criativas* em *territórios* disputados

Dagmar Meyer

"O céu ameaça tormenta no território curricular"[1] circunscrito pelo gênero e pela sexualidade, anuncia Marlucy Paraíso (2018, p. 23) no capítulo que abre este livro. De fato, e infelizmente, desenha-se aí um território fortemente conflagrado neste tempo que se faz presente na cena política e, de modo específico, na educação e na cultura brasileiras. Nesse território, e para muito além dele, realizações e direitos políticos e sociais importantes, conquistados nas últimas três ou quatro décadas, têm sido subtraídos e/ou violentamente contestados. Entretanto, se ventos, raios, trovões e chuvas torrenciais – constitutivos das tormentas – desestabilizam, dispersam, colocam em xeque e ameaçam derrubar o que foi arduamente conquistado e construído, "é hora de fortalecer[-se]" para enfrentá-los (*idem*).

Enfrentamento, pensado como reaglutinação estratégica de forças para contrapor-se aos efeitos de tormentas desencadeadas no espaço público brasileiro por grupos conservadores que, em defesa de uma suposta 'moral', de um determinado tipo de 'família' (heteronormativa, universal e atemporal) e de um determinado tipo de sujeito (heterossexual), combatem o que se convencionou chamar de 'ideologia de gênero'. Ideologia que, de um ponto de vista dogmático, inconsistente e autoritário, seria promovida e veiculada, em grande medida, pelos feminismos, pelos estudos de gênero, pelos estudos *gays* e lésbicos e pelas teorizações *queer*.

[1] Grifos em itálico remetem a palavras estrangeiras ou apropriações de autoras citadas, aspas simples conferem destaque a determinadas palavras e aspas duplas indicam citações literais.

Posicionando-se nesse cenário de disputas, o conjunto de autoras/es que compõem este livro pretende, pois, contribuir para fortalecer determinadas estratégias de enfrentamento. Estratégias que privilegiem apropriação, produção e compartilhamento de conhecimentos situados, sobre *resistências criativas* possíveis e processos de subjugação correntes, em territórios curriculares plurais. Resistências que, nesse cenário adverso, mobilizem (ou possam mobilizar) indignação, coragem, esperança e ousadia tanto para denunciar a subtração de liberdades e direitos e driblar os silêncios impostos, como para experimentar e (re)inventar formas outras de re(des)dizer e re(des)fazer gêneros e sexualidades em currículos escolares e culturais.

Como poetiza Viviane Mosé (2006, p. 19):

> O silêncio não quer ser sozinho então ele fala.
> Quem escreve ouve porque cala.
> Quem escreve escava
> O que o silêncio palavra

Então, e em sintonia com o que temos aprendido com as teorizações pós-críticas, nos campos dos estudos sobre currículo, dos estudos de gênero, dos estudos culturais e dos estudos *queer*, as autoras e autores aqui reunidos, *palavram*. *Palavram* com pesquisas consistentes, rigorosas e interessadas, nas quais *ouvem*, observam e *interagem* com diferentes sujeitos (professoras, jovens e crianças) e práticas (escolares e não escolares) e *escavam* múltiplas linguagens e artefatos culturais (textos normativos de políticas, propostas curriculares, práticas didático-pedagógicas, festas escolares, autorretratos, filmes e performances artísticas). Adentrando atenta e cuidadosamente em distintos espaços educativos (escolas, *blogs*, redes sociais, cinema, ruas da cidade), descrevem e analisam o que definem como currículos de gênero e sexualidade e, assim, transmutam experiências em texto e palavra em (cri)ação.

Três são as palavras-ferramentas que movimentam os processos de produção de conhecimento e as trajetórias formativas percorridas pelas autoras/es nos estudos compartilhados neste livro: currículo, gênero e sexualidade. A leitura dos textos indica que os sentidos e as possibilidades de manejo de tais palavras são continuamente tensionados, ampliados, rasurados e recriados.

Currículo, um conceito já consagrado no campo educacional, respira, se amplia e se renova quando movimenta análises em contextos escolares e, sobretudo, quando é articulado ao escrutínio de artefatos culturais muito diversos e, por vezes, surpreendentes (como o *nude selfie*, por exemplo). Isso se torna possível na fricção com outros campos de conhecimento e teorizações pós-críticas contemporâneos.

Gênero e sexualidade estão no cerne mesmo das disputas descritas e dos enfrentamentos que se pretende inspirar. No encontro com os estudos foucaultianos e com as filosofias da linguagem e da diferença, tais conceitos são multiplicados, torcidos e radicalmente descolados de quaisquer essências e fundacionalismos biológicos. Em convergência com teóricas feministas como Judith Butler, são tomados como produções linguísticas e culturais, constituídos por meio de normas regulatórias, "citadas e repetidas de diferentes modos em diferentes espaços, inclusive no currículo escolar", como afirma Paraíso (2018, p. 24) no referido primeiro capítulo. Produções que instituem "diferenciações, mas também hierarquias e desigualdades" e que operam para inviabilizar algumas vidas, tornando-as menos vivíveis que outra (*idem*).

Por tudo isso, eis um livro cuja leitura provoca. Um livro instigante e necessário. Não porque aborde temáticas, conceitos e teorias ainda desconhecidas no campo educacional. Mas porque se utiliza delas de modo provocativo e competente. E porque se compromete. E porque se debruça, de forma criativa, densa e interessada – e também esperançosa –, sobre problemas relevantes deste tempo em que vivemos. Pode-se discordar aqui e acolá de questões e posições que nele se assumem, pode-se mesmo 'brigar' com algumas delas. O dissenso é desejável e bem-vindo porque incita o pensamento, instaura o debate e nos faz sair do lugar. Mas, muito provavelmente, sentiremos também que "[...] sempre é possível encontrar contemporâneos em qualquer lugar do tempo e compatriotas em qualquer lugar do mundo. E sempre que isso acontece, e enquanto isso dura, a gente tem a sorte de sentir que é algo na infinita solidão do universo: alguma coisa a mais que uma ridícula partícula de pó, alguma coisa além de um momentinho fugaz" (GALEANO, 2006, p. 243).

Boa leitura!
Porto Alegre, 2 de novembro de 2017

Referências

GALEANO, Eduardo. Profissão de fé. In: GALEANO, Eduardo. *O livro dos abraços*. Porto Alegre: L&PM, 2006.

MOSÉ, Viviane. Crepúsculo. In: MOSÉ, Viviane. *Toda palavra*. Rio de Janeiro: Record, 2006.

PARAÍSO, Marlucy. Fazer do caos uma estrela dançarina no currículo: invenção política com gênero e sexualidade em tempos do slogan "ideologia de gênero". In: PARAÍSO, Marlucy Alves; CALDEIRA, Maria Carolina da Silva (Org.). *Pesquisas sobre currículos, gêneros e sexualidades*. Belo Horizonte: Mazza, 2018.

Apresentação

Currículos, gêneros e sexualidades para fazer a diferença

Marlucy Alves Paraíso
Maria Carolina da Silva Caldeira

Gêneros! Sexualidades! Isso mesmo! **Gêneros e sexualidades!** Ahhh... **e currículos** também! Esse trio pode! Pode muito! Ele pode mais do que imaginamos, mais do que falamos, mais do que fazemos. **Currículos, gêneros e sexualidades** podem desestabilizar, desordenar, estranhar, resistir e fazer desejar. Esse trio pode fazer a Diferença! Nas escolas, na cidade, na vida! Experimente! Experimente e verá que essa composição, contra todos os poderes que limitam e entristecem, pode fazer re-existir nas escolas, politizar a cidade, erotizar a vida.

Politizar e erotizar a escola, a cidade e a vida. **Currículo** é território político, ético e estético incontrolável que, se é usado para regular e ordenar, pode também ser território de escapes de todos os tipos, no qual se definem e constroem percursos inusitados, caminhos mais leves, trajetos grávidos de esperança a serem percorridos. **Gênero** é teoria explicativa dos processos históricos e culturais de construção do masculino e do feminino que, se pode dividir, normalizar e hierarquizar, também pode abrir brechas, acolher as diferenças e multiplicar possibilidades de "vidas vivíveis". **Sexualidades** são vivências de sensações, desejos e prazeres que, se podem imprimir sofrimentos e exclusões, do mesmo modo podem desencaixotar emoções, insuflar uma erótica desejante no mundo e fazer tremer os controles que buscam a todo custo conter a vida que jorra. Portanto, **currículos + gêneros + sexualidades** juntos podem muito; muito mais do que sabemos; muito mais do que dizemos; muito mais do que temos feito. É isso que mostramos neste livro.

Com dezesseis capítulos que trazem resultados de pesquisas inéditas sobre **currículos, gêneros e sexualidades**, desenvolvidas em diferentes universidades de sete estados brasileiros (Bahia, Goiás, Minas Gerais, Rio de Janeiro, Rio Grande do Norte, Rio Grande do Sul, Sergipe), compreendendo portanto quatro regiões do Brasil (Centro -Oeste, Nordeste, Sudeste e Sul), este livro mostra os efeitos das produções teóricas dos feminismos, da teoria de gênero e dos estudos *queer* em nossas pesquisas curriculares. Feminismos, estudos *queer* e de gênero que nos inspiram, nos movem e nos dão ferramentas para compreendermos práticas curriculares variadas; ferramentas para entendermos elementos constitutivos dos sujeitos que são impossíveis de serem contidos.

As pesquisas aqui reunidas, realizadas em territórios curriculares plurais, evidenciam efeitos da composição desses temas nas escolas, nos materiais curriculares, nos diferentes artefatos culturais. Articulamos e divulgamos aqui nossas rigorosas e cuidadosas pesquisas sobre currículos, gêneros e sexualidades que, por sua vez, evidenciam a "cientificidade" com que tratamos esses temas e sua importância explicativa na constituição dos sujeitos e nos nossos modos de viver. Explicitamos nosso investimento em pesquisar o tema, com rigor mas sem rigidez, em diferentes práticas e materiais curriculares: livros didáticos, artefatos da política educacional, currículos escritos e em ação, aulas, filmes, festas escolares, internet. E sabemos da importância enorme, nestes tempos em que vivemos, de divulgar estas pesquisas. Importância política! Importância ética! Importância vital!

Sim. Pesquisar gêneros e sexualidades é lidar com vidas. Vidas que são consideradas "vivíveis" e vidas que são "precárias", como tão bem nos fez perceber Judith Butler (2006). Ao serem precárias, algumas vidas dependem das instituições, portanto, das escolas e dos currículos, para ser uma vida vivível. É exatamente nestes "tempos hostis para alguns modos de vida", que "mais vidas dependem do *acolhimento* e da *hospitalidade* nos currículos", como mostra Paraíso (2018) no primeiro capítulo deste livro.

Tempos hostis. Assistimos a inúmeras tentativas de destituir gênero, sexualidades, feminismos, teoria *queer* e estudos *gays* e lésbicos de seu caráter científico e construcionista, para acusá-los de ideologia, para enfraquecer seus argumentos, suas afirmações, suas pautas de luta, suas evidências teóricas e empíricas. Tempos em que grupos reacionários escolheram os currículos e as escolas para controlar de perto e impedir que os temas gêneros e sexualidades sejam trabalhados, discutidos, problematizados. Tempos em que gêneros, feminismos e sexualidades estão mais presentes do que nunca nas mídias, nas igrejas, nos partidos políticos, nas páginas policiais, nas montagens grotescas de vídeos e cartilhas divulgados por grupos religiosos e reacionários em diferentes espaços, inclusive escolas.

Pois com este livro resistimos. Mais do que atacando diretamente esses grupos reacionários, conservadores, androcêntricos e homofóbicos, que querem nos formatar, formatar os currículos, formatar a vida, este livro resiste criativamente, densamente, alegremente, dando visibilidade e afirmando a vida, o desejo, a invenção, as brechas, a luz, a erótica, a criação de possíveis, a resistência. Ele mostra como trabalhamos, no campo acadêmico do currículo, com gênero e sexualidade, privilegiando apropriações de conhecimentos e pensamentos da ciência, da filosofia e da arte em territórios curriculares plurais. Mostra como usamos inúmeros procedimentos científicos, diferentes teorias e pensamentos autorizados nos tempos em que vivemos para investigar currículos, gêneros e sexualidades. Ao ler as dezesseis pesquisas que aqui reunimos, os/as leitores/as perceberão os equívocos, as fragilidades e as artimanhas enganosas usadas pelos grupos reacionários que atacam esses temas, mesmo que a maior parte dos textos não faça confronto direto e nem mesmo referência aos *slogans* de tais grupos.

Livro necessário e estratégico! Se tardamos a ter um livro sobre currículos, gêneros e sexualidades, este chega em um bom momento, em um momento oportuno e adequado. Vem, de fato, preencher essa lacuna no campo dos currículos no Brasil. E exatamente neste tempo complicado em que querem nos silenciar. Tempo de dificuldades de aceitarem até mesmo que falemos a palavra **Gênero. Sexualidade**(s), então, nem pensar!

Não se trata de dizer que não se pesquisa no campo curricular as questões de gênero e sexualidade. Pesquisa-se sim! Estudos têm sido divulgados em revistas, capítulos de livros, congressos. Trabalhos espalhados aqui e acolá. Este livro mesmo é uma evidência de que há pesquisadores/as em várias universidades brasileiras que estão trabalhando com gênero e sexualidades no campo do currículo. Contudo, estão dispersos. Aqui reunimos alguns, a fim de mostrar que esses temas estão em nossas pautas, e com urgência de discussão.

A incorporação de gênero e sexualidades nos estudos sobre o campo curricular no Brasil foi se dando aos poucos, vagarosamente, timidamente até. As discussões feministas, as teorias de gênero e o pensamento *queer* instauraram modos de pensar bastante diferentes dos usuais no campo curricular, o que demandou mudanças de pensamentos, de leituras dos currículos, outras apropriações de abordagens, termos, conceitos. Pesquisas no campo do currículo sobre gênero e sexualidades eram praticamente inexistente até pouco tempo atrás, como fica evidente nos levantamentos bibliográficos feitos por Paraíso (1994), Moreira (2001) e Carvalhar (2005).

Em análise da produção sobre o campo curricular no Brasil divulgada entre os anos 1983 e 1993, Paraíso (1994) não encontrou qualquer artigo sobre currículo e gênero. Fato que preocupou Tomaz Tadeu da Silva (1995, p. 191), que chegou a defender a necessidade de "investigar o próprio currículo das escolas [...] para criticar seu androcentrismo e construir um conhecimento menos sexista". O autor dizia que era "preciso examinar os currículos existentes para ver não apenas em que extensão a experiência e a perspectiva femininas estão incluídas, mas para criticá-los naquilo que expressam" em termos de desigualdades de gênero (SILVA, 1995, p. 191).

Moreira (2001), por sua vez, analisando a produção científica sobre currículo e multiculturalismo no Brasil de 1995 a 2000, também constatou que o tema gênero continuava pouco explorado entre os trabalhos sobre currículos apresentados na Associação Nacional de Pós-Graduação e Pesquisa em Educação (ANPEd) ou publicados nos periódicos brasileiros da área da educação classificados como "Qualis A" na Avaliação de Periódicos realizada em 2001.[1] O autor encontrou apenas três estudos sobre currículo e gênero no material analisado.[2] Da mesma maneira, Carvalhar (2005), examinando a produção sobre gênero e educação no Brasil em um período de 14 anos, de 1990 a 2004, em seis periódicos brasileiros,[3] encontrou apenas três trabalhos sobre currículo e gênero.[4]

Esses levantamentos bibliográficos tornaram explícita a necessidade de se pesquisar o tema. Necessidade que tem sido acolhida mais recentemente por pesquisadores/as do campo, como mostram os diferentes textos deste livro. O que evidencia que tudo é bastante recente nessa área de estudo.

Nos últimos 15 anos não encontramos levantamento bibliográfico sistematizado sobre a produção brasileira em currículo e gênero, o que torna urgente tal tarefa, para que possamos conhecer os rumos dessa produção, os avanços que tivemos, as experimentações que fizemos e as evidências que esses estudos trazem. Uma olhada panorâmica nas pesquisas desenvolvidas no Grupo de Estudos e Pesquisas em Currículos e Culturas (GECC) da Universidade Federal de Minas Gerais (UFMG), do qual fazemos parte, e em alguns trabalhos que seguramente sabemos tratar do tema, mostra que o campo do currículo no Brasil vem incorporando, paulatinamente, as discussões feministas, as teorias de gênero e o pensamento *queer*.

Ao fazer essa incorporação, expõem como o *currículo é racional e masculinamente pensado* e elaborado por homens, com a lógica masculina, para que as mulheres/professoras o desenvolvam, na fórmula: "currículo masculino x magistério feminino" (SILVA, 1996). Mostram que as histórias e as culturas das mulheres eram *campos de silêncio* dos currículos escolares ou faziam parte do *currículo turístico*, isto é, esses temas faziam/fazem breves passeios nos currículos escolares, em dias específicos, em unidades didáticas isoladas, desconectadas do conhecimento considerado realmente importante para ser ensinado nas diferentes disciplinas ao longo do ano letivo (PARAÍSO, 1997, 2011).

---

[1] Avaliação feita em conjunto pela Associação Brasileira de Tecnologia Educacional (ABT), Associação Nacional de Pós-Graduação e Pesquisa em Educação (ANPEd), Instituto Nacional de Estudos e Pesquisas Educacionais Anísio Teixeira (Inep) e Coordenação de Aperfeiçoamento de Pessoal de Nível Superior (CAPES). Os cinco periódicos estudados por Moreira (2001) foram: *Revista Brasileira de Educação*; *Educação & Realidade*; *Cadernos de Pesquisa*; *Educação e Sociedade*; *Educação em Revista*.

[2] Lembrando que o multiculturalismo já se encontrava, naquele período, presente em propostas curriculares oficiais brasileiras, Moreira (2001) chamava a atenção para a pouca quantidade de estudos sobre gênero no campo curricular e defendia a necessidade de que os estudos curriculares analisassem "se e como em escolas e salas de aula, o caráter multicultural de propostas oficiais estaria sendo interpretado e preservado" (MOREIRA, 2001, p. 70).

[3] Os periódicos analisados por Carvalhar (2005) foram: *Revista Brasileira de Educação*; *Educação & Realidade*; *Cadernos de Pesquisa*; *Educação & Pesquisa*; *Educação e Sociedade*; *Educação em Revista*.

[4] Nenhum dos estudos encontrados por Carvalhar aborda o currículo do Ensino Fundamental (CARVALHAR, 2005, p. 26).

São estudos e pesquisas que explicitam, assim, que existem muitos segredos e mentiras referentes a gênero e sexualidades nos currículos; que as aprendizagens escolares incluem necessariamente aprender o que se deve fazer para ser mulher/menina e homem/menino de verdade, acarretando dificuldades para algumas vidas nas escolas.[5] Mostram que em todos os níveis de ensino muitos currículos fazem intervenções desastrosas para as vivências das diferenças nas escolas ou se silenciam sobre as experiências que envolvem questões de gênero e sexualidade, mas que nesse processo há aceitações e transgressões.[6] Inferiorizações, colonizações, domesticações, apagamentos, silenciamentos, dicotomizações de gênero e sexualidade, são práticas comuns em muitos currículos, como evidenciam as pesquisas que abordamos aqui.

Revisitando as publicações dos últimos 10 anos no periódico *Currículo sem Fronteiras*, revista dedicada à divulgação de pesquisas sobre currículo e avaliada como Qualis A2, encontramos apenas dez artigos que tratam de currículo, gênero e sexualidades. Mesmo não havendo um número expressivo de pesquisas que articulem os três temas, é notável como a introdução desses conceitos vem produzindo problematizações a respeito de diversos currículos, potencializando análises e possibilitando a visibilidade de muitos grupos que foram excluídos dos currículos escolares. Afinal, como aponta López (2008, p. 17), quando se tem a inserção de um conceito em um determinado campo "opera-se uma mudança profunda em todo o plano a partir do qual esse conceito adquire sentido". A entrada dos conceitos de gênero e sexualidade no campo do currículo produziu novos sentidos para as pesquisas, modificando o próprio entendimento do que é o currículo, uma vez que "todo conceito adquire sua consistência em relação a outros conceitos que funcionam como suas partes componentes" (LÓPEZ, 2008, p. 17).

Especificamente nos artigos do periódico supracitado, o pensamento de Judith Butler acerca da relação compulsória entre sexo-gênero-sexualidade é inspirador de discussões e problematizações diferentes no âmbito do currículo, trazendo novos olhares às pesquisas nesse campo. Citada em cinco dos dez artigos sobre o tema publicados na revista, as discussões trazidas pela filósofa possibilitam problematizar os currículos de Educação Física e mostrar como as práticas corporais desenvolvidas criam normas de gênero que são cotidianamente reiteradas e desestabilizadas (PRADO; ALTMANN; RIBEIRO, 2016; LIMA; DINIZ, 2007). Os conceitos desenvolvidos por Butler permitem analisar como se constroem corpos tidos como de meninos, em um currículo de Ensino Fundamental, articulando-os à atividade, enquanto os corpos tidos como femininos são associados à tranquilidade e à passividade (REIS; PARAÍSO, 2012). A crítica à heterossexualidade

[5] LOURO (1998), CARVALHAR (2009), CUNHA (2011), CARDOSO e PARAÍSO (2015), CALDEIRA e PARAÍSO (2016).

[6] SALES e PARAÍSO (2011), REIS (2011), PARAÍSO (2011, 2016).

compulsória dá materialidade e peso para vidas até então consideradas marginais e ausentes dos currículos escolares, como as de professoras transexuais e travestis (SEFFNER; REIDEL, 2015) e lésbicas (MACIEL; GARCIA, 2014).

Práticas diferenciadas para meninos e meninas em currículos experimentais de Ciências vividos no Ensino Fundamental também são analisadas com base no diálogo estabelecido entre as normas de gênero e o pensamento foucaultiano (CARDOSO; PARAÍSO, 2015). Porém, o encontro entre o pensamento de Butler e os estudos curriculares torna possível enxergar não somente a atuação das normas de gênero e a reiteração da heterossexualidade normativa. Ele possibilita ver também a "resistência como força que mobiliza e cria possíveis" (PARAÍSO, 2016, p. 388), por exemplo, nos debates e discussões acerca do projeto da ideologia de gênero em escolas da rede pública ou nas falas de estudantes de Ensino Médio sobre a homofobia (LONGARAY; RIBEIRO; SILVA, 2011).

Esses estudos mostram como vivemos em um tempo em que precisamos cada vez mais pesquisar sobre as relações entre currículo, gênero e sexualidade, colocando em relevo as potencialidades da articulação entre esses conceitos para divulgar outros discursos e, assim, dar visibilidade à vida que nunca cessa de proliferar nos currículos.

Concomitantemente a essas pesquisas, algumas políticas de currículo, como os próprios Parâmetros Curriculares Nacionais (PCN) elaborados no final dos anos 1990, incorporaram os temas gênero e sexualidades, e até defenderam o direito às diferenças identitárias de gênero e sexualidade nos currículos. Mais recentemente, a Base Nacional Curricular Comum (BNCC), que se encontra em processo de elaboração, já em sua terceira versão no ano 2017, também segue defendendo o direito às diferenças identitárias de gênero. Mas isso é pouco. Muito pouco.

Vemos todos os dias o quanto essa tolerância neoliberal em voga nas políticas de currículo no Brasil é ineficiente, insuficiente e deixa intactas as relações de poder que hierarquizam, colocam pessoas e grupos em lugares "faltosos" e dificultam que algumas vidas sejam possíveis de serem vividas. Os próprios modelos de normalidades nessas políticas de currículos são restritos e fazem com que o leque de "vidas possíveis" contenha cada vez menos modelos de normalidades. Isso empobrece as formas de viver, a criação, a política, os modos de subjetivação.

Contudo, já somos muitos/as os/as que desconfiam, porque sentimos no corpo, na pele, na alma, que esta vida normalizada, generificada, enquadrada, dividida em dois modos de ser, estar e viver, e que vai desenhando desde muito cedo "as vidas precárias", já não serve mais para muita gente. Se é possível pensar que a nossa liberdade está em questionar as práticas nas quais estamos inscritos/as, é possível pensar, também, que as normas podem ser multiplicadas para que elas nos caibam em nossas diferenças. Se é possível pensar que é viável e necessário contestar as formas pelas quais somos enquadrados/as, classificados/as, divididos/as, normalizados/as e subjetivados/as, é possível perceber também que existem possibilidades a serem cavadas em todas as partes. Ao cavar outros possíveis já estaremos desmontando normas e operando para multiplicar os modelos de normas existentes.

As divisões, as hierarquizações e as normas de gênero e sexualidade nos currículos precisam ser estranhadas, questionadas, desmontadas. Fazemos isso nas pesquisas reunidas neste livro. Mas, além disso, sentimos que necessitamos também estranhar os currículos e os saberes neles contidos, colocando nesse jogo, que está sendo jogado no Brasil atual, outras eróticas, outras luzes, outros embalos, outras danças, outros movimentos, outros modos de fazer e de existir.

Sem dúvida, com as operações que aqui fizemos em nossos trabalhos de pesquisa não alcançamos nenhum lugar privilegiado onde a liberdade residiria. Afinal, não há um lugar seguro em que estamos imunes aos jogos de verdade, à dominação, a um discurso que assujeita e que prescreve formas excludentes de relações consigo e com os outros. Apenas nos posicionamos em outro lugar: um lugar que não está *entregue* às normas. Normas que, como lembra Judith Butler (2006), historicamente segregaram vidas, maximizando a precariedade para alguns e a minimizando para outros.

É, portanto, como um exercício de liberdade que construímos este livro, que traz resultados de pesquisas sobre **currículos, gêneros e sexualidades**. Uma *indignação, um estranhamento,* uma *pequena revolta* e uma *rebeldia criativa* ressoam entre suas linhas. Dúvidas, inquietações, desconfortos, necessidades, desejos e alianças nos impulsionaram a construí-lo. Isso porque no currículo e na vida queremos intensificar a diferença, incitá-la, criá-la, multiplicá-la. Desejamos engravidar o real com virtualidades desconhecidas e criar outras possibilidades de vida. Buscamos insuflar na vida uma grande e nova leveza.

Sabemos que já somos muitas/os conectados/as a esse desejo. E seremos mais, porque esses modelos excludentes que aí estão não nos cabem. Somos muitos/as, somos mais a cada dia, somos *multidões*. Nós, *multidões*, estamos grávidas/os de necessidade de exercitar nossas liberdades, de nos unir, de resistir, de fazer a diferença. É este o nosso convite: junte-se a nós!

Referências

BUTLER, Judith. Uma analítica do poder: entrevista a Claire Pagès e Mathieu Trachman. *Investigação Filosófica*, v. 5, n. 1, 2013. Disponível em: <https://pt.scribd.com/document/157976904/6-Entrevista-Com-Judith-Butler-Uma-Analitica-Do-Poder-Cristiane-Maria-Marinho>. Acesso em: abril de 2015.

BUTLER, Judith. *Vida precaria: el poder del duelo y la violencia*. Buenos Aires: Paidós, 2006.

CALDEIRA, Maria Carolina da Silva; PARAÍSO, Marlucy Alves. Tecnologias de gênero, dispositivo de infantilidade, antecipação da alfabetização: conflitos na produção de corpos generificados. *Educação & Pesquisa*, São Paulo, v. 42, p. 755-772, 2016.

CARDOSO, Lívia Resende; PARAÍSO, Marlucy Alves. Tecnologia de gênero e a produção de sujeitos no currículo de aulas experimentais de ciências. *Currículo sem Fronteiras*, Pelotas, v. 15, p. 155-177, 2015.

CARVALHAR, Danielle Lameirinhas. *Gênero e educação no Brasil*: tendências das publicações nos últimos 14 anos (de 1990 a 2004). 2005. Monografia (Licenciatura em Pedagogia) – Faculdade de Educação, Universidade Federal de Minas Gerais, Belo Horizonte, 2005. [Premiada no Concurso de Monografias na área da Educação pela ANPEd em 2006].

CARVALHAR, Danielle Lameirinhas. *Relações de gênero no currículo da educação infantil*: a produção das identidades de princesas, heróis e sapos. 2009. Dissertação (Mestrado em Educação) – Faculdade de Educação, Universidade Federal de Minas Gerais, Belo Horizonte, 2009.

CUNHA, Marlécio Maknamara. *Currículo, gênero e nordestinidade*: o que ensina o forró eletrônico? 2011. Tese (Doutorado em Educação) – Faculdade de Educação, Universidade Federal de Minas Gerais, Belo Horizonte, 2011.

LIMA, Francis; DINIZ, Nilson. Corpo e gênero nas práticas escolares de educação física. *Currículo sem Fronteiras*, Pelotas, v. 7, n. 1, p. 243-252, jan.-jun. 2007.

LONGARAY, Deise; RIBEIRO, Paula; SILVA, Fabiane. "Eu não suporto isso: mulher com mulher e homem com homem": analisando as narrativas de adolescentes sobre homofobia. *Currículo sem Fronteiras*, Pelotas, v. 11, n. 1, p. 252-280, jan.-jun. 2011.

LÓPEZ, Maximiliano Valerio. *Acontecimento e experiência do trabalho filosófico com crianças*. Belo Horizonte: Autêntica, 2008.

LOURO, Guacira Lopes. Segredos e mentiras no currículo: sexualidade e gênero nas práticas escolares. In: SILVA, Luiz Heron (Org.). *A escola cidadã no contexto da globalização*. Petrópolis: Vozes, 1998. p. 43-57.

MACIEL, Patricia Daniela; GARCIA, Maria Manuela Alves. Os femininos no magistério: professoras lésbicas nas escolas. *Currículo sem Fronteiras*, Pelotas, v. 14, n. 3, p. 160-180, 2014.

MOREIRA, Antônio Flávio Barbosa. A recente produção científica sobre currículo e multiculturalismo no Brasil (1995-2000): avanços, desafios e tensões. *Revista Brasileira de Educação*, Campinas, n. 18, p. 65-81, 2001.

PARAÍSO, Marlucy Alves. A ciranda do currículo com gênero, poder e resistência. *Currículo sem Fronteiras*, Pelotas, v. 16, n. 3, p. 388-415, set.-dez. 2016.

PARAÍSO, Marlucy Alves. Currículo e relações de gênero: entre o que se ensina e o que se pode aprender. *Revista Linhas*, Florianópolis, v. 17, n. 33, p. 206-237, jan.-abr. 2016.

PARAÍSO, Marlucy Alves. Estudos sobre currículo no Brasil: tendências das publicações na última década. *Educação & Realidade*, Porto Alegre, v. 19, n. 2, p. 95-114, jul.-dez. 1994.

PARAÍSO, Marlucy Alves. Gênero na formação docente: campo de silêncio no currículo? *Cadernos de Pesquisa*, São Paulo, n. 102, p. 23-45, nov. 1997.

PARAÍSO, Marlucy Alves. Raciocínios generificados no currículo escolar e possibilidades de aprender. In: LEITE, Carlinda et al. (Ed.). *Políticas, fundamentos e práticas do currículo*. Porto: Porto Editora, 2011. p. 147-160.

PRADO, Vagner; ALTMANN, Helena; RIBEIRO, Arilda. Condutas naturalizadas na educação física: uma questão de gênero? *Currículo sem Fronteiras*, Pelotas, v. 16, n. 1, p. 59-77, jan.-abr. 2016.

REIS, Cristina d'Ávila. *Currículo escolar e gênero*: a constituição generificada de corpos e posições de sujeito meninos-alunos. 2011. Dissertação (Mestrado em Educação) – Faculdade de Educação, Universidade Federal de Minas Gerais, Belo Horizonte, 2011.

REIS, Cristina; PARAÍSO, Marlucy Alves. A dicotomia masculino ativo/feminino passivo na produção cultural de corpos e posições de sujeito meninos-alunos em um currículo escolar. *Currículo sem Fronteiras*, Pelotas, v. 12, n. 3, p. 236-255, set.-dez. 2012.

SALES, Shirlei Resende; PARAÍSO, Marlucy Alves. Juventude ciborgue e a transgressão das fronteiras de gênero. *Revista Estudos Feministas*, Florianópolis, v. 19, n. 2, p. 535-548, 2011.

SEFFNER, Fernando; REIDEL, Marina. Professoras travestis e transexuais: saberes docentes e pedagogia do salto alto. *Currículo sem Fronteiras*, Pelotas, v. 15, n. 2, p. 445-464, 2015.

SILVA, Tomaz Tadeu da. Currículo e identidade social: territórios contestados. In: SILVA, Tomaz Tadeu da (Org.). *Alienígenas na sala de aula*: uma introdução aos estudos culturais em educação. Petrópolis: Vozes, 1995 p. 190-207.

SILVA, Tomaz Tadeu da. Os novos mapas culturais e o lugar do currículo numa paisagem pós-moderna. In: SILVA, Tomaz Tadeu da. *Identidades Terminais*: as transformações na política da pedagogia e na pedagogia da política. Petrópolis: Vozes, 1996. p. 179-198.

Apresentação à 2ª edição

Marlucy Alves Paraíso
Maria Carolina da Silva Caldeira

Currículo e vida e movimento e gêneros e sexualidades e... Com essas composições, e muitas outras, escrevemos o livro "Currículos, gêneros e sexualidades". Ao nos atentarmos ao "e" da ligação, da conexão e dos agenciamentos percebemos que *currículos com gêneros e sexualidades* não podem ser aprisionados no "É". O "É" paralisa o movimento. O "e", por sua vez, possibilita perspectivas distintas, soma, junta e também cria esperança em tempos difíceis como este que vivemos. Assim, mesmo na dor que vivenciamos, ao presenciarmos no Brasil um total descaso à vida e uma promoção à morte nestes tempos pandêmicos, pensar com o "e" ensina que é preciso seguir encontrando toda e qualquer brecha que afirme a vida. TODAS AS VIDAS! Esta nova edição deste livro-luta é para nós uma dessas brechas para nos movimentarmos frente a esses poderes tristes que tanto nos desmobilizam e despotencializam.

Dois anos se passaram desde que lançamos a primeira edição deste livro. E, ao longo desses dois anos, para nossa surpresa e grande alegria, a vimos esgotar-se. Constatamos também que o interesse pela temática se mantém vivo, apesar de todos os cerceamentos a esta temática que vivenciamos no Brasil. O livro continua muito demandado por estudantes de pós-graduação, docentes e pesquisadores/as. Assim, aceitamos o convite da Editora Mazza e aqui estamos apresentando uma segunda edição deste livro porque, como organizadoras-autoras, professoras e pesquisadoras, continuamos acreditando que "nós, *multidão*, estamos grávidas/os da necessidade de exercitar nossas liberdades, de nos unir, de resistir, de fazer a diferença" em *currículo, gênero e sexualidade*. Afinal, continuamos querendo, no currículo e na vida, "intensificar a diferença, incitá-la, criá-la, multiplicá-la", dimensões estas que, nas perspectivas trabalhadas neste livro, assumem configurações singulares.

1

Fazer do caos uma estrela dançarina no currículo:[1] invenção política *com* gênero e sexualidade em tempos do *slogan* "ideologia de gênero"[2]

Marlucy Alves Paraíso

O céu ameaça tormenta no território curricular. Afinal, estamos vivendo em tempos de propalação do *slogan* "ideologia de gênero". Nestes tempos, grupos que exercem poder acionam *aparelhos de Estado*[3] – que por si têm a preocupação de *conservar* – para impedir que a diferença se prolifere e para fazer com que gênero e sexualidade sejam considerados temas não escolares. Tudo sobre currículo, gênero e sexualidade que nos parecia já conquistado e seguro, corre o risco de retroceder, quando grupos que buscam mais ordenamentos e mais normalização na escola vão multiplicando suas estratégias e espalhando as suas *linhas de poder* para destruir nossas conquis-

---

[1] Esse título é inspirado em um trecho de *Assim falava Zaratustra*, de Nietzsche (2011): "é preciso ter um caos dentro de si para dar à luz uma estrela cintilante". Em todas as traduções para o português aparece nesse trecho "estrela cintilante". Contudo, a filósofa espanhola Maite Larrauri-Max, no seu livro *La potencia según Nietzsche*, traduz assim: "Es preciso tener todavía caos dentro de sí para poder dar a luz una estrella danzarina" (LAURRARI-MAX, 2005, p. 15). Considerei muito inspirador "estrela dançarina" porque a ideia é que essa estrela que precisamos fazer nascer seja mesmo mais dançarina do que cintilante. Afinal, dançar é sair do lugar, movimentar a si mesmo e as coisas, sorrir com o corpo, entrar em um ritmo, inventar movendo-se. Por isso, uso aqui também "estrela dançarina", em vez de cintilante, menos quando faço a citação direta do texto do Nietzsche.

[2] Este artigo usa "informações produzidas" na pesquisa *Currículo, Gênero e Sexualidades: Diferença e Resistência nos primeiros anos do ensino fundamental* (CNPq 2016-2020), realizada com Bolsa PQ/CNPq.

tas e impedir que sigamos com o propósito de acolher, hospedar e multiplicar as diferenças de gênero e sexualidade no currículo escolar. As estratégias de controle do currículo *com* gênero e sexualidade são divulgadas nos mais diferentes espaços, numa evidente obstinação em impedir que continuem como um tema escolar.[4]

Gênero são os processos por meio dos quais nos tornamos homens e mulheres em meio a relações de poder. Trata-se de uma norma, "um mecanismo através do qual se produzem e se naturalizam as noções de masculino e de feminino" (BUTLER, 2006, p. 70). Ele tem como motor um raciocínio baseado na heterossexualidade compulsória e em uma norma que opera para garantir ao mesmo tempo um gênero correspondente a um sexo e a uma sexualidade heteronormativa (BUTLER, 2001, 2003 e 2006). Nos constituímos como mulheres e homens, portanto, de modo relacional, provisório e por meio de uma parafernália de investimentos sobre nossos corpos, sobre nossas subjetividades, sobre nossas vidas. Trata-se de uma produção que se dá por meio de normas instituídas, divulgadas, citadas e repetidas de diferentes modos em diferentes espaços, inclusive no currículo escolar. Uma produção que institui diferenciações, mas também hierarquias e desigualdades. Uma produção que dificulta a vida de muitas pessoas e opera para tornar algumas vidas invivíveis.

Judith Butler (2013, p. 3) tem analisado as "condições concretas, sociais e políticas de uma 'vida vivível'". Sim, conforme sustenta a filósofa, há "vida vivível" e há vida que não é uma "vida vivível". Para que uma vida seja "vivível" na contemporaneidade, segundo Butler, as instituições são fundamentais. Afinal, diz Butler (2013, p. 4), "quando as instituições falham", algumas vidas "ficam ameaçadas de 'não ser' ou de formas de morte social". Ao trabalhar com currículo, gênero e sexualidade é necessário ter em conta, portanto, que muitas vidas têm dificuldades de serem *vividas* em diferentes espaços, inclusive no currículo. Todas as estratégias de poder vinculadas ao *slogan* "ideologia de gênero", que buscam intimidar, coibir e impedir qualquer trabalho na escola com os temas gênero e sexualidade, estão contribuindo exatamente para aumentar o número de *vidas não vivíveis*; aumentar o número de mortes sociais.

É por tudo isso – e porque considero que o currículo deve ser território para hospedar as diferenças, afirmar a vida e multiplicar os encontros que nos fazem desejar e expandir – que há tempos lutamos por currículos que considerem as relações de gênero e sexualidade temas de grande importância. Lutamos para que as relações de gê-

[3] Para Deleuze e Guattari (1997, p. 15) o *aparelho de Estado* constitui "a forma de interioridade que tomamos habitualmente por modelo, ou segundo a qual temos o hábito de pensar". A preocupação do *aparelho de Estado* é precisamente a de *conservar*, pois o Estado se define pela "perpetuação ou conservação de órgãos de poder (DELEUZE; GUATTARI, 1997, p.19).

[4] Ver sobre essas estratégias em PARAÍSO, 2016.

nero e as diferentes formas de viver a sexualidade saiam do lugar do silêncio acomodado, dos ensinamentos velados, das omissões covardes ou propositais, dos "turismos"[5] inconsequentes nas escolas, para o centro das desnaturalizações e problematizações do masculino e feminino, do heterossexual e homossexual nos mais diferentes currículos. Isso porque sabemos que o gênero também "pode muito bem ser o aparato através do qual esses termos podem ser desconstruídos e desnaturalizados" (BUTLER, 2006, p. 70), como também mostram as pesquisas de Carneiro (2018) e Filho e Maknamara (2018) publicadas neste livro (Capítulos 15 e 16, respectivamente).

Lutamos, assim, para que o tema gênero/sexualidade, que já ganhou espaço importante em investigações de diferentes campos do conhecimento, ganhe também espaço definitivo nos currículos, de modo problematizador, tendo como objetivo o acolhimento e a expansão da diferença. Trata-se de uma luta para tornar vidas possíveis de serem "vividas" (BUTLER, 2013) na escola e em qualquer outro espaço, e que tem tido algumas conquistas nos últimos anos.[6]

É exatamente porque as conquistas nesse terreno vêm aumentando, que grupos reacionários querem frear, parar e impedir, nos tempos atuais do Brasil, qualquer discussão sobre gênero e sexualidade na escola. São tempos de difusão do *slogan* "ideologia de gênero". Uma "tormenta" inesperada que nos deixou – a mim, pesquisadores/as, professores/as – por algum tempo atordoadas/os, duvidosas/os de que tudo que estávamos vendo, lendo e escutando fosse, de fato, algo sério. Mas o *slogan* foi se multiplicando, organizando suas estratégias para se fazer presente nos mais variados artefatos da política educacional brasileira (PARAÍSO, 2016) e nos mostrando que não poderíamos seguir ignorando essa tormenta que ameaça cair no território do currículo. Pois trata-se de uma avalanche de ideias reacionárias que busca inundar a todos e todas com moralismos, divisões naturalizadas, identidades fixas, generificações hierárquicas, silêncios interessados, ódios destruidores, omissões desastrosas, retrocessos inaceitáveis.

Contudo, quando a tormenta ameaça despencar sobre o currículo *com* gênero e sexualidade, percebo em currículos investigados um sentimento de que é hora

---

[5] Santomé (1995) chamou de *currículo turístico* essa maneira de incluir determinadas culturas nos currículos em dias esporádicos (comumente chamados dias "D"), desconectados dos demais conteúdos trabalhados na escola, de forma superficial ou estereotipada, mostrando aspectos banais e sem importância de sua cultura.

[6] Embora Nicolino (2018), no terceiro capítulo deste livro, mostre o quanto o tema gênero ainda é lacunar nos cursos de formação de professores de Educação Física no Brasil, considero que são conquistas importantes o fato de que nas duas últimas décadas vimos o tema sendo incorporado em diferentes currículos de graduação de formação de professores, em cursos de especialização, mestrado e doutorado da área da educação. Pesquisa feita pela Organização das Nações Unidas para a Educação, a Ciência e a Cultura (Unesco) mostrou que 58,27% das faculdades brasileiras incluem os temas sexualidade e relação de gênero no currículo básico da formação de professores. Ver: <http://ultimosegundo.ig.com.br/educacao/2015-11-26/quase-60-das-faculdades-incluem-sexualidade-e-genero-na-formacao-de-professores.html>.

de fortalecer para enfrentar a tormenta. Pequenos acontecimentos como os que tenho acompanhado em pesquisa junto a um "Grupo de Estudos" de professoras,[7] o que elas fazem nas escolas para enfrentar o *slogan* "ideologia de gênero" e poder trabalhar no currículo as discussões sobre gênero e sexualidade, me fazem acreditar que essa tormenta não inundará a todos/as tão facilmente. Fazem-me ver, como espero mostrar neste artigo, que, se perdemos algumas rodadas, há muito ainda que jogar, porque é por meio de uma *resistência criativa* que podemos enfrentar essa tormenta.

Vejo nos currículos movimentos que fazem seguir para experimentar outros usos desse espaço. Sinto nessas professoras *o desejo* de um objetivo que cultive o germe da esperança e uma *abertura de corpos* para sentir o solo fértil em que pisamos. Ao investigar os currículos construídos pelas professoras desse "Grupo de Estudos", é possível ver como uma abertura, produzida por uma indignação, possibilita experimentar. Uma experimentação inicial abre-se a uma outra ramificação que redunda em outra experimentação e esta, por sua vez, se ramifica em outras possibilidades.

É sobre essas possibilidades que se criam – ante essa tormenta que ameaça cair no território curricular – para experimentar trabalhar com gênero e sexualidade que este artigo discorrerá. O argumento aqui desenvolvido é o de que a omissão dos temas gênero e sexualidade no Plano Municipal de Educação (PME) de Belo Horizonte, Minas Gerais, e os discursos relacionados ao *slogan* "ideologia de gênero", que tentam controlar os currículos e criminalizar os/as professores/as que trabalham esses temas na escola, estão funcionando ao contrário. Acabam por ser um motor político e uma alegria subjetiva na escola, que podem fazer do *caos que existe em nós*, fruto dessa tormenta reacionária, algo bastante charmoso e vivo, incentivando as/os professoras/es a explorarem sem medo gênero e sexualidade em suas salas de aula de diferentes modos.

Pretendo mostrar neste capítulo, portanto, que retirar gênero do PME de Belo Horizonte, numa decisão de não proibir a sua inclusão nos currículos, mas também não incluí-lo explicitamente no PME, teve efeitos contrários em duas escolas municipais de Belo Horizonte. Primeiro, houve um movimento de interesse por conhecer o assunto; segundo, uma decisão de que esses temas não podem ser excluídos de modo algum dos currículos. As próprias professoras dessas escolas, que fazem parte do "Grupo de Estudos" de minha pesquisa, caracterizaram esse movimento como sem igual nas escolas.

Os temas gênero e sexualidade passaram a receber destaque nos estudos dessas professoras e nos currículos por elas experimentados. Vejo, nesses currículos, uma vontade de acabar com a "miopia", retirar os óculos, ao modo de Clarice Lispector (1998), para ver corpos, gêneros, sexualidades em suas diversidades nos currículos e, ao fazê-lo, ver também a vida e suas possibilidades. É, portanto, sobre essas

[7] Ver mais sobre o funcionamento desse "Grupo" em PARAÍSO, 2017a.

saídas cavadas por tais professoras em seus currículos que este artigo abordará. Antes disso, no entanto, faz-se necessária uma breve *entrada* no território dos currículos cartografados para falar, depois, das *saídas* que estão sendo cavadas.

UMA ENTRADA PARA FALAR DAS SAÍDAS

> A capacidade de resistência ou, ao contrário, a submissão a um controle, se decide no urso de cada tentativa. (DELEUZE, 1990, p. 239)

Como é que se *entra* em um currículo de uma, duas ou mais professoras que se abrem para experimentar ensinar sobre gênero e sexualidade em tempos do *slogan* "ideologia de gênero"? Como se *entra* em um currículo de professoras que se preparam para enfrentar a tormenta que ameaça cair no território do currículo, quando grupos reacionários que exercem poder acionam *aparelhos de Estado* para impedir que a diferença se prolifere e para fazer com que gênero e sexualidade sejam considerados temas "não escolares"?[8] Como é que se entra nesse território se se sabe que um currículo tem *entradas múltiplas*, cujas regras e possibilidades de utilização não são conhecidas e nem usadas por todos e todas? Como falar desse currículo sabendo que as entradas a esse território são conhecidas de modos distintos, conforme os *sistemas de raciocínios* ou *sistemas de pensamentos* que são usados para se entrar nesse território?

Sim, pode-se entrar em um currículo por diversas entradas. Pode-se entrar no território de um currículo, por exemplo, pela entrada possibilitada pelos *raciocínios pedagógicos* e ver, fazer ou falar de sua organização, dos critérios de seleção dos conteúdos usados, de seu planejamento ou de seus materiais, do que ele ensina, do que e de como nele se avalia. Pode-se entrar em um currículo pela entrada construída por *raciocínios políticos*, para ver e entender seus arranjos, seus interesses, suas relações de poder, seus conflitos, suas alianças, suas inclusões/exclusões. Pode-se entrar nesse território pela entrada aberta pelo *sistema de pensamento cultural*, para falar de suas preferências, de seus silenciamentos, de suas diferenciações, de suas lutas. Pode-se, entre outros, usar *pensamentos feministas e de gênero* para dizer de suas normalizações, de sua performatividade, de suas citacionalidades e também de suas aberturas.

Mas como se entra no território de um currículo que se abre para experimentar, quando é essa experimentação que se quer visibilizar? Como se entra nesse território quando se trata de um bando de professoras – afinal, uma é pouco,

---

[8] Tenho mostrado que há todo um conjunto de estratégias sendo usadas por grupos reacionários no Brasil para fazer com que gênero seja considerado um tema nãoescolar. Ver PARAÍSO, 2016.

duas é bom e três ou mais já somos muitas, somos bando, somos multidão – que decide curricularizar experimentando e professorar enfrentado os poderes que querem nos ver tristes, nestes tempos do *slogan* "ideologia de gênero"?

Por suas ramificações, claro!

Sim, escolho *entrar nesse currículo* por suas produções que se ramificam, que *seguem*, contagiam, que expandem a vida, porque sinto que um currículo de uma, duas ou mais professoras que se abrem para experimentar ensinar sobre gênero e sexualidade, em tempos do *slogan* "ideologia de gênero", pode ser visto como um rizoma que espalha suas energias. Ao entrar no território do fazer curricular por suas produções que se ramificam, todos os raciocínios mencionados – pedagógicos, políticos, culturais e feministas – poderão ser importantes para *acompanhar o processo* da experimentação, porque um rizoma "põe em jogo regimes de signos muito diferentes" (DELEUZE; GUATTARI, 1995, p. 32). São essas ramificações de experimentações que se espalham, contagiam, animam e proporcionam conexões que a pesquisa que dá base para este artigo foca e explora.

Um currículo que experimenta abre linhas inimagináveis. Tudo pode afetar e desembocar em outra invenção ou mesmo numa linha de perigo. Afinal, em um currículo, "como em qualquer coisa, há linhas de articulação ou segmentaridade, estratos, territorialidades, mas também linhas de fuga, movimentos de desterritorialização e desestratificação" (DELEUZE; GUATTARI, 1995, p. 11). Em um currículo há vidas que se movem. Há todo um *processo* sendo vivenciado; que é o que realmente importa, porque no *meio* tudo se passa e porque o fim não existe! O que costumamos chamar de fim ou mesmo de resultado é sempre um fim de algo que continua de outra forma, portanto, é a *linha de uma mudança* que habitualmente chamamos fim. Se não conseguimos ver essa mudança ou movimento é porque há algo impedindo e nos levando a ver fixidez, finalização, fechamento. Quando isso ocorre é necessário, então, que entremos em contato com outras coisas, pessoas, lugares, sentimentos, objetos, pensamentos, para que possamos sair do lugar, deslocar o olhar, mover, *seguir, caminhar,* como faz a "ciência nômade" tratada por Deleuze e Guattari (1997, p. 39).

Um currículo que se abre para experimentar trabalhar gênero e sexualidade, nestes tempos, pode ser visto como um rizoma, já que a organização das práticas que o constitui não segue linhas de subordinação hierárquica – com uma raiz que dá origem a vários ramos –, mas, pelo contrário, é afetada por linhas de um sentimento de caos que transborda, que pode afetar outra linha de potência – *sim eu posso!* – e que desemboca em outra – eu *faço contra todos os poderes que me querem ver tristes!* Dizendo de outro modo, trata-se de um *currículo-rizoma*, porque qualquer prática, elemento, ação, material pode afetar ou incidir em qualquer outro e se expandir, proliferar, gerar uma diferença. Currículo-rizoma porque um currículo cartografado da professora que experimenta e trabalha gênero e sexualidade em sala de aula "procede por variação, expansão, conquista, captura, picada" (DELEUZE; GUATTARI, 1995, p. 17).

Para Deleuze e Guattari (1995, p. 17) "não existem pontos ou posições num rizoma, como se encontra numa estrutura, numa árvore, numa raiz. Existem somente linhas". Linhas que se encontram, se abrem, seguem direções diferenciadas, imprevistas, inusitadas e que se agenciam. E um "agenciamento é precisamente este crescimento das dimensões numa multiplicidade que muda necessariamente de natureza à medida que ela aumenta suas conexões" (DELEUZE; GUATTARI, 1995, p. 34). Como é "por um rizoma que o desejo se move", é por aí, pelas aberturas, pelas linhas que se multiplicam, pelos agenciamentos que crescem, que entro no território do currículo das professoras aqui pesquisadas. Professoras que experimentam trabalhar gênero e sexualidade em suas aulas em tempos do *slogan* "ideologia de gênero". Aliás, o que essas professoras estão fazendo é exatamente tentando impedir que "um rizoma seja fechado, arborificado", porque elas já sentem que, se um rizoma fechar, "do desejo nada mais passa" (DELEUZE; GUATTARI, 1995, p. 23).

Busco, portanto, neste artigo, como já havia feito na investigação cartográfica que o subsidia, não perguntar o que uma professora, que está experimentando trabalhar com gênero e sexualidade no currículo, quer dizer com o que ela diz e faz. Busco não me preocupar com o significado. Em vez disso, tento mostrar como sua experimentação funciona. Com o que se conecta? Em conexão com o que "faz ou não passar intensidades"? Quais são os agenciamentos que religam as linhas do desejo? Como se metamorfoseia para professorar experimentando quando sente que *há caos dentro dela mesma!* É isso o que exploro aqui.

Para o seu desenvolvimento, cabe mostrar antes como essa tormenta que ameaça cair no território do currículo *se formou* e produziu esse caos em todas nós. Pois ele foi o "plano" que possibilitou a reação dessas professoras para construir um currículo que experimenta *com* gênero e sexualidade. Está aí também o germe de esperança que se instaura em todos/as nós que sabemos da importância que tem um currículo que pratica a *hospitalidade* de gênero e da sexualidade e, portanto, recebe as diferenças, deixa-as habitar, acolhe e dá matéria para que elas se expandam.

QUANDO O CÉU AMEAÇA TORMENTA NO TERRITÓRIO DO CURRÍCULO E FAZ SENTIR UM CAOS DENTRO DE SI MESMO

> Todo caminho da gente é resvaloso. Mas, também, cair não prejudica demais – a gente levanta, a gente sobe, a gente volta! (ROSA, 2006, p. 313)

Essa tormenta que ameaça cair no território do currículo com gênero e sexualidade foi se formando aos poucos e se expandindo até se tornar grande e de difícil contenção.

O *slogan* "ideologia de gênero" se espalhou pelos estados e municípios brasileiros, em uma versão piorada do que ocorreu,em 2014, na ocasião da aprovação do Plano Nacional de Educação (PNE), quando as questões de gênero dominaram a polêmica nas discussões no Senado Nacional e na Câmara dos Deputados Federal. O assunto foi alvo de gritos, protestos, faixas e reações retrógradas de senadores e deputados, muito mais do que as metas centrais do PNE, tais como "os gastos de 10% do PIB na Educação" ou "a erradicação do analfabetismo".

Um dos trechos alvo das faixas, cartazes e gritos quando da discussão do PNE na Câmara dos Deputados Federal pela segunda vez, em 2014, após a discussão no Senado Federal, era exatamente aquele que tratava da "superação de desigualdades educacionais". O texto aprovado pela própria Câmara em 2012 definia que tal superação teria como ênfase a "promoção da igualdade racial, regional, de gênero e de orientação sexual". Religiosos contrários defendiam a posição do Senado, que havia retirado esse detalhamento para suprimir as questões de gênero e de orientação sexual do Plano.

Depois de muita discussão e polêmica na Comissão que analisava o tema, o *lobby* reacionário conseguiu retirar do PNE a igualdade de gênero. A maioria dos parlamentares presentes na votação do dia 22/04/2014 cedeu ao *lobby* dos pastores-deputados Marco Feliciano (PSC-SP), Marcos Rogério (PDT-RO) e Pastor Eurico (PSB-PE) e aceitou excluir a diretriz que propunha a superação das desigualdades educacionais "com ênfase na promoção da igualdade racial, regional, de gênero e de orientação sexual". A Câmara dos Deputados Federal, portanto, conseguiu suprimir a questão de gênero e orientação sexual do Plano Nacional de Educação (Lei 13.005/14) em sua versão final.[9]

Na ocasião, em 2014, faixas com os dizeres "Abaixo à ideologia de gênero", "Ideologia de gênero não é de Deus" e "Não deixemos o gênero destruir as famílias"[10] foram estendidas por jovens católicos e evangélicos que se encontravam na Plenária, num aperitivo do que estamos vendo se ampliar e se multiplicar nos diferentes estados e municípios do Brasil nas discussões do Plano Estadual de Educação (PEE) e do Plano Municipal de Educação (PME). Esse mesmo público jovem, na ocasião, também causou espanto e indignação por ter aplaudido e emitido muitos gritos de apoio ao deputado Jair Bolsonaro (PP-RJ) – conhecido por seus discursos e atos misóginos, sexistas, machistas, homofóbicos, ditatoriais e de ódio às diferenças –, quando o congressista entrou no local.[11]

---

[9] Ver: <http://www2.camara.leg.br/legin/fed/lei/2014/lei-13005-25-junho-2014-778970-norma-pl.html>.

[10] Ver: <http://www.gazetadopovo.com.br/educacao/polemica-sobre-questao-de-genero-predomina-em-reuniao-sobre-pne-1yjh89jvjvwkitv6xd2n6e53i>.

[11] Ver sobre isso: <http://www.redebrasilatual.com.br/educacao/2014/04/lobby-conservador-retira-igualdade-de-genero-do-plano-nacional-de-educacao-5214.html> e <http://www.gazetadopovo.com.br/educacao/polemica-sobre-questao-de-genero-predomina-em-reuniao-sobre-pne-1yjh89jvjvwkitv6xd2n6e53i>.

Esse foi somente o início da tormenta. O ocorrido aí foi o estopim que inflamou a discussão do tema. A omissão de gênero e sexualidade no PNE fez com que os grupos reacionários se sentissem empoderados e vários Projetos de Lei fossem elaborados e discutidos no Senado e na Câmara dos Deputados, desta vez, tentando incluir a proibição do tema gênero e orientação sexual nos mais diferentes artefatos da política educacional brasileira. Só na Câmara há, hoje, pelo menos cinco Projetos de Lei que tentam proibir o ensino de gênero e sexualidade na escola.[12] Um deles prevê até pena com prisão – de 6 meses a 2 anos – aos professores que trabalharem o tema.[13]

Além disso, a discussão no Senado e na Câmara, que resultou na omissão do tema no PNE, fez também com que o debate retornasse muito mais inflamado na votação dos Planos nos diferentes estados e municípios do Brasil.[14] Há conflitos discursivos, ameaças físicas e até mesmo enfrentamentos corporais quando a temática é discutida nos Estados e Municípios brasileiros para aprovar os diferentes PEE e PME. São inúmeros os Projetos de Lei para proibir gênero e sexualidade na escola. Assim, numa espécie de "efeito cascata" do ocorrido na Câmara dos Deputados Federal, temos visto, nos três últimos anos, enfrentamentos dos mais diferentes tipos nas inúmeras e diversas câmaras estaduais e municipais, congressos e seminários de universidades, igrejas, associações comunitárias, secretarias de educação, em escolas.[15] Nas mídias, sobretudo na televisão e na internet, o tema é

---

[12] Trata-se dos seguintes Projetos de Lei: 1) PL 2731/2015, de autoria do deputado federal Eros Biondini (PTB-MG), que quer alterar o Plano Nacional de Educação (PNE); 2) PL 7180/2014, de autoria do deputado Erivelton Santana (PSC-BA), que pretende alterar a Lei de Diretrizes e Bases (LDB); 3) PL 7181/2014, também de autoria do deputado Erivelton Santana, que pretende alterar os Parâmetros Curriculares Nacionais; 4) PL 867/2015, de autoria do deputado federal Izalci Lucas Ferreira (PSDB-DF), que quer alterar e controlar todos os materiais sobre os conteúdos que os/as professores ministrarão nas aulas; 5) PL 1859/2015, também de autoria de Izalci Lucas Ferreira, que quer proibir a discussão de gênero nas escolas. Ver mais sobre eles em PARAÍSO, 2016.

[13] Trata-se do Projeto de Lei 2731/2015 de autoria do deputado federal Eros Biondini (PTB-MG), que quer alterar o (PNE) vedando a discussão de gênero e sexualidade dentro das escolas. O deputado defende a inclusão do seguinte trecho no artigo 2º do PNE: "É proibida a utilização de qualquer tipo de ideologia na educação nacional, em especial o uso da ideologia de gênero, orientação sexual, identidade de gênero e seus derivados, sob qualquer pretexto". No PNE aprovado em 2014, o tema não é mencionado entre as metas, mas tampouco existe proibição. O PL também prevê pena de prisão para os professores que desrespeitarem a determinação. Ver PL em <http://www.camara.gov.br/proposicoesWeb/fichadetramitacao?idProposicao=1672692>.

[14] Até o final de 2015, treze estados brasileiros haviam aprovado seu Plano Estadual de Educação (PEE) com as metas para os próximos 10 anos. Desses, apenas quatro mantiveram as referências a gênero e sexualidade em seu PEE: Amapá, Mato Grosso, Mato Grosso do Sul e Maranhão. Oito estados eliminaram trechos que faziam referência a gênero e sexualidade: Acre, Distrito Federal, Espírito Santo, Paraná, Paraíba, Pernambuco, Tocantins e Rio Grande do Sul. Ver: <http://www1.folha.uol.com.br/educacao/2015/06/1647528-por-pressao-planos-de-educacao-de-8-estados-excluem-ideologia-de-genero.shtml>.

[15] Só a título de exemplo, recentemente, em junho de 2017, um grupo de pais de estudantes de uma escola privada de Belo Horizonte, o Colégio Santo Agostinho, produziu um documento exigindo

abordado por defensores do *slogan* "ideologia de gênero" de um modo que assusta, impressiona e indigna (PARAÍSO, 2016).

Em Belo Horizonte, capital de Minas Gerais, a discussão do PME, com as metas para os próximos dez anos, também foi envolta em polêmicas e acusações. Em março de 2016, o PME foi aprovado pelos vereadores e no mesmo mês foi sancionada a Lei que o institui: Lei 10.917, de 14 de março de 2016, publicada no Diário Oficial do Município no dia seguinte.[16] O PME de Belo Horizonte também não incluiu as questões de gênero e sexualidade no seu texto. Como disse um professor que trabalha no Núcleo de Gênero e Diversidade Sexual da Secretaria Municipal de Educação de Belo Horizonte (SMED-BH), o PME "ficou neutro em relação a sua maior polêmica: a diversidade de gênero. [...] Isso está dificultando a nossa luta por encontrar formas para trabalhar o tema na escola".[17]

Para o estarrecimento de todos – professoras/es das escolas da Rede Municipal de Educação, de pesquisadores/as das universidades que vêm estudando o tema e de inúmeras pessoas de diferentes partes do Brasil que se acostumaram a ver na SMED-BH propostas de educação consideradas alternativas, arrojadas e pedagogicamente inseridas nas demandas sociais, culturais e políticas do seu tempo (vide a Proposta da Escola Plural)[18] –, para o nosso estarrecimento, o PME de Belo Horizonte excluiu toda e qualquer menção a gênero e sexualidade. O centro da controvérsia durante toda a discussão do PME de Belo Horizonte foi sempre a "diversidade" e a "diversidade de gênero", tratadas várias vezes no Projeto. Depois de muitas confusões, disputas e discussões acaloradas, os grupos reacionários conseguiram se articular e retirar tudo que se referia à diversidade de gênero e sexualidade do PME.[19]

Um sentimento de perplexidade se instaurou em nós. Estávamos vendo um município que tem uma Secretaria Municipal de Educação referência no Brasil na

---

da escola que pare de ministrar em sala de aula conteúdos relacionados aos temas gênero e sexualidade. O documento tem causado debates fervorosos nas redes sociais. Ver: <http://www.em.com.br/app/noticia/gerais/2017/07/10/interna_gerais,882496/pais-do-santo-agostinho-questionam-ensino-de-diversidade-sexual.shtml>.

[16] Ver: <http://portal6.pbh.gov.br/dom/iniciaEdicao.do?method=DetalheArtigo&pk=1159520>.

[17] Trecho da entrevista realizada com professores coordenadores do Núcleo de Gênero e Diversidade Sexual da SMED-BH para a pesquisa que subsidia este artigo.

[18] Implantada na rede municipal de ensino de Belo Horizonte, no período 1993-1996, a Escola Plural foi considerada inovadora por ter procurado romper com a cultura tradicional da escola pública, implementando uma concepção de educação mais ampla, democrática, inclusiva, plural, que leve em conta múltiplas dimensões da formação da pessoa humana e na qual as crianças das classes populares tivessem condições de ser bem-sucedidas. Ver uma excelente descrição e avaliação da proposta da Escola Plural por ser vista em MIRANDA, 2007.

[19] Ver: <http://www.em.com.br/app/noticia/especiais/educacao/2015/12/15/internas_educacao,717239/questao-da-diversidade-vira-polemica-no-plano-de-educacao-de-bh.shtml> e <http://www.em.com.br/app/noticia/especiais/educacao/2016/03/15/internas_educacao,743793/esta-em-vigor-plano-municipal-de-educacao-publicado-nesta-terca-feira.shtml

discussão sobre diferença e diversidade se silenciar em torno do tema no seu PME. Trata-se de uma Secretaria que, no ano anterior, havia publicado as Diretrizes da Educação para as Relações de Gênero (BELO HORIZONTE, 2015) e que tem no seu interior um Núcleo de Gênero e Diversidade Sexual atuante.[20] Vimos, no entanto, o tema da diminuição das desigualdades de gênero e sexualidade desaparecer das metas a serem perseguidas nos próximos 10 anos pelo município. Vimos o *slogan* "ideologia de gênero" deixar seu selo também nas metas da educação de Belo Horizonte.

Esse silêncio das questões de gênero e sexualidade no PME de BH, contudo, não foi o fim da polêmica em torno do assunto. As professoras que participam de minha pesquisa ainda em curso me fazem ver, todas as vezes que me encontro com elas, que nada disso está nem estará facilmente decidido.

Em conversas, entrevistas e questionários realizados com 65 docentes de escolas do Ensino Fundamental de Belo Horizonte[21] sobre currículo, gênero, sexualidade e o *slogan* "ideologia de gênero",54 relataram que estão se informando sobre o tema como podem: em "formações" feitas nas escolas, em cursos de especialização, em leituras individuais e discussões realizadas nas escolas. Embora em alguns casos com informações ainda "bastante parciais"– como eles mesmos afirmam –, a quase totalidade dos consultados sabe que o PME de BH se omitiu sobre o tema gênero e sexualidade e já ouviu falar sobre alguns dos Projetos de Lei em tramitação no Congresso Nacional e no Senado brasileiros relacionados ao *slogan* "ideologia de gênero", das polêmicas em torno do assunto e de uma ou outra questão defendida por seus adeptos. Além disso, 48 professoras consultadas disseram que esses Projetos não as intimidam a trabalhar o tema na escola; que, na verdade, após o silêncio no PME de BH e a difusão do *slogan* "ideologia de gênero", se sentem mais desafiadas a entender mais sobre o assunto e a trabalhá-lo melhor em sala de aula.

Cabe registrar, no entanto, que na Rede Municipal de Educação de Belo Horizonte há um grupo organizado de professoras/es e de pais de alunos que são adeptos do *slogan* "ideologia de gênero" e vem intimidando os/as docentes nas escolas para que não trabalhem o tema. Esse grupo também vigia, tumultua e tenta controlar o trabalho, sobretudo de formação, feito por docentes do Núcleo de Gênero e Diversidade Sexual da SMED. Além disso, fez e faz estardalhaços na mídia recortando das falas dos/as docentes do Núcleo frases descontextualizadas, numa clara estratégia para ganhar visibilidade na mídia e causar tumulto.[22]

---

[20] Para conhecer um histórico sobre as ações da Rede Municipal de Educação de Belo Horizonte no trabalho pedagógico com gênero e sexualidade ver ALVES; SOUZA, 2017.

[21] Os questionários estão sendo aplicados também com professores/as do Ensino Fundamental de Contagem e Betim, outros dois municípios de Belo Horizonteque fazem parte da chamada grande BH. Contudo, neste artigo, abordo apenas parte dos questionários, das entrevistas, conversas e observações realizadas com professoras/es da Rede Municipal de Educação de Belo Horizonte.

[22] Um professor que trabalha no Núcleo disse em entrevista que pessoas desse grupo entram nas salas onde fazem as formações, assistem aos cursos, falam, interrompem e tentam o tempo todo produzir polêmica.

Os docentes que coordenam o trabalho de gênero e sexualidade ficaram apreensivos no ano de 2016, sem saber o que ocorreria com o Núcleo e o que vinham desenvolvendo. Ainda assim continuaram seus trabalhos em 2017. Para evitar polêmicas, estabeleceram algumas estratégias como "evitam falar termos como gênero, sexualidade" (substituindo-os por "mulheres e diversidade"), "colocam foco nas desigualdades de aprendizagens" e "não dão mais entrevista para nenhum veículo da mídia".[23]

Além disso, recentemente, o prefeito de Belo Horizonte, Alexandre Kalil (PHS-MG), assumiu o compromisso de desenvolvimento de políticas públicas de atendimento aos direitos das mulheres e de construção de uma sociedade com maior igualdade de gênero. Por meio da Secretaria Municipal de Políticas Sociais, a prefeitura aderiu à plataforma "Cidade 50-50: Todas e Todos pela Igualdade", da Organização das Nações Unidas (ONU), junto com o Consórcio Mulheres das Gerais e a Prefeitura de Betim. Numa decisão contrária ao que vem pregando a maioria dos vereadores de Belo Horizonte, o prefeito assinou o termo de adesão às metas da ONU em 21 de agosto de 2017. Esse termo reitera os compromissos que deverão ser executados pelo município em seis eixos: "governança e financiamento, empoderamento econômico, participação política, saúde, educação inclusiva e enfrentamento à violência contra as mulheres".[24]

Em meio ao contexto de insegurança na SMED-BH, em decorrência de tanta polêmica criada em torno das metas do PME pelos defensores do *slogan* "ideologia de gênero", a assinatura do termo pelo prefeito e o discurso por ele feito[25] no dia da assinatura deram esperança aos docentes do Núcleo de que há saídas. Conferiram ao trabalho que vêm realizando um novo fôlego. Uma evidência de que uma batalha perdida não encerra nenhum processo. Pelo contrário, ensina que é preciso mudar as estratégias, *traçar outros percursos e seguir*. Está mais do que evidente que os grupos reacionários defensores do *slogan* reagirão a isso também.

No entanto, quando já havia finalizado este artigo, mais um episódio dessa história volta a ocorrer, nos deixando perplexas novamente com os rumos que essas

---

[23] Trechos das entrevistas realizadas com professores coordenadores do Núcleo de Gênero e Diversidade Sexual da SMED-BH para a pesquisa que subsidia este artigo.

[24] Ver: <http://movimentomulher360.com.br/2017/08/belo-horizonte-adere-a-plataforma-da-onu-para-equidade-de-genero/>;<https://prefeitura.pbh.gov.br/noticias/bh-adere-plataforma-da-onu-para-equidade-de-genero-0> e <https://prefeitura.pbh.gov.br/noticias/bh-adere-plataforma-da-onu-para-equidade-de-genero>.

[25] Alexandre Kalil, além de reafirmar que em sua administração não permitirá nem a exclusão e nem a discriminação de ninguém, ressaltou: "Essa não é só uma questão de política pública, é uma questão de consciência comunitária de derrubar preconceitos. Governamos para quem precisa, e quem precisa são as mulheres que constroem a cidade, mulheres trabalhadoras e empreendedoras. Queremos 50-50 sim, pois temos que olhar para o problema do gênero da nossa cidade com humanidade e seriedade". Ver: <https://prefeitura.pbh.gov.br/noticias/bh-adere-plataforma-da-onu-para-equidade-de-genero-0>.

discussões vão tomando na SMED-BH. No dia 23 de setembro de 2017, a prefeitura publicou no Diário Oficial do Município(DOM) o decreto 16.717/2017, que faz alterações no decreto 16.690/2017, publicado no início do mesmo do mês e que trata da estrutura e competência da SMED-BH. O prefeito Alexandre Kalil (PHS) recuou e retirou todas as citações sobre a inclusão de ações de igualdade de gênero e diversidade sexual do decreto que regulamentava a atuação da SMED. A exclusão da palavra "gênero" do texto que dispõe sobre a estrutura e competência da SMED fez com que a Gerência de Relações Étnico-Raciais e de Gênero passasse a ser chamada apenas de Gerência de Relações Étnico-Raciais. A mesma alteração foi feita na agora chamada Diretoria da Educação Inclusiva e Diversidade Étnico-Racial.[26] Além dos nomes, foram retiradas do rol de competência dessas unidades as políticas que visavam discutir a igualdade de gênero e diversidade sexual. Isso tem provocado reações de diferentes tipos da própria secretária municipal de educação, de professores/as nas escolas, de professores/as da universidade, de ONGs, de grupos de pesquisas, de partes da população e de vereadores de partidos de esquerda. Ainda não se sabe qual será o resultado disso tudo.

Toda essa polêmica e insegurança ocorrida desde a aprovação do Plano Municipal de Educação contagiaram professores/as da Rede com as quais realizo minhas pesquisas e formações. Havia um clima tenso e de muita raiva nas formações que realizei nas escolas em 2016. Contudo, após a sensação de perplexidade e de *caos dentro de si mesmas*, um grupo de professoras (o "Grupo de Estudos" a que já me referi) de duas escolas de Belo Horizonte transforma esse caos em um germe de esperança. Elas estão desde agosto de 2016 – logo após, portanto, a polêmica em torno do silêncio do PME de BH – se encontrando quinzenalmente, aos sábados, para discutir o tema e estudar as teorias sobre gênero, sexualidade, currículo, infância, aprendizagem, diferença, diversidade etc. Buscam entender as estratégias dos defensores do *slogan* "ideologia de gênero"; assistem a vídeos sobre o tema e sobre episódios vinculados a agressões de gênero e sexualidade que, acreditam, possam "sensibilizar os/as alunos/as" nas aulas; compartilham e discutem episódios de suas práticas e de suas escolas; planejam atividades sobre o tema para realizarem com suas turmas.

Em minha pesquisa, acompanho seus encontros e observo a realização nas escolas das atividades sobre gênero e sexualidade planejadas. O "Grupo" é constituído por onze professoras de duas escolas de Belo Horizonte que cavaram um espaço físico e um espaço em suas vidas para ler, conversar, discutir, planejar e produzir materiais para enfrentarem a omissão de gênero no PME de Belo Horizonte.[27] Essas professoras lecionam para alunos/as de 6 a 10 anos de idade, que

[26] Cujo nome anterior era Diretoria da Educação Inclusiva e Diversidades.
[27] Em PARAÍSO, 2017 e 2017a falo sobre o funcionamento do grupo.

cursam do 1º ao 5º ano do Ensino Fundamental, e têm planejado nos encontros várias atividades sobre o tema para realizar com eles. Em suas reuniões, há também muitos desabafos, que, como diz Deleuze (2001), são tão importantes para se libertar de algo que estanca o pulsar da vida. Liberação que é necessária para compartilhar indignações e também para traçar caminhos que fujam ao controle e afirmem a vida.

Considerando impossível deixar de falar sobre gênero e sexualidade em um contexto como este em que estamos vivendo – tempo de propagação do rótulo dogmático "ideologia de gênero" –, as professoras cavaram espaços para estudarem sobre o tema. Cavaram um espaço para lutarem, aos seus modos, contra o que lhes oprime. Criaram um espaço para se reinventarem e afirmarem a si mesmas. Uma fala ou proposta de uma professora se desdobra em várias ideias que as outras acolhem modificando, acrescentando, remetendo a novas direções. Elas experimentam e ariscam porque, como chegou a afirmar Celina, uma das professoras do "Grupo de Estudo", o "Brasil se encontra em um caos político que também produziu caos em todas nós".[28]

FAZER DO CAOS ALGO NOVO E CHARMOSO: UMA ESTRELA DANÇARINA

> E Zaratustra falava assim ao povo: 'É tempo que o homem tenha um objetivo. É tempo que o homem cultive o germe da sua mais elevada esperança. O seu solo é ainda bastante rico, mas será pobre, e nele já não poderá medrar nenhuma árvore alta. Aproxima-se o tempo em que o homem já não lançará por sobre o homem a seta do seu ardente desejo e em que as cordas do seu arco já não poderão vibrar. Eu vo-lo digo: é preciso ter um caos dentro de si para dar à luz uma estrela cintilante. Eu vo-lo digo: tendes ainda um caos dentro de vós'. (NIETZSCHE, 2011)

As professoras do "Grupo de Estudos", que fazem parte, portanto, da minha pesquisa, decidiram que o *mundo* – com suas dores e seus amores, suas injustiças e esperanças, seus sangues e suas possibilidades – *não pode ficar fora do currículo*: "O mundo é cheio de injustiças. Nossas crianças vivem essas injustiças todos os dias. Por que a escola tem que fingir que tudo é uma maravilha?" (Eva, professora do 4º ano do Ensino Fundamental). "Meus alunos vivem dentro de casa esses problemas de gênero: familiares violentos com as mulheres; mães que trabalham fora e têm que fazer tudo dentro de casa e ainda aguentar os maus-tratos do marido [...]. Pois eu discuto com eles esses problemas da vida. E vou continuar!"

---

[28] Trecho do Diário de Campo do dia 8 de outubro de 2016.

(Carmem, professora do 3º ano do Ensino Fundamental). "A televisão que nossos alunos veem está cheia de violência de gênero. Sangue de mulheres e de homossexuais que eles veem e comentam. Mas a escola tem que fazer de conta que isso não existe? Impossível!" (Ana, professora do 5º ano do Ensino Fundamental).

Mas se o mundo não pode ficar fora do currículo, um currículo que se abre para experimentar, por sua vez, não pode funcionar segundo as regras do mundo. Há que inventar outras regras se o mundo está seguindo regras que não servem para o objetivo de fazer do *currículo um território de acolhimento, hospitalidade e expansão da diferença*. As professoras parecem sentir isso: "Não consigo mais deixar que a escola seja para nossos alunos tão difícil de aturar como é a vida lá fora. Silenciar uma ova!" (Susana, professora do 2º ano do Ensino Fundamental). "Gente, sei que é uma das coisas mais difíceis de trabalhar [...]. Pelo menos na minha escola é, porque tem a coisa da religião que diz que é pecado, tem os pais que dizem que é errado, tem colegas que não querem enfrentar esses problemas [...]. Mas eu não posso, como professora, ferir mais ainda meu aluno que já é discriminado em todo lugar que vai porque não é..., sei lá, assim muito masculino" (Cintia, professora do 3º ano do Ensino Fundamental).

Então, se tudo está tão caótico, se professoras sentem que há tanta incompatibilidade entre currículo e mundo, currículo e vida, não resta outra saída senão experimentar para *fazer do caos uma estrela dançarina*. Duas compreensões ético-políticas são extremamente importantes para um *currículo como possibilidades*:[29] a) a de que o mundo não pode ficar fora de um currículo e b) a de que um currículo aberto à criação de possíveis não pode funcionar segundo as regras do mundo. Ao tomar isso como um objetivo de liberação e de esperança, essas professoras têm feito muitas experimentações nos currículos. Experimentações variadas, porque uma desemboca na outra que, por sua vez, dá em uma nova que não estava prevista. Experimentações que têm efeitos também variados: instauração de conflitos, alegrias, desgastes, lamentações, satisfações...

Em um dos encontros do Grupo, a professora Diva, professora do terceiro ano, chega empolgada e, antes mesmo de se sentar, comenta: "Gente, vocês já viram esse documento da SMED do ano passado que traz vários tipos de atividades para trabalhar com gênero e sexualidade com alunos de várias idades? Peguei ele na escola, fiz algumas cópias e trouxe para lermos juntas".[30] Todas, então, leem,

---

[29] Tenho empreendido um grande investimento em minhas investigações e escritas para mostrar como se cavam possíveis no currículo. Currículo como possibilidades, portanto, é uma linha que estendi no campo dos estudos sobre currículo e que tenho explorado de diferentes modos em minhas produções. Ver: PARAÍSO, 2009, 2010, 2010a, 2010b 2011, 2013, 2015a, 2015b, 2016, 2017.

[30] Diário de campo de 20 de agosto de 2016. Essa professora estava se referindo ao documento Diretrizes da Educação para as Relações de Gênero na Rede Municipal de Educação de Belo Horizonte (BELO HORIZONTE, 2015).

discutem o documento e reconduzem as conversas sobre possíveis atividades para realizarem com seus/suas alunos/as. Elas mesmas se dizem impressionadas por "não ter prestado atenção nesse documento antes". Se antes esse documento não parecia fazer-lhes sentido, de repente torna-se a maior descoberta.

Foi necessário sentir o *caos político do país e com elas mesmas*, sentiremse derrotadas com a retirada dos temas gênero e sexualidade do PME de BH, para olharem um texto da SMED com outros olhos, porque elas já estavam buscando saídas. O texto das Diretrizes serviu de ponto de partida para várias atividades que as professoras desenvolveram em sala de aula nos anos de 2016 e 2017, as quais acompanhamos em nossa pesquisa. Como afirmou depois Diva, o documento serviu também de "ponto de apoio" para elas justificarem em suas escolas as atividades que estavam desenvolvendo com o tema. As professoras reconhecem que algumas colegas ficam receosas de trabalhar o tema por conta própria. Poder contar com algum apoio faz bem: "Se é um documento da própria SMED, estamos um pouco amparadas", ressalta Sandra, professora do 1º ano do Ensino Fundamental.

Naquele mesmo dia, seis professoras que trabalham com os três primeiros anos do Ensino Fundamental decidem realizar uma atividade sugerida no documento: "A produção do estranhamento no território escolar" (BELO HORIZONTE, 2015, p. 30). A ideia é que o/a docente visite todos os espaços da escola com a turma observando e registrando sua ocupação em termos de gênero. Em três turmas que pude acompanhar, a realização dessa atividade desembocou em diferentes pequenos acontecimentos que deram margem para outros trabalhos sobre gênero e sexualidade com os/as alunos/as. Cada acontecimento seguiu rumos bastante inusitados e várias outras atividades foram desenvolvidas a partir da inicial.

A seguir, descrevo como foi a preparação das turmas para a realização da atividade inicial para, depois, poder discutir suas ramificações. Ramificações que evidenciam: há vida no currículo e o "currículo é um espaço incontrolável" (PARAÍSO, 2016, p. 389) porque é *território que tem vidas*!

A produção do estranhamento no território escolar 1

Em um currículo de uma turma do 1º ano, com crianças de 6 anos de idade, a professora Carmem senta no chão com elas para fazer a "roda de conversa". São 16 meninas e 12 meninos, 28 crianças no total. Todas estão sentadas no chão com cara despertas, animadas, com expectativa pelo que virá. Há murmurinho e brincadeiras entre quase todas elas porque o espaço é descontraído e as crianças cheias de vida. Quando a professora inicia a conversa com a turma sobre o espaço da escola, todas parecem atentas.

> Vocês já prestaram atenção de verdade em todos os espaços da nossa escola? As crianças dizem que sim. Ela questiona: Será?... De todo modo, hoje eu quero que vocês prestem mais atenção ainda porque quero que juntos observemos se tem alguns lugares onde os meninos vão mais que as meninas e se tem lugares onde as meninas vão mais. Quero que olhem se as meninas e os meninos da escola estão fazendo coisas juntos ou separados. Onde meninos e meninas ficam juntos aqui na escola e onde ficam separados. Quero que olhem se tem mais cartazes e desenhos de meninas ou de meninos nas paredes. Observem o que as meninas mais gostam de fazer na escola e o que os meninos mais gostam. Ah, vamos ver como são as filas para sair do recreio [...]. Vamos entrar em todas as salas e vamos contar quantas meninas e quantos meninos tem, olhar como estão nas salas de aula, quem senta na frente e quem senta atrás [...]. Vocês contam e eu anoto [...]. Vocês podem perguntar para as meninas e para os meninos sobre coisas que eles gostam de fazer e coisas que não gostam; do que eles gostam de brincar; se meninos e meninas podem brincar da mesma coisa [...]. Vamos olhar a decoração, os cartazes das paredes e observar como as meninas estão nos desenhos e como os meninos estão, por sua vez. Como estão vestidos, o que estão fazendo. Vamos olhar as filas, ver quem discute mais, quem empurra os coleguinhas, quem fica mais comportado. Observem se aqui na escola ainda tem filas de meninas e de meninos separadas e se tiver vamos perguntar o por quê? Vamos anotar tudo e depois voltamos e vamos conversar sobre o que descobrimos, combinado? Nós vamos lanchar antes que todos para na hora do recreio dos outros nós trabalharmos juntos observando tudo e todos, certo? Combinado, gente?

A produção do estranhamento no território escolar 2

Em uma outra escola, a professora Vanessa também trabalha a atividade com uma turma do 2º ano, com crianças de 7 anos de idade. A professora pede que formem quatro grupos para "passear pela escola e descobrir como meninas e meninos estão usando os espaços". As 32 crianças são divididas em quatro grupos de 8. Cada grupo tem uma função. Nesse dia, estavam na turma: a professora de Educação Física (Vânia), a professora de História, Geografia e Ciências (Amanda), a coordenadora do ciclo (Rosane) e a própria Vanessa, chamada professora referência, que estava coordenando essa atividade. Vanessa organiza a turma para a atividade dizendo:

> Então, gente, tudo certo com os grupos? Vamos repassar? O grupo 1 vai visitar todas as salas de aula do lado de cá (lado direito). A professora Vânia vai acompanhar e ajudar o grupo 1. O grupo 2 vai visitar todas as salas de aula do lado de lá (lado esquerdo). A professora Amanda vai ajudar o grupo 2. O grupo 3 vai visitar o pátio, a quadra, a sala de vídeo e a cantina. A Rosane vai acompanhar esse grupo. O grupo 4, que vai comigo, vai visitar os banheiros, a secretaria, a entrada da escola e a biblioteca, correto? Não se esqueçam: vamos olhar tudo e anotar. Lembrem que queremos saber se existem desigualdades entre meninas e meninos na nossa escola. Não se esqueçam de olhar tudo: cartazes, painéis, livros, brinquedos, enfeites etc. Vamos lá?

A produção do estranhamento no território escolar 3

A atividade de passeio pelo território escolar para "estranhá-lo com os olhos de gênero" é planejada e realizada pela professora Anita, na mesma escola, no turno da manhã. Na turma, estão 28 crianças de 8 e 9 anos de idade do 3º ano do Ensino Fundamental. A professora explica que eles vão, naquele dia, fazer um passeio pela própria escola para conhecê-la melhor e ver se as meninas e os meninos estão usando de forma igualitária os espaços na escola. Anita divide a turma em dois grupos de 14 crianças, com meninas e meninos juntos em cada um dos grupos, e diz:

> Olhem, essa atividade de hoje, como disse para vocês ontem, é para discutirmos "desigualdades entre meninas e meninos, homens e mulheres". Essas desigualdades, como já conversarmos, existem em muitos lugares, não é verdade? Então, será que existe aqui também na nossa escola? É isso que vamos descobrir. Se existir, nós teremos que ajudar a mudar, concordam? Para isso vamos conhecer melhor nossa escola e ver se isso ocorre por aqui também. Esse grupo daqui, à minha esquerda, vai se chamar "Grupo Perguntador" e esse daqui, à minha direita é o "Grupo Apresentador". Vamos fazer de conta que o "Grupo Perguntador" quer conhecer a escola e vai fazer perguntas sobre ela para que o "Grupo apresentador" responda. O "Grupo Apresentador" prepara um roteiro para apresentar a escola. Pensem e escrevam aí um roteirinho para vocês seguirem: Por onde vão começar a apresentar a escola? O que acham interessante mostrar? Quantas salas têm? O que podem perguntar nas salas que entrarem? Por onde vão terminar a visita? etc. O "Grupo Perguntador" vai fazer de conta que está entrando na escola pela primeira vez e vai fazer perguntas para o "Grupo Apresentador". Dicas: perguntem quem é a diretora da escola? Onde fica sua sala? Quantas salas têm na escola? Quantas professoras e quantos professores? Quantas meninas e quantos meninos têm em cada sala? Quantos banheiros? Onde fica a quadra? Meninos e meninas brincam juntos na quadra? Assim, as crianças se envolvem com a atividade, formulam perguntas e discutem animadas o tema.

Experimentações, conexões e expansões

Com esses três episódios de uma mesma atividade realizada por três professoras de duas escolas diferentes, quero demarcar uma linha de entrada das professoras que *sentem um caos dentro de si mesmas*. Quero mostrar como uma abertura produzida em um corpo e em um currículo pode ser capaz de se ramificar, expandir e proliferar. Quero mostrar também como um *caos sentido em si mesmas* produz uma atitude para enfrentar os poderes que querem proibir as discussões sobre gênero e sexualidade na escola; como um poder que lhes querem despotencializadas pode ter consequências imprevisíveis.

O recorte é meu, contudo, esse não foi o início do trabalho delas com gênero e sexualidade na escola, muito menos o final. Fiz o corte aí porque é possível entrar nesse *território* em qualquer momento quando o que se quer acompanhar e mostrar são as *bifurcações* e *expansões*.

Ao acompanhar essas atividades, as reações produzidas e outras atividades que delas nasceram, fica evidente que um currículo, assim como a vida, é um território de disseminações importantes e de contágios incontroláveis. Nele ocorrem encontros variados e acontecimentos insuspeitados. Um currículo é, por natureza, rizomático, porque é território de proliferação de sentidos que mudam de natureza. Apesar de todos os poderes que fazem o controle em um currículo, tudo vaza e escapa.

Com a turma do 1º ano, inicialmente a atividade me parecera caótica. Sentia que não surgiria nenhuma conversação dali. As crianças entravam nos espaços e pareciam ver tudo, menos o que a professora queria trabalhar. A professora passeava com as crianças por toda a escola perguntando o que estavam vendo, quem ocupava o espaço, onde estavam as meninas, onde estavam os meninos etc. Ela perguntava e as crianças não respondiam. A docente não desistia e continuava a mostrar e perguntar: "Quem está na quadra?"; "Olhem esse cartaz, o que veem?"; "Quem está naquele grupinho ali atrás?"; "De que estão brincando?". As crianças se movimentavam, iam e voltavam, olhavam, escutavam, mas não respondiam.

Contudo, no retorno à sala aquelas crianças pequenas pareciam ter redescoberto sua escola e compreendido muitas coisas de suas vidas. Estavam dispostas, dali em diante, a trabalhar para que "meninos e meninas pudessem ser mais parceiros" e "pudessem fazer tudo juntos". Com essa experimentação, aprendi que, se quisermos problematizar as normas de gênero no currículo, é necessário termos paciência para fazer ver; é necessário estarmos abertos e atentos para mudar de estratégias; é necessário mudar o material que não produziu conexões.

A atividade de "estranhamento do território" produzia, assim – em crianças, professoras, pesquisadora e outras profissionais da escola –, expectativas, descobertas, risos, contentamentos, aprendizagens que colocavam as normas de gênero em conflito e em suspeição. As crianças anotavam impressões e os debates em sala de aula eram sempre participativos. Estudantes e algumas outras professoras pareciam desconhecer e não ter contato com os saberes feministas e de gênero sobre a produção das normas de gênero. Mas todos me ensinaram que é o desejo de pensar sobre esse saber que cria um ambiente propício para um pensamento que impulsiona redescobertas e estimula a criação.

Como o mais importante para a entrada que escolhi seguir na investigação e neste artigo para falar das experimentações das professoras é o próprio *processo* e suas *ramificações*, é fundamental registrar que dessa atividade de estranhamento surgiram várias aberturas, linhas de exploração do tema se multiplicaram, agenciamentos foram feitos à medida que as conexões aumentavam. Nesse sentido, nas três turmas que acompanhei durante o segundo semestre de 2016, foram discutidos temas como gênero e o trabalho doméstico; as generificações das brincadeiras; a ocupação desigual da quadra; as dificuldades que as mulheres enfrentam para terem seus trabalhos valorizados (mulheres que, apesar de todo o machismo existente, conseguiram se destacar em suas profissões como pintoras, atrizes, escritoras, cientistas); os ódios e as intolerâncias relacionados à sexualidade; os modos como as revistas falam de mulheres e de homens; as imagens que os livros didáticos trazem de homens e de mulheres; arranjos familiares diferenciados.

Houve uma multiplicação de materiais produzidos e consultados: painéis e cartazes feitos pelas crianças com resultados das discussões; livros de literatura que tratam de um ou mais desses temas; curta-metragem para explorar e desconstruir o que se chama de brincadeira de menina e de menino; revista em quadrinho da Turma da Mônica que problematiza a divisão sexista de brinquedos; entrevistas com mulheres importantes para a comunidade; e muitas rodas de conversas e discussões. Uma evidência de que o tema se ramificou e se expandiu. Os efeitos de uma atividade levaram a outra que levou a outra discussão.

Na turma do 1º ano, por exemplo, após a atividade de estranhamento do território, a professora leu o livro *Faca sem ponta, galinha sem pé* (ROCHA, 1999) para trabalhar as cobranças diferenciadas a meninas e meninos, discutindo por que algumas brincadeiras são consideradas como só de meninas e outras só de meninos. Embora a história do livro claramente tenha como objetivo problematizar questões de gênero, buscando discutir o que é "permitido" a meninas e o que é "permitido" a meninos e mostrar o quão arbitrárias são essas normas que definem o que é considerado adequado para meninas e o que é considerado adequado para meninas, o próprio livro opera com as normas de gênero, como bem mostra Daniela Freitas (2018) no Capítulo 5 deste livro. Segundo a análise de Freitas (2018), "ao dizer o que caberia à mulher e o que caberia ao homem", o livro acaba "reiterando a norma do choro, inadequado para os meninos/homens". (FREITAS, 2018, p. 124).

A professora, contudo, problematizou tudo isso com as crianças. Após contar a história e mostrar as imagens do livro, a docente instigou a discussão sobre os conflitos que existem entre as "coisas que são consideradas de meninos e as coisas de menina ou o que meninas podem fazer e os meninos não podem". Essa discussão rendeu muitas conversas entre a professora e as crianças e entre as próprias crianças umas com as outras.

Dessa atividade, incumbiram-se quatro crianças (duas meninas e dois meninos) de sempre cuidar para que todos os meninos e todas as meninas pudessem participar juntos de todas as brincadeiras que quisessem na escola. Além disso, a coordenadora pedagógica da escola sugeriu a atividade para as outras três professoras do 1º ano, que também contaram a história e discutiram o livro com suas turmas. Foi realizada ainda, na sala de vídeo da escola, uma sessão para que todas as crianças das quatro turmas do 1º ano assistissem juntas a um curta-metragem sobre o livro,[31] o que rendeu atividades diferentes sobre o tema em várias turmas da escola.

A discussão do livro e do filme levou as crianças da turma da professora Vanessa a concordarem que o futebol poderia mesmo ser jogado por meninas e meninos, mas algumas ainda insistiam que boneca era só para menina. A professora debateu várias vezes esse ponto com as crianças. Em uma das ocasiões, levou uma revistinha da Turma da Mônica para abordar o tema; era o número *Cebolinha em "Eu acredito!"* (SOUZA, 2016).

O episódio narra o desejo do Cebolinha de ganhar uma boneca de presente do Papai Noel. A Mônica e o Cascão dizem que algumas pessoas poderiam achar esse desejo estranho; mas não eles. Na dúvida se o Papai Noel acharia o desejo e o pedido do Cebolinha estranhos, Mônica e Cascão decidem ajudá-lo a conseguir a boneca. Em um dos trechos, após descobrir qual era mesmo a boneca que o Cebolinha desejava (Cebolinha: "Eu quelia muito aquela boneca"), a Mônica diz para Cascão: "Não resta dúvida! O Cebolinha quer ganhar a boneca Rafaela! Pois se é a boneca que ele quer... É isso o que ele terá! Vamos dar um jeito de ajudar o Cebolinha! Porque é isso que os amigos fazem!" Cascão todo animado responde: "Gostei dessa atitude! Vamos juntar nossas economias e comprar para ele!"

Ao presenciar essa história sendo contada pela professora, vi a norma de gênero – que determina a divisão brinquedos de meninas e brinquedos de meninos – sendo colocada sob suspeição por aquelas crianças mais insistentes em considerar que meninos não podem brincar de boneca. Pareceu-me que, naquele momento, elas se conectaram com a Mônica, o Cebolinha e o Cascão, e abriram a guarda para questionar essa regra das normas de gênero que estava marcada em seus corpos.

Judith Butler (2001) observa que há uma pressão coercitiva das normas de gênero sobre os corpos muito antes que se entenda algo sobre como elas atuam. Essas normas submetem os corpos de crianças ainda muito pequenas, que ainda não entendem nada do funcionamento das normas. É isso que faz com que elas tenham muita dificuldade em aceitar que um menino possa ter vontade de brincar com uma boneca e que isso também seja correto. Afinal, que a "boneca é brinquedo de menina" é uma norma que meninas e meninos aprendem muito cedo, e se submetem a ela porque são completamente dependentes daquelas pessoas que lhes ensinam tal regra. Se há mais condescendência e aceitação na turma com o fato de que a menina possa brincar de futebol, o mesmo não sucede com a

[31] Curta-metragem do diretor Antonio Carlos da Fontoura, intitulado Faca sem ponta, galinha sem pé, 2009, adaptado do livro da Ruth Rocha, produzido pelo Ministério da Cultura do Governo Federal. Ver: <https://www.youtube.com/watch?v=m3ftV5ZJNdo>.

permissão para os meninos brincarem de bonecas. Isso ocorre porque as normas de gênero são mais incisivas sobre os meninos e a sexualidade dos garotos é ainda mais controlada do que a das garotas, como temos mostrado em nossas pesquisas.[32]

É importante que alguém, alguma instituição ou artefato, interrompa essa ação das normas de gênero. Afinal, como lembra Butler (2001, p. 12) "o submetimento consiste precisamente nessa dependência fundamental diante de um discurso que não escolhemos, mas que, paradoxalmente, inicia e sustenta nossa potência". Para que sejam rejeitadas as pressões coercitivas das normas sobre os corpos, há que se fazer uma interrupção da sua ação e repetição. É isso que a professora que insiste, persiste, muda o material e volta a questionar uma aprendizagem de gênero está fazendo: interrompendo a ação reiterada de uma norma que submete e limita. Ao fazer isso, a professora contribui para que se exerça menos pressão sobre os corpos das crianças no território do currículo. Contribui para fazer do currículo e da vida territórios de acolhimento e hospitalidade.

Um *currículo-rizoma* que experimenta e se expande traz conflitos, dúvidas e contestações para o seu território. Mas esse currículo produz também o prazer de aprender e a alegria de viver. Sim, eu vejo alegrias na professora que ensina com convicção da importância de seu trabalho ético-político. Vejo também muito contentamento nas crianças que veem suas possibilidades ampliadas.

Na outra escola, a professora Vanessa, que trabalha com a turma do 2º ano, também encontrou outras formas de bifurcar e expandir o trabalho com gênero e sexualidade em sua sala, numa luta proposital, pensada, planejada para interromper as diferenciações, separações e hierarquizações de gênero que produzem tantas tristezas e dificuldades na vida de pessoas que tanto necessitam do que se ensina em um currículo. Após a atividade de reconhecimento do território, Vanessa leu o livro *Frida Kahlo para meninos e meninas* (FINK; SAÁ, 2015) para as crianças, dizendo que ia "Começar a contar histórias sobre grandes mulheres e homens da nossa história" por "uma das muitas mulheres que não se conformaram em fazer o que esperavam delas: Frida Kahlo, uma mulher-pintora do México que mesmo sendo manca não teve vergonha de mostrar o seu corpo, que encontrou na pintura a alegria para viver, apesar de todo o sofrimento físico que ela tinha. Uma mulher que pintou em quadros os momentos mais felizes e os mais tristes de sua vida". Enquanto a professora contava a história e mostrava as imagens do livro, as crianças pareciam encantadas.

Todos conversaram muito sobre a pintora mexicana, descobrindo que, "mesmo na cama", ela "pintou obras lindas e coloridas". Depois, as crianças fizeram pinturas e desenhos com as cores usadas por Frida Kahlo. Fizeram flores coloridas com papel. As meninas colocaram as flores nos cabelos e os meninos

[32] Ver: CARVALHAR; PARAÍSO, 2012; REIS; PARAÍSO, 2013, 2014; SALES; PARAÍSO, 2013.

prenderam na camiseta com um broche dado pela professora. Nesse dia, todos escreveram em seus cadernos com lápis de várias cores, em uma escrita colorida e viva, imitando as cores das pinturas da Frida. Era possível perceber e sentir a vibração das crianças.

A professora também percebe que se trata de um momento propício para *seguir*. E ela *segue*... Passam a conversar sobre outras mulheres artistas, escritoras, atrizes importantes que as crianças já ouviram falar. Comentam sobre as coisas importantes que essas mulheres fizeram ou ainda fazem e as dificuldades que encontram para terem suas obras valorizadas e respeitadas. Do livro passaram a falar das mulheres importantes da comunidade das crianças. Foi mais uma atividade que *desemboca* numa outra. Uma linha que se entende e muda de natureza. As crianças foram instigadas a conversarem com suas famílias para trazer informações, fotos e relatos sobre alguma mulher importante nas suas vidas. Surgiram, então, nomes, relatos e escritas sobre a mãe, a professora, a avó, a tia, a irmã mais velha, a dentista, a médica, a pastora da igreja.

Durante todas essas atividades foram levantadas e discutidas questões de gênero, de mulheres, de silenciamentos, de machismos, de violência. Também questões de lutas, de reconhecimentos, de ajudas, de solidariedade, de amor, de gratidão, de vida. Isso enquanto o currículo já se prepara para seguir explorando outras dimensões desse mesmo território.

Continuando a atividade, em um outro dia, a professora Vanessa leva as crianças à cantina e à biblioteca para verem "as mulheres que tanto trabalham para que tudo na escola funcione bem". No caminho de ida à cantina, acontece um episódio que faz a docente agregar mais uma discussão nesse currículo-rizoma.

> Roberto, Lucas e Isadora vão para a cantina caminhando juntos. Roberto fica tentando abraçar o Lucas que fica tirando o braço do Roberto do pescoço. Lucas diz: "Pare de me abraçar Roberto!" Roberto está caminhando descontraído e volta a abraçar Lucas. O Lucas repete: "Para! Para Roberto! Para de me abraçar que as pessoas vão pensar que somos namorados". Roberto ri e para de abraçar Lucas. Isadora, que está ao lado deles, diz: "Eeeee que bobagem Lucas! Ninguém vai pensar isso não [...]. Somos crianças e crianças não namoram. Crianças brincam! E quando crescermos vamos escolher com quem namorar por amor". Os dois olham para Isadora com um semblante que não consigo identificar. Por alguns instantes eles ficam parados, olhando para a Isadora. Em seguida, continuam a brincadeira. Agora o Roberto abraça o Lucas e o levanta do chão e o Lucas também abraça o Roberto e o levanta do chão.

A professora, acompanhando a cena, me olha emocionada. Sim, percebo que ela sente o gostinho de satisfação, de conquista e bem-estar por saber que seu trabalho já surtia efeito. Seu currículo que ali experimenta faz passar algo para transformar maneiras de ver e de sentir. É verdade que há uma campanha publicitária em curso dizendo que crianças não namoram,[33] e é possível que Isadora tenha escutado algo parecido de seus pais ou familiares, já que esse discurso tem circulado em vários espaços. Mas o mais importante aí é que com simplicidade amorosa Isadora ensina para Lucas e Roberto como responderem aos "olhos do poder" que vigiam seus corpos com regras de uma norma que eles nem mesmo conhecem ainda. O que a menina ensina é muito mais do que o que diz a campanha publicitária "Criança não Namora". Ela ensina que quando crescerem vão escolher com quem namorar por amor. Ensina também a mim como se pode ensinar sem broncas, tranquilamente, quase num devir-mulher. Ensina à professora que, sim, seu trabalho faz a diferença e que ela deve seguir, pois uma vez espalhada a semente que questiona e problematiza as normas que coagem, já não há mais volta. É necessário *caminhar*. Ao fazer tudo isso, esse *currículo-rizoma* que experimenta, se torna uma *máquina de guerra*,[34] um ato político de resistência importante nestes tempos do *slogan* "ideologia de gênero".

Um currículo que experimenta é espaço de habitação, de hospitalidade e de reserva nutritiva. O currículo que deseja fazer do "caos uma estrela dançarina" pode ser, ainda que provisoriamente, uma máquina política e experimental que transforma experiências e leva professor e alunos/as a caminhos novos. Produz metamorfose, produz sentidos, emite signos, pois o professor, ali, também aprende no encontro com as crianças e com os diferentes materiais quc busca para trabalhar. Como lembra Aquino (2014, p. 68), "mesmo supondo já saber, o professor continua reatualizando seus saberes pelo simples fato de que o encontro oferece-se como território empírico para a (re)construção de seus saberes".

Já na turma do 3º ano, nessa mesma escola, após a atividade de estranhamento do território, a turma havia constatado que as roupas das meninas (vestidos e saias) às vezes dificultavam que jogassem futebol com os meninos. A professora, então, pediu para prestarem atenção nas roupas de mulheres e homens para discutirem isso em sala. Dessa discussão surgiu uma outra atividade de recortar em várias revistas imagens de homens e de mulheres para depois discutirem os modos diferentes como eles apareciam. Durante a organização dos grupos para realizar esta atividade, um episódio dá o ponto de partida para outra discussão:

> A professora divide a turma em quatro grupos mistos (de meninas e meninos) para fazer uma atividade: uma pesquisa em várias revistas levadas pela professora e recortar imagens de mulheres e homens que elas admiravam para depois conversarem so-

---

[33] Veja mais sobre a campanha "Criança não Namora" em: <http://hojeemdia.com.br/mais/nem-de-brincadeira-campanha-criança-não-namora-alerta-para-os-riscos-da-erotização-infantil-1.459605>.

[34] Para Deleuze e Guattari (1997, p. 12-13) a máquina de guerra é "efetivamente irredutível ao aparelho de Estado". Como a multiplicidade, a máquina de guerra faz a "irrupção do efêmero e a potência da metamorfose".

> bre os motivos de admirarem esses homens e essas mulheres, como estavam vestidos, as "cobranças" feitas a um e a outro nos cuidados com a beleza. Ana Elisa questiona a divisão do grupo dizendo: "Professora, não queremos o Saulo no nosso grupo. Ele empurra e briga com a gente. Só queremos o Rafa porque ele é gentil com as meninas". O Saulo diz: "Sai pra lá. Menino gentil é mulherzinha". A professora interfere: "O que é isso, Saulo? Mulherzinha!!? O que é isso?" "Uai professora, é homem que gosta de coisas de mulher". A professora diz: "Saulo, existe isso de 'coisas de mulheres'? E existe algum problema de gostar do que você está chamando de coisas de mulheres? [...] Vamos pensar sobre isso também, né? [...] Mas, meninas, o Saulo vai sim ficar com vocês no grupo [...]. Cadê o acolhimento de vocês? [...] Ele vai aprender como é bom ser gentil com as meninas e com os meninos, não é Saulo? Todo mundo adora homens gentis e mulheres gentis também, não é gente?"

Um currículo é um território *político, ético e estético* que pode fazer a diferença "na vida de muitas pessoas que dependem do currículo" (PARAÍSO, 2010, p. 588). Como um currículo sempre deseja modificar coisas nas pessoas, ele produz mudanças porque agencia forças e faz ver e sentir o belo que é aprender, viver e expandir. Da discussão gerada nesse episódio, a professora resolve realizar uma outra atividade: coloca em uma sacola objetos considerados como pertencentes ao universo masculino (chave de carro, carrinho de brinquedo, camisa, bola, controle remoto, calculadora, pipa, boné, chapéu) e ao universo feminino (bolsa, maquiagem, livro de poesia, batom, prendedores de cabelos, tiara, revista de moda, boneca, panela). A turma é dividida em duplas (uma menina e um menino). Eles devem escrever no caderno os nomes das coisas que tanto meninas como os meninos podem usar. Para isso, devem retirar cada objeto da sacola, discutir quem pode usá-lo e anotar no caderno apenas aqueles que consideram que os dois possam usar. Alguns objetos provocam inúmeras discussões na turma. Não há consenso, mas tudo que alguém diz que apenas menina ou apenas menino pode usar é problematizado pela professora juntamente com os outros colegas da turma.

Apesar de não ter o apoio de todos os docentes, várias atividades são replicadas por outras professoras da escola, que se abrem para experimentar, numa evidência de que há contágio do currículo. Além disso, produz mudança na vida, que fica evidente em diferentes falas e episódios acompanhados nos currículos investigados. Por exemplo, após uma discussão sobre a escrita e a caracterização dos diferentes trabalhos realizados por homens e mulheres e sobre o trabalho doméstico, uma aluna diz:

> Professora, eu acho que as mulheres trabalham mais. [...] E eu não acho que é certo não. Minha mãe trabalha o dia inteiro e tem que chegar em casa e fazer tudo: janta, lavar vasilha, lavar roupa. [...] Eu ajudo ela e varro a casa [...]. Meu irmão e meu pai não ajudam. [...] Meu pai trabalha, mas chega em casa antes da minha mãe e não ajuda nada. Ele fica assistindo televisão. Eu acho isso errado. (Vitória, aluna do 3º ano do Ensino Fundamental)

A professora aproveita o depoimento e introduz uma explicação que me pareceu sensibilizar e tocar muitas crianças, meninos e meninas:

> "Tem muita gente que acha isso errado, Vitória, [...] e que pensa como você. Existe até um movimento que luta pelos direitos das mulheres e para acabar com isso também. Se chama *movimento feminista* [...]. Esse trabalho em casa das mulheres que já possuem um trabalho fora de casa se chama dupla ou tripla jornada de trabalho. Muitas mulheres, muitas mães sofrem muito com isso porque, injustamente, acabam fazendo todo o trabalho de casa. [...] Observem em suas casas quem faz mais o trabalho de casa e se suas mães não sofrem com isso" Quando sente que isso despertou interesse na turma, a professora continua: "É por causa desse Movimento Feminista, gente, que já existem muitos homens que estão mudando e fazendo os trabalhos de casa junto com as mulheres. E quando eles fazem isso, a vida fica mais fácil para toda a família, concordam?"

Considerei tão simples o modo como a professora introduziu, para crianças de 8 anos, a explicação do que é o feminismo, que saí da aula e comentei com ela sobre como me senti tocada por isso. Disse também que eu tinha tido a sensação de que as crianças todas haviam sido tocadas pela explicação. A professora mais uma vez me dá evidência do quanto o currículo é um *território político e ético* importante, que precisa mesmo ensinar as coisas do mundo, ao me responder:

> Eu acho que algumas meninas começaram a perceber que elas sofrem injustiças no dia a dia. Isso é muito bom e importante. [...] Mas outra conquista importante é que os meninos estão se controlando mais no que falam e no que fazem também. [...] Eles não estão implicando com os colegas que eles chamavam de "mulherzinha" porque não gostavam de jogar na quadra, de brincar de luta [...]. Alguns meninos que sofriam demais na escola estão menos tristes agora. [...] Sinto que os meninos muitas vezes ficam em conflito, outras vezes ficam sensibilizados [...]. Gente, isso é importante demais. [...] Trabalhar com esses temas tem criado confusão [...]. Às vezes temos medo do que os pais vão dizer. [...] Introduzir as questões de sexualidade tem sido mais difícil para nós por isso. É polêmico, é sofrido. Mas vamos continuar fazendo porque já sentimos o tanto que é importante [...]. Mas também dá satisfação saber que podemos educar uma nova geração para que viva com menos injustiças.

A professora, assim, mostra a importância do trabalho que fazem e também a importância de fazer um trabalho com o tema da sexualidade, que ela considera mais difícil ainda que o trabalho com gênero. Judith Butler (2006a, p. 183), no seu emocionante trabalho sobre a *vida precária*, lembra que "os esquemas normativos de inteligibilidade que estabelecem o que deve ser ou não humano, o que é uma vida vivível e uma morte lamentável", funcionam, por um lado, "produzindo ideais que distinguem entre quem são mais ou menos humanos" e, por outro lado, "subtraindo toda imagem, todo nome, toda narrativa de modo a [fazer parecer] que nunca houve ali uma vida, nem nunca houve ali uma morte". Com esses esquemas normativos em plena atuação no "aparelho de Estado" brasileiro, o trabalho feito no currículo com gênero e sexualidade torna-se de maior importância ainda. Afinal, se não resistirmos agora e enfrentamos esse poder, quem vai se importar ou "chorar por essas vidas" que são construídas como desnecessárias? É por isso que esse trabalho criado pelas professoras para interromper e desmontar alguns desses *esquemas normativos* é de importância vital e precisa *seguir e se expandir.*

Sim, trata-se de vida e morte – morte social, morte do desejo, morte das forças vitais. Trata-se de um trabalho para tornar vidas vivíveis, porque "criar é livrar-se do sofrimento" (NIETZSCHE, 2001). Livrar-se de um sofrimento para abrir os corpos a outras vivências, a outras aprendizagens, a outros modos de vida. Por isso, esse trabalho das professoras é de uma importância ética e política sem medidas, sobretudo nestes tempos de expansão do *slogan* "ideologia de gênero" em que buscam "fechar um rizoma, arborificar" para impedir que o desejo se mova; porque, já sabemos, "é sempre por rizoma que o desejo se move e produz" (DELEUZE; GUATTARI, 1995, p. 23).

Ao enfrentar um poder e abrir corpos para experimentar, colocando os temas gênero e sexualidade no centro dos currículos por elas praticados, as professoras respondem a esse *caos que está em muitas de nós da educação* de uma forma ético-política admirável: trabalhando para que desse caos seja possível fazer brotar algo que mobiliza para a vida e que afirme a vida!

Numa espécie de encontro com Nietzsche (2011), "é preciso ter um caos dentro de si para dar à luz uma estrela cintilante", as professoras sentem que têm esse caos dentro de si e que é a hora de fazer dele algo novo e charmoso, uma *estrela cintilante e dançarina*. É hora de enfrentar a tormenta que ameaça cair no céu do currículo escolar e cultivar o germe da esperança. Sim, apesar de todos os poderes que insistem em mostrar a infertilidade das coisas, as dificuldades da vida, as faltas de saídas, as cercas dos currículos, as professoras sentem que o solo que pisamos é *fértil*, assim como a vida é *grávida* de nascimentos e o currículo *prenhe* de possibilidades.

Referências

ALVES, Claudio Eduardo; SOUZA, Magner Miranda de. *Educação para as relações de gênero*: eventos de letramento na escola. Curitiba: CRV, 2017.

AQUINO, Júlio Groppa. *Da autoridade pedagógica à amizade intelectual*: uma plataforma para o éthos docente. São Paulo: Cortez, 2014.

BELO HORIZONTE. *Diretrizes da Educação para as Relações de Gênero na Rede Municipal de Educação de Belo Horizonte.* Secretaria Municipal de Educação/SMED, Belo Horizonte, 2015.

BUTLER, Judith. Corpos que pesam: sobre os limites discursivos do "sexo". In: LOURO, Guacira (Org.). *O corpo educado*: pedagogias da sexualidade. Belo Horizonte: Autêntica, 1999. p. 151-172.

BUTLER, Judith. *Mecanismos psíquicos del poder*: teorías sobre la sujeción. Madrid: Ediciones Catédra, 2001.

BUTLER, Judith. Sujeitos do sexo/gênero/desejo. In: BUTLER, Judith. *Problemas de gênero*: feminismo e subversão da identidade. Rio de Janeiro: Civilização Brasileira, 2003. p. 16-60.

BUTLER, Judith. *Deshacer el género.* Barcelona: Paidós, 2006.

BUTLER, Judith. *Vida precaria*: el poder del duelo y la violencia. Buenos Aires: Paidós, 2006a.

BUTLER, Judith. Uma analítica do poder: entrevista a Claire Pagès e Mathieu Trachman. *Investigação Filosófica*, v. 5, n. 1, 2013. Disponível em: <https://pt.scribd.com/document/157976904/6-Entrevista-Com-Judith-Butler-Uma-Analitica-Do-Poder-Cristiane-Maria-Marinho>. Acesso em: abr. 2015.

BUTLER, Judith. *Repensar la vunerabilidad y la resistencia.* In: SIMPOSIO DE LA ASOCIACIÓN INTERNACIONAL DE FILÓSOFAS, 15., Alcalá (Espanha), 2014. *Conferência...* Alcalá, 2014. Disponível em: <http://www.institutofranklin.net/sites/default/files/files/Repensar%20la%20vulnerabilidad%20y%20la%20resistencia%20Judith%20Butler.pdf>. Acesso em: jun. 2015.

CARNEIRO, Gláucia. Corpo em trânsito e desterritorializações de gênero no currículo da cidade com a arte. In: PARAÍSO, Marlucy Alves; CALDEIRA, Maria Carolina da Silva (Org.). *Pesquisas sobre currículos, gêneros e sexualidades.* Belo Horizonte: Mazza, 2018, p. 327-344.

CARVALHAR, Daniele; PARAÍSO, Marlucy. Gênero e relações étnico-raciais no currículo da educação infantil. *Revista Labrys*, v. 22, p. 47-53, 2012.

CORAZZA, Sandra. *Fantasias de escritura*: filosofia, educação, literatura. Porto Alegre: Sulina, 2010.

DELEUZE, Gilles. *Pourparlers 1972-1990.* Paris: Éditions de Minuit, 1990.

DELEUZE, Gilles; GUATTARI, Félix. *O que é a filosofia.* São Paulo: Editora 34, 1992.

DELEUZE, Gilles; GUATTARI, Félix. Introdução: rizoma. In: DELEUZE, G.; GUATTARI, F. *Mil Platôs 1: capitalismo e esquizofrenia.* São Paulo: Editora 34, 1995. p. 11-37.

DELEUZE, Gilles; GUATTARI, Félix. 1227 – Tratado de Nomadologia: a máquina de guerra. In: DELEUZE, G.; GUATTARI, F. *Mil Platôs 5: capitalismo e esquizofrenia.* São Paulo: Editora 34, 1997. p. 11-110.

DELEUZE, Gilles. *O abecedário de Gilles Deleuze.* Entrevista concedida em vídeo a Claire Parnet. Vídeo. Editado no Brasil pelo Ministério de Educação, "TV Escola", série Ensino Fundamental, 2001.

FILHO, Evanilson Gurgel de Carvalho; MAKNAMARA, Marlécio. Falhas e rupturas de gênero e de sexualidade nos currículos: por onde passa a luz? In: PARAÍSO, Marlucy Alves; CALDEIRA, Maria Carolina da Silva (Org.). *Pesquisas sobre currículos, gêneros e sexualidades.* Belo Horizonte: Mazza, 2018, p. 345-363.

FINK, Nadia; SAÁ, Pitu. *Frida Kahlo para meninas e meninos.* Florianópolis: SUR Livro, 2015. [Coleção Antiprincesas].

FREITAS, Daniela Amaral Silva. Relações de Gênero nos kits de literatura afro-brasileira distribuídos pela Secretaria Municipal de Educação de Belo Horizonte: Razão e emoção para regular corpos na literatura infantil. In: PARAÍSO, Marlucy Alves; CALDEIRA, Maria Carolina da Silva (Org.). *Pesquisas sobre currículos, gêneros e sexualidades.* Belo Horizonte: Mazza, 2018, p. 115-138.

LAURRARI-MAX, Maite. *La potencia según Nietzsche.* Valencia: Tàndem Edicions, 2005.

LISPECTOR, Clarice. Miopia progressiva. In: LISPECTOR, Clarice. *Felicidade clandestina.* Rio de Janeiro: Rocco, 1998.

MIRANDA, Glaura Vasques de. Escola Plural. *Estudos Avançados,* São Paulo, v. 21, n. 60, maio-ago. 2007.

NICOLINO, Aline. Gênero nos currículos da formação docente em Educação Física no Brasil. In: PARAÍSO, Marlucy Alves; CALDEIRA, Maria Carolina da Silva (Org.). *Pesquisas sobre currículos, gêneros e sexualidades.* Belo Horizonte: Mazza, 2018, p. 73-92.

NIETZSCHE, Friedrich W. *Assim falou Zaratustra.* Tradução de Paulo César de Souza. São Paulo: Companhia das Letras, 2011.

NIETZSCHE, Friedrich W. *Vontade de potência.* Tradução, prefácio e notas de Mário D. Ferreira Santos. São Paulo: Escala, s/d.

NIETZSCHE, Friedrich W. *A Gaia Ciência.* Tradução de Paulo César de Souza. São Paulo: Companhia das Letras, 2001.

PARAÍSO, Marlucy. Currículo, desejo e experiência. *Educação & Realidade,* Porto Alegre, v. 34, p. 277-93, 2009.

PARAÍSO, Marlucy. O currículo entre a busca por "bom desempenho" e a garantia das diferenças. In: SANTOS, L. *et al.* (Org.). *Convergências e tensões no campo da formação e do trabalho docente.* Belo Horizonte: Autêntica, 2010. p. 132-52.

PARAÍSO, Marlucy. Diferença no currículo. *Cadernos de Pesquisa,* São Paulo, v. 40, p. 591-609, 2010a.

PARAÍSO, Marlucy (Org.). *Pesquisa sobre Currículos e Culturas*: temas, embates, problemas e possibilidades. Curitiba: Editora CRV, 2010b.

PARAÍSO, Marlucy. Raciocínios generificados no currículo escolar e possibilidades de aprender. In: LEITE, Carlinda *et al.* (Org.). *Políticas, fundamentos e práticas do currículo*. Porto: Porto Editora, 2011. p. 147-60.

PARAÍSO, Marlucy. O currículo entre formas e forças: diferença, devir-artista da contadora de filmes e possibilidades de alegrias em um currículo. In: FAVACHO, A. M. *et al.* (Org.). *Currículo, conhecimento e avaliação*: divergências e tensões. Curitiba: Editora CRV, 2013. p. 191-208.

PARAÍSO, Marlucy. Currículo-nômade: quando os devires fazem a diferença proliferar. In: COSTA, M. *et al* (Org.). *Estudos culturais e educação*: contingências, articulações, aventuras, dispersões. Canoas: Editora Ulbra, 2015. p. 269-288.

PARAÍSO, Marlucy. O currículo entre formas e forças. *Revista Educação*, Porto Alegre, v. 38, n. 1, p. 49-58, jan.-abr. 2015a.

PARAÍSO, Marlucy. Currículo, cultura e diferença: quando o amor entra em cena... In: MORGADO, J. C. *et al. Currículo, internacionalização e cosmopolitismo*: desafios contemporâneos em contextos luso-afro-brasileiros. Santo Tirso: De Facto Editores, 2015b. p. 149-162.

PARAÍSO, Marlucy. A ciranda do currículo com gênero, poder e resistência. *Revista Currículo sem Fronteiras*, Pelotas, v. 16, n. 3, p. 388-415, set.-dez. 2016. Disponível em: <http://www.curriculosemfronteiras.org/vol16iss3articles/paraiso.pdf>.

PARAÍSO, Marlucy. Currículo, gênero e heterotopias em tempos de "ideologia de gênero". In: LOPES, A. C.; OLIVEIRA, A. L.; OLIVEIRA, G. *Os gêneros da escola e o (im)possível silenciamento da diferença no currículo*. Recife: Ed. UFPE, 2018. [no prelo].

PARAÍSO, Marlucy. Sobre esgotamentos, *slogan* "ideologia de gênero" e possibilidades em um currículo. In: SEMINÁRIO NACIONAL FORMAÇÃO PEDAGÓGICA E PENSAMENTO NÔMADE: CURRÍCULO, CRIAÇÃO E HETEROTOPIAS, 2., 2017, Lajeado. *Conferência*... Lajeado: Univates, 2017a.

REIS, Cristina D'Ávila; PARAÍSO, Marlucy. A constituição de corpos guerreiros em um currículo escolar. *Educação & Realidade*, Porto Alegre, v. 38, p. 1243-66, 2013.

REIS, Cristina D'Ávila; PARAÍSO, Marlucy. Normas de gênero em um currículo escolar: a constituição dicotômica de corpos e posições de sujeito meninos-alunos. *Revista Estudos Feministas*, Florianópolis, v. 22, p. 20-40, 2014.

ROCHA, Ruth. *Faca sem ponta, galinha sem pé*. São Paulo: Ática, 1999.

ROSA, Guimarães. *Grande sertão: veredas*. Rio de Janeiro: Nova Fronteira, 2006.

SALES, Shirlei; PARAÍSO, Marlucy. O jovem macho e a jovem difícil: governo da sexualidade no currículo. *Educação & Realidade*, Porto Alegre, v. 38, p. 603-25, 2013.

SANTOMÉ, Jurjo. As culturas negadas e silenciadas no currículo. In: SILVA, T. T. da (Org.). *Alienígenas na sala de aula*. Petrópolis: Vozes, 1995. p. 159-177.

SOUZA, Mauricio de. Cebolinha em "Eu acredito!". *Revista Turma da Mônica*, São Paulo, n. 20, 2016.

2

Relações de gênero no currículo da formação de professoras para a alfabetização: uma análise do Pacto Nacional pela Alfabetização na Idade Certa (PNAIC)[1]

Maria Carolina da Silva Caldeira

As discussões a respeito da alfabetização das crianças brasileiras têm ocupado lugar privilegiado nos debates educacionais. Elas estão presentes nas diversas reformas curriculares implementadas no Brasil no século XXI, como as Diretrizes Curriculares Nacionais para o Ensino Fundamental (BRASIL, 2009) e a Base Nacional Curricular Comum, atualmente em tramitação. Essas discussões também são tema de diferentes pesquisas, realizadas sob diversos enfoques teóricos. As práticas curriculares da educação infantil e dos anos iniciais do Ensino Fundamental dão especial destaque para questões relativas à alfabetização (CALDEIRA, 2016). Políticas de formação têm se voltado para essa temática de modo incisivo, seja por meio de propostas locais, seja por meio de políticas federais, como o Pró-Letramento e o Plano Nacional de Formação de Professores da Educação Básica.

---

[1] Este artigo utiliza informações produzidas na pesquisa "Currículo de formação de professores/as para a alfabetização: uma análise do Pacto Nacional pela Alfabetização na Idade Certa", que foi contemplada com recursos do edital Programa de Auxílio a Doutores Recém-Contratados (ADRC) da Pró-Reitoria de Pesquisa da UFMG.

De modo semelhante, as questões de gênero também têm tido destaque no campo educacional brasileiro. Por um lado, diferentes estudos e movimentos sociais têm mostrado a importância de estudar gênero na formação docente e também com os/as estudantes de diferentes níveis de ensino (LOURO, 1997). Algumas políticas públicas[2] foram implementadas visando à inclusão de temáticas de gênero no contexto escolar, como os Parâmetros Curriculares Nacionais (BRASIL, 1997), que incluíam a temática transversalmente, ou o programa de formação docente Gênero e Diversidade na Escola (GDE). Por outro lado, grupos reacionários têm produzido Projetos de Lei "para impedir qualquer menção a gênero na escola" (PARAÍSO, 2016a, p. 391). Além disso, se no final do século XX e início do século XXI assistimos à introdução sistemática dessa temática nos currículos escolares, as discussões de gênero foram removidas dos Planos Municipais e Estaduais de educação de diversos municípios e estados e também do Plano Nacional de Educação, consequentemente, estão ausentes dos currículos escritos de diversos estados e municípios brasileiros, como aponta Paraíso (2018), no primeiro capítulo deste livro.

Apesar de alfabetização e gênero serem dois aspectos centrais dos currículos na contemporaneidade, há poucos estudos que articulem essas dimensões. Em levantamento bibliográfico nos periódicos Qualis A1 em Educação, de 2011 a 2016, foram encontrados 67 artigos com o tema gênero. Desses, 40 tratam de assuntos relacionados à escola, sendo que 11 são pesquisas realizadas no Ensino Fundamental, nenhuma especificamente sobre alfabetização. Este capítulo busca aproximar esses dois campos, ao tomar como objeto de estudos uma política de formação de alfabetizadores/as, analisando-a com base na perspectiva pós-estruturalista de gênero e currículo.

Analiso aqui uma das políticas que tem sido adotada para efetivar a alfabetização das crianças: as práticas formativas do Pacto Nacional pela Alfabetização na Idade Certa (PNAIC), acordo firmado entre o governo federal, municípios e instituições de Ensino Superior para garantir que todas as crianças estejam alfabetizadas até os 8 anos de idade. Esse programa esteve em vigor entre 2012 e 2016 e tem como uma de suas ações a formação de professores/as alfabetizadores/as, realizada por meio de encontros presenciais, baseados em material de formação produzido pelo MEC em parceria com universidades. Para analisar tais práticas formativas, tomarei como objeto de estudo os Cadernos de Formação de Língua Portuguesa e de Matemática,[3] divulgados pelo MEC em 2013 e 2014, respectivamente. Além disso, será realizada também a análise

---

[2] Uma análise de como as questões de gênero atravessam as políticas públicas de educação das últimas duas décadas do século XX pode ser vista em VIANNA; UNBEHAUM, 2004.

[3] No ano de 2013 foram lançados oito cadernos relacionados às temáticas de Língua Portuguesa. Em 2014 foram editados oito cadernos relativos à área de Matemática. Esses cadernos serão referenciados aqui da seguinte maneira: o número do Caderno, a área a que se refere, o ano de lançamento e a página, quando necessário.

de entrevistas com formadoras, orientadoras de estudo e cursistas[4] do PNAIC, vinculadas à Universidade Federal de Minas Gerais (UFMG).

Compreendo que os Cadernos de Formação divulgados pelo MEC se constituem em um currículo que atua na produção de modos de ser docente alfabetizador/a na contemporaneidade. Esse currículo seleciona, organiza e distribui conhecimentos e saberes, estabelecendo relações de poder específicas e produzindo modos de subjetivação. Dessa maneira, analiso tanto os Cadernos como as falas das professoras, procurando compreender que saberes generificados são divulgados, que relações de poder são estabelecidas, que modos de subjetivação são acionados, de que modo opera neles uma *tecnologia de gênero*.

O conceito *Tecnologia do gênero* aqui é inspirado em Teresa de Lauretis (1994), que, com base na perspectiva foucaultiana, entende tecnologia como um dos instrumentos que opera, ao lado dos discursos e das relações de poder, na produção de subjetividades. A *tecnologia do gênero*, portanto, é um mecanismo que aciona técnicas, procedimentos, práticas e discursos para produzir sujeitos que se identifiquem como homens e mulheres, meninos e meninas. Entender o gênero como uma tecnologia significa compreendê-lo como algo que se constitui não por meio de aspectos biológicos, mas por meio de variadas relações de poder-saber, discursos, dispositivos e estratégias.

Nesse sentido, os corpos são nomeados como femininos ou masculinos em função dos discursos que os significam dessa forma. Como afirma Butler (2003, p. 27), o entendimento de um corpo como masculino ou feminino é "em si mesmo uma construção", feita por diferentes discursos, em diferentes momentos históricos. Isso não significa que o corpo seja como um "cabide de pé no qual são jogados diferentes artefatos culturais, especificamente os relativos a personalidade e comportamento" (NICHOLSON, 2000, p. 12). Pelo contrário, o corpo só existe porque os discursos o denominam dessa forma. Essa posição se contrapõe à ideia de um corpo natural, um organismo que preexiste ao ato do discurso. Assim, pode-se dizer que os "corpos na verdade carregam discursos como parte de seu próprio sangue" (PRINS; MEIJER, 2002, p. 163).

No que concerne especificamente às relações de gênero, esse entendimento de corpo problematiza a noção de que o sexo seria anterior ao gênero, de que ele seria "aquilo que está fora da cultura e da história, sempre a enquadrar a diferença masculino/feminino" (NICHOLSON, 2000, p. 10). Por essa razão, "não se pode dizer que os corpos tenham uma existência significável anterior à marca de seu gê-

[4] Nas práticas do PNAIC, as formadoras são as profissionais vinculadas às universidades e que atuam na formação das orientadoras de estudo. Estas, por sua vez, são professoras selecionadas nos diferentes municípios para repassar a formação às professoras cursistas, que são aquelas que atuam diretamente na sala de aula.

nero" (BUTLER, 2003, p. 27). Sexo e gênero não seriam, então, diferentes, mas fariam parte de uma mesma cadeia discursiva que atua no sentido de produzir corpos diferenciados. No currículo investigado aqui, a *tecnologia de gênero* opera para dotar corpos nomeados como femininos ou masculinos de características distintas. Essa tecnologia também atua no sentido de utilizar certos significados que são associados a corpos femininos como fundamentais para o processo de alfabetização.

Desse modo, considero que as práticas formativas do PNAIC são permeadas por uma *tecnologia de gênero* que visa à produção de sujeitos generificados, ao mesmo tempo que incorpora determinados elementos associados ao gênero para funcionar subjetivando as docentes. Considero, portanto, que o gênero é "produto de diferentes tecnologias sociais, [...] e de discursos, epistemologias e práticas críticas institucionalizadas, bem como das práticas da vida cotidiana" (LAURETIS, 1994, p. 208). O currículo dessa política de formação de professores/as é, certamente, um dos espaços que produz modos de ser e viver generificados.

Nesse sentido, é possível perceber nos Cadernos de Formação ensinamentos de gênero e "raciocínios generificados" (PARAÍSO, 2016b) que possibilitam um certo modo de ser mulher professora. Esses raciocínios generificados também perpassam as falas das professoras que constroem cotidianamente as práticas do PNAIC. Para isso, esse currículo aciona técnicas diversificadas que visam à produção de determinados modos de ser professora e professor, de ser aluno e de ser aluna. Portanto, o argumento desenvolvido neste capítulo é o de que as práticas formativas do PNAIC acionam duas técnicas principais para produzir posições de sujeito generificadas: a *técnica do apagamento*, que opera por meio da exclusão de questões relativas ao gênero das discussões sobre alfabetização ou pela dissolução das especificidades da discussão de gênero no contexto mais amplo da diversidade; e a *técnica da feminilização*, que apresenta características historicamente associadas às mulheres como fundamentais para efetivar o processo de alfabetização.

Para o desenvolvimento desse argumento, o texto está dividido em três partes. Na primeira, mostro como a *técnica do apagamento* se materializa nos Cadernos de Formação e nas falas das docentes. Na segunda, analiso a *técnica da feminilização* presente nesse currículo e seus efeitos nos modos de subjetivação das docentes. Por fim, apresento as considerações finais, evidenciando como funciona a *tecnologia de gênero* e seus efeitos na produção desse currículo de formação docente.

Como mote para as análises, utilizo as ideias apresentadas no livro *A professora encantadora*, de Márcio Vassallo. Esta obra foi citada por várias "formadoras" e "orientadoras de estudo", que fizeram parte da investigação que subsidia este texto, como uma das que mais marcou os momentos de "leitura deleite"[5] do PNAIC. Nela, são narradas as experiências da professora Maísa, que encanta os/as

[5] A leitura deleite é uma prática amplamente divulgada na formação realizada por meio do PNAIC.

seus/suas alunos/as por meio de diferentes estratégias. Tais estratégias serão usadas como motivação para pensar o modo como o currículo do PNAIC opera como uma *tecnologia de gênero*.

A *TÉCNICA DO APAGAMENTO DO GÊNERO* EM OPERAÇÃO NO CURRÍCULO DE FORMAÇÃO DOCENTE

> A verdade é que nem todo mundo na escola dava asa para a Maísa. Algumas pessoas costumavam dizer que ela precisava parar com aquela mania de dar asa para os outros, que ela devia ter os pés no chão e que, na realidade, a Maísa não era uma boa professora porque não preparava os alunos para o futuro.

Maísa, a professora encantadora do livro que tocou muitas outras professoras que participavam do PNAIC, era conhecida em sua escola por dar asas aos/às seus/suas alunos/as. Porém, nem sempre isso era bem-visto pelas pessoas do local onde trabalhava. Muitos/as achavam que aquilo que ela fazia, nomeado pelos/as alunos/as de encantador, era perda de tempo e não ajudaria a formar as crianças para o futuro. A escola deixaria de cumprir sua missão caso passasse o tempo ensinando a suspirar, a abraçar e a fazer poesia.

De modo semelhante, a discussão de gênero parece não ganhar asas nas políticas de alfabetização, ainda que possa encantar e produzir novos significados para a educação. Questões relativas ao gênero parecem ser consideradas menos importante em práticas de formação docente para atuar com crianças em processo de aquisição da língua escrita. Nessas práticas, discussões teóricas e sugestões de trabalho para "garantir a apropriação do sistema de escrita, dentro da perspectiva do letramento dos alunos inseridos nos anos iniciais do ensino fundamental" (Caderno Introdutório, 2013, p. 10) são consideradas mais relevantes. São os conhecimentos e saberes relativos ao aprender a ler e a escrever que ganham destaque no currículo da formação docente.

Temáticas como gênero quase não aparecem nesse material que se destina prioritariamente a ensinar as professoras a alfabetizar os/as estudantes até os 8 anos de idade. Gênero é utilizado nos Cadernos de Formação, prioritariamente, para se referir aos diferentes tipos de texto que circulam socialmente, os chamados gêneros textuais. A discussão de gênero como construção social das diferenças entre corpos nomeados como femininos e masculinos parece ser silenciada nesse currículo de formação docente, como se fosse menos importante no contexto da alfabetização. Nos 16 cadernos analisados, essa dimensão do conceito de gênero é mencionada somente duas vezes.

Nos cadernos de Língua Portuguesa, ela aparece quando se discute a importância de combater certos preconceitos que podem permear a linguagem, bem como a necessidade de valorizar as diferenças culturais. Nesse sentido, afirma-se que é necessário que as crianças produzam e compreendam textos – orais e escritos – que objetivem a "reflexão sobre valores e comportamentos sociais, planejando e participando de situações de combate aos preconceitos e atitudes discriminatórias – preconceito racial, de gênero, preconceito a grupos sexuais, preconceito linguístico, entre outros" (Caderno 1 LP, 2013, p. 32). Na discussão feita no eixo oralidade, estabelece-se como direito de aprendizagem em Língua Portuguesa "reconhecer a diversidade linguística, valorizando as diferenças culturais entre variedades regionais, sociais, de faixa etária, de gênero, dentre outras" (Caderno 1 LP, 2013, p. 35).

As questões de gênero estão contempladas em dois dos direitos de aprendizagem aos quais os/as alunos/as dos anos iniciais do Ensino Fundamental devem ter acesso. Em ambos, enfatiza-se a necessidade de, por meio do trabalho com a linguagem, se problematizar os preconceitos sociais que podem permear textos orais e escritos. A linguagem e os textos são considerados veículos que podem carregar consigo preconceitos de diferentes ordens (de gênero, raciais, culturais, de geração etc.). Incluir a dimensão do combate aos preconceitos em práticas de alfabetização em um momento histórico em que tais temas são retirados de currículos oficiais certamente representa um avanço importante. Lutar para que, desde o início da escolarização, as crianças estejam envolvidas em práticas de combate ao preconceito também parece ser um aspecto fundamental em um momento de acirramento dos conflitos entre as diferenças e de retirada de direitos. Todavia, o modo como essa questão é tratada nos direitos de aprendizagem parece desconsiderar que a linguagem nunca é apenas o veículo de transmissão de valores sociais. Ela está ativamente envolvida no processo de produção das diferenças de gênero (SCOTT, 1995).

Assim, considera-se que um texto pode carregar preconceitos ou que pessoas de gêneros diferentes podem utilizar a linguagem de maneira diferenciada. Todavia, em uma perspectiva construcionista da linguagem, o que importa analisar é de que modo a linguagem atua na produção das diferenças. Ela não apenas reflete preconceitos ou diferenças já existentes entre os gêneros, mas atua em sua produção. Colocar os preconceitos "num domínio pré-discursivo" (BUTLER, 2003, p. 25) seria uma forma de auxiliar na sua manutenção.

De modo análogo, colocar as diferenças de gênero ao lado de outras diferenças, como se todas necessitassem do mesmo tipo de tratamento, é uma forma de apagar as especificidades dessa discussão. Opera nesse currículo o *procedimento da homogeneização das diferenças*, que as trata como se fossem uma só. Esse procedimento também é acionado em outras políticas públicas, como o Programa Nacional do Livro Didático, de acordo com análises realizadas por Lívia Cardoso (2018) no quarto capítulo deste livro. Por esse processo, o trabalho próprio com gênero (ou com qualquer outra nuance explicitada no direito de aprendizagem) é deixado de lado. Quando se retira a especificidade dessa discussão ignoram-se as estratégias particulares por meio das quais os preconceitos e as desigualdades de gênero se mantêm em nossa sociedade. Se considerarmos que gênero é uma tecnologia que atua de modo específico, precisamos entender que técnicas o constituem para compreender como se dá esse processo de construção e podermos atuar de modo mais direto em sua desconstrução. Elencar todas as diferenças como se fossem uma só e estabelecer uma única tática para lutar contra sua perpetuação parece ser pouco produtivo no processo de construção de uma sociedade mais democrática.

Cabe registrar, ainda, que o próprio material desconsidera a importância da linguagem como veículo de produção de exclusões sociais relativas ao gênero. Para se referir ao público-alvo da formação, o material ignora que 90% das pessoas que atuam nos anos iniciais do Ensino Fundamental reconhecem-se como mulheres[6] e utiliza o masculino para nomeá-las. As crianças que devem se alfabetizar até os 8 anos de idade também são citadas quase que exclusivamente no masculino. Atua nesse material o *procedimento do masculino genérico*. Esse é um dos procedimentos mais recorrentemente acionados quando se pretende utilizar a linguagem para excluir as mulheres. Ele funciona como um procedimento da *tecnologia de gênero* que opera para apagar e silenciar o feminino em diferentes artefatos, entre eles os currículos de formação docente.

Como aponta Louro (1997, p. 65-66), "uma das primeiras e mais sólidas aprendizagens de uma menina, na escola, consiste em saber que", quando se usa o masculino genérico, "*ela* deve se sentir incluída" (LOURO, 1997, p. 66, grifo da autora). Por meio desse procedimento, ensina-se que aquele que conta na espécie humana é o masculino. Porém, "a linguagem no masculino não é um 'reflexo do real'; é uma criação linguística intencionalmente política" (FURLANI, 2005, p. 71). Nesse sentido, ao associar-se uma política de formação de professores/as alfabetizadores/as às relações de poder que têm colocado mulheres/meninas em segundo plano, a linguagem atua na perspectiva de estabelecer posições de sujeito para elas que, por sua vez, atuam na direção do apagamento e da exclusão.

Talvez a falta de especificidade na discussão de gênero no contexto do PNAIC ocorra porque se considera que esse debate é algo pouco articulado ao processo de alfabetização. Diante de uma realidade em que cerca de 20% das crianças só conseguem localizar informações explícitas em textos,[7] discutir questões relativas ao gênero pode parecer ter os pés fora da realidade e dar asas para

[6] Disponível em: <http://www.qedu.org.br/brasil/pessoas/professor>. Acesso em: 13 jan. 2015.

[7] Dados com base na Avaliação Nacional da Alfabetização (ANA), realizada em 2014. Disponível em: <http://g1.globo.com/educacao/noticia/2015/09/uma-em-cada-cinco-criancas-de-oito-anos-nao-sabe-ler-frases-diz-mec.html>. Acesso em: 16 ago. 2017.

temas considerados menos importantes na garantia do direito das crianças de se alfabetizarem. Porém, as questões específicas de gênero atravessam a alfabetização, tendo efeitos nos modos como meninos e meninas aprendem na escola.

É notável, por exemplo, que mulheres têm uma taxa de escolarização maior e índices de analfabetismo e analfabetismo funcional inferiores ao dos homens (CARVALHO, 2008). Embora não se tenha uma explicação unívoca para essa diferença no desempenho de meninos e meninas na escola, parece evidente que opera no currículo um raciocínio generificado que "tem efeito nas práticas curriculares, na organização das aulas [...], na escolha das professoras, naquilo que é esperado dos/as estudantes e até mesmo na quantidade de meninos e meninas" (PARAÍSO, 2016b, p. 220) que se alfabetizam ou não. Considerando que gênero é "uma forma primária de dar significado às relações de poder" (SCOTT, 1995, p. 86), não podemos ignorar o fato de que tais relações perpassam aquilo que acontece nas salas de aula de alfabetização. Deixar de lado problematizações específicas sobre essa questão em uma política de formação de professores/as que tem como objetivo explícito criar estratégias variadas para efetivar a alfabetização é ignorar um aspecto importante desse processo. Desconstruir raciocínios generificados pode ser uma estratégia para garantir a alfabetização de todas as crianças.

Entretanto, no próprio material investigado, operam esses raciocínios generificados. É o que se evidencia no segundo momento em que essa discussão aparece explicitamente nos Cadernos de Formação. Isso ocorre nas discussões da alfabetização matemática, especificamente no Caderno Educação Estatística. Nele, apresentam-se situações em que diferenças entre meninos e meninas podem ser tratadas estatisticamente como, por exemplo, quando se sugere investigar se "o grupo de meninos terá a mesma preferência que o grupo de meninas" (Caderno 7 Mat, 2014, p. 8) ou se, na opinião de uma turma, "menina salta mais longe que menino" (Caderno 7 Mat, 2014, p. 61). Esse tema emerge também quando se estabelecem variáveis importantes para a escolha de uma amostra e se define que gênero pode ser uma delas. Nesse contexto, hipóteses para preferências diferentes são estabelecidas, como quando se afirma que "uma criança pode achar que meninas gostam mais de gatos, pois são mais dóceis, e os meninos dos cães, por serem mais ágeis" (Caderno 7 Mat, 2014, p. 9).

As diferenças entre meninos e meninas são apresentadas nesse Caderno como inatas e naturais. Não é feita qualquer problematização para pensar como gênero é construído socialmente. Opera aqui o *procedimento da naturalização das diferenças* entre meninos e meninas, o que também funciona para apagar as discussões de gênero desse currículo. O entendimento de que a distinção entre meninos e meninas só existe porque os discursos o denominam dessa forma está ausente desse material, que trabalha com a ideia de um corpo natural, um organismo que preexiste ao ato do discurso dotado de certas características em função de sua natureza. Parece que os discursos que produzem os "corpos" e "gostos" como de meninas e de meninos tratam de ocultar esse processo de construção, fazendo com que as diferenças sejam entendidas como algo natural. Esse *raciocínio* perpassa o material aqui analisado.

O lugar ocupado pela Estatística nesse currículo também ajuda a naturalizar as diferenças entre meninos e meninas e contribui para apagar essas discussões das práticas formativas do PNAIC. A educação estatística é apresentada como importante eixo no trabalho de alfabetização matemática e deve ser ensinada considerando "a importância destes conceitos para o exercício da cidadania" (Caderno 7 Mat, 2014, p. 7). Esse trabalho permite "formar cidadãos críticos frente às diversas estratégias utilizadas para mascarar, omitir ou manipular as informações" (Caderno 7 Mat, 2014, p. 31). O entendimento da estatística como uma ciência que possibilita compreender melhor o contexto social e interpretá-lo criticamente é utilizado em diferentes documentos curriculares para justificar sua importância social, já que "se aposta na Estatística como ferramenta essencial à leitura crítica do mundo" (BELLO; TRAVERSINI, 2011, p. 857). Porém, na perspectiva foucaultiana, pode-se dizer que a estatística "é, também, uma tecnologia a serviço da racionalidade política contemporânea" (BELLO; TRAVERSINI, 2011, p. 858). Ela pretende ensinar aos/às estudantes um determinado modo de interpretar o mundo, conforme determinadas relações de poder-saber. No que concerne ao gênero, essas relações levam a naturalizar as diferenças entre meninos e meninas, entendendo-as como constitutivas das relações sociais que se estabelecem cotidianamente. Cabe analisar essas diferenças e seus impactos na produção de informações.

Nesse processo, alguns sentidos podem até ser problematizados. Ao levantar-se como hipótese que "meninas saltam mais do que meninos" modifica-se a relação que faz com que "a força, a agressividade e a coragem, consideradas atributos importantes para um guerreiro, em várias épocas e lugares, [sejam] atribuídas àqueles que são vistos como meninos" (REIS; PARAÍSO, 2013, p. 1245). Parece definir-se que as meninas podem (ao menos como hipótese) saltar mais longe. Porém, no mesmo material, atribui-se a agilidade aos meninos e a docilidade às meninas, quando se buscam explicações para a preferência por determinados animais, reafirmando certos raciocínios generificados. Os binarismos que em nossa cultura atuam na construção dos gêneros continuam sendo operados no currículo de Matemática do PNAIC. Eles não são problematizados nesse currículo, que pretende ensinar professoras a educar os/as alunos/as para não apenas saber ler, escrever e fazer uso social da Matemática, mas também para terem certas expectativas quanto aos comportamentos de meninos e meninas.

Por meio da *técnica do apagamento*, o currículo do PNAIC exclui a discussão sistemática e específica das questões de gênero. Além disso, esse currículo continua a operar com raciocínios binários que dividem o que é considerado característico daqueles nomeados como meninos do que é considerado característico daquelas nomeadas como meninas. Esse processo de *apagamento* tem efeitos na produção de modos de ser professora alfabetizadora. A temática de gênero – ainda que pareça encantadora e estimulante para pensar outros sentidos para a educação – tem suas asas cortadas nesse currículo de formação docente. A exclusão sistemática das discussões de gênero, bem como os raciocínios generificados, aparecem também nas falas expressas por docentes que produzem esse currículo, como mostro a seguir.

A *TÉCNICA DA FEMINIZAÇÃO* EM FUNCIONAMENTO NO CURRÍCULO DO PNAIC

> As aulas da Maísa eram mesmo assombrosas, estranhas e surpreendentes. Na escola, ela se derretia de amor pelas palavras, pelas frases, pelos livros. Mas a Maísa se derretia ainda mais pelas pessoas que pelos livros. Então, a professora contagiava a gente com todo aquele derretimento.

Derreter-se por tudo e por todos. Espalhar amor e carinho por onde passar. Contagiar a todos com esse derretimento para que cada vez mais as pessoas se amem. Esses são alguns elementos que a professora Maísa utiliza para ser considerada uma professora encantadora. O amor, expresso como um derretimento, aparece como marca das professoras que mobilizam as crianças na aprendizagem da leitura e da escrita nesse livro de Márcio Vassallo. Esse parece ser também um significado apresentado para as professoras alfabetizadoras que realizaram sua formação no PNAIC no ano de 2015, vinculada à UFMG. Merece destaque o fato de que *A professora encantadora* foi lembrado por quatro das cinco formadoras entrevistadas. Uma delas chegou a afirmar que o livro a

> marcou, especialmente [...]. Um dia eu fiz um encontro em Betim e eu estava trabalhando um dos gêneros que podem ser usados na sala de aula, que é a indicação literária. Então, eu li esse livro para as professoras, que eram minhas cursistas, fazerem a indicação literária, como elas iam propor lá. Mas foi tão lindo! Foi um trabalho tão, tão emocionante, que elas levantaram, elas se abraçaram, sabe? (entrevista com a formadora 1, realizada em 21/10/2015)

A capacidade de se emocionar e de se envolver de forma carinhosa com os/as outros/as é apresentada como uma marca importante das professoras alfabetizadoras. Ela é reconhecida em um livro que ensina como ser uma docente encantadora, que motiva seus/suas alunos/as para diversas aprendizagens.[8] É apresentada também como elemento importante na formação docente. Na formação realizada na UFMG, afirmava-se que "as trocas de experiência são um dos pontos altos que considero no PNAIC" (entrevista com a formadora 2, realizada em 22/11/2015). Também se divulgava que a relação que se construiu ao longo da formação era algo "muito legal", pois "tinha um entrosamento, tinha uma afetividade, sabe?!" (entrevista com a formadora 3, realizada em 21/10/2015).

Sem essa afetividade, expressa, por exemplo, por meio de um lanche coletivo mensal, é muito difícil construir uma boa formação. Afinal, "eu costumo dizer que o que vai abrir a porta para a formação é essa relação formador e cursista, né?! Se você não estabelece essa relação, dificilmente, você consegue um trabalho legal. Então, eu penso muito nessa perspectiva" (entrevista com a formadora 3, realizada em 21/10/2015).

Associar as mulheres ao afeto e ao carinho é uma prática recorrente em diferentes discursos. Paraíso (2016b) mostra como *a afetividade é uma estratégia* para governar tanto as professoras como os/as infantis nos currículos de alfabetização. Ela é utilizada para "correção de todos/as aqueles/as que não incorporam as 'proibições das leis e das normas' ou para 'amansar as feras'" (PARAÍSO, 2016b, p. 212, grifos da autora). Nesse sentido, *ser afetiva é uma técnica* acionada em diferentes currículos para garantir que crianças e docentes se adequem às normas escolares e às normas de gênero.

Carvalho (2013) analisa como futuras docentes se subjetivam com base no discurso que estabelece que as professoras de crianças pequenas devem ser afetuosas, dedicadas e amorosas. Estabelece-se, assim, uma posição de sujeito para as docentes que atuam com crianças pequenas. Essa posição de sujeito articula estratégias para governar as professoras a fim de que elas também possam governar os/as infantis de suas turmas. No caso do currículo aqui analisado, o afeto é acionado também para garantir a formação continuada de professoras alfabetizadoras. O afeto aparece como um importante procedimento nas estratégias formativas desenvolvidas na universidade, na qual, além do trabalho com teorias de alfabetização e letramento, também se acionam *procedimentos afetivos* para mobilizar as docentes em suas aprendizagens. O *procedimento do afeto* é um dos elementos de uma *técnica de feminização* que atua no currículo de formação do PNAIC para produzir as professoras como mulheres com características como o carinho, o capricho e a preocupação com a prática.

É interessante notar como a universidade, geralmente apresentada como espaço racional por excelência, é impregnada por um *raciocínio generificado* quan-

[8] Freitas (2018), no Capítulo 5 deste livro, mostra como diferentes livros de literatura infantil que tratam da temática da diversidade étnico-racial, operam com a lógica de que mulheres estão vinculadas à emoção, enquanto homens estão vinculados à razão.

do volta seu currículo para a formação continuada de professoras alfabetizadoras. Esse raciocínio faz com que, ao lado das práticas tradicionalmente racionais, sejam realizados procedimentos que se vinculam ao afeto e ao carinho. Isso pode, por um lado, produzir um currículo em que não haja uma hierarquização de saberes nas quais aqueles vinculados ao racional ganhem destaque. Pode-se produzir uma pequena fissura no campo das relações de poder-saber estabelecidas na universidade. Por outro lado, cristalizam-se os significados que "evidenciam a importância concedida ao componente afetivo como condição imprescindível para o exercício da docência" (CARVALHO, 2013, p. 234). Nas falas das formadoras, o afeto aparece como um elemento fundante das práticas desenvolvidas. Nesse sentido, mais uma vez, as mulheres e as professoras têm o campo da racionalidade apresentado como menos adequado para elas. Ainda que frequentem a universidade, que tenham formação acadêmica em níveis mais altos do que a maior parte da população, o afeto aparece como marca fundamental do trabalho a ser desenvolvido.

O afeto aparece também como elemento importante no trabalho desenvolvido pelas orientadoras de estudo nas formações em seus municípios. Na pesquisa que dá base a este artigo, foram entrevistadas três orientadoras de estudo e nove cursistas do município de Sabará, Minas Gerais. Em nenhuma fala das entrevistadas, as questões de gênero aparecem explicitamente. Porém, *raciocínios generificados* impregnam as ações desenvolvidas e estabelecem lugares a serem ocupados pelas professoras, seja quando atuam como formadoras, seja na prática em sala de aula. Nesse sentido, são demandadas e assumidas algumas posições de sujeito generificadas, tais como a posição de sujeito[9] *professora-menina*.

Embora o material dos Cadernos de Formação sempre nomeie as pessoas às quais a formação se destina no masculino, acionando o *procedimento do masculino genérico*, nas práticas cotidianas do PNAIC as professoras formadoras, as orientadoras de estudos e as cursistas são nomeadas como "meninas". Assim, afirma-se que "a gente cativou as meninas de um tanto que a gente é parceira" (entrevista com a orientadora de estudo 1, realizada em 24/11/2015). Ou qualifica-se as professoras, por exemplo, que "as meninas de Ravena[10] que eu pedi pra você conversar com elas, é um capricho só" (entrevista com a orientadora de estudo 2, realizada em 24/11/2015). Parece que "só entre mulheres a linguagem lhes permite ser mulheres" (CORAZZA, 1995, p. 246), pois quando se trata do currículo da formação oficial para todo o país, o masculino é que prevalece, envolvendo as mulheres em relações de poder que as excluem. Chamar mulheres de meninas é uma prática recorrente em diferentes contextos. Embora possa ser interpretada

[9] As posições de sujeito referem-se aos modos de ser demandados e produzidos por meio dos discursos e das relações de poder (FOUCAULT, 1993).

[10] Ravena é um distrito do município de Sabará.

apenas como um modo característico de se expressar, é necessário problematizar as associações que têm sido feitas entre mulheres e infantilidade.

O dispositivo da infantilidade[11] no Ocidente não incluiu apenas as crianças. Embora ele tenha, sem dúvida, incidido de modo mais direto sobre os seres humanos em seus estágios iniciais de existência, outros indivíduos também foram, ao longo do tempo, considerados infantis. Essas outras figuras, nomeadas por Corazza (2004, p. 322) como a "Companhia das Crianças", são "as mulheres dependentes, as/os negras/os [...], as/os loucas/os, as/os doentes, as/os regressivos, as/os prisioneiros, as/os pobres, as artistas, os/as revolucionários/as, os/as irreverentes, as/os que brincam, todas estas espécies de infantes-infames". A associação da infância com uma série de características de incompletude e de falta tornou possível sua articulação com todos/as aqueles/as que, na modernidade, não têm o *status* de sujeito (CORAZZA, 2004). Nesse sentido, são comuns em diferentes instâncias de nossa sociedade, referências que atribuem à mulher o lugar de infantil. A nomeação das professoras alfabetizadoras como meninas pode ser interpretada como uma dessas associações que articula mulheres a infância, a falta, a incompletude.

Além disso, as professoras cursistas do PNAIC também são inseridas em práticas escolares semelhantes àquelas às quais as crianças são submetidas na escola. A realização de tarefas de casa, o acompanhamento sistemático daquilo que é feito nas salas de aula por meio de visitas mensais às escolas, a leitura de histórias de literatura infantil antes dos encontros são evidências de como as professoras de crianças em processo de alfabetização são, em alguns momentos, tuteladas tal como ocorre com os/as infantis na instituição escolar. Cabe registrar que essa tutela é feita por outras mulheres e que o objetivo final é de que tais práticas sejam realizadas com as crianças em sala de aula. Parece haver aí um exercício de poder no qual se acredita que, ao tratar as mulheres de determinada forma, as crianças em sala de aula também serão tratadas assim. A prática desenvolvida no PNAIC parece funcionar como um modelo daquilo que deve ser vivido em sala de aula. Por meio desse processo de tutela, as mulheres professoras são convocadas a assumir a posição de sujeito *professora-menina* demandada por esse discurso.

O capricho é também uma característica importante da orientadora de estudos que pretende formar as professoras alfabetizadoras. Uma delas afirma: "eu avalio as minhas alunas... Até a questão ortográfica eu avalio, tem umas que escrevem errado, eu ponho bilhetinho, eu faço bilhetinho, bordadinho e coloco o que está errado, o que elas precisam melhorar, sabe? E... na minha sala só umas cinco que realmente ainda não estão comprometidas" (entrevista com a orientadora de

[11] O *dispositivo de infantilidade* refere-se ao conjunto de elementos que possibilitou que, a partir do século XVI, os seres nos anos iniciais de vida passassem a ser identificados como crianças (CORAZZA, 2004; CALDEIRA, 2016).

estudos 2, realizada em 22/11/2015). Para ser formadora de professoras alfabetizadoras, a *técnica de feminização* entra em ação no currículo para produzir uma orientadora de estudos que se preocupe com todos os aspectos da formação. Ela precisa bordar um modo de se relacionar com as demais professoras que operacionalize *raciocínios generificados* e que produza a aprendizagem de certos modos de ser docente. O bordado – tradicionalmente associado às mulheres – alia-se ao capricho para produzir um modo de se relacionar que tem na afetividade e no cuidado com a aprendizagem do outro a sua principal marca.

Ao associar as mulheres ao afeto e ao cuidado, esse currículo de formação docente insere-se em uma longa cadeia discursiva que tem colocado as mulheres como o "outro da razão" (WALKERDINE, 1995, p. 213). Enquanto os homens são aqueles que podem desenvolver práticas relacionadas à ciência e à racionalidade, as mulheres são apresentadas como aquelas vinculadas ao cuidado e ao afeto, que, para acessar às práticas racionais, precisam realizar grandes esforços. Esse processo, porém, se estabelece por meio de uma dualidade, já que as mulheres (seja como professoras, seja como mães) são "necessárias para produzir o tipo correto de cidadãos democráticos, ao fornecer o tipo de cultivo e desenvolvimento que permitirá que seus filhos tornem-se cidadãos racionais, autônomos, livres" (WALKERDINE, 1995, p. 216). As práticas formativas do PNAIC se inserem nesse processo, visto que, embora empreguem raciocínios que vinculem as mulheres ao afetivo, as consideram fundamentais na construção de crianças alfabetizadas em Língua Portuguesa e em Matemática.

No que concerne especificamente à exata, as mulheres são apresentadas como menos aptas para tal conhecimento. Como analisa Filipe Fernandes (2018, p. 142) no Capítulo 6 deste livro, a Matemática tem "afinidades com o signo do *masculino*". Temida por muitos/as estudantes e professoras, é comum nas práticas formativas do PNAIC a afirmação "parece que o terror de todo mundo é a Matemática" (entrevista com a cursista 1, realizada em 22/11/2015). Apesar desse medo inicial, o modo como as práticas são construídas parece ressignificar esse entendimento da Matemática: "Foi muito bom! Muito bom, mesmo! Porque até comigo que sempre detestei Matemática. Então, quando falou que era Matemática, eu falei assim: 'Nossa Senhora, vai ser *O* ano!' Mas foi muito bom!" (entrevista com a orientadora 2, realizada em 22/11/2015). As próprias formadoras de Língua Portuguesa reconhecem que "as orientadoras de estudo amaram a formação de Matemática porque é exatas, né?! Elas colocaram a mão na massa o tempo todo. Eram atividades superinteressantes, essas propostas que as formadoras de Matemática traziam, que o próprio material de Matemática trazia, eram muito interessantes" (entrevista com a formadora 2, realizada em 22/11/2015).

Ao analisar o currículo de Matemática do PNAIC, expresso por meio dos Cadernos de Formação, é possível notar que opera neles a *tecnologia do concreto*, que preconiza que o ensino de Matemática nos anos iniciais não deve ser baseado em abstrações, mas ter como foco aspectos concretos dessa ciência. Os materiais de formação do PNAIC inserem-se em um contexto de problematização da Matemática abstrata. Tal modo de pensar o seu ensino vem sendo problematizado e contestado, seja porque promove o fracasso escolar, seja porque "deixa de levar em conta a produção do pensamento nas práticas reais, concretas" (WALKERDINE, 1995, p. 209).

Práticas nas quais o ensino é baseado exclusivamente em falas, demonstrações e exercícios descontextualizados são rechaçadas e, em seu lugar, apresenta-se a importância do concreto para o entendimento infantil. Isso se evidencia no trabalho com "Contagens, agrupamentos e quantificações", no qual se afirma que, "no processo de alfabetização, a criança necessita sustentar suas ações na contagem concreta, um a um, formando novas ordens, agrupando e posicionando" (Caderno 3 Mat, 2014, p. 80). No trabalho com geometria, defende-se que, nessa proposta de ensino, "parte-se de materiais concretos visando a apropriação de conceitos bastante abstratos aos alunos" (Caderno 5 Mat, 2014, p. 76). Defende-se ainda que um dos direitos de aprendizagem das crianças no ciclo de alfabetização é "utilizar caminhos próprios na construção do conhecimento matemático, como ciência e cultura construídas pelo homem, através dos tempos, em resposta a necessidades concretas e a desafios próprios dessa construção" (Caderno Apresentação, 2014, p. 42).

O entendimento de que a Matemática ensinada por professoras nos anos iniciais do Ensino Fundamental deve vincular-se ao concreto, e não ao abstrato, está presente também nas falas das professoras cursistas, vinculada, sobretudo, ao uso de jogos. É uma delas quem afirma: "Eu sempre separo um dia da semana para a gente fazer os jogos de matemática, e esses jogos foram muito bons, porque a gente podia confeccionar em casa, né? Levar pronto ou então fazer com eles" (entrevista com a cursista 3, realizada em 22/11/2015). Outra professora ressalta que o trabalho com jogos "foi assim, interessante. Atividades com jogos, você está trabalhando mais com o lúdico. Então, o pouco tempo que teve foi ótimo também, porque é aquela prática, você pega, você vai para a sala e trabalha com os alunos daquela forma" (entrevista com a cursista 4, realizada em 22/11/2015).

O concreto, no trabalho cotidiano com as crianças, expressa-se por meio do uso dos jogos. Para ensinar essa Matemática concreta, as professoras precisam "colocar a mão na massa" e confeccionar os materiais que serão usados com as crianças. Não cabe a elas criar uma nova Matemática ou trabalhar conceitualmente esses aspectos. É importante que as professoras utilizem materiais concretos, fabriquem seus próprios jogos, utilizem da criatividade para ensinar para as crianças uma Matemática que se vincule ao concreto. Nesse processo, as professoras são colocadas na posição daquelas que fazem jogos, fabricam a materialidade, mas que não necessariamente refletem sobre o fazer matemático, sobre a produção de conhecimento na disciplina. Aspectos que se vinculam a essa dimensão são deixados de lado nas práticas formativas.

As professoras são colocadas, portanto, no lugar daquelas que cuidam para criar um ambiente propício ao desenvolvimento racional das crianças. Elas, todavia, não necessariamente precisam tornar-se racionais nesse processo. Mais uma vez, vincula-se as professoras ao afetivo, ao cuidado, à preparação, retirando-as do lugar dos que pensam e refletem sobre a produção do conhecimento matemático. Um *raciocínio generificado* que associa mulheres ao menos racional opera nesse currículo. As professoras são incentivadas a derreter-se de amor pela Matemática, mas por uma Matemática específica, vinculada ao fazer cotidiano, ao caráter prático e aos jogos.

CONSIDERAÇÕES FINAIS

> Maísa era uma professora que olhava para tudo com olhos de assombro e estranheza. Ela dizia que assombro é um susto cheio de beleza e estranheza é o casamento do estranho com a beleza.

Olhar para o mundo com base em uma perspectiva de gênero é, muitas vezes, ver tudo com assombro e estranheza. Nem sempre esse assombro é cheio de beleza, mas certamente ele permite estranhar aspectos que geralmente são vistos como naturais. A falta de associação entre as práticas de alfabetização e as questões de gênero, por exemplo, muitas vezes são vistas como normais no campo educacional. Porém, é preciso ter sempre em mente que a norma se caracteriza como a instituição do poder no processo de construção de diferentes situações sociais (SILVA, 2000, p. 83). É por meio dela que algumas formas de viver são consideradas corretas e outras, inadequadas. No que se refere ao gênero, as normas se instituem por meio de diferentes artefatos culturais. Considero, assim, que o currículo do PNAIC se constitui em um dos espaços nos quais normas de gênero são produzidas e modos de ser e agir são ensinados para professoras e crianças em processo de alfabetização.

Nesse sentido, a falta de especificidade no trabalho com gênero presente nos materiais de formação funciona para operar a *técnica do apagamento* dessas temáticas nas práticas formativas e também nos currículos vividos pelas crianças. A ausência das discussões de gênero atravessa as falas das formadoras e cursistas do PNAIC, as práticas do currículo vivido e as expectativas quanto aos modos de ser formadora e professora. Em nenhuma das entrevistas, as questões de gênero apareceram como um aspecto importante nas políticas de formação do Pacto. O trabalho pouco específico com essa marca faz com que o tema desapareça das práticas. Apesar disso, essa política é feita por mulheres e para mulheres. Como tal, ela funciona como uma *tecnologia de gênero* que opera com pressupostos do que seja trabalho de professora alfabetizadora e que atua na formação dessas professoras mulheres. Nesse sentido, a *técnica da feminização* atua acionando certos raciocínios que vinculam as professoras mulheres à afetividade, ao cuidado e ao concreto em detrimento do abstrato. Esse processo produz modos de ser professora alfabetizadora considerados corretos nesse material.

Em tempos de acirramento dos discursos que buscam excluir as discussões relativas ao gênero e à sexualidade das práticas escolares, o modo como a dimensão de gênero é tratada em um currículo de repercussões nacionais merece uma análise minuciosa para possibilitar modos diferenciados de se pensar tais questões. Desnaturalizar as ideias que desvinculam a alfabetização da dimensão do gênero é importante para produzir novos efeitos nas práticas curriculares e na formação docente. Com procedimentos como esse, talvez seja possível incluir nos currículos o assombro e a estranheza, entendidos como a possibilidade de pensar de modo diferente, trazer novos sentidos e tornar possível o nascimento da beleza nos currículos da alfabetização.

Referências

BELLO, Samuel; TRAVERSINI, Clarice. Saber estatístico e sua curricularização para o governamento de todos e de cada um. *Bolema*, Rio Claro, v. 24, p. 855-71, 2011.

BRASIL. *Ensino Fundamental de nove anos*: passo a passo do processo de implantação. Brasília: MEC/SEB, 2009.

BRASIL. *Parâmetros curriculares nacionais*: Ensino Fundamental. Brasília: MEC/SEF, 1997.

BUTLER, Judith. *Problemas de gênero*: feminismo e subversão da identidade. Rio de Janeiro: Civilização Brasileira, 2003.

CALDEIRA, Maria Carolina. *Dispositivos da infantilidade e da antecipação da alfabetização no currículo do 1º ano do ensino fundamental*: conflitos, encontros, acordos e disputas na formação das crianças de seis anos. 2016, 263 f. Tese (Doutorado em Educação) – Faculdade de Educação, Universidade Federal de Minas Gerais, Belo Horizonte, 2016.

CARDOSO, Lívia de Rezende. Relações de gênero nos materiais curriculares de ciências: o Programa Nacional de Livro Didático de Ciências em questão. In: PARAÍSO, Marlucy Alves; CALDEIRA, Maria Carolina da Silva (Org.). *Pesquisas sobre currículos, gêneros e sexualidades*. Belo Horizonte: Mazza, 2018, p. 93-113.

CARVALHO, Marília Pinto de. Gênero na sala de aula: a questão do desempenho escolar. In: MOREIRA, Antonio Flavio; CANDAU, Vera Maria (Org.). *Multiculturalismo*: diferenças culturais e práticas pedagógicas. 1. ed. Petrópolis: Vozes, 2008. p. 90-124.

CARVALHO, Rodrigo. O imperativo do afeto na educação infantil: a ordem do discurso de pedagogas em formação. *Educação & Pesquisa*, São Paulo, v. 40, n. 1, p. 231-246, out. 2013.

CORAZZA, Sandra. *História da infância sem fim.* Ijuí: Ed. Unijuí, 2004.

CORAZZA, Sandra. O que quer uma professora-mulher *atrapada*. *Educação & Realidade*, Porto Alegre, v. 20, n. 2, p. 235-255, 1995.

FERNANDES, Filipe Santos. Pelas bruxas de Agnesi no currículo: educabilidades de uma matemática *no feminino*. In: PARAÍSO, Marlucy Alves; CALDEIRA, Maria Carolina da Silva (Org.). *Pesquisas sobre currículos, gêneros e sexualidades*. Belo Horizonte: Mazza, 2018, p. 139-152.

FOUCAULT, Michel. Verdade e subjetividade. *Revista de Comunicação e Linguagem*, Lisboa, n. 19, p. 203-223, 1993.

FREITAS, Daniela Amaral Silva. Relações de Gênero nos kits de literatura afro-brasileira distribuídos pela Secretaria Municipal de Educação de Belo Horizonte: Razão e emoção para regular corpos na literatura infantil. In: PARAÍSO, Marlucy Alves; CALDEIRA, Maria Carolina da Silva (Org.). *Pesquisas sobre currículos, gêneros e sexualidades*. Belo Horizonte: Mazza, 2018, p. 115-137.

FURLANI, Jimena. Educação sexual: possibilidades didáticas. In: LOURO, Guacira; FELIPE, Jane; GOELLNER, Silvana (Org.). *Corpo, gênero e sexualidade*: um debate contemporâneo em educação. Petrópolis: Vozes, 2005.

LAURETIS, Teresa De. A tecnologia do gênero. In: HOLLANDA, Heloisa (Org.). *Tendên-*

cias e impasses: o feminismo como crítica da cultura. Rio de Janeiro: Rocco, 1994.
LOURO, Guacira. *Gênero, sexualidade e educação*. Petrópolis: Vozes, 1997.
NICHOLSON, Linda. Interpretando o gênero. *Revista Estudos Feministas*, Florianópolis, v. 8, n. 2, 2000.
PARAÍSO, Marlucy Alves. A ciranda do currículo com gênero, poder e resistência. *Currículo sem Fronteiras*, Pelotas, v. 16, p. 388-415, 2016a.
PARAÍSO, Marlucy Alves. Currículo e relações de gênero: entre o que se ensina e o que se pode aprender. *Linhas*, Florianópolis, v. 17, p. 206-37, 2016b.
PARAÍSO, Marlucy Alves. Fazer do caos uma estrela dançarina no currículo: invenção política *com* gênero e sexualidade em tempos do *slogan* "ideologia de gênero". In: PARAÍSO, Marlucy Alves; CALDEIRA, Maria Carolina da Silva (Org.). *Pesquisas sobre currículos, gêneros e sexualidades*. Belo Horizonte: Mazza, 2018, p. 23-52.
PRINS, Baukje; MEIJER, Irene Costera. Como os corpos se tornam matéria: entrevista com Judith Butler. *Revista Estudos Feministas*, Florianópolis, v. 10, n. 1, 2002.
REIS, Cristina; PARAÍSO, Marlucy. A constituição de corpos guerreiros em um currículo escolar. *Educação & Realidade*, Porto Alegre, v. 38, p. 1243-66, 2013.
SCOTT, Joan. Gênero: uma categoria útil de análise histórica. *Educação & Realidade*, Porto Alegre, v. 20, n. 2, jul.-dez. 1995.
SILVA, Tomaz Tadeu da. A produção social da identidade e da diferença. In: SILVA, Tomaz Tadeu da. *Identidade e diferença*. Petrópolis: Vozes, 2000.
VIANNA, Cláudia; UNBEHAUM, Sandra. O gênero nas políticas públicas de educação. *Cadernos de Pesquisa*, São Paulo, v. 34, n. 121, p. 77-104, 2004.
WALKERDINE, Valerie. O raciocínio em tempos pós-modernos. *Educação & Realidade*, Porto Alegre, v. 20, n. 2, jul.-dez. 1995.

3

Gênero nos currículos de formação docente em Educação Física no Brasil[1]

Aline Nicolino

Observa-se no atual cenário político brasileiro um avanço de ideias reacionárias em diversas políticas públicas de combate às desigualdades sociais e aos direitos humanos, com implicações diretas na educação. Entre os principais retrocessos estão as discussões de gênero e de sexualidade que constituem os documentos regulatórios da formação docente no Brasil. As bancadas religiosas, lideradas por grupos conservadores e reacionários das igrejas Evangélica e Católica, se movimentam nos planos políticos para combater o que eles denominam de "ideologia de gênero".

A expressão foi apropriada por uma parte reacionária da Igreja Católica, sob o apoio de um grupo evangélico, para criticar a construção social e histórica dos corpos. Esse grupo entende que o corpo biológico, representado pela vagina e pelo pênis, determina o que é ser mulher e o que é ser homem. Para fundamentar esse conceito, trazem a ideia de família "tradicional", constituída por uma mulher e um homem, como única forma de constituição moral possível e, portanto, política. Esses representantes consideram que as discussões de gênero e de sexualidade nas escolas deturpam o conceito tradicional de família, ferindo "as convicções religiosas ou morais dos pais ou responsáveis pelos estudantes" (PL n. 867/2015).

[1] As análises aqui apresentadas resultam de uma pesquisa mais abrangente intitulada "Análise comparativa do perfil da formação profissional em Educação Física: a América Latina em foco", que recebeu o financiamento do Ministério do Esporte do Brasil, do Conselho Nacional de Desenvolvimento Científico e Tecnológico (CNPq) e da Fundação de Amparo à Pesquisa do Estado de Goiás (FAPEG), realizada no período de 2013 a 2016. Parte significativa das reflexões apresentadas neste capítulo refere-se à exposição e ao debate promovidos no VII Seminário Pensar Direitos Humanos: Cidadania, Democracia e Direitos Humanos, realizado na Universidade Federal de Goiás (UFG), em novembro de 2017.

O termo é utilizado para hostilizar e deslegitimar os estudos feministas, de gênero e a teoria *queer*, por considerarem que tais conhecimentos produzidos deturpam o conceito tradicional de família. Essa produção teórica vem, sim, denunciando as desigualdades mantidas em práticas pedagógicas diferenciadas para os gêneros, questionando a noção de um feminino fraco e frágil, perante um masculino forte e resistente, acentuando, assim, formas de discriminação que exigem maior esforço e disciplina para "adequá-lo" aos parâmetros masculinos. Ou seja, as teorias feminista, de gênero e *queer*, questionam, sobretudo, a legitimidade de uma educação corporal que se constituiu pela reiteração de como cada um/a deve se comportar, agir e pensar de forma heteronormativa.[2]

É possível identificar, nesse sentido, um movimento social e político (PARAÍSO, 2016), sobretudo de religiosos em cargos políticos, para retirar termos, proibir a menção e as discussões sobre temas como gênero e sexualidade na escola, assim como criar legislação de criminalização da prática docente e retirar investimentos e direitos já conquistados, como podem ser vistos na sistematização de Projetos de Lei (PL)[3] que tramitam no Congresso Nacional. Sob o argumento de "deturpar" preceitos religiosos e, por isso, entrar em conflito com as convicções religiosas e morais de estudantes, a bancada religiosa busca na política, e fora dela, retirar qualquer possibilidade de discussão sobre gênero e sexualidade em documentos que regulam a Educação Básica brasileira[4] e orientam políticas públicas, bem como busca criar artifícios para coibir e penalizar educadoras/es que adotam discursos de liberdade e de tolerância em suas práticas de ensino.

Partindo desse panorama, denominado como um "momento conservador" pela pesquisadora Vera Marques da Silva, ou como uma "escalada de discursos fundamentalistas religiosos" desde as eleições de 2010, por Richard Miskolci,[5] o argu-

---

[2] Heteronormatividade é compreendida como a produção e a reiteração compulsória da norma heterossexual, em que se supõe que todas as pessoas sejam (ou devam ser) heterossexuais, seguindo o alinhamento sexo-gênero-sexualidade (LOURO, 2009, p. 90). A heteronormatividade, portanto, está "fundada no modelo heterossexual, familiar e reprodutivo. Ela se impõe por meio de violências simbólicas e físicas dirigidas principalmente a quem rompe normas de gênero" (MISKOLCI, 2012, p. 46-47).

[3] Há em tramitação na Câmara dos Deputados o PL 867/2015, apensado ao PL 7180/2014, de autoria do deputado Erivelton Santana (PSC-BA); e no Senado, o PLS 193/2016 (MINTO; RODRIGUES; GONZALES, 2016). Os Projetos de Lei visam criminalizar a prática docente que descumprir a "proibição de utilização da ideologia de gênero, orientação sexual e congêneres" (PL 2731/2015), com pena prisional de até 2 anos. O PL 5487, proposto pelo professor Victório Galli (PSC-MT), "institui a proibição de orientação e distribuição de livros às escolas públicas pelo Ministério da Educação e Cultura que verse sobre orientação de diversidade sexual para crianças e adolescentes".

[4] Para mais informações sobre o assunto, ler SEFFNER; PICCHETTI, 2016; e a reportagem: <http://www1.folha.uol.com.br/educacao/2015/06/1647528-por-pressao-planos-de-educacao-de-8-estados-excluem-ideologia-de-genero.shtml>.

[5] Ideias retiradas do jornal Folha de S.Paulo, matéria "O que pensam os gays que apoiam Bolsonaro e rechaçam Jean Wyllys", disponível em: <http://www1.folha.uol.com.br/poder/2016/06/1779411-o-que-pensam-os-gays-que-apoiam-bolsonaro-e-rechacam-jean-wyllys.shtml>.

mento desenvolvido neste capítulo é o de que os documentos que orientam o processo de formação docente na área dizem muito pouco sobre gênero e, ao fazê-lo, o apresentam pelo viés do sexo biológico. Essa ausência diz, sem dizer, que o uso do termo não é neutro e sinaliza uma escolha teórica que vem produzindo efeitos diversos nas políticas educacionais voltadas para o campo da Educação Física.

Entendo, nesse sentido, que, apesar de todo o interesse que o tema vem suscitando nos campos social, acadêmico e político, há poucos estudos de mapeamento na Educação Física brasileira sobre como gênero é referenciado nas legislações e nos currículos de formação docente dos cursos de Educação Física (NICOLINO *et al.*, 2017). Este estudo se propõe, portanto, a analisar os documentos regulatórios e as matrizes curriculares de cursos voltados para a formação docente em Educação Física escolar, por meio da identificação da quantidade de vezes, em quais e o sentido que gênero é mencionado nos documentos (legislação, planos de curso e projetos pedagógicos).

O objetivo deste estudo, portanto, é identificar como se constitui a discussão de gênero nos documentos regulatórios em Educação Física escolar e seus efeitos nos campos acadêmico e político, já que é possível identificar um visível incômodo e discurso de intervenção por parte de grupos políticos e eclesiais para retirar e extinguir a discussão sobre diversidade na escola. Discurso que fere direitos conquistados e em vias de ampliação, especialmente das mulheres e da população LGBT,[6] como destaca Sandra Duarte de Souza (2014). Segundo a estudiosa, há um moralismo sexual na política que pode ser traduzido como violência de gênero político-religiosa por parte desses segmentos (SOUZA, 2014). O que significa dizer que há um movimento ultraconservador político-religioso que prega quem pode e quem não pode falar sobre gênero e sexualidade. Nessa lógica, as instituições família e religião têm permissão "legal" para falar sobre os temas, mas a escola, não (AMARAL; DONATO, 2016). Além disso, por meio de PL, proíbe a discussão de gênero em sala de aula, punindo a/o docente que descumprir com pagamento de multa, exoneração do cargo e cadeia.[7]

Nesse sentido, as implicações de censura de temas e doutrinação do pensamento no campo da educação, como proposto em PL que prega o que não se deve falar e discutir em sala de aula, faz pensar sobre o silenciamento pedagógico perante as questões de gênero e sexualidade no contexto escolar. Transformar essa invisibilidade em potencialidades de mudança é o tema discutido por Marlucy Paraíso (2018, p. 29) no primeiro capítulo deste livro. A autora levanta o quanto a ameaça de ausência dessas discussões no currículo produz possibilidades de

[6] A sigla refere-se a pessoas Lésbicas, Gays, Bissexuais, Travestis, Transexuais e Transgêneros. Contudo, as tensões e as disputas que constituem novas terminologias, no sentido de incluir e/ou distinguir letras, podem ser lidas no relatório de pesquisa de LUIZ MELLO *et al.*, 2010.

[7] Para saber mais sobre os Projetos de Lei que ameaçam a educação escolar, acessar: <http/www.liberdadeparaensinar.wordpress.com>.

expansões em um currículo, em possibilidades de constituir rizomas, de se mover "pelas aberturas, pelas linhas que se multiplicam, pelos agenciamentos que crescem em tempos do *slogan* 'ideologia de gênero'". Paraíso trabalha, sobretudo, com a ideia do "sim eu posso!" para transformar o sentimento de caos dentro de si em potencialidades de transformação no currículo, de enfrentamento aos "poderes que querem proibir as discussões sobre gênero e sexualidade na escola".

Ainda sob óptica de enfrentamento da invisibilidade das discussões de gênero e sexualidade no currículo, o trabalho de Maria José do Nascimento (2013) mostra o quanto o silenciamento de determinadas linguagens no contexto escolar produziu efeitos diversos no processo de formação docente em Goiás. A autora identificou que os investimentos do governo federal para a formação docente continuada em Educação Sexual no município de Goiânia, GO, no período de 1990 a 2000, investimentos que abarcavam, sobretudo, o conhecimento técnico do campo epidemiológico, visavam à prescrição e à regulação dos corpos escolares. Apesar de identificar um direcionamento de saberes voltados para o corpo biológico, a pesquisadora verificou que as/os docentes buscaram outros meios para ampliar a discussão de gênero e de sexualidade, recorrendo a outros campos do conhecimento e parcerias, dentro e fora da universidade (NASCIMENTO, 2013).

Essa invisibilidade de "voz" e de políticas públicas podem ser observadas também em pesquisa realizada por Cláudia Vianna (2012), ao fazer um levantamento da produção acadêmica sobre a introdução do gênero e da sexualidade nas políticas públicas de educação no Brasil no período de 1990 a 2009. Os trabalhos analisados mostram que a discussão da sexualidade e do gênero está impregnada de valores e significados que determinam o corpo pelo sexo biológico. Um corpo reduzido "às características físicas e naturais ainda é visto como universal e a-histórico". São esses valores que "configuram a própria identidade docente, bem como as identidades de gênero chanceladas nas normas e nas relações escolares" (VIANNA, 2012, p. 138). Portanto, é pensando nessa ausência de direitos e invisibilidade histórica e nos avanços conquistados por reivindicações de movimentos sociais e acadêmicos (SARTI, 2004), que proponho mostrar aqui, por meio dos resultados de uma pesquisa panorâmica, qual e como é feita a discussão de gênero e sexualidade na legislação regulatória da formação superior em Educação Física e nos currículos de formação em licenciatura no Brasil.

METODOLOGIA

O levantamento das diretrizes legais, dos projetos pedagógicos e das matrizes curriculares dos cursos de formação docente em Educação Física foi realizado por meio de uma pesquisa mais ampla,[8] quando se fez a identificação de documentos oficiais de países da América Latina disponíveis nas páginas eletrônicas de suas universidades, Ministérios da Educação, Cultura e Esporte, Conselhos Nacionais de Esporte, Comitês Olímpicos e Exércitos. Após esse levantamento, foram utilizados quatro critérios para selecionar as instituições analisadas: 1) divisão das cinco regiões que constituem o país; 2) tipo de titulação – licenciatura, bacharelado e tecnológico; 3) modalidade – ensino presencial e a distância (EAD); e 4) rede privada e rede pública de ensino. Entre o mapeamento de mais de 1.452 currículos levantados no Brasil no ano de 2014, a amostra desta análise é composta por 10% desse total, ou seja, uma média de 145 matrizes curriculares.

Para identificar a quantidade de vezes que gênero é mencionado nos documentos regulatórios da Educação Física (currículo, projetos pedagógicos e legislação), em quais e em qual contexto, foi utilizado o programa de análise qualitativa NVivo, versão 11. O programa fez a busca e o cruzamento referente aos termos gênero e sexualidade e seus derivados no *link* "busca por palavras". Os resultados estão apresentados mais adiante no formato de figura e quadro e as análises usam o conceito de discurso de Michel Foucault (2010; 2012) não como estratégia metodológica, mas como uma provocação analítica. Inspiro-me, ainda, em Butler (2010; 2014), que argumenta que os corpos são sempre constituídos no ato da descrição e que essa citacionalidade serve como "uma espécie de estratégia *queer* para converter a abjeção e a exclusão das identidades sexuadas e 'generificadas' não sancionadas em agência política" (SALIH, 2012, p. 129).

HÁ AÇÃO POLÍTICA NAS AULAS DE EDUCAÇÃO FÍSICA? UMA ANÁLISE DOCUMENTAL SOBRE A GENERIFICAÇÃO DOS CORPOS ESCOLARES

Para identificar os saberes de maior "prestígio" e, portanto, considerados de maior "veracidade" científica no processo de formação da Educação Física é necessário mencionar o pensamento médico higienista que circulava na primeira metade do século XX, para pensar sobre as "verdades" reconhecidas nos campos acadêmico e político daquele contexto histórico. Conhecimento este que dizia as "verdades" sobre o físico, a moral e o dever cívico dos corpos escolares (SOARES, 2001). Esse pensamento associava uma educação saudável à prevenção e à profilaxia, disseminando a ideia de um corpo biológico forte, resistente e "adequado" aos parâmetros de produtividade, conforme mostram Castellani Filho (1988), Fraga

[8] Trata-se da já referida pesquisa "Análise comparativa do perfil da formação profissional em Educação Física: a América Latina em foco", coordenada pela Profa. Dra. Ana Márcia Silva.

(2006) e Goellner (2009). As práticas escolares ensinavam, nesse sentido, um determinado *estilo de vida* voltado para o disciplinamento do caráter e a higiene do corpo. Isso significa que a Educação Física entra no contexto escolar pela lógica biológica, em que o corpo é educado nas ideias de ordem, disciplina e higiene (SOARES, 2001), guiada, sobretudo, por uma racionalidade moral do sexo.

Essa racionalidade, guiada por uma moral higiênica sobre o corpo, constitui os primeiros conteúdos pedagógicos da Educação Física escolar brasileira e vem, entre outros conhecimentos, se dedicando a ensinar que o sexo biológico é o responsável pela constituição da sexualidade heterossexual, considerada "normal e saudável" (DORNELLES, 2013a, 2013b). A prática pedagógica na área vem ensinando, portanto, "verdades" sobre como cada um/a deve se comportar, agir e pensar, supondo "o sexo como um 'dado' anterior à cultura, de caráter imutável, a-histórico e binário" (LOURO, 2008, p. 15). Observa-se, com isso, que os saberes que se transformaram em conhecimento curricular na área de Educação Física são constituídos, majoritariamente, por análises que priorizam "aspectos anatômicos, fisiológicos, biomecânicos, químicos, psicológicos, ou seja, sob o domínio das áreas biológicas e médicas, minimizando sua dimensão histórica e social" (GOELLNER, 2013, p. 37).

Conhecer o que se tornou "verdade" no currículo para educar os corpos escolares possibilita compreender parte dos conhecimentos que constituem as discussões de gênero nos campos acadêmico e profissional da área. Outra possibilidade é recorrer a mapeamentos que apresentam como se deu essa produção na Educação Física escolar. No levantamento feito por Luciano Corsino e Daniela Auad (2012) sobre a discussão de gênero na área, é possível perceber que a constituição do campo acadêmico-profissional se dá com a entrada dos estudos de gênero e feministas, sob uma perspectiva construcionista divulgada, sobretudo, por Joan Scott (1995) em seu texto "Gênero: uma categoria útil de análise histórica". Os autores verificaram, nesse sentido, que o aumento das produções estava associado ao aumento da quantidade de programas de mestrado e doutorado na área e que a maior parte dos trabalhos buscava problematizar "o caráter natural e biológico dos corpos e das diferenças entre homens e mulheres" (ALTMANN, 2015, p. 24; CORSINO; AUAD, 2012).

Sob a mesma percepção, Silvana Goellner afirma que as ideias de Joan Scott foram significativas nas produções da Educação Física escolar, sendo a escola o contexto mais investigado entre os anos de 1980 e 1990 (LUZ JÚNIOR, 2003 *apud* GOELLNER, 2013). O levantamento de Helena Altmann (2015) mostra também que há uma intensificação dos debates e das pesquisas na área nos anos de 1990, chamando a atenção para as conexões feitas entre gênero com outras categorias – raça, classe, geração, sexualidade na produção do campo. A autora destaca que a oficialização de aulas mistas na Educação Física foi um fator legal significativo nos anos 1990, que possibilitou, sobretudo, impulsionar a produção do campo acadêmico sobre Educação Física e gênero (ALTMANN, 2015). De modo geral, os mapeamentos que datam a entrada da discussão de gênero, mostram o quanto a ideia de gênero como categoria de análise (SCOTT, 1995) foi significativa para apresentar o "pessoal como sendo político" e, nesse sentido, denunciar a diferença biológica como produtora das desigualdades sociais (GOELLNER, 2013).

Essa mudança na lógica do pensamento, de que gênero "não é sinônimo de sexo" (AUAD, 2004), permitiu questionar os modos com que os corpos se constituem femininos e masculinos, com impacto na produção teórica sobre gênero na Educação Física escolar brasileira que passa, então, a denunciar o quanto as diferenças anatômicas dos corpos são utilizadas para justificar a produção das desigualdades no contexto escolar. As práticas curriculares da Educação Física, portanto, estão contribuindo para a manutenção das desigualdades de gênero na escola. Essa produção mostra o quanto as relações de gênero são reguladas por uma lógica generificada, em que a mulher é representada como feminina e detentora de uma vagina e o homem como masculino e detentor de um pênis. Mostra, ainda, como o biológico se constituiu o conteúdo mais "verdadeiro" dessa disciplina, em que sexo-gênero-sexualidade constitui a lógica da prática educativa. Esses estudos fazem, portanto, questionamentos sobre a legitimidade de uma educação corporal que se constituiu pela reiteração de como cada um/a deve se comportar, agir e pensar de forma heteronormativa.

De modo geral, esses mapeamentos realizados na área da Educação Física escolar brasileira nos permitem identificar os discursos de maior "prestígio" sobre o tema e alguns dos efeitos produzidos pela visibilidade que alguns saberes conquistaram. Isto é, nos mostra que a escolha em utilizar gênero e a sua apresentação, enquanto um conteúdo curricular, como categoria de análise, não são neutras. Sinalizam uma escolha teórica e, portanto, política. Contudo, apesar das pesquisas mostrarem que há uma produção acadêmica na área, a discussão desses temas ainda não estava oficialmente presente nos documentos regulatórios da Educação Física escolar. O impacto dessas ideias no currículo de Educação Física só pôde ser identificado em 1997, com a publicação dos Parâmetros Curriculares Nacionais (PCN), em um dos Temas Transversais voltados para o Ensino Médio. O caderno "Pluralidade Cultural e Orientação Sexual" traz a Educação Física como uma das disciplinas responsável em promover a igualdade de gênero na escola. O que significa pensar que essa responsabilidade atribuída à área oficializa a entrada dessas questões no currículo da Educação Física.

Ao identificar a invisibilidade dessas discussões nos documentos que regem o currículo da Educação Física escolar, compreendo o quanto são significativas a representação e a reiteração de "verdades" sobre o tema e, por isso, busquei investigar a quantidade de vezes que gênero é citado nos documentos regulatórios da área e qual o sentido em que foi utilizado. Contudo, compreendo também que essa ausência não significa que os saberes sobre gênero não estejam presentes nas práticas pedagógicas dos cursos, como apresenta Paraíso (1997), pois aquilo que está ausente do currículo formal, que não é contemplado no currículo oficial, pode se manifestar de maneira explícita ou oculta no currículo em ação, aquele que se materializa no campo educacional.

Nesse sentido, o levantamento possibilita identificar se há discussão de gênero no processo de formação docente no Brasil, onde e como ela se apresenta, mas não deixa de considerar que o currículo não é constituído apenas por aquilo que está escrito. Entendo, como apresentado por Tomaz Tadeu da Silva (2010), que o currículo é uma prática produtiva, concentrando os diferentes significados sociais e políticos construídos, e produzindo saberes, sujeitos e identidades. Portanto, as relações de gênero, construídas em múltiplas instâncias sociais, também podem estar presentes nas instituições educacionais e no contexto da formação educativa mesmo sem constar na proposta curricular oficial da instituição educacional, já que o currículo se constitui a partir das relações de poder-saber de quem o produz, das políticas e das diretrizes que o norteia (PARAÍSO, 1997; 2006).

Esse mapeamento pode ser observado na figura a seguir, que apresenta trechos extraídos dos documentos, compostos por frases anteriores e posteriores, em que o termo gênero é citado.

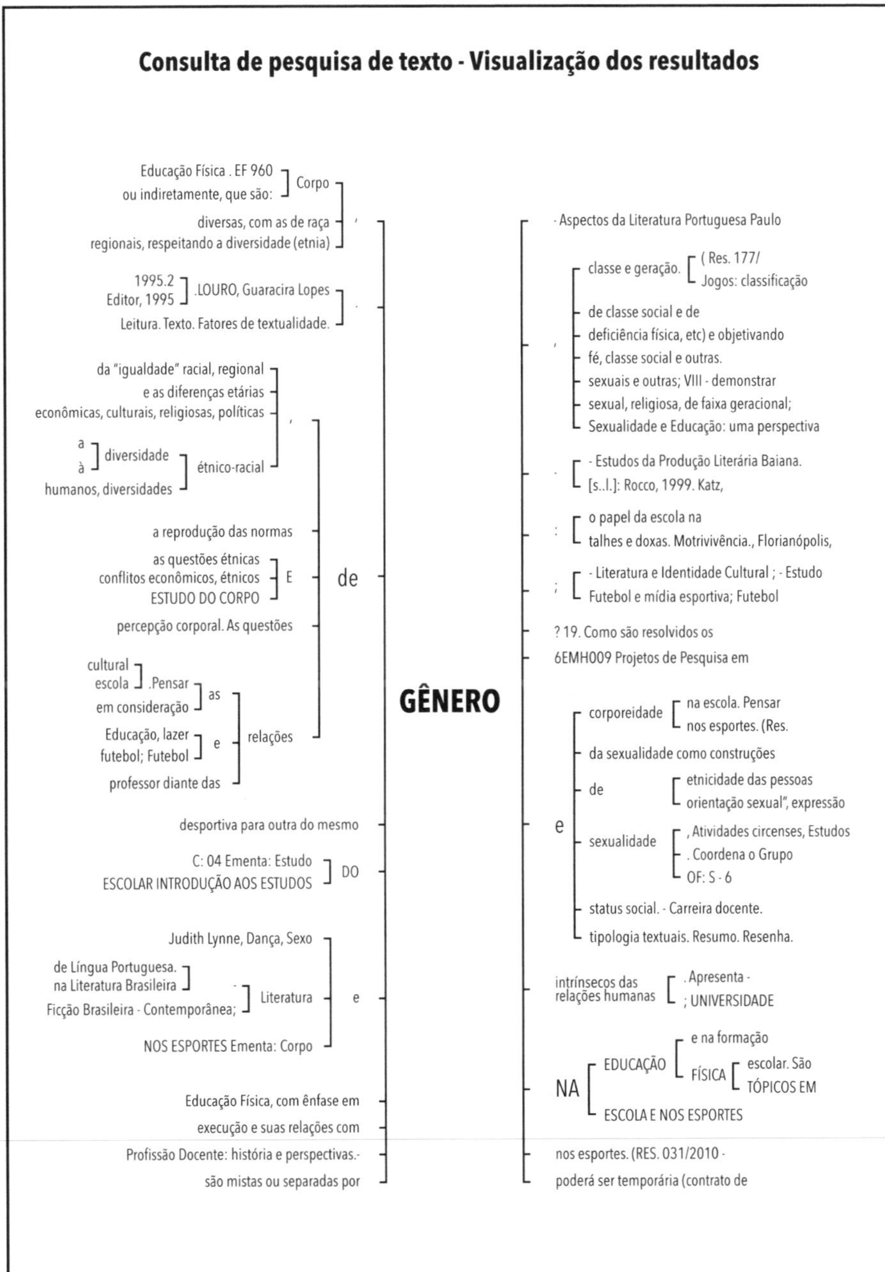

Figura 1. Árvore de Palavras referente à busca pela palavra gênero, com palavras derivadas.

Gênero, de modo geral, foi identificado pelo programa Nvivo 65 vezes, em um total de 18 documentos. Entre eles, 3 referem-se a documentos que regulam o campo profissional da Educação Física brasileira: a Lei 9.615 de 1998,[9] em que o termo é citado uma vez; a Resolução CNE n. 02 de 2015,[10] apresenta sete menções; e o Plano Nacional de Educação (PNE 2014-2024),[11] no qual o termo aparece uma vez. Os outros 15 documentos referem-se a matrizes curriculares e projetos pedagógicos de cursos de formação, distribuídos nas cinco regiões do Brasil, como pode ser visto a seguir:

QUADRO 1. Informações referentes à região, às instituições, à quantidade de vezes que a palavra gênero é citada e o contexto.

<table>
<tr><th>Região</th><th>Instituição/Cidade/UF</th><th>Citação</th><th>Contexto</th></tr>
<tr><td>Norte</td><td>UNIR/Porto Velho-RO</td><td>1</td><td>Disciplina obrigatória (ementa)</td></tr>
<tr><td rowspan="2">Nordeste</td><td>UNEB/Salvador-BA</td><td>10</td><td>· Texto do PPP - 2
· Publicação docente - 1
· Disciplina obrigatória (ementa - 2)
· Disciplina obrigatória de Português (título - 3 e ementa - 2) Gênero textual</td></tr>
<tr><td>UNIJORGE/Salvador-BA</td><td>1</td><td>Perfil do egresso</td></tr>
<tr><td rowspan="4">Centro-Oeste</td><td>UEG/Goiânia-GO</td><td>2</td><td>Disciplina obrigatória (referência)</td></tr>
<tr><td>UNIGRAN/ Dourados-MS</td><td>2</td><td>· Disciplina obrigatória de Português (título)
· Gênero textual</td></tr>
<tr><td>PUC/Goiânia-GO</td><td>1</td><td>Proposta curricular</td></tr>
<tr><td>UFG/Goiânia-GO</td><td>1</td><td>Disciplina obrigatória (referência)</td></tr>
</table>

[9] Institui normas gerais sobre desporto e dá outras providências (Lei n. 9.615, 24 de março de 1998).
[10] "Define as Diretrizes Curriculares Nacionais para a formação inicial em nível superior (cursos de licenciatura, cursos de formação pedagógica para graduados e cursos de segunda licenciatura) e para a formação continuada" (CNE, n. 02 de 1º de julho de 2015).
[11] O Plano Nacional de Educação (PNE) é um documento que dita as diretrizes e as metas a serem alcançadas no período de 10 anos pelo governo federal, nesse caso, de 2014 a 2024.

Sudeste	Unicamp/Campinas-SP	5	Disciplina optativa (título, ementa e currículo docente)
	UFOP/Ouro Preto-MG	4	Disciplinas obrigatórias (títulos e ementas)
	IFSulMinas/ Três Pontas-MG	2	Disciplina obrigatória (referência) e Formulário de Estágio (questão)
	UFF/Niterói-RJ	1	Disciplina optativa (título)
	UNIARAXÁ	4	· Disciplina obrigatória de Leitura e Produção de texto (ementa e referência) · Gênero textual
Sul	UEM/Maringá-PR	9	Disciplina obrigatória (objetivos) e disciplina optativa (título e ementa)
	UEL/Londrina-PR	1	Disciplina obrigatória (ementa)
	UNISINOS/Porto Alegre-RS	12	· Disciplina obrigatória (ementa - 2) · Disciplina obrigatória de Português (ementa e referência - 10) Gênero textual

A sistematização dessas informações apresentada no quadro acima permite verificar que a palavra gênero foi citada 56 vezes nesses documentos e que a maior parte encontra-se expressa em disciplinas. Destas, 11 são disciplinas obrigatórias e 3 optativas, em um total de 14 disciplinas que trazem a palavra citada de alguma forma na ementa, ou nas referências, ou no título, ou no conteúdo. Apesar do número significativo de menção a gênero nas disciplinas obrigatórias dos currículos, a maior parte refere-se ao gênero textual, no total de 21 vezes. O que significa dizer que gênero como categoria analítica foi apresentado 35 vezes em 12 documentos diferentes. Entre esses documentos, é possível identificar que a apresentação da temática se deu de forma pontual e pouco articulada com os objetivos teóricos e políticos propostos no processo de formação dessas instituições. É possível perceber, nesse sentido, que há um movimento por parte de algumas professoras e alguns professores para inserir o tema na matriz curricular. Contudo, essas ações não constituem uma proposta institucional de formação. Ou seja, entendo que há uma discussão de gênero expressa no processo de formação, contudo, ela ainda não é "oficial".

Ao mesmo tempo, garantir que o termo esteja presente no currículo é imprimir um posicionamento político ao campo acadêmico-profissional. Posicionamento que pode ser observado nas propostas de disciplinas ofertadas por duas instituições públicas de ensino. Uma do Sudeste, sob a forma de disciplina optativa com o título "Corpo, gênero e sexualidade" e da ementa "Estudo do gênero e da sexualidade como construções histórico-sociais e suas relações com o corpo e a educação física" (UNICAMP, 2015, p 66), que trazem a discussão de gênero como central para pensar a educação do corpo na escola e, portanto, como conteúdo curricular. E outra na instituição localizada na Região Norte, em que a discussão de gênero aparece em uma disciplina obrigatória, intitulada "Recreação Escolar", mas articulada com outras categorias que compõe a discussão sobre o conteúdo da área: "Estudo das manifestações lúdicas e recreativas, levando em consideração os espaços e recursos necessários para sua execução e suas relações com gênero, classe e geração" (UNIR, 2012, p. 31).

De modo geral, é possível observar que a discussão de gênero aparece, sobretudo, nas disciplinas optativas, não sendo mencionada em outras partes do documento. Ao mesmo tempo, também é possível verificar que uma quantidade significativa de citações não garante que a discussão de gênero esteja presente na proposta pedagógica da instituição. Como identificado em uma instituição do Sul brasileiro, a Universidade Estadual de Maringá (UEM), em que o termo aparece 9 vezes em três disciplinas distintas, sendo duas obrigatórias ("Teorias do Lazer" e "Recreação") e uma optativa ("Estudos do corpo e de gênero na escola e nos esportes"). Apesar da quantidade significativa de citação da palavra nas disciplinas que compõem o projeto pedagógico do curso, o termo desaparece da apresentação geral do documento.

Nesse sentido, reconhece-se que o uso do termo traz um posicionamento político e que, por isso, precisa estar contextualizado na proposta pedagógica e associado a outras categorias de análise. Sob essa lógica, um dos documentos nos chamou a atenção, não tanto pela quantidade, mas pela forma como gênero é apresentado na proposta de formação política da instituição. O Projeto Pedagógico da Universidade do Estado da Bahia (UNEB), localizada na Região Nordeste do Brasil, traz 10 citações sobre o termo, sendo 5 delas referentes ao gênero textual. As outras 5 aparecem no desenvolvimento da proposta pedagógica do curso, a qual se compromete em seu processo de formação promover no âmbito político "a capacidade de dialogicidade frente aos conflitos econômicos, étnicos e de gênero intrínsecos das relações humanas" (UNEB, 2011, p. 188). Nos seus objetivos, se propõe a "enfrentar os dilemas advindos dos conflitos econômicos, étnicos e de gênero intrínsecos das relações humanas" (UNEB, 2011, p. 192), e, ainda, em "participar, estimular, assessorar e coordenar experiências de atividades físicas em diferentes espaços de aprendizagem da cultura corporal, levando em consideração as relações de gênero e de etnicidade das pessoas" (UNEB, 2011, p. 193). O documento traz também, em uma disciplina obrigatória de Futebol, o conteúdo "Futebol e relações de gênero" para ser trabalhado no currículo (UNEB, 2011,

p. 278). Identifica-se, portanto, que foi o único documento, entre os analisados, que trouxe de maneira mais integrada e em diferentes contextos a discussão de gênero como uma proposta de formação institucional. Contudo, deve-se observar que, ao contemplar de modo mais sistematizado uma proposta de discussão de gênero, é preciso haver uma participação coletiva, para que o tema seja exercido nas diferentes disciplinas. O que não foi constatado.

Um olhar panorâmico sobre a discussão do tema nas matrizes curriculares que constituem os cursos de formação na Educação Física escolar brasileira permite identificar, por um lado, um movimento aparentemente pontual, expresso, sobretudo, nas ementas e referências de disciplinas, mas que não se constituiu em uma proposta pedagógica institucional. Por outro lado, também é possível perceber o quanto essas ações tornaram-se representativas no cenário nacional, tanto pelo seu alcance em diferentes regiões, quanto pelas possibilidades didáticas de diálogo com outros temas (classe, raça, etnia e sexualidade).

Nesse sentido, entende-se que a presença e a circulação do tema em diversas grades curriculares no cenário brasileiro têm uma forte relação com os investimentos teóricos de diferentes campos do conhecimento, mas, sobretudo, com os interesses políticos. O aumento da produção científica, com ênfase à epidemiologia da doença, coincide com os investimentos do governo federal direcionados às políticas de prevenção e medicalização do corpo escolar, especialmente após o advento do HIV e sua pandemia. As primeiras publicações acadêmicas em gênero e sexualidade voltadas às políticas públicas educacionais são datadas de 1995 (VIANNA, 2012). Esse aumento de investimentos sobre o tema também pode ser reconhecido na produção de diretrizes para a educação nacional, com a publicação dos Parâmetros Curriculares Nacionais (PCN) em 1997 (SILVA; NETO, 2006).

A circulação dessas ideias centradas na naturalização do corpo biológico e a Educação Física como disciplina responsável em reproduzir essa lógica pode ser identificada no caderno "Pluralidade Cultural e Orientação Sexual". O documento, organizado em três eixos – "Corpo: matriz da sexualidade", "Relações de gênero" e "Prevenção de doenças sexualmente transmissíveis/AIDS" –, apresenta a Educação Física como privilegiada para promover a igualdade de gênero (BRASIL, 1997). Reconhecimento que enfrenta críticas ao apresentar as questões de gênero e de sexualidade sob a lógica da prevenção e da normatização (ALTMANN, 2001). Ou mesmo ao trazer uma visão polarizada de gênero e não orientar as/os professoras/es de Educação Física para o tratamento de situações desiguais e discriminatórias (UNBEHAUM, 2010). De modo geral, as análises mostram que o documento não apresenta formas mais críticas para se problematizar e trabalhar tais conteúdos na disciplina (SILVESTRIN, 2013). Revelam ainda que, apesar da proposta de tratar sobre tais temas, o texto informa a forma ideal de viver a sexualidade, com base em "práticas sexuais monogâmicas, heterossexuais e reprodutivas" (CÉSAR, 2010, p. 70).

Isto é, apesar das limitações teóricas apresentadas em diversas pesquisas sobre o documento, os PCN (1997) oficializam a possibilidade de se discutir gênero e sexualidade enquanto conteúdos pedagógicos no contexto escolar. Essa possibilidade só se concretiza no campo profissional da Educação Física escolar após 18 anos, com a Resolução CNE n. 02 de 2015, já que na Lei 9.615 de 1998 o termo aparece citado uma vez, no Art. 39, referindo-se ao gênero esportivo, quando descreve sobre "a transferência do atleta profissional de uma entidade de prática desportiva para outra do mesmo gênero". Portanto, não faz nenhuma alusão à discussão do termo gênero enquanto categoria histórica de análise.

A Resolução CNE n. 02 de 2015 traz gênero citado 7 vezes em seu texto. A primeira menção encontra-se no § 6º do Art. 3, quando se orienta para uma parceria entre o Ensino Superior e a educação básica, no sentido de contemplar "as questões socioambientais, éticas, estéticas e relativas à diversidade étnico-racial, de gênero, sexual, religiosa, de faixa geracional e sociocultural como princípios de equidade" (RESOLUÇÃO CNE N. 02, 2015, p. 5). Isso significa que o documento orienta para uma formação superior que dê continuidade às discussões da educação básica, trazendo como prioridade para esse processo de formação o gênero e a sexualidade. Em outros momentos do texto, como no Art. 5º, descreve-se que a formação no magistério deve garantir um processo emancipatório e permanente, no sentido de conduzir o/a egresso/a a:

> VII - identificar questões e problemas socioculturais e educacionais, com postura investigativa, integrativa e propositiva em face de realidades complexas, a fim de contribuir para a superação de exclusões sociais, étnico-raciais, econômicas, culturais, religiosas, políticas, de gênero, sexuais e outras; VIII - à consolidação da educação inclusiva através do respeito às diferenças, reconhecendo e valorizando a diversidade étnico-racial, de gênero, sexual, religiosa, de faixa geracional, entre outras.

Reforça, portanto, no Art. 8, que o curso de formação em nível superior deverá formar profissionais aptas/os a identificar tais questões no contexto escolar "a fim de contribuir para a superação de exclusões sociais, étnico-raciais, econômicas, culturais, religiosas, políticas, de gênero, sexuais e outras", assim como demonstrar "consciência da diversidade, respeitando as diferenças de natureza ambiental-ecológica, étnico-racial, de gêneros, de faixas geracionais, de classes sociais, religiosas, de necessidades especiais, de diversidade sexual, entre outras" (RESOLUÇÃO CNE N. 02, 2015, p. 8).

No que se refere à constituição do currículo para a formação docente, no Art. 13, § 2º, consta que, além da garantia dos conteúdos específicos de cada área de conhecimento, é preciso garantir conteúdos relacionados aos "direitos humanos, diversidades étnico-racial, de gênero, sexual, religiosa, de faixa geracional, Língua Brasileira de Sinais (Libras), educação especial e direitos educacionais de adolescentes e jovens em cumprimento de medidas socioeducativas" (RESOLUÇÃO CNE N. 02,

2015, p. 11). No artigo seguinte, seguem as mesmas orientações, no entanto, para os currículos de formação pedagógica para graduados não licenciados, de caráter emergencial e provisório. O que significa dizer que há uma preocupação, por parte dos documentos que regulam os cursos de formação docente em nível superior em garantir que os fundamentos e as metodologias relacionados "aos direitos humanos, diversidades étnico-racial, de gênero, sexual, religiosa, de faixa geracional" (RESOLUÇÃO CNE N. 02, 2015, p. 13), estejam contemplados no currículo.

É possível identificar, portanto, avanços na Resolução CNE n. 02 de 2015 no que diz respeito às políticas afirmativas voltadas para diferentes classes, etnia, raça, gênero, sexualidade, religiosidade e geração, ao contemplar que a discussão de saberes invisibilizados ou silenciados historicamente do currículo sejam trabalhados no contexto escolar. Paraíso (1997) sinaliza que esse silenciamento e ausência da discussão de gênero na formação de professoras/es talvez ocorra pelo fato de essa temática não se encaixar nos saberes selecionados e considerados legítimos pela sociedade. Isso implica que, mesmo gênero estando presente nas nossas relações, seja de interesse de movimentos sociais, de algumas políticas educacionais, de educadoras/es, pesquisadoras/es e estudantes, ele seja ignorado e excluído do currículo para dar espaço a outros saberes autorizados e legitimados por aquelas relações de poder já existentes. Isto é, ao exigir que tais temas sejam compreendidos, discutidos e problematizados durante os cursos de licenciatura, o documento garante outras possibilidades de diálogo, mas traz, ao mesmo tempo, o quanto a escola se tornou um espaço de exclusão e de pouco diálogo com a realidade social das/os estudantes. Nesse sentido, aponta-se o quanto é significativo que o processo de formação garanta a visibilidade de temas e demandas de grupos que historicamente foram eximidos de seus direitos e, portanto, marginalizados na vida social, na ciência e na política.

BREVES CONSIDERAÇÕES...

Os levantamentos mostram que há uma representação do tema expresso de alguma forma em disciplinas, em um total de 10% dos currículos e projetos pedagógicos identificados em todo o Brasil, mas, apesar disso, a discussão ainda não se constituiu em uma proposta pedagógica institucional. Os resultados mostram, também, uma preocupação "oficial", recente no âmbito político, em garantir a discussão, a articulação e a problematização de temas como classes, etnia, raça, gênero, sexualidade, religiosidade e geração, no processo de formação docente. Exigência expressa, sobretudo, na Resolução CNE n. 2 de 2015, que revoga as resoluções anteriores (CNE n. 1 e 2/2002 e CNE n. 7/2004) e estabelece as diretrizes para os cursos de licenciatura no país. Contudo, apesar da indicação positiva, ao trazer avanços quando comparada com as outras resoluções que regiam o campo de formação, é preciso dizer que o levantamento não encontrou a discussão de gênero em outros documentos.

É preciso lembrar também dos significativos retrocessos do atual cenário político brasileiro. Retrocessos que retiram direitos conquistados em políticas públicas de combate às desigualdades sociais e à intolerância com a diferença, em virtude da atuação expressiva de religiosos políticos, ultraconservadores, das igrejas Evangélica e Católica. Uma das ações políticas exercida por esse grupo foi retirar do PNE (2014-2024) "a ênfase na promoção da 'igualdade racial, regional, de gênero e de orientação sexual', substituindo por 'cidadania e a erradicação de todas as formas de discriminação'". A intenção é eliminar qualquer menção e/ou discussão de gênero, no sentido de combater o que o grupo denomina "ideologia de gênero". O que significa dizer que, além de excluir o termo, o grupo articula também banir a discussão na escola, por meio da criminalização da prática docente, como proposto em Projetos de Lei que tramitam no Congresso Nacional.

Retrocesso que também pode ser observado nos diversos cortes em investimentos públicos para a educação, na criminalização da discussão de gênero na escola (PL 2731/2015), na retirada da obrigatoriedade no Ensino Médio das disciplinas de Educação Física, Artes, Sociologia e Filosofia (MP 746/2016), e de direitos trabalhistas (PEC 55/2016).

Isto é, o cenário educacional-político brasileiro mostra-se atrasado e deficitário aos direitos humanos. Mostra, sobretudo, o quanto essa ineficiência (re)produz desigualdades e discriminação. Nesse sentido, é importante lembrar que, há mais de uma década, há denúncias sobre a invisibilidade da discussão de gênero na legislação brasileira mostrando que a "ausência nas políticas educacionais pode justificar formas de conduta, sobretudo as que não privilegiam mudanças das relações de gênero no debate educacional" (VIANNA; UNBEHAUM, 2004, p. 90).

Referências

ALTMANN, Helena. *Educação Física escolar*: relações de gênero em jogo. São Paulo: Cortez, 2015.

AMARAL, Márcia Silva; DONATO, Marcelle Rosa Santos. Intolerância em nome de Deus: uma análise do caso da exclusão da perspectiva de gênero no Plano Nacional de Educação e das escolas no Brasil. *Revista Philologus*, Rio de Janeiro, ano 22, n. 64, p. 559-569, jan.-abr. 2016.

AUAD, Daniela. *Relações de gênero nas práticas escolares*: da escola mista ao ideal de coeducação. 2004. Tese (Doutorado em Educação: Sociologia da Educação) – Faculdade de Educação, Universidade de São Paulo, São Paulo, 2004.

BRASIL. *Parâmetros Curriculares Nacionais*: pluralidade cultural e orientação sexual. Ministério da Educação e do Desporto. Secretaria do Ensino Fundamental. Brasília: MEC/SEF, 1997. Disponível em: <http://portal.mec.gov.br/seb/arquivos/pdf/livro101.pdf>. Acesso em: 1 fev. 2016.

BRASIL. *Plano Nacional de Educação* (Lei n. 010172, de 9 de janeiro de 2001). Brasília, 2001. Disponível em: <http://portal.mec.gov.br/arquivos/pdf/L10172.pdf>. Acesso em: 4 out. 2016.

BUTLER, Judith. *Problemas de Gênero*: feminismo e subversão da identidade. 3 ed. Rio de Janeiro: Civilização Brasileira, 2010.

BUTLER, Judith. Regulações de gênero. *Cadernos Pagu*, Campinas, n. 42, p. 249-274, 2014.

CASTELLANI FILHO, Lino. *Educação Física no Brasil*: a história que não se conta. Campinas: Papirus, 1988.

CÉSAR, Maria Rita. Sexualidade e gênero: ensaios educacionais contemporâneos. *Instrumento*, Juiz de Fora, v. 12, p. 67-73, 2010.

CORSINO, Luciano N.; AUAD, Daniela. *O professor diante das relações de gênero na educação física escolar*. São Paulo: Cortez, 2012.

DORNELLES, Priscila Gomes. *A (hetero)normalização dos corpos em práticas pedagógicas da Educação Física escolar*. 2013. Tese (Doutorado em Educação) – Faculdade de Educação. Programa de Pós-Graduação em Educação, Universidade Federal do Rio Grande do Sul, Porto Alegre, 2013a.

DORNELLES, Priscila Gomes. Gênero e sexualidade na Educação Física escolar: notas sobre a normalização dos corpos no interior baiano. In: DORNELLES, Priscila Gomes; WENETZ, Ileana; SCHWENGBER, Maria Simone Vione (Org.). *Educação Física e gênero*: desafios educacionais. Ijuí: Ed. Unijuí, 2013b. p. 215-238.

FOUCAULT, Michel. *A ordem do discurso*: aula inaugural no Collége de France, pronunciada em 2 de dezembro de 1970. Tradução de Laura Fraga de Almeida Sampaio. São Paulo: Edições Loyola, 2012.

FOUCAULT, Michel. *História da sexualidade I*: a vontade de saber. Tradução de Maria

Tereza da Costa Albuquerque e Guilhon Albuquerque. São Paulo: Graal, 2010.
FRAGA, Alex Branco. *Exercício da informação*: governo dos corpos no mercado da vida ativa. Campinas: Autores Associados, 2006.
GOELLNER, Silvana. A contribuição dos estudos de gênero e feministas para o campo acadêmico-profissional da Educação Física. In: DORNELLES, Priscila Gomes *et al.* (Org.). *Educação Física e gênero*: desafios educacionais. Ijuí: Ed. Unijuí, 2013. p. 23-44.
GOELLNER, Silvana. A produção de corpos hígidos: atividade física, saúde e nacionalismo no Brasil no início do século 20. In: GRANDO, Beleni Saléte (Org.). *Corpo, educação e cultura*: práticas sociais e maneiras de ser. Ijuí: Ed. Unijuí, 2009. p. 75-94.
LOURO, Guacira Lopes. Gênero e sexualidade: pedagogias contemporâneas. *Pro-Posições.* Campinas, v. 19, n. 2 (56), p. 17-23, maio-ago. 2008.
LOURO, Guacira Lopes. Heteronormatividade e homofobia. In: JUNQUEIRA, Rogério Diniz (Org.). *Diversidade sexual na educação.* Brasília: MEC; UNESCO, 2009. p. 85-93.
MELLO, Luiz *et al. Políticas públicas para a população LGBT no Brasil.* Relatório final de pesquisa. Goiânia: Ser-Tão; UFG, 2010. Disponível em: <https://www.sertao.ufg.br/politicaslgbt/interna.php>.
MINTO, Lalo Watanabe; RODRIGUES, Fabiana de Cássia; GONZALEZ Jeferson Anibal. Notas sobre "Escola Sem partido". *Marxismo 21 (online)*, 2016. Disponível em: <http://marxismo21.org/escola-sem-partido>. Acesso em: 10 out. 2016.
MISKOLCI, Richard. *Teoria queer*: um aprendizado pelas diferenças. Belo Horizonte: Autêntica; UFOP, 2012. [Série Cadernos da Diversidade 6].
NASCIMENTO, Maria José do. *Formação docente e educação sexual*: (re)memórias das propostas da rede municipal de ensino de Goiânia/GO (1990 a 2000). 2013. Dissertação (Mestrado em Educação) – Faculdade de Educação. Programa de Pós-Graduação em Educação da PUC, Goiânia, 2013.
NICOLINO, Aline *et al.* Educação Física e gênero: um estudo panorâmico da legislação e dos currículos de formação docente da América Latina. In: SILVA, Ana Márcia; BEDOYA, Víctor Molina (Org.). *Educación Física en América Latina.* Jundiaí: Paco Editorial, 2017. p. 63-106.
PARAÍSO, Marlucy Alves. Currículo e aprendizagem: relações de gênero e raça na escola. In: SEMINÁRIO INTERNACIONAL FAZENDO GÊNERO: Gênero e Preconceitos, 7., 2006, Florianópolis. *Anais*... Florianópolis: UFSC-UDESC, 2006. Disponível em: <http://www.fazendogenero.ufsc.br/7/artigos/M/Marlucy_Alves_Paraiso_23.pdf>. Acesso em: 3 ago. 2017.
PARAÍSO, Marlucy Alves. Gênero na formação docente: campo de silêncio do currículo? *Cadernos de Pesquisa*, São Paulo, n. 102, p. 23-45, nov. 1997.
PARAÍSO, Marlucy. Fazer do caos uma estrela dançarina no currículo: invenção política *com* gênero e sexualidade em tempos do *slogan* "ideologia de gênero". In: PARAÍSO, Marlucy Alves; CALDEIRA, Maria Carolina da Silva (Org.). *Pesquisas sobre currículos, gêneros e sexualidades.* Belo Horizonte: Mazza, 2018, p. 23-52.

RESOLUÇÃO CNE n. 02/2015, de 1º de julho de 2015. *Define as Diretrizes Curriculares Nacionais para a formação inicial em nível superior* (cursos de licenciatura, cursos de formação pedagógica para graduados e cursos de segunda licenciatura) *e para a formação continuada*. Brasília. Conselho Nacional de Educação. Disponível em: <http://pesquisa.in.gov.br/imprensa/jsp/visualiza/index.jsp?data=02/07/2015&jornal=1&pagina=8&totalArquivos=72>. Acesso em: 2 jul. 2017.

SALIH, Sara. *Judith Butler e a teoria queer*. Tradução de Guacira Lopes Louro. Belo Horizonte: Autêntica, 2012.

SARTI, Cynthia Andersen. O feminismo brasileiro desde os anos de 1970: revisitando uma trajetória. *Revista Estudos Feministas*, Florianópolis, v. 12, n. 2, p. 35-50, maio-ago. 2004.

SCOTT, Joan. Gênero: uma categoria útil para análise histórica. *Educação & Realidade*, Porto Alegre, Universidade Federal do Rio Grande do Sul, v 20, n 2, p. 71-99, jul.-dez. 1995.

SILVA, Regina Célia Pinheiro; NETO, Jorge Megid. Formação de professores e educadores para abordagem da educação sexual na escola: o que mostram as pesquisas. *Revista Ciência & Educação*, Bauru, v. 12, n. 2, p. 185-197, 2006.

SILVA, Tomaz Tadeu. *O currículo como fetiche*: a poética e a política do texto curricular. Belo Horizonte: Autêntica, 2010.

SILVESTRIN, Julia Mara P. *Perform(atividade) na escola*: reflexões sobre gênero na Educação Física. 2013. Dissertação (Mestrado em Educação Física) – Faculdade de Educação Física. Programa de Pós-Graduação em Educação Física, Universidade Federal de Santa Catarina, Florianópolis, 2013.

SOARES, Carmen Lúcia. *Educação Física*: raízes europeias e Brasil. 2. ed. Campinas: Autores Associados, 2001.

UNBEHAUM, Sandra. A Educação Física como espaço educativo da promoção da igualdade de gênero e dos direitos humanos. In: KNIJNIK, Jorge Dorfman; ZUZZI, Renata Pascoti (Org.). *Meninas e meninos na Educação Física*: gênero e corporeidade no século XXI. Jundiaí: Fontoura, 2010.

UNEB, Universidade do Estado da Bahia. *Projeto de reconhecimento do curso de Educação Física*-Licenciatura. Departamento de Educação. Alagoinhas, 2011.

UNICAMP. Universidade Estadual de Campinas. *Projeto pedagógico dos cursos de Educação Física*: Licenciatura em Educação Física e Graduação em Educação Física. Faculdade de Educação Física, Campinas, 2015. Disponível em: <https://www.fef.unicamp.br/fef/sites/uploads/webform/requisicoes/projeto_pedagogico_fef_abril-2015_versao_final.pdf>. Acesso em: 18 dez. 2016.

UNIR. Fundação Universidade Federal de Rondônia. *Projeto Pedagógico do curso de Licenciatura em Educação Física*. Departamento de Educação Física (Versão 11), Porto Velho, 2012.

VIANNA, Cláudia Pereira. Gênero, sexualidade e políticas públicas de educação: um diálogo com a produção acadêmica. *Pro-Posições*, Campinas, v. 23, p. 127-143, 2012.

4

Relações de gênero nos materiais curriculares de Ciências: o Programa Nacional de Livro Didático de Ciências em questão

Lívia de Rezende Cardoso

Como uma das políticas curriculares oficiais do país, o Programa Nacional do Livro Didático (PNLD) tem inscrito suas marcas no território curricular nas últimas décadas. Ao estipular os critérios de avaliação das obras, delinear certos objetivos a serem alcançados pelas editoras e elaborar a apresentação das coleções didáticas aprovadas para escolha, tal Programa define o que é e o que não é autorizado a circular via Livros Didáticos (LD) nas escolas públicas brasileiras. Se considerarmos que o LD tem sido apontado como o instrumento que orienta o conteúdo a ser administrado e como o principal material pedagógico na escola pública brasileira, a ação do PNLD é de grande alcance. Afinal, avalia, seleciona e regula saberes e subjetividades nos currículos endereçados a estudantes e docentes no maior mercado de LD do mundo.

As pesquisas dos últimos 30 anos no Brasil têm mostrado a centralidade curricular desempenhada pelo Livro Didático na educação básica. Professores/as utilizam tal recurso "como o instrumento principal que orienta o conteúdo a ser administrado, a sequência desses conteúdos, as atividades de aprendizagem e avaliação para o ensino das Ciências" (NÚÑEZ *et al.*, 2002, p. 2). Desse modo, "embora o professor disponha de vários instrumentos para enriquecer suas aulas, o livro didático continua sendo o principal material pedagógico na escola pública" (SILVA; OLIVEIRA, 2013, p. 92). Os Livros Didáticos de Ciências (LDC) terminam sendo, por conseguinte, o elemento pedagógico central também para os/as alunos/as dentro e fora da escola (NUNES-MACEDO; MORTIMER; GREEN, 2004). É o texto que serve, tantas vezes, como a única fonte científica de pesquisa, como a voz do/a professor/a para além da sala de aula, como exclusivo discurso autorizado acerca de seus questionamentos sobre a vida.

Não obstante a sua preferência em detrimento de outros recursos pedagógicos, o LDC merece destaque por ser considerado "o representante da comunidade científica no contexto escolar" (NÚÑEZ *et al.*, 2002, p. 3). Como agravante, haveria a ideia de que o LDC é "o lugar de estabilização, legitimado pela escola e pela sociedade, que define, para professores e alunos, o que e como se deve ensinar ou aprender, estabelecendo um perfil tanto para o professor como para o aluno" (RUIZ, 2012, p. 551). Por sua centralidade curricular, confiança pedagógica e caráter produtivo de subjetividades, esse artefato cultural é tomado aqui como objeto de estudos, de controle e de regulação. Neste capítulo, investigo como a categoria gênero é construída nos critérios de inclusão ou exclusão das obras presentes nos editais e guias das quatro últimas edições do programa para os anos finais do Ensino Fundamental. Além disso, analiso as duas coleções aprovadas no último PNLD de Ciências com os maiores números de exemplares distribuídos nas escolas.

A relação entre o Governo Federal, por meio do Ministério da Educação e Cultura, e o gerenciamento de LD que chegam nas escolas públicas remete ao ano de 1938, quando se instituiu a Comissão Nacional do Livro Didático. A partir do Decreto-Lei n.º 1.006, foram estabelecidas condições de autorização, produção, importação, utilização e correções nos LD. Em 1945, tal comissão passou a assumir o controle sobre a adoção de LD em todos os estabelecimentos de ensino no país. Em 1972, o Instituto Nacional do Livro admitiu o processo de coedições de LD em conjunto com as editoras. E em 1983 foi criada a Fundação de Assistência ao Estudante, incorporando-se o Programa do Livro Didático que, em 1985, teve o seu nome ampliado para Programa Nacional do Livro Didático (PNLD). A essa altura, o governo se torna financiador dos LD, extinguindo-se o processo de coedição.

Em sua configuração atual, o PNLD tem as seguintes etapas: publicação de edital com regras para inscrição das obras, que vão desde o material a ser utilizado até os critérios pedagógicos e jurídicos de exclusão; inscrição das coleções por parte das editoras; análises das obras por meio de equipe pedagógica formada por pesquisadores/as; produção, publicação e divulgação do Guia do Livro Didático, elaborado com base nas avaliações dos/as especialistas, contendo os pareceres emitidos para cada coleção; análise, escolha e indicação das obras pelos/as docentes nas escolas; processamento dos pedidos; negociação com as editoras para aquisição do quantitativo de livros; e entrega das coleções nas escolas.

Vale considerar que, mais detalhadamente, no Guia, documento de referência no momento da escolha do LD nas escolas pelos/as professores/as, há a veiculação de saberes em torno dos modos de ensinar, do que se espera do/a professor, de como os/as alunos/as precisam ser vistos/as, de como se deve olhar para as coleções, priorizando-se certos aspectos pedagógicos e culturais em detrimento de outros. Do mesmo modo, o LD contém o chamado Manual do Professor, no qual pode-se encontrar tais recomendações. Aí, docentes podem, então, manusear as obras, compará-las e selecionar aquela coleção condizente a seus próprios critérios.

Questionar como se estabelecem as relações de gênero em LD em que a pauta principal são os avanços científicos e tecnológicos e suas implicações nas vidas dos sujeitos, é buscar entender como meninos e meninas, homens e mulheres, com diferentes formas de vivenciar seus gêneros, seus corpos e suas sexualidades, são dispostos/as nas diversas possibilidades de posicionamentos dos sujeitos no discurso científico-tecnológico. É, ainda, mapear os modos de subjetivação, as demandas específicas e as diferenciações estabelecidas para cada tipo de sujeito a depender de sua inscrição de gênero. É, sobretudo, analisar se e como se expressam as desigualdades de gênero nos Livros Didáticos de Ciências em uma realidade que, historicamente, tem dado visibilidade à participação de homens, brancos e heterossexuais, na construção das narrativas científicas e tecnológicas.[1]

Ao escolher investigar o PNLD-Ciências, tenho como base o conceito de *tecnologia de gênero*, conforme explicitado por Teresa de Lauretis (1994). Tal tecnologia seria uma espécie de maquinaria, apoiada em diferentes discursos que circulam culturalmente, que cria os sujeitos homem e mulher específicos de uma sociedade. Segundo a autora, é preciso separar gênero da diferença sexual e entendê-lo como produto de variadas tecnologias e discursos. Gênero seria o "conjunto de efeitos produzidos nos corpos" (LAURETIS, 1994, p. 208). Analisá-lo seria apreender técnicas e estratégias por meio das quais o gênero é construído.

Compreendo gênero neste trabalho como "os significados culturais assumidos pelo corpo sexuado" (BUTLER, 2010a, p. 24). Afinal, a inscrição de gêneros nos corpos "é feita, sempre, no contexto de uma determinada cultura e, portanto, com as marcas dessa cultura" (LOURO, 2010, p. 11). Por sua vez, a sexualidade é "aquilo que qualifica um corpo para a vida no interior do domínio da inteligibilidade cultural" (BUTLER, 2010b, p. 155). Ao concordar com tais definições, importa entender o "modo como as características sexuais são compreendidas e representadas ou, então, são 'trazidas para a prática social e tornadas parte do processo histórico'" (LOURO, 1997, p. 22). Importa, assim, demarcar essas duas categorias como construções. Tais construções são da ordem da performatividade que seria a "reiteração das normas" (BUTLER, 2010b, p. 163).

[1] A pesquisa que embasa as análises aqui apresentadas teve como título *Políticas de currículo, relações de gênero e Ciência: processos de subjetivação no Programa Nacional do Livro Didático* e foi desenvolvida entre julho de 2015 e julho de 2017 com apoio financeiro do CNPq.

Ao embasar-me nessas definições, utilizo como conceitos teóricos dessa pesquisa a análise do discurso foucaultiano, posições de sujeito e governo. Na análise do discurso, é necessário mostrar como os diferentes discursos "remetem uns aos outros, se organizam em uma figura única, entram em convergência com instituições e práticas, e carregam significação que podem ser comuns a toda uma época" (FOUCAULT, 2005, p. 134). Ao atravessar professores/as e alunos/as, discursos convidam sujeitos a posicionarem-se por meio de "práticas pelas quais os indivíduos foram levados a prestar atenção a eles próprios" (FOUCAULT, 2006, p. 11). Isso corresponde a investigar os modos de subjetivação que "são todos os processos e as práticas heterogêneas por meio dos quais os seres humanos vêm a se relacionar consigo mesmos e com os outros como sujeitos de um certo tipo" (PARAÍSO, 2006, p. 101). Nesse processo, estabelece-se o governo de sujeitos que "implica em certos modos de educação e de transformação dos indivíduos, na medida em que se trata não somente, evidentemente, de adquirir certas aptidões, mas também de adquirir certas atitudes" (FOUCAULT, 1982, p. 2). Para tal, processam-se *técnicas do eu* e *técnicas de dominação*, compondo as *tecnologias de subjetivação* (PARAÍSO, 2007).

No próximo tópico, analiso os seguintes documentos: Editais e Guias elaborados pela Secretaria de Educação Básica (SEB/MEC) nas versões de 2008, 2011, 2014 e 2017, que são as quatro últimas edições do Programa para os anos finais do Ensino Fundamental. Opto por avaliar a política em questão nos 4 últimos anos para que se possa visualizar mudanças ou não nos discursos que a produz. Nos referidos documentos, o foco foi em como os critérios de avaliação estão construídos, que elementos eles abarcam, qual peso é empregado à categoria de gênero, quais discursos competem na composição da concepção de diversidade de gênero apresentada e qual proposta de equidade é ofertada para editoras e docentes. Para uma análise mais detalhada, optei por analisar apenas os Guias de Ciências, o que se deve à afinidade com as pesquisas que venho realizando nos últimos anos e ao silenciamento que as relações de gênero têm recebido.

CRITÉRIOS DE AVALIAÇÃO SOBRE GÊNERO NOS EDITAIS PARA EDITORAS E GUIAS PARA PROFESSORES

Os editais de inscrição e avaliação de coleções didáticas destinadas a alunos/as e professores/as da rede pública são lançados a cada ano pelo Ministério da Educação, por intermédio da Secretaria de Educação Básica (SEB) e do Fundo Nacional de Desenvolvimento da Educação (FNDE). Com esse documento, têm-se o intuito de comunicar publicamente aos editores e à comunidade escolar que se encontra aberto o PNLD, bem como especificar a quais critérios de avaliação os LD precisam atender para serem aprovados e entrarem, posteriormente, no Guia do LD. A cada edição do PNLD, um nível de ensino é contemplado.

Aqui, detenho-me nos critérios de avaliação referentes às temáticas de gênero trazidas pelos editais de 2017, 2014, 2011 e 2008 para os anos finais do Ensino Fundamental, de um modo geral, e para a disciplina Ciências, mais especificamente. Nesse sentido, vale esclarecer que tais editais apresentam critérios técnicos e pedagógicos de exclusão. Estes últimos são os critérios analisados nesta pesquisa e estão dispostos em um dos Anexos de cada Edital (Anexo III para o Edital de 2017, p. 39; Anexo III para o Edital de 2014, p. 52; Anexo X para o Edital de 2011, p. 33; Anexo IX para o Edital de 2008, p. 29). Tal anexo apresenta critérios gerais a todas as áreas e critérios específicos para cada uma das áreas de conhecimento, contudo, considero aqui apenas os critérios da disciplina Ciências.

No início de tal Anexo, em cada Edital (2017, p. 40; 2014, p. 53; 2011, p. 35; 2008, p. 32), há ponderações sobre a construção da cidadania na proposta pedagógica dos LD e exige-se que as coleções procurem: 1. promover positivamente a imagem da mulher, considerando sua participação em diferentes trabalhos, profissões e espaços de poder; 2. abordar a temática de gênero, da não violência contra a mulher, visando à construção de uma sociedade não sexista, justa e igualitária, inclusive no que diz respeito ao combate à homofobia; 3. promover a imagem da mulher por meio do texto escrito, das ilustrações e das atividades das coleções, reforçando sua visibilidade. O Edital de 2017 altera pouco esse texto, incluindo termos que contemplam discussões atuais, tais como: protagonismo, não sexismo e transfobia (p. 40).

Quanto aos critérios eliminatórios comuns a todas as áreas, no que se refere às relações de gênero e à valorização da mulher, tem-se o critério: "Veicularem estereótipos e preconceitos de condição social, regional, étnico-racial, de gênero, de orientação sexual, de idade ou de linguagem, assim como qualquer outra forma de discriminação ou de violação de direitos" (2014, p. 55; 2011, p. 37; 2008, p. 31). A versão de 2017 inclui no texto os termos "religiosa" e "condição de deficiência" (p. 42), referindo-se ao preconceito que deve ser combatido. Quanto aos critérios eliminatórios específicos ao componente curricular Ciências sobre as temáticas em análise nesta pesquisa, apenas a edição de 2008 apresentou um critério ligado a gênero: "Incentivar o respeito às diferenças sociais, étnicas, de gênero" (Edital-PNLD 2008, p. 35).

Vale destacar que os critérios de exclusão relacionados às temáticas de gênero e à valorização da mulher em sociedade e nas profissões estiveram presentes no Edital de 2008 para as disciplinas de Ciências, História, Matemática e Geografia. A disciplina Geografia foi a única que apresentou critérios específicos de exclusão para essa temática nas quatro versões analisadas dos editais. Tais alterações dos editais a partir da versão de 2011 não estão de acordo com as políticas públicas que o governo federal vem desenvolvendo nos últimos anos. Porém, esse fato sinaliza o campo de disputas que os estudos de gênero vêm travando na atual configuração política brasileira, quando tal termo foi excluído dos textos da Base Nacional Curricular Comum; quando se tentam aprovar leis municipais que proibiriam as discussões de gênero nas escolas; quando gênero tem sido um dos alvos do programa Escola sem Partido; ou quando os estudos de gênero são associados ao *slogan* "ideologia de gênero", como explicitado por Marlucy Paraíso (2018, p. 23) no primeiro capítulo deste livro.

Após a etapa de avaliação das obras inscritas em cada um desses editais por equipes técnicas de instituições de educação superior públicas formadas por professores/as do seu quadro funcional, professores/as convidados/as de outras instituições de Ensino Superior e professores/as da rede pública de ensino, são elaborados os Guias de Livros Didáticos. Constam nos guias as resenhas das coleções aprovadas, os princípios e critérios que nortearam a avaliação pedagógica, os modelos das fichas de análise e demais informações sobre o processo de escolha. A seguir, apresento as ressalvas em relação às temáticas de gênero trazidas nos guias de 2017, 2014, 2011 e 2008 para os LD de Ciências.

Em 2017, foram aprovadas 13 coleções de Ciências após as avaliações pedagógicas realizadas pelos/as avaliadores/as. No Guia do Livro Didático de Ciências desse ano, ao se apresentar tais obras, apenas cinco delas recebem referências positivas às temáticas de gênero. Nenhuma das outras, porém, levou advertências quanto a esse critério. Assim, além dos critérios de exclusão, geral ou específico, serem bastante genéricos no quesito gênero, não são suficientes para reprovar uma coleção, uma vez que tantas delas não os contemplaram.

Em 2014, foram aprovadas 20 coleções de Ciências. No Guia do LDC, ao se apresentar tais obras, apenas seis delas recebem referências às temáticas de gênero de modo a pontuar que contemplam tal critério. De todas as outras 14 obras, apenas uma recebe ressalva quanto à temática da diversidade: "Apesar da diversidade étnica, regional e de gênero ser contemplada na coleção, há, nitidamente, uma prevalência em retratar indivíduos brancos e de classe sociais mais elevadas" (Guia-PNLD, 2014, p. 92). Isto é, há um silenciamento quanto a esse critério em sete obras. Em 2011, foram aprovadas 11 coleções de livros didáticos de Ciências. No Guia do LDC, ao se apresentar tais obras, apenas três recebem referências às temáticas de gênero pontuando que contemplam tal critério. De todas as outras, nenhuma recebe ressalva quanto à temática da diversidade, o que indica que oito obras foram aprovadas, mas não mereceram destaque nesse requisito.

Em 2008, foram aprovadas 13 coleções de livros didáticos de Ciências. No Guia do LDC, ao se apresentar tais obras, há o cuidado de se trazer o parecer para cada livro referente ao critério de avaliação "Cidadania e Ética", no qual estão contidas as questões de gênero. Ao analisar esses pareceres, reforça-se o indício de que os critérios que trazem as questões de gênero não têm força de exclusão das obras – e, por isso, as obras são aprovadas mesmo sem trazer uma ampla discussão sobre essa temática – por estarem ligados a outros aspectos da diversidade: "a coleção apresenta textos e imagens que favorecem o respeito à diversidade, especialmente a étnica e a de gênero, trazendo referências, por exemplo, a costumes indígenas relativos ao ambiente", assim, "a coleção respeita a diversidade cultural, étnico racial e de gênero, embora indígenas e orientais sejam pouco retratados" (Guia-PNLD, 2008, p. 87).

Desse modo, evidencia-se que gênero, etnias e culturas são abarcados em um mesmo critério de avaliação, o que pode prejudicar uma análise mais detalhada sobre as abordagens dos gêneros presentes nos Livros Didáticos de Ciências. Essa área do conhecimento apresenta nuances que são específicas e que não apareceram nos critérios discutidos no tópico anterior, tão pouco apareceram nos pareceres das coleções. Vale destacar, por fim, que tais pareceres não estão de acordo com a vasta produção acadêmica brasileira sobre relações de gênero que apontam quão problemáticos são os livros didáticos no que se referem às subjetivações de homens e mulheres e seus posicionamentos ante as áreas de conhecimento (BERNARDELLI, 2016; CELESTINO, 2016; DANTAS, 2008; CATHARINO, 2007; PINTO, 2001; MOURA, 2007).

Com base no que foi apresentado quanto aos critérios de avaliação para aprovação ou exclusão das obras, pode-se afirmar o caráter geral e pouco característico dos itens avaliativos sobre as questões de diversidade de gênero. Além de estar em reduzidos itens, compartilham espaço com outras categorias analíticas, tais como raças e etnias. Desse modo, fica a critério do/a avaliador/a julgar se as obras trazem preconceitos ou valorizam a atuação feminina em sociedade e nas áreas de conhecimento, bem como se os problemas com a categoria gênero têm força para reprovar toda uma coleção. Tais avaliações, a depender do posicionamento político do/a avaliador/a em relação à temática, podem acarretar, portanto, silenciamentos ou aprisionamentos de gênero nas coleções de LD aprovados.

Tal *estratégia* do PNLD em conferir pouco peso na avaliação dos diferentes *discursos* que circulam nos LD – e que culturalmente criam os *sujeitos* homem e mulher específicos – ajuda a sustentar toda a maquinaria que compõe a *tecnologia de gênero*. Nos próximos tópicos, analiso como discursos biológicos, médicos e heteronormativos entram em cena para produzir *verdades* acerca dos corpos de meninos e meninas, das suas capacidades enquanto estudantes de Ciências, dos seus relacionamentos e de suas sexualidades. Discuto como esse currículo em questão convida seus/suas leitores/as a se posicionarem de diferentes modos a depender das *técnicas de si* e *de dominação* empreendidas.

RELAÇÕES DE GÊNERO EM COLEÇÕES DO PNLD-CIÊNCIAS

Para investigar as consequências disso nas obras aprovadas e disponibilizadas nas escolas, analiso a seguir as relações de gênero estabelecidas em exemplificações, abordagens dos conteúdos, exercícios, sugestões de atividades e reflexões, presentes nos quatro volumes de LDC da Coleção Projeto Teláris e nos quatro volumes da Coleção Ciências nos Dias de Hoje. Tais coleções foram escolhidas por serem as com o maior número de exemplares nas escolas públicas a partir da escolha e distribuição de 2014. Não abranjo aqui as coleções de 2017 porque, apesar de o resultado e o Guia já terem sido publicados, ainda se encontra aberto o período de escolha das Coleções pelas escolas.

A Coleção Teláris, por um lado, em sua apresentação no Guia de 2014, não recebeu destaque no critério respeito à diversidade de gênero e orientação sexual, mas também não houve ressalva. Já a Coleção Ciências nos Dias de Hoje, por outro lado, foi apresentada com a seguinte recomendação: "existe respeito à diversidade social, regional, étnico-racial, de gênero, religiosa, de idade, orientação sexual e de linguagem. Não há, na coleção, indício de qualquer forma de discriminação ou de violação de direitos" (Guia-PNLD, 2014, p. 44). Entre as duas coleções, apenas a Teláris foi aprovada no Edital de 2017. Em sua apresentação no novo Guia, é dito que "um aspecto a ser ressaltado na obra é o respeito à diversidade social, regional e étnico-racial do Brasil. Imagens e textos colocam em questão estereótipos relativos à situação social, econômica e cultural dos negros na sociedade" (Guia-PNLD, 2017, s/p). Assim, dimensões do critério "Cidadania e Ética" foram contempladas, mas as diversidades de gênero e de sexualidade não foram mencionadas no Guia, em mais uma edição aprovada.

Nas análises sobre tais coleções, argumento que nos LDC analisados uma ciência generificada é produzida por meio dos discursos biológico e heteronormativo, posicionando subjetividades de modos desiguais. Para desenvolver tal ideia, cabe mostrar, inicialmente, como o discurso heteronormativo produz, em cruzamento com o discurso biológico, o macho e a fêmea das espécies e suas posições generificadas. A partir do que é, discursivamente, destinado a homens e mulheres, passo a analisar suas posições no fazer científico. Para facilitar as análises, os volumes da Coleção Projeto Teláris (doravante PT) estão identificados por códigos de acordo com o ano do Ensino Fundamental ao qual se destinam: PT6, PT7, PT8 e PT9. Do mesmo modo, a Coleção Ciências nos Dias de Hoje (doravante DH) recebem os seguintes códigos, sob o mesmo critério: DH6, DH7, DH8 e DH9.

Uma narrativa biológica acerca da natureza dos sexos

Luta por território. Combate e competição. Cuidado, proteção e carinho. Na natureza produzida nos livros didáticos analisados, tudo está bem dividido e delimitado: de um lado, machos, detentores da força e fundamentais na corrida pela sobrevivência; do outro, fêmeas, mais frágeis, delicadas e a serviço da reprodução. Tal produção, que estabelece dualismos como fortes e fracas ou provedores e cuidadoras, é acionada pelo discurso biológico que pretende estabelecer a realidade do que seria tomado como natural. As verdades acerca do que é o natural seriam ditadas, por meio do discurso biológico, por cientistas que passam a narrar o que é o mundo e suas leis sob suas próprias perspectivas (SANTOS, 2000). A descrição do natural, no entanto, segue "uma história natural dos acontecimentos que revela uma própria história da natureza" (FOUCAULT, 1999, p. 145). Essa biologia, portanto, tem "uma história que não é natural", afinal, o mundo seria "aquilo que lhes define um nome, um conceito" (SANTOS, 2000, p. 253).

Essa narrativa biológica acerca da natureza, aparentemente tão neutra e descritiva, carrega elementos culturais. Isto é, o natural seria "aquilo que traz marcas da manipulação cultural, uma natureza que só é tida como natureza porque antes passou por narrativas, significações, acepções do humano" (CARDOSO; PARAÍSO, 2012, p. 30). Deve-se destacar, sobretudo, que tal discurso biológico, mesmo carregado de significações culturais, torna-se autorizado e de grande poder de *subjetivação*, uma vez que, em nossa cultura, tudo o que se relaciona à natureza é romantizado. Isso é "decorrente de um entendimento que aponta a natureza como representando aquilo que é bom e é perfeito" (AMARAL, 2000, p. 160). Desse modo, ao se ler as linhas que narram o biológico nos livros didáticos de ciências, muito pode ser aprendido sobre as relações culturais.

O discurso biológico pode ser visto em funcionamento produzindo generificações nas páginas analisadas quando, por exemplo, ao ilustrar a relação ecológica de competição, duas imagens são apresentadas com a legenda: "Combate entre machos de antílopes africanos e raposas" (PT6, p. 42). Em outro momento, na seção de exercícios, é solicitado que o/a estudante identifique a relação ecológica presente, sendo oferecida a seguinte alternativa: "dois machos da mesma espécie lutando pelo território" (PT6, p. 43). Assim, as características de competição, força e dominação são relacionadas, estritamente, aos machos das espécies. Em nenhum outro momento das coleções, a fêmea de uma espécie é apresentada nas referidas situações ou similares.

Quando as enunciações de que "machos são competitivos" ou que "fêmeas são dóceis e afeitas à prole", por exemplo, recebem maior destaque e investimento do que outras enunciações acerca da natureza, é porque o discurso biológico sobre os sexos segue o que culturalmente se estabeleceu para cada gênero. Além disso, deve-se considerar que muitos estudos sobre comportamento animal mostram que esses papéis naturais não são tão delimitados quanto as enunciações apresentadas fazem parecer. É possível encontrar narrativas científicas de que, por exemplo, machos de algumas espécies são responsáveis por cuidar dos filhotes e fêmeas são predadoras em seus bandos, o que vai de encontro com o discurso biológico dominante. Há, então, nos LDC analisados, uma seleção de situações e, consequentemente, um silenciamento quanto a outras possibilidades comportamentais na natureza. Muito timidamente, a Coleção Ciências nos Dias de Hoje traz o dimorfismo entre macho e fêmea de lombrigas, apontando que as fêmeas são mais robustas (DH7, p. 210).

As características de superioridade apresentadas nos livros para os machos de animais irracionais são ampliadas aos machos da espécie humana. Quando as situações apresentadas aos/às leitores/as envolvem força física, os exemplos e as imagens trazem, exclusivamente, homens. São diversos os momentos em que isso se apresenta: atleta de levantamento de peso (PT9, p. 175) e em argolas (DH9, p. 189); profissional realizando esforço físico (PT9, p. 209, p. 215) e carregamento de carga (DH9, p. 197); história em quadrinhos de criança levantando peso (PT9, p. 217); manipulando uma alavanca (PT9, p. 219; DH9, p. 198); empurrando carrinho de mão (PT9, p. 221) ou automóvel (PT9, p. 177); crianças disputando algo (PT9, p. 178); força muscular na corrida (PT7, p. 26) ou recorde de velocidade (PT7, p. 159). Apenas em um exercício, ao sinalizar a intensidade de forças, o volume 9 da Coleção DH traz um homem e uma mulher disputando a direção da força (p. 175).

Tal produção nos LDC reafirma uma masculinidade socialmente aceita como "dura, forjada no esporte, na competição e numa violência consentida" (LOURO, 2010, p. 17). Afinal, historicamente, aos homens foram destinadas "tarefas mais árduas, como carregar objetos pesados, fazer mais esforço físico, desempenhar trabalhos mais grosseiros, machucar-se fisicamente, se fosse o caso, como se todas essas fossem práticas 'naturais' do mundo masculino" (ROSA, 2008, p. 24). Assim, nos currículos escolares, investe-se em ensiná-los que "o pequeno homem deve aprender a aceitar o sofrimento" (WELZER-LANG, 2009, p. 463), mesmo que tal produção do "menino-másculo" entre em conflito com o "menino-aluno" nesse espaço escolar (REIS, 2011).

Nesse mesmo sentido, a relação entre as fêmeas da espécie humana e de outras espécies foi estabelecida pelo discurso biológico nos livros didáticos em questão. Salvo pouquíssimas exceções, a presença da mulher em exemplificações, imagens e exercícios mantém-se garantida apenas quando o assunto era maternidade (PT8, p. 76, p. 237; DH6, p. 25; DH8, p. 56; DH9, p. 210) e amamentação (PT8, p. 207, p. 229). Assim, principalmente nas imagens trazidas, há a associação explícita entre mulher, cuidado, amor, zelo e proteção em relação à sua prole. Não se pode esquecer, no entanto, que "tanto a maternidade como o sujeito-mãe são efeitos de discursos e de contingências sociais, culturais e econômicas específicas (e não aspectos da natureza de um sujeito essencial)" (MARCELLO, 2003, p. 227).

Além de tais características, a fragilidade como inerente à mulher foi alvo de investimentos, igualmente como observado por Freitas (2018, p. 124) no Capítulo 5 deste livro. Ao se referir ao sono, imagens de meninas são destacadas (DH8, p. 120). Quando o assunto era sobre medos e sustos, a imagem de uma mulher assustada com um possível filme é apresentada (PT8, p. 205). Na abertura do capítulo sobre sistema sensorial, é trazida a imagem de uma mulher cheirando uma flor (DH8, p. 159). Quando ossos e sua saúde são o tema, estampa-se a imagem de uma menina com braço engessado e a de uma senhora com problema nos ossos. Além dessas, algumas doenças parecem só acometer as mulheres. Um exemplo: os problemas de bócio que, ao serem tratados em volumes diferentes, são ilustrados apenas com imagens de mulheres (PT7, p. 48; PT8, p. 208).

Quando a força aparece ligada à mulher, isso se dá associado a uma outra característica dada como feminina: a arrumação do lar. Como no episódio em que se apresenta uma situação na qual uma garota afasta a mesa da sala e observa a sua posição posteriormente (PT9, p. 209). Um endereçamento que foi produzido de uma situação corriqueira para relacionar, naturalmente, mulher e tarefas domésticas. Essa ligação direta entre mulher e espaço privado tem sido estabelecida historicamente. Afinal, em muitas sociedades, "seu trabalho era da ordem do doméstico, da reprodução" (PERROT, 2008b, p. 109). Como reflexo desse discurso generificado, as mulheres tiveram uma educação em que não podiam "entregar-se a nenhum talento em prejuízo de seus deveres, já que sua vida, embora menos laboriosa, deve ser mais assídua a suas tarefas corriqueiras" (CORAZZA, 2004, p. 284).

Ao tratar de obesidade, a Coleção Projeto Teláris (PT8, p. 73) traz somente mulheres em suas ilustrações, como se esta fosse uma preocupação eminentemente feminina. Já na Coleção Ciência nos Dias de Hoje, quando se trata do cuidado com o corpo, como a ingestão de líquidos, apenas meninas são retratadas (DH6, p. 168; DH7, p. 56), bem como em relação ao cuidado com a proteção solar (DH8, p. 120). Quando o assunto é higiene corporal, há um maior equilíbrio nas situações, mas, ainda assim, com um predomínio de ações realizadas por mulheres e meninas (DH7, p. 91). Preocupações com a beleza expressam insegurança e inquietude pela "complexidade das exigências em relação aos cuidados com o corpo que hoje se impõem" (SCHWENGBER, 2008, p. 82). Cuidados ou desleixos com o corpo, a maneira como ou o que se vestem, os modos de se enfeitarem sinalizaram, ao longo da história das mulheres, condições de selvageria, sedução, pureza ou emancipação (PERROT, 2008).

Nas coleções analisadas, é possível observar *discursos biológicos* comporem, por meio da *técnica da naturalização*, os gêneros de humanos como extensões de certos comportamentos animais na natureza. Associado a isso, por meio da *técnica do dualismo*, produz-se um *sujeito-macho* dominante, competidor e forte, e um *sujeito-fêmea* passiva, cuidadosa e fraca. Vê-se operar, portanto, a não separação entre gênero e sexo, bem como a justificativa da diferença sexual para explicar comportamentos diferenciados entre tais sujeitos.

Uma perpetuação saudável das espécies

Preservativo. Gravidez. Pênis. Vagina. Prazer. Reprodução. Cuidados. Doenças. Até o momento, nos LDC analisados, os gêneros foram produzidos de modo relacional, no sentido de estabelecer dualismos e complementariedades entre homens e mulheres. O mesmo modo operacional pode ser observado quando o assunto é sexualidade. A heteronormatividade nesses LDC atua de modo a priorizar os aspectos da saúde da reprodução humana. Isto é, há um forte investimento em disponibilizar informações sobre como prevenir as doenças nos órgãos sexuais e em focar no sexo que gera filhos. Assim, a única sexualidade discutida abertamente é a heterossexualidade, aquela que gerará descentes, "permitindo a manutenção da espécie ao longo do tempo" (DH8, p. 55).

A heteronormatividade é uma "prática reguladora" que produz efeitos na "relação entre sexo, gênero, prática sexual e desejo", o que acaba por engendrar gêneros (BUTLER, 2010a, p. 39). Uma heteronormatividade entendida, ainda, como um "regime da heterossexualidade [que] atua para circunscrever e contornar a 'materialidade' do sexo e essa 'materialidade' é formada e sustentada através de – e como – uma materialização de normas regulatórias que são, em parte, aquelas da hegemonia sexual" (BUTLER, 2010b, p. 170). Ao analisar o dispositivo da sexualidade, mais especificamente em sua construção do século XX, Foucault afirma que essa norma consistiu em "reduzir o sexo à sua função reprodutiva, à sua função heterossexual e adulta e à sua legitimidade matrimonial" (FOUCAULT, 2010, p. 114).

No texto "Homens: cuidados e problemas" do PT8, ao discorrer sobre os motivos para alguns problemas sexuais, é citada "a falta de interesse na parceira" (PT8, p. 220). Em "Mulheres: a relação sexual e alguns cuidados", ao tratar do orgasmo em mulheres, "o envolvimento com o parceiro" é uma das dicas para se atingir esse estágio do sexo (PT8, p. 223), o que difere do motivo dos homens no exemplo anterior. Ao discorrer sobre os cuidados que uma pessoa portadora de aids deve ter, a imagem de um casal é apresentada com a legenda de que o companheiro precisa ser avisado (PT8, p. 253). Em uma questão do exercício, por sua vez, a seguinte situação é colocada: "Uma garota namora há bastante tempo um garoto e mantém com ele relações sexuais". Em seguida, é solicitada a opinião de todos/as em relação à necessidade ou não de se usar camisinha, visto que os namorados juram a fidelidade (PT8, p. 255).

Pode-se observar que o foco do LDC é a relação heterossexual, entre pessoas de sexos diferentes, saudáveis e aptas à reprodução. Além dessas situações que reforçam a norma, ao longo de todo o volume 8 das duas coleções a palavra "casal" é constante. Na Coleção Ciência nos Dias de Hoje, ao tratar da saúde do sono de adolescentes, várias referências são feitas aos "pais" ou, exclusivamente, às "mães": "os pais devem ficar atentos ao sono dos filhos quando chegam à puberdade" (DH 8, p. 67); "ele [o adolescente] passa também a regrar o próprio sono, não é a mãe que manda dormir", fala de um especialista (DH8, p. 67). Mais à frente, ao se discutir a geração de indivíduos, é recomendado: "a opção de gerar um filho requer conversas e planejamento por parte do casal" (DH8, p. 70). No universo discursivo dessa coleção, a geração e o cuidado com a prole está restrita, contudo, a um único modelo de família: o casal heterossexual formado por pai e mãe. Exclui-se, portanto, outras tantas possibilidades de configurações familiares postas atualmente: bebês gerados *in vitro*, crianças cuidadas por mães ou pais apenas, por mais de uma mãe ou mais de um pai, por avós, outros responsáveis etc.

Segundo o dicionário Aurélio, o termo "casal" significa: "a fêmea e o macho: casal de animais. O marido e a mulher: o casal foi ao cinema. Par; dupla". Nesse contexto, não há espaço para discutir o sexo para além da reprodução, como prazer. O objetivo seria "formar a todos para serem heterossexuais ou organizarem suas vidas a partir do modelo supostamente coerente, superior e 'natural' da heterossexualidade" (MISKOLCI, 2007, p. 6). Restringe-se o ensino ao sistema reprodutor e não sexual. Afinal, "optar em falar 'sexual' – e não 'reprodutor' – implica conceber a sexualidade numa dimensão prazerosa (de gratificação sentimental e física), onde a procriação deve ser uma consequência e um direito de escolha" (FURLANI, 2005, p. 74).

Apenas ao final do capítulo "Doenças Sexualmente Transmissíveis", da Coleção Teláris, um pequeno texto é apresentado com o título "Homossexualidade" (PT8, p. 258). No entanto, se o tema é trazido de modo complementar, isso mostra que a prioridade foi, de fato, a heterossexualidade. Além disso, no início texto, o autor faz um alerta para que as pessoas não "confundam" uma admiração por alguém do mesmo sexo com atração sexual. Ainda por meio de uma *técnica de vigilância*, há o incentivo de que as pessoas que sejam "portadores" desse tipo de sexualidade procurem um psicólogo para receber orientações. Há o alerta moralista, também, de que o comportamento sexual não define caráter como se, por ser homossexual, o caráter estivesse em questão. Por fim, corroborando essas ideias, no Manual do Professor, ao se sugerir atividades para discutir a homossexualidade, há o incentivo para se "promover debates com a presença de médicos e psicólogos" (MP8, p. 38). A Coleção Ciências nos Dias de Hoje, por outro lado, silencia sobre esse tema.

Tal modo de abordar a homossexualidade carrega preconceitos, uma vez que, além da já comentada questão do caráter, a advertência para que "não confundam uma admiração por alguém do mesmo sexo como atração sexual" não foi feita na situação contrária, ou seja, não se advertiu isso para os relacionamentos entre pessoas de sexos opostos nos capítulos sobre reprodução, por exemplo. Além disso, nessa abordagem, estar-se-ia dando um viés biológico e higienista ao tema, em que se focariam doenças, higiene corporal e aspectos psicológicos, segundo a recomendação para se falar da temática na presença de médicos e psicólogos. Esse quadro corrobora o histórico da educação sexual escolar, em que se exclui o prazer e foca-se nas repressões em nome da saúde do corpo. No entanto, vale lembrar que, se verificarmos a história da sexualidade humana, "o poder não 'pode' nada contra o sexo e os prazeres, salvo dizer-lhes não; se produz alguma coisa, são ausências e falhas; elide elementos, introduz descontinuidades, separa o que está junto, marca fronteiras" (FOUCAULT, 2010, p. 93).

Como a *tecnologia de gênero* engendra reflexos nos corpos sexuados, pode-se observar uma reiteração da norma que torna a produzir, por meio dos *discursos biológicos, médicos, higienistas e heteronormativos*, o *sujeito-macho*, que insemina óvulos, gera descendentes e tem seu desejo sexual relacionado ao interesse pela parceira, e o *sujeito-fêmea*, que gesta a prole, que cuida da saúde de sua família e tem seu desejo sexual relacionado ao afeto pelo parceiro. Longe de uma associação ao natural, a *técnica de vigilância* foi acionada quando se quis produzir o *sujeito-homossexual* nesse currículo. Um sujeito que "porta" um desejo não reprodutor e que precisa ter sua sexualidade vigiada por profissionais da saúde ou por si mesmo.

Os posicionamentos generificados na Ciência

Mulher delicada. Mulher fraca. Mulher mãe. Mulher reprodutora. Mulher cuidadora. Assim se representa as mulheres nos livros didáticos analisados. Como vimos, a relação dualista entre homens e mulheres se estabelece desde as características biológicas até as posições culturais que delas se desdobram. Nas profissões, isso se expressaria de modo a destiná-los/as a setores diferenciados. Nos livros analisados, os homens são representados nas seguintes profissões: fabricante de vidro (PT6, p. 64), construção civil (PT6, p. 107), mecânico (PT6, p. 154 e 178), manipulador de cobra venenosa (PT6), manipulador de rãs gigantes (PT7, p. 206), médico (PT8, p. 127 e 131), esquadrejador de ferro (PT9, p. 57), pedreiro (PT9, p. 98), garimpeiro (PT9, p. 98), operador de máquina (PT9, p. 106), jogador de futebol (PT9, p. 158), piloto de avião (DH8, p. 20).

Em algumas páginas, discursos generificados destinam homens e meninos ao esporte, tal como observou Reis (2011), igualmente, em seu trabalho. Em uma outra pesquisa, com manuais de educação para meninos em meados do século XIX, Louro (1995, p. 91) conclui que "parece ser especialmente evidente em processo de educação masculina a competição integrar a maior parte dessas atividades", o que acaba por influenciar a relação entre "meninos, rapazes e homens adultos" (LOURO, 2010, p. 23). Nessa construção binária de corpos, existiria uma crença de que "a masculinidade é compreendida em termos de um conjunto de instintos básicos" (WALKERDINE, 1995, p. 213).

Por sua vez, nas poucas situações em que apareceram com uma profissão, as mulheres são designadas à enfermagem (PT7, p. 253; PT8, p. 112, p. 132;

DH6, p. 136) e ao ballet (PT8, p. 259). Ao desempenhar diferenciados trabalhos, essa essência feminina lhes seria exigida, o que desfaria a "distinção entre os domínios público e privado [na vida das mulheres]" (HARAWAY, 2009, p. 76). Tal exigência pode ser encontrada na "perfeita secretária: que ela coloque flores e que cuide de seu patrão" (PERROT, 2008, p. 115); nas fábricas como costureiras (RAGO, 2009; nos hospitais como enfermeiras (PERROT, 2008); na professora que cuida e educa com amor (PARAÍSO, 2002); ou na alfabetizadora, como acionada no Pacto Nacional pela Alfabetização na Idade Certa, programa analisado por Caldeira (2018, p. 62) no segundo capítulo deste livro.

Como extensão dessa suposta essência feminina, quando em cruzamento com o discurso científico, pouca visibilidade lhes é dada na profissão cientista e pesquisadora. Na Coleção Projeto Teláris, as únicas três imagens que fazem referência à mulher na ciência são de profissionais utilizando o microscópio (PT6, p. 24; PT7, p. 20; PT8, p. 14), sempre dispostas no início de cada volume, como se a intenção fosse apenas cumprir com alguma exigência de inserir a mulher na Ciência, com exceção do último volume, no qual não há imagem com tais fins. Na Coleção Ciências nos Dias de Hoje, destacam-se apenas três imagens de mulheres em situações ligadas à Ciência ou à tecnologia: médica realizando ultrassom em gestante (DH6, p. 25), foto de Mayana Zatz com a legenda "bióloga e renomada pesquisadora em genética" (DH6, p. 30) e "enfermeira acompanhando hemodiálise" (DH8, p. 136).

A desigualdade na inserção de alunas no mundo da Ciência foi observada em pesquisa que analisou as relações de gênero no currículo escolar de aulas experimentais. No desenvolvimento de sua argumentação, um governo de gêneros e sexualidades se estabelece para reafirmar demarcações heteronormativas – meninas são cuidadosas e afeitas aos trabalhos manuais, enquanto meninos são mais racionais e inteligentes – e, ao atender supostas demandas do fazer experimental em laboratório de Ciências escolar, destina meninas à realização do experimento e meninos a pensar sobre seus resultados (CARDOSO, 2011). Tal forma de pensar a Ciência e os gêneros também circula em outros artefatos além dos currículos escolares e livrescos. Em análises de filmes de animação, homens e mulheres são posicionados/as de modos diferenciados com base em suas supostas essências, como observado por Cardoso (2014) em *Tá chovendo hambúrguer I* e *Tá chovendo hambúrguer II*. Na pesquisa de Tomazi *et al.* (2009), constata-se que "o principal estereótipo transmitido nos filmes de animação infantil é de um cientista homem, adulto, trajado casualmente e, na maioria das vezes, com jaleco, mesmo quando não está trabalhando em sua pesquisa" (p. 302). Ao analisar filmes de ficção científica da última década em busca das imagens construídas acerca dos cientistas, Cruz (2007) afirma que tal mídia contribui para a manutenção da imagem que contempla o cientista como um ser superior e do sexo masculino.

Como extensão desse discurso de que a ciência é feita para homens por produzi-los como racionais, objetivos e mais inteligentes, nos LDC analisados, houve a predominância de imagens em que homens manipulavam experimentos, realizavam práticas e representavam a Ciência. Como exemplo, têm-se as seguintes imagens de pesquisadores: em microscópio sofisticado (PT7, p. 20; DH7, p. 73); com um modelo anatômico (PT8, p. 12); em um microscópio eletrônico (PT8, p. 15); operando um sismólogo (DH6, p. 97). De um modo geral, ao longo de todos os livros, seja qual fosse a situação discutida, há muito mais imagens de homens e meninos do que de mulheres e meninas. Se forem considerados os *modos de endereçamento* (ELLSWORTH, 2001) ao se produzir o Livro Didático, há a evidente estratégia de se endereçar, principalmente, ao público masculino. A exemplo disso, a Coleção Ciências nos Dias de Hoje trouxe muitos meninos ao apresentar experimentos de pressão atmosférica (DH6, p. 178), queda livre (DH9, p. 169) e força (DH9, p. 185).

De acordo com estudos sobre a mulher na Ciência, "a maioria das mulheres participa do projeto na bancada do laboratório", enquanto os homens são os coordenadores (OSADA; COSTA, 2006. p. 294). Isto é, há uma segmentação das funções, "mantendo-as como técnicas e assistentes" (LOPES, 2006, p. 55), reafirmando e divulgando a compreensão de "incapacidade das mulheres serem boas pesquisadoras" (COSTA, 2006, p. 455). Se esses estudos confirmam que elas têm papel secundário na Ciência, outros mostram que não é em toda Ciência que as mulheres estão presentes. A participação feminina só é maioria nas Ciências Humanas e Linguística, sendo muito pequena nas Ciências Exatas (MELO; OLIVEIRA, 2006). Tal estudo sinaliza a compreensão de que, socialmente, a feminilidade é definida como apropriada apenas para algumas áreas do conhecimento.

Por fim, destaco que em nenhum momento há a apresentação de uma cientista mulher na Coleção Projeto Teláris e, como já mencionado, apenas um exemplo na Coleção Ciências nos Dias de Hoje. Mais atuais ou mais antigos, muitos homens tidos como grandes cientistas, ou "pais" de algum conhecimento, têm, no entanto, suas vidas, invenções, áreas de atuação ou teorias impressas nessas páginas: Anton van Leeuwenhoek (microscópio); Charles Darwin (seleção natural); Louis Pasteur (microrganismo); Alexandre Fleming (penicilina); Jan Baptista van Helmont (geração espontânea); Oparin e Haldane (origem da vida); Stanley Miller (origem da vida); Lineu (classificação); Dmitri Ivanovski (microbiologia); Carlos Chagas; Oswaldo Cruz; Gregor Mendel (genética); Isaac Newton (Física); Albert Einstein (relatividade); John Dalton, Thompson e Rutherford (modelo de átomo); Antoine Henri Becquerel (radioatividade); Dmitri Mendelev (tabela periódica); Antoine Laurent de Lavoisier (conservação); Galileu Galilei (queda livre); Mário José Molina, Frank Sherwood Rowland e Paul Crutzen (Prêmio Nobel de Química, 1995); Neil Armstrong (astronauta); David Scott (astronauta). Tal estratégia, inclusive pela falta de discussão sobre os motivos de se ter poucas mulheres na ciência antiga e atual, conduz a mulher a uma "ampla invisibilidade como sujeito – inclusive como sujeito da Ciência" (LOURO, 1997, p. 17).

CONSIDERAÇÕES FINAIS

Ao analisar os últimos 10 anos de uma política pública que regulamenta um forte material curricular na educação básica, é possível verificar as disputas culturais em torno da produção de saberes acerca dos gêneros e das sexualidades. Com base nas análises dos editais e guias do Programa Nacional do Livro Didático, pude verificar o caráter geral dos itens avaliativos sobre as questões de gênero, principalmente nas edições mais recentes do Programa. Além de reduzidos, estrategicamente, dividem espaço com outras categorias, tal como raça/etnia e diversidade social, ficando a critério da posição política do/a avaliador/a julgar se as obras promovem equidade de atuação dos sujeitos nas áreas de conhecimento.

Pelo seu caráter descritivo e pelo seu objeto principal ser a natureza – quase sempre entendida como intocável e pura –, o Livro Didático de Ciências, especificamente, é responsável por vincular saberes acerca dos corpos e dos comportamentos de maneira aparentemente neutra e isenta de elementos culturais. No entanto, a correlação natureza e cultura se estabelece de modo bastante estreito nesse currículo, seja por meio de atividades, de experimentos, de imagens ou de narrativas biológicas sobre o mundo. Como reflexo disso, constata-se, nas obras aqui analisadas, a produção de demandas naturalizadas acerca de corpos, gêneros e sexualidades de animais humanos e não humanos. Desse modo, ditos sobre competitividade, desenvolvimento corporal, força física, cadeia alimentar, territorialidade, cuidado, proteção, reprodução e doenças são colocados de maneira diferenciada aos sujeitos. Esse processo, por estar transvestido da roupagem científica, dá força de verdade e autoridade às diferenças biológicas, intelectuais e culturais.

A *tecnologia de gênero* nas coleções aprovadas pelo PNLD (2008-2017) e aqui analisadas é operada como uma maquinaria que faz circular *discursos biológicos, médicos, higienistas e heteronormativos*. Por meio das *técnicas de naturalização* e *de dualismo*, é possível produzir, binariamente, o *sujeito-macho* e o *sujeito-fêmea* como extensões dos comportamentos de certos animais não humanos. Pela *técnica da vigilância*, são ofertados cuidados, advertências e recomendações ao *sujeito-homossexual*. Por certos *modos de endereçamento*, alguns sujeitos são construídos como mais próprios do fazer científico e tecnológico, o que aponta para uma fragilidade dessa política curricular nacional que se inclui como reguladora e promotora da equidade de gênero nas escolas.

Referências

AMARAL, Marise. Natureza e representação na pedagogia da publicidade. In: COSTA, M. V (Org.). *Estudos Culturais em Educação*: mídia, arquitetura, brinquedo, biologia, literatura e cinema. Porto Alegre: Ed. UFRGS, 2000. p. 143-74.

BERNARDELLI, Marilia Alcantara. *Entre permanências e subversões*: a composição visual feminina nos livros didáticos de história. 2016, 122 f. Dissertação (Mestrado em Educação) – Universidade Estadual de Londrina, Londrina, 2016.

BUTLER, Judith. Corpos que pesam: sobre os limites discursivos do "sexo". In: LOURO, Guacira Lopes (Org.). *O corpo educado*: pedagogias da sexualidade. 3. ed. Belo Horizonte: Autêntica, 2010b. p. 151-72.

BUTLER, Judith. *Problemas de gênero*: feminismo e subversão da identidade. 3. ed. Rio de Janeiro: Civilização Brasileira, 2010a.

CABRAL, Carla Giovana. Pelas telas, pela janela: o conhecimento dialogicamente situado. *Cadernos Pagu*, Campinas, n. 27, p. 63-97, 2006.

CALDEIRA, Maria Carolina da Silva. Relações de gênero no currículo da formação de professoras para a alfabetização: uma análise do Pacto Nacional pela Alfabetização na Idade Certa (PNAIC). In: PARAÍSO, Marlucy Alves; CALDEIRA, Maria Carolina da Silva (Org.). *Pesquisas sobre currículos, gêneros e sexualidades*. Belo Horizonte: Mazza, 2018, p. 53-71.

CARDOSO, Lívia de Rezende. Conflitos de uma bruta flor: governo e quereres de gênero e sexualidade no currículo do fazer experimental. In: BRASIL. *7º Prêmio Construindo a Igualdade de Gênero*. v. 1. Brasília: Presidência da República, 2011. p. 35-56.

CARDOSO, Lívia de Rezende. Tá chovendo hambúrguer no campo discursivo: relações de gênero, ciência e tecnologia em filmes de animação. In: SEMINÁRIO CORPO, GÊNERO E SEXUALIDADE, 6., 2014, Juiz de Fora. *Anais*... Juiz de Fora: UFJF, 2014.

CARDOSO, Lívia de Rezende; PARAÍSO, Marlucy Alves. A natureza nas aulas de ciências. *Presença Pedagógica*, Belo Horizonte, v. 18, p. 26-33, 2012.

CATHARINO, Rejane Conceição de Arruda e Silva. *Imagética dos livros didáticos nas relações de gênero e educação ambiental*. 2007, 92 f. Dissertação (Mestrado em Educação) – Universidade Federal de Mato Grosso, Cuiabá, 2007.

CELESTINO, Gabriela Santetti. *Gênero em livros didáticos de história aprovados pelo Programa Nacional do Livro Didático (PNLD/2014)*. 2016. Dissertação (Mestrado em Educação) – Universidade Federal de Santa Catarina, Florianópolis, 2016.

CORAZZA, Sandra. *História da infância sem fim*. 2. ed. Ijuí: Ed. Unijuí, 2004.

COSTA, Maria Conceição da. Ainda somos poucas: exclusão e invisibilidade na ciência. *Cadernos Pagu*, Campinas, p. 455-59, jul.-dez. 2006.

CRUZ, Joliane da. *Mulher na ciência*: representação ou ficção. 2007. Tese (Doutorado em Ciências da Comunicação) – Programa de Pós-Graduação em Ciências da Comunicação, Universidade de São Paulo, São Paulo, 2007.

DANTAS, Josué Cláudio de Melo. *A abordagem da questão de gênero a partir do livro Didático de Ciências no Ensino Fundamental.* 2008, 263 f. Monografia (Profissionalizante em Ensino de Ciências na Amazônia) – Universidade do Estado do Amazonas, Manaus, 2008.

ELLSWORTH, Elizabeth. Modos de endereçamento: uma coisa de cinema; uma coisa de educação também. In: SILVA, Tomaz Tadeu da (Org.). *Nunca fomos humanos.* Belo Horizonte: Autêntica, 2001.

FOUCAULT, Michel. *A arqueologia do saber.* Rio de Janeiro: Forense Universitária, 2005.

FOUCAULT, Michel. *As palavras e as coisas*: uma arqueologia das ciências humanas. São Paulo: Martins Fontes, 1999.

FOUCAULT, Michel. *As técnicas de si.* 1982. Disponível em: <http://vsites.unb.br/fe/tef/filoesco/foucault/tecnicas.pdf>.

FOUCAULT, Michel. *História da sexualidade I*: a vontade de saber. São Paulo: Graal, 2010.

FOUCAULT, Michel. *História da sexualidade II*: o uso dos prazeres. São Paulo: Graal, 2006.

FREITAS, Daniela Amaral Silva. Relações de Gênero nos kits de literatura afro-brasileira distribuídos pela Secretaria Municipal de Educação de Belo Horizonte: Razão e emoção para regular corpos na literatura infantil. In: PARAÍSO, Marlucy Alves e CALDEIRA, Maria Carolina da Silva (Org.). *Pesquisas sobre currículos, gêneros e sexualidades.* Belo Horizonte: Mazza, 2018, p. 115-137.

FURLANI, Jimena. Educação sexual: possibilidades didáticas. In: LOURO, G. L.; FELIPE, L.; GOELLNER, S. V. (Org.). *Corpo, gênero e sexualidade*: um debate contemporâneo na educação. 2. ed. Petrópolis: Vozes, 2005.

HARAWAY, Donna. Manifesto ciborgue: ciência, tecnologia e feminismo-socialista do final do século XX. In: HARAWAY, D.; KUNZRU, H.; TADEU, T. (Org.). *Antropologia do ciborgue*: as vertigens do pós-humano. 2. ed. Belo Horizonte: Autêntica, 2009. p. 33-117.

HÖFLING, Eloisa de Mattos. A trajetória do Programa Nacional do Livro Didático do Ministério da Educação no Brasil. In: FRACALANZA, H.; MEGID NETO, J. (Org.). *O livro didático de Ciências no Brasil.* Campinas: Komedi, 2006.

LAURETIS, Teresa. A tecnologia do gênero. In: HOLLANDA, H. B. *Tendências e impasses*: o feminismo como crítica da cultura. Rio de Janeiro: Rocco, 1994.

LOPES, Maria Margaret. Sobre convenções em torno de argumentos de autoridade. *Cadernos Pagu*, Campinas, p. 35-61, jul.-dez. 2006.

LOURO, Guacira Lopes. *Gênero, sexualidade e educação*: uma perspectiva pós-estruturalista. Petrópolis: Vozes, 1997.

LOURO, Guacira Lopes. Pedagogias da Sexualidade. In: LOURO, G. L (Org.). *O corpo educado*: pedagogias da sexualidade. 3. ed. Belo Horizonte: Autêntica, 2010.

LOURO, Guacira Lopes. Produzindo sujeitos masculinos e cristãos. In: VEIGA-NETO, Alfredo (Org.). *Crítica pós-estruturalista e educação.* Porto Alegre: Sulina, 1995.

MARCELLO, Fabiana. *Dispositivo da maternidade*: mídia e produção agonística de experiência. 2003. Dissertação (Mestrado em Educação) – Universidade Federal do Rio Grande do Sul, 2003.

MELO, Hildete Pereira de; OLIVEIRA, André Barbosa. A produção científica brasileira no feminino. *Cadernos Pagu*, Campinas, p. 301-31, jul.-dez. 2006.

MISKOLCI, Richard. A teoria Queer e a questão das diferenças: por uma analítica da normalização. In: CONGRESSO DE LEITURA DO BRASIL (COLE), 16., 2007, Campinas. *Anais*... Campinas, 2007.

MOURA, Neide Cardoso de. *Relações de Gênero em livros didáticos de língua portuguesa*: permanências e mudanças. 2007, 219 f. Tese (Doutorado em Psicologia) – Pontifícia Universidade Católica de São Paulo, São Paulo, 2007.

NUNES-MACEDO, Maria do Socorro Alencar; MORTIMER, Eduardo Fleury; GREEN, Judith. A constituição das interações em sala de aula e o uso do livro didático: análise de uma prática de letramento no primeiro ciclo. *Revista Brasileira de Educação*, Campinas, v. 25, n. 25, p. 18-29, 2004.

NÚÑEZ, Isauro Beltran *et al.* A seleção dos livros didáticos: um saber necessário ao professor. O caso do ensino de ciências. *OEI - Revista Iberoamericana de Educación*, Madrid, v. 3, p. 1-12, 2003.

OSADA, Neide Mayumi; COSTA, Maria Conceição da. A construção social de gênero na biologia: preconceitos e obstáculos na biologia molecular. *Cadernos Pagu*, Campinas, n. 27, p. 279-299, dez. 2006.

PARAÍSO, Marlucy Alves. *Currículo e mídia educativa brasileira*: poder, saber e subjetivação. Chapecó: Argos, 2007.

PARAÍSO, Marlucy Alves. *Currículo e mídia educativa*: práticas de produção e tecnologias de subjetivação no discurso da mídia educativa sobre a educação escolar. 2002. Tese (Doutorado em Educação) – Programa de Pós-Graduação em Educação, Universidade Federal do Rio de Janeiro, Rio de Janeiro, 2002.

PARAÍSO, Marlucy Alves. Fazer do caos uma estrela dançarina no currículo: invenção política *com* gênero e sexualidade em tempos do *slogan* "ideologia de gênero". In: PARAÍSO, Marlucy Alves; CALDEIRA, Maria Carolina. *Pesquisas sobre currículos, gêneros e sexualidades.* Belo Horizonte; Mazza, 2018, p. 23-52.

PARAÍSO, Marlucy Alves. Política da subjetividade docente no currículo da mídia educativa brasileira. *Educação e Sociedade*, Campinas, v. 27, n. 94, p. 91-115, 2006.

PERROT, Michelle. *Minha história das mulheres.* São Paulo: Contexto, 2008.

PINTO, Andréa Marcia. *A representação da mulher nos livros didáticos de História.* 2001, 181 f. Dissertação (Mestrado em Educação) – Universidade Federal do Espírito Santo, Vitória, 2001.

RAGO, Margareth. Trabalho feminino e sexualidade. In: DEL PRIORE, Mary (Org.). *História das mulheres no Brasil.* 9. ed. São Paulo: Contexto, 2009. p. 578-605.

REIS, Cristina D. *Currículo escolar e gênero: a constituição generificada de corpos e posições de sujeito meninos-aluno.* 2011. Dissertação (Mestrado em Educação) – Faculdade de Educação, Universidade Federal de Minas Gerais, Belo Horizonte, 2011.

ROSA, Graciema. O corpo feito cenário. In: MEYER, D. E.; SOARES, R. R. S (Org.). *Corpo, gênero e sexualidade.* 2. ed. Porto Alegre: Mediação, 2008.

RUIZ, Eliana Maria Severino Donário. Formação (des)continuada e representação de professor em materiais didáticos da Olimpíada de Língua Portuguesa. *Rev. Diálogo Educ.*, Curitiba, v. 12, n. 36, p. 549-573, maio-ago. 2012.

SANTOS, Luís Henrique Sacchi dos. A Biologia tem uma história que não é natural. In: COSTA, Maria Vorraber (Org.). *Estudos culturais em educação*: mídia, arquitetura, brinquedo, biologia, literatura, cinema. Porto Alegre: Ed. UFRGS, 2000.

SCHWENGBER, Maria Simone Vione. Professora, cadê seu corpo? In: MEYER, Dagmar E.; SOARES, Rosângela Rodrigues S. (Org.). *Corpo, Gênero e Sexualidade*. 2. ed. Porto Alegre: Mediação, 2008. p. 73-84.

SILVA, Maria Aline; OLIVEIRA, Alexandra Maria de. Dialogando com o livro didático de Geografia: análise do discurso sobre a questão agrária em obras do Ensino Médio. *Geografia Ensino & Pesquisa*, Santa Maria, v. 17, n. 3, p. 91-106, set.-ago. 2013.

TOMAZI, Aline Luiza *et al.* O que é e quem faz ciência? Imagens sobre a atividade científica divulgadas em filmes de animação infantil. *Ensaio Pesquisa em Educação em Ciências*, Belo Horizonte, v. 11, n. 2, p. 292-306, dez. 2009.

WALKERDINE, Valerie. O raciocínio em tempos pós-modernos. *Educação & Realidade*, Porto Alegre, v. 20, n. 2, p. 207-26, jul.-dez. 1995.

WELZER-LANG, Daniel. A construção do masculino: dominação das mulheres e homofobia. *Estudos Feministas*, Florianópolis, v. 9, n. 2, p. 460-82, 2001.

5

Relações de gênero nos kits de literatura afro-brasileira distribuídos pela Secretaria Municipal de Educação de Belo Horizonte: razão e emoção para regular corpos na literatura infantil[1]

Daniela Amaral Silva Freitas

Instigantes, sedutoras, divertidas, criativas, surpreendentes. Esses são alguns dos adjetivos utilizados para se referir às histórias infantis. Contudo, histórias voltadas para crianças não se constituem só de encanto e diversão, elas também produzem sentidos sobre o mundo e as coisas do mundo; ensinam sobre raça/etnia e gênero; instituem normas e governam condutas. Ensinam modos de ser, de agir, de pensar, de desejar, de olhar para si e para o outro. Disputam espaço com discursos provenientes das mais diversas esferas (familiar, escolar, religiosa, política...) para a produção de saberes e de sujeitos.

Inseridos em uma política pública que visa atender às Leis n. 10.639/03 e n. 11.645/08 – que tornam obrigatório o ensino de história e cultura africanas, afro-brasileiras e indígenas no Ensino Fundamental e Médio das escolas brasileiras –, os livros de literatura infantil que compõem os kits de literatura afro-brasi-

[1] Artigo resultado da tese de doutorado *Literatura infantil dos kits de literatura afro-brasileira* da PBH: um currículo para ressignificação das relações étnico-raciais?, financiada pela Capes e defendida no Programa de Pós-Graduação em Educação: Conhecimento e Inclusão Social, da Faculdade de Educação da Universidade Federal de Minas Gerais (PPGE/FaE/UFMG).

leira distribuídos pela Prefeitura de Belo Horizonte (PBH) também fazem parte dessa disputa. Objetos de análise neste trabalho, tais livros, produzidos a partir de uma política pública de valorização e afirmação do/a negro/a e do/a índio/a, estão envolvidos diretamente na produção e divulgação de sujeitos com marcas explícitas dessas raças/etnias, que anteriormente ficavam à margem de uma literatura voltada para o público infantil.

Consideramos esses livros de literatura infantil que integram tais kits de literatura afro-brasileira um currículo que tem "vontade de sujeito". Entre seus vários quereres, é muito evidente que essas obras querem "'um sujeito', que lhe permita reconhecer-se nele" (CORAZZA, 2004, p. 15). Um sujeito com marcas de raça/etnia que estiveram silenciadas nesse artefato. Em consonância com os usos que têm sido feitos no campo da educação, entende-se "raça/etnia" como "construções sociais, políticas e culturais produzidas nas relações sociais e de poder ao longo do processo histórico" (GOMES, 2005, p. 49), tendo importante influência das relações étnico-raciais que vigeram e vigem na sociedade brasileira. As marcas de raça/etnia não vêm sós, elas se articulam a uma série de outras marcas, entre as quais destaco as de gênero, para a produção e divulgação de posições de sujeito. Portanto, a literatura infantil como um currículo é, "entre outras coisas, um artefato de gênero: um artefato que, ao mesmo tempo, corporifica e produz relações de gênero" (SILVA, 2002, p. 97).

Assim, neste texto, com base nos estudos pós-críticos de currículo e nos estudos de gênero, e utilizando ferramentas teórico-metodológicas retiradas sobretudo desses estudos e da obra de Michel Foucault, o argumento desenvolvido é o de que, nas histórias analisadas, passam a ser produzidas e disponibilizadas posições de sujeito – construídas a partir de um cruzamento entre marcas de raça/etnia e gênero – na qual o/a negro e o/a indígena são divulgados/as como o lugar da razão e da norma, diferente de antes, em que eram apresentados como o "outro", como o lugar da irracionalidade e da emoção. Isso se efetiva por meio de uma série de processos regulatórios, fabricados a partir da lógica binária razão/masculinidade e emoção/feminilidade. Todavia, essa maquinaria, longe de se configurar como processos lineares, faz emergir conflitos e disputas que vazam essa lógica e apontam outras possibilidades de se ser um homem e uma mulher negro/a e indígena.

Gênero, com base na perspectiva aqui em foco, "refere-se – em oposição à dimensão simplesmente biológica do processo de diferenciação sexual – aos aspectos culturais e sociais das relações entre os sexos" (SILVA, 2000, p. 63); "como *locus* de produção das relações que a cultura estabelece entre o corpo, sujeito, conhecimento e poder" (MEYER, 2005, p. 16). Dessa maneira, o principal aspecto a ser levado em consideração para se pensar gênero é o fato de as diferenças serem fabricadas por meio de relações de poder, nas mais distintas práticas. A leitura é certamente uma dessas práticas em que essas distinções, diferenciações e hierarquizações de gênero são produzidas, sendo a literatura infantil um dos discursos que contribui para isso. Esse caráter classificatório só é possível devido ao fato de gênero e raça/etnia serem culturalmente produzidos em meio a normas que regulam e controlam, com base em um ideal, o que é mais adequado, desejado e normal. Ideal social e historicamente construído, mas, por muitas vezes, pouco problematizado.

Assim como há uma raça/etnia considerada normal – fala-se da branquitude normativa, ou seja, da "eleição do paradigma estético e formal branco como referencial, sendo os demais que se afastam dele desviantes" (OLIVEIRA, 2011, p. 34) –, quando se fala em termos de gênero, algo semelhante acontece. Conforme aponta Miranda (2010, p. 1) "assim como ocorre uma fabricação do corpo heterossexual com base em dispositivos de poder, há uma produção do corpo branco – a branquitude normativa". Nesse sentido, haveria também "apenas um modo adequado, legítimo, normal de masculinidade e de feminilidade e uma única forma sadia e normal de sexualidade, a heterossexualidade", e "afastar-se desse padrão significa buscar o desvio, sair do centro, tornar-se excêntrico" (LOURO, 2002, p. 2).

Nessa perspectiva, por exemplo, aqueles/as que passam por brancos/as, *passing queering* (BUTLER, 1993), estariam mais próximos da norma, do que é desejado, e sofrem menos os efeitos de um "poder de normalização" (FOUCAULT, 2001, p. 52) do que aqueles/as que se distanciam e compõem as diversas "outras" raças/etnias, como os/as negros/as e indígenas, amplamente difundidos/as nos kits de literatura afro-brasileira, como veremos aqui. Tal processo, no Brasil, pode ser identificado naquilo que Munanga (1999, p. 10) denomina como miscigenação, uma vez que serve para hierarquizar racialmente os corpos: "dependendo do grau de miscigenação, o mestiço brasileiro pode atravessar a linha ou a fronteira de cor e se reclassificar ou ser reclassificado na categoria branca", considerada a norma. De modo análogo, aqueles/as que se aproximam mais de uma feminilidade e de uma masculinidade "normal", que dirigem seu comportamento e regulam seus corpos de forma a corresponder ao esperado se se é homem ou mulher, têm sobre si atuando, de forma mais ou menos incisiva, um poder de normalização. Isso porque a "norma não é simplesmente um princípio, não é nem mesmo um princípio de inteligibilidade; é um elemento a partir do qual certo exercício do poder se acha fundado e legitimado" (FOUCAULT, 2001, p. 62).

Seja relacionada à raça/etnia, seja relacionada a gênero, há uma *norma* que "marca a existência de algo tomado como o ideal e que serve para mostrar e demarcar aqueles que estão fora da curva da normalidade, no desvio que deve ser corrigido e ajustado" (THOMA, 2005, p. 2). A norma, como "portadora de uma pretensão de poder" (FOUCAULT, 2001, p. 62), atua de forma a conformar o sujeito, a produzi-lo de um determinado tipo, com certas características, modos de ser e de se comportar. Isso porque o "sujeito constitui o ponto de interseção dos atos que necessitam ser submetidos às regras, e às regras que definem a maneira como deve se agir" (FOUCAULT, 1994, p. 12). Nesse sentido, nos livros de literatura infantil aqui analisados, por meio de normas de gênero, são produzidas diferentes posições de sujeito que ensinam aos leitores e às leitoras o que é ou não bom, desejável e normal. O binarismo razão/emoção entra nessa maquinaria que produz posições de sujeito generificadas, para compor corpos negros e indígenas. A posição de sujeito é aqui entendida como "um lugar determinado e vazio que pode ser efetivamente ocupado por indivíduos diferentes" (FOUCAULT, 2005, p. 107). Trata-se de um lugar no discurso que é disponibilizado e que pode ou não ser ocupado.

Os livros de literatura infantil que compõem os kits de literatura afro-brasileira distribuídos pela PBH atualizam, de diferentes maneiras, a vinculação entre homem e razão, por um lado, e mulher e emoção, por outro. Nas histórias analisadas, observa-se um conjunto de mecanismos regulatórios operando sobre posições de sujeito consideradas masculinas de forma a normalizá-las e governá-las, para que passem a responder a expectativas relacionadas ao raciocínio, à independência e à autonomia. Em contrapartida, observa-se que tais mecanismos não atuam sobre posições de sujeito consideradas femininas. Estas são geralmente divulgadas como um local próprio para se expressar emoções, dependências e carências. Assim, uma série de normas operam para governar o menino, para que este passe a ser um menino equilibrado, valente e racional. De modo análogo, uma série de normas operam para governar a menina, para colocá-la e fixá-la no lugar da menina emotiva, sensível e passiva. Todavia, essa construção se dá em meio a encontros entre normas de gênero e raça/etnia. Afinal, essas categorias "não podem ser tratadas como 'variáveis independentes' porque a opressão de cada uma está inscrita dentro da outra – é constituída pela outra e é constitutiva dela" (BRAH, 2006, p. 351).

RACIONALIZAR AS EMOÇÕES? QUEM PODE SENTIR E SE EMOCIONAR NAS NARRATIVAS INFANTIS?

"Penso, logo, existo", trata-se de um postulado cartesiano que teve grande alcance e repercussão no que se denomina sujeito na sociedade contemporânea. Pensar, refletir, raciocinar, dominar-se, controlar-se são ações imprescindíveis para a existência do sujeito, mas não de qualquer sujeito, e sim do sujeito "universal". Um sujeito, por excelência, masculino, branco e heterossexual. Um sujeito no qual estão centradas as leis, as políticas, as instituições. Um sujeito que, por sua própria definição e por sua pretensão de universalidade, exclui uma porção de outros sujeitos, muitas vezes tidos como impensáveis, inviáveis, ininteligíveis. Esse sujeito tem, como uma de suas principais marcas constitutivas, a razão. Trata-se de um sujeito racional, senhor de suas ações, com pleno controle de suas emoções.

A masculinidade, na contemporaneidade, apresenta também essa marca forte da razão. Walkerdine (2007, p. 13) argumenta que "ideias sobre razão e raciocínio não podem ser compreendidas historicamente à parte de considerações sobre gênero". Não é raro ouvir circular, nos mais diversos espaços, frases como "homem pensa antes de agir"; "homem não chora"; "homem não sente medo"; "homem deve controlar seus sentimentos". Trata-se de ditos que são atravessados por um mesmo aspecto, qual seja, o da valorização da razão, em detrimento da emoção. Nesse sentido, pode-se dizer que "homem que é homem controla a emoção e usa a razão" e, mais, que isso é o que é adequado, desejável e normal. Se o homem é assim caracterizado, todos/as aqueles/as que não elegem a razão como uma de suas principais características são tidos/as como inferiores, tais como as mulheres, as crianças, os loucos, considerados seres emocionais. Castro-Gómez (2005, p. 85) explica que a imagem do "homem racional" foi obtida "contrafaticamente mediante o estudo do 'outro da razão': o louco, o índio, o negro, o desadaptado, o preso, o homossexual, o indigente. A construção do perfil de subjetividade que requeria tal projeto moderno exigia então a supressão de todas estas diferenças". Todavia, no material aqui analisado, o negro e o indígena, que sempre ocuparam o lugar do outro, são agora apresentados como um sujeito racional.

Nos livros de literatura infantil investigados, há uma série de histórias que ensinam como meninos e meninas devem se comportar. O incentivo do raciocínio, do autocontrole, da contenção, da autonomia é frequente nas narrativas protagonizadas por meninos. Isso é evidente, por exemplo, no que se refere aos *mecanismos* colocados em funcionamento para regular condutas das personagens que choram. As histórias ensinam que os meninos devem fazer uma série de exercícios sobre si mesmos, tais como se autocontrolar para não chorar, engolir o choro e escondê-lo. Tais exercícios servem para normalizar as personagens masculinas, fazendo com que elas se aproximem, o máximo possível, do que seria a norma: "homem não chora". Pode-se observar, nos episódios a seguir, esses mecanismos em funcionamento:[2]

> Episódio 1: Homem não chora, deve se autocontrolar
> [Menino da cidade que, ao brincar com os meninos indígenas de uma tribo, corta seu pé com capim-navalha]

---

[2] Todos os trechos retirados das obras analisadas estão marcados em itálico. O título dos episódios e o que está escrito entre colchetes são intervenções/comentários meus. Ao final do episódio, entre parênteses, está a referência pelo sobrenome do autor e ano da obra, cuja lista dos títulos se encontra ao final do capítulo, em Referências, "Obras literárias".

> *O capim era afiladinho parecia uma faca. Aliás, era por isso mesmo que se chamava navalha, "capim-navalha". Era perigoso a gente se cortar. Mesmo assim, os meninos foram lá, com todo o cuidado. Queriam as sementes. Eles já estavam acostumados. Por isso não aconteceu nada com nenhum deles. Nem com Proré, nem com Sorompré, nem com Padí, nem com ninguém. Só com Pedro, mesmo! Na hora que ele deu um passo, assim, para o lado... ai, ai, ai! Cortou a perna e teve vontade de chorar. Depois, lembrou como os meninos aguentavam firme quando se machucavam. Estava sentindo dor, mas queria disfarçar. Fez uma força enorme para fazer de conta que não estava doendo. Sabe que deu certo? A dor foi logo embora! Depois que perceberam que dava para Pedro aguentar, os seus amigos foram pegar as sementes de capim-navalha.* (SILVA; YOUNG, 2002)
>
> Episódio 2: Homem deve engolir o choro
> [Diante do comportamento repetido do menino de sempre chorar, o pai conversa com o filho e pede que ele não chore mais]
> *Pronto! Estava resolvido!*
> *"Homem que é homem não chora!"*
> *O jeito é engolir o choro todinho!*
> *Assim, desde a conversa com o pai, ninguém mais viu ou ouviu Nito chorar.*
> *Ele passou a engolir uma média de vinte choros por dia.*
> *Teve um dia que cortou o pé na rua e engoliu trinta choros em apenas duas horas.*
> *Na hora em que cortou: cinco choros.*
> *Quando fez o curativo: mais dez choros de uma vez.*
> *Quando levou aquela enorme injeção no bumbum: mais quinze grandes choros bem contados engolidos de uma vez só.* (ROSA, 2002)
>
> Episódio 3: Homem, se chora, deve esconder o choro
> [Benedito, um adolescente negro de 13 anos, que vive de favor na casa de terceiros]
> *Saúde nunca teve que chegasse. Não tomava remédio. Ninguém dava. O remédio era chorar, se choro tivesse. Mas tinha vergonha e só chorava muito escondido. Até dele mesmo.* (BLOCH, 1983).

Nos três episódios apresentados, podemos observar a produção do choro como algo não adequado para os meninos. Trata-se de uma norma reiterada não só na literatura infantil mas em inúmeros discursos e instâncias sociais. Ouve-se isso em letras de música, em poemas, na ciência. Na escola, quando chora, o menino recebe diferentes alcunhas: "mulherzinha", na Educação Infantil (CARVALHAR, 2009, p. 93); "Viado! Viado!", no Ensino Fundamental (REIS, 2011, p. 81); "emo", no Ensino Médio (SALES; PARAÍSO, 2011, p. 544). O choro, no corpo masculino, é, portanto, algo que deve ser submetido a uma série de exercícios para que possa ser suprimido.

O primeiro exercício regulatório, observado no episódio 1, retirado de uma história ambientada em uma aldeia Xavante, no Mato Grosso, é o *autocontrole*. Trata-se de um mecanismo que consiste no controle da dor e da emoção, de forma a manter o comedimento e o equilíbrio diante de desafios e obstáculos. Visa à produção do *menino-controlado*, aquele "capaz de evitar 'explosões' ou manifestações impulsivas e arrebatadas" (LOURO, 2001, p. 22). Assim, observa-se nesse episódio o exercício que o menino da cidade faz sobre si mesmo para se autocontrolar e não chorar de modo a corresponder ao que fazem os meninos indígenas: *aguentavam firme quando se machucavam*. Pedro *teve vontade de chorar, estava sentindo dor*, machucado, mas, em vez de externar seus sofrimentos, dar vazão à sua emoção, aguentou *firme*, disfarçou e *fez uma força enorme pra fazer de conta que não estava doendo* (SILVA; YOUNG, 2002). Após racionalizar e dominar seus sentimentos, dobrou-se à regra, enquanto todos ficaram aguardando sua reação para dar sequência à atividade: *Depois que perceberam que dava para Pedro aguentar, os seus amigos foram pegar as sementes de capim-navalha* (SILVA; YOUNG, 2002).

Apesar de aguardar, ninguém precisou dizer a Pedro o que fazer, pois, em uma cena anterior, já havia tido a aprendizagem de que precisava se autocontrolar ao observar como um menino da aldeia se comportara: *num dos mergulhos, um dos meninos raspou a perna num tronco e se machucou. Os meninos, desde pequenos, aprendiam a aguentar bem a dor. Pedro ficou impressionado. Devia estar doendo, mas o menino nem chorou* (SILVA; YOUNG, 2002). A norma de gênero – homem não chora! – nem chegou a ser enunciada, mas Pedro aprendeu com as outras crianças indígenas que deveria exercer o autodomínio e conter seu choro, pois era um menino e para ser um menino, ou melhor, para ser "'homem de verdade' [...] deveria ser ponderado, provavelmente contido na expressão de seus sentimentos" (LOURO, 2001, p. 22).

É interessante observar nesse trecho analisado a inversão produzida. Se, "desde o Iluminismo, senão antes, o conceito cartesiano de razão tem estado profundamente imbricado em tentativas de controlar a natureza" (WALKERDINE, 2007, p. 13), personificada na figura do outro, no episódio em questão é o índio, que vive em meio à natureza, que ensina ao branco "civilizado" a controlar seus impulsos, suas sensações, suas emoções. Pode-se, portanto, estabelecer uma correlação na qual o índio passaria a representar o lugar da razão, do autocontrole, daquele que dita e exemplifica o comportamento que deve ser seguido, enquanto o branco a representar o ser em falta, aquele que ainda luta para conseguir agir, a partir da razão, para não chorar.

O subtítulo do livro do qual o episódio 2 foi retirado já evidencia qual é o mote de seu enredo – "Então, homem chora ou não?". Nessa história, que retrata o cotidiano de uma família negra, o pai explicita e reitera a norma de que "homem não chora". Para isso, ele age tanto por meio da advertência – *homem que é homem não chora! Você é macho!* – quanto por meio da imposição de regras de conduta – *Acabou o chororô de agora em diante, viu?* (ROSA, 2002). E, assim, ensina ao filho como deveria se comportar, por ser um menino. A estratégia para o controle da emoção difere do exemplo anterior. Enquanto aqui é o pai quem apresenta a norma, no exemplo anterior a apreensão da norma se dá no coletivo.

Observa-se aí um atravessamento de raça/etnia, pois em diferentes culturas indígenas as aprendizagens se dão em comunidade, por observação, e não de uma forma particularizada e muitas vezes pedagogizadas como se observa no exemplo de Nito, no qual o pai adverte o menino que não deve chorar.

Por meio dessa advertência, vê-se atuando o exercício para regular o choro, *engolição*. O *exercício da engolição*, apesar de parecer com o primeiro, opera após a ocorrência do choro, fazendo com que o menino se esforce, daí em diante, para aturar e tolerar a dor, os aborrecimentos, as adversidades que o levarão a desejar chorar. Todavia, se o *menino-controlado* racionaliza seus impulsos, suas sensações e suas emoções, o *menino-engolidor* apenas as reprime, tudo sofre e suporta em silêncio. Cabe ao *menino que chorava por tudo* se vigiar e exercer uma série de exercícios sobre si mesmo, que envolve *engolir o choro todinho* (ROSA, 2002). Demanda-se do menino um "novo cuidado de si [que] implica uma nova experiência de si" (FOUCAULT, 1994, p. 8), uma transição daquele que chora, identificado com o feminino, para o *menino-engolidor*, identificado com uma masculinidade desejável, que não envolveria o choro.

Essa associação entre choro e feminilidade advém, em grande parte, de como se deu a constituição do sujeito racional. De acordo com Walkerdine (2007, p. 13), o "eu racional era profundamente masculino, um eu do qual a mulher havia sido excluída, seus poderes considerados não apenas inferiores, mas também subservientes". A masculinidade emotiva é vista, portanto, como um perigo para a masculinidade adulta e deve ser ajustada desde a infância. Não é à toa que o terceiro exercício que o menino exerce sobre si mesmo é o de *escondedura*.

Trata-se de um mecanismo que consiste em colocar algo ou a si mesmo em lugar ou circunstância no qual possa ficar oculto e que produz o *menino-envergonhado*, aquele que sente vergonha diante do fato de não conseguir conter o próprio choro. A norma atua produzindo no menino – a personagem principal da história, um adolescente negro – um comportamento marcado pela vergonha, pela negação e pelo ocultamento do choro. A norma opera tanto coagindo o choro, impedindo-o de ser externado, quanto sobre as lágrimas já derramadas, fazendo com que aquele que as derramou se sinta culpado, assuma um lugar de inadequação e anormalidade e, consequentemente, sofra mais e tenha que desempenhar outros tipos de exercícios: sentir vergonha, se esconder e negar o choro para si mesmo. Mesmo que a norma seja burlada, assegura-se sua regulação, "de uma forma que, na verdade, significa a produção de um tipo de sujeito que regula ou policia a si mesmo" (WALKERDINE, 1995, p. 210).

Nos dois últimos exemplos poderia se ver a atualização de uma representação do negro bastante difundida na literatura do século XIX: a do "negro vítima" (PROENÇA FILHO, 2004, p. 163), que tudo sofre. Trata-se de uma representação na qual se inscreve um paradoxo. Por um lado, "conseguiu impor a dignidade humana do negro" (PROENÇA FILHO, 2004, p. 175), que em muitas obras era apresentado de forma mais animalizada e sem sentimentos; por outro, "passou a ser uma via de saída confortável para o preconceito presente na realidade brasileira, na medida em que acabou escoando na aceitação do negro e do mestiço de negro reconhecido como tal enquanto emocionalmente e socialmente bem-comportados, dóceis, resignados" (PROENÇA FILHO, 2004, p. 175). Apesar de as histórias lidarem com contextos distintos, uma vez que tal estereótipo se referia principalmente à figura de escravos/as, observa-se que a composição de Nito e de Dito também é atravessada por um viés de sofrimento e resignação, que humaniza as personagens. As duas passam por sofrimentos de diferentes maneiras, seja engolindo trinta choros, seja escondendo suas emoções, todavia, aceitam a situação e se submetem aos exercícios para controlá-las. Acaba-se reiterando o lugar do comedimento e da aceitação, no caso, para o prevalecimento da razão.

Se no primeiro episódio cabia ao índio ensinar ao branco como se conduzir, controlando as emoções, nos episódios 2 e 3 é o negro que conduz outro negro ou a si mesmo para a razão. Novamente há uma atualização da figura do sujeito racional por meio de atravessamentos de normas de gênero. O "antigo sujeito universal" passa agora a ser "visto como possibilidade de ser o Outro" (ALCADIPANI; ROSA, 2010, p. 376). A branquidade daria lugar à negritude. O eu e o outro não são estabelecidos mais apenas a partir da raça/etnia, mas também do desvio mais ou menos acentuado de normas de gênero. Tem-se, portanto, uma conexão de marcas identitárias para a composição de posições de sujeito consideradas adequadas para os meninos, quais sejam, o *menino-controlado*, o *menino-engulidor*, o *menino-envergonhado*.

De maneira geral, nos três episódios o choro é combatido, uma vez que é visto como um comportamento anormal. Observa-se, portanto, operar aí uma racionalidade que "se propõe a normalizar vidas (que lhe escapam)" (SOUZA; FONSECA, 2010, p. 310). Há, em relação ao choro, o que Walkerdine (1995, p. 210) descreve como "parte central da moderna estratégia de governo na qual um cidadão governável, obediente e cumpridor das leis deve ser produzido", isto é, a atuação de técnicas "que transformam as características desejáveis em normais e naturais".

Nos três episódios, há um investimento na produção de um menino autônomo, que consiga agir e governar-se pelos próprios meios. Assim, "o sujeito é constituído mediante uma exclusão e diferenciação, talvez uma repressão, que é posteriormente escondida, encoberta, pelo efeito da autonomia" (BUTLER, 1998, p. 29). Com relação às meninas, os diversos sentimentos são narrados como algo normal, que está dentro da norma. O choro, por exemplo, é tratado de forma inteiramente diferente. Não é feito nenhum exercício de controle sobre o choro das meninas, nenhuma norma é explicitada, nenhum comportamento é sugerido para que elas saiam da posição de chorona. Observa-se agir o exercício da *naturalização*, no qual o choro passa praticamente despercebido, ignorado; é visto como algo que decorre normalmente da ordem regular das coisas; algo pertencente e inerente à natureza feminina.

Em inúmeras cenas de variados livros de literatura infantil dos kits meninas aparecem chorando. Elas choram de saudade da irmã (GODOY, 2007); ao pensarem e se lembrarem de parentes que já morreram (ROSA, 2009); porque o pai e a mãe se negam a brincar com a filha (LINARES, 2005); porque não gostam do cabelo (DIOUF, 2005); porque não querem ficar na escola (LAMBLIN, 2003); porque os pais vão se separar (LAMBLIN, 2005); de remorsos (SUNNY, 2006); ao abraçar o pai (CÁSSIA, 2009); por se sentir incompreendida (BRANDÃO, 2009); de dor, quando um espinho atravessa-lhe o pé (BARBOSA, 1999)... Enfim, choram muito e por diferentes motivos. Todavia, diferentemente do que ocorre com os meninos, nos episódios analisados, ninguém diz a nenhuma menina que ela deve usar a razão e não chorar, nem que deve conter sua emoção. O choro e a emoção são, assim, apresentados como algo natural às meninas. Não causam nenhum tipo de estranhamento, como se tratasse do *sexo frágil*.

Essa atribuição de características à mulher ou ao homem, como se fossem biologicamente dadas, também ocorre em outros artefatos, como mostra Cardoso (2018) no Capítulo 4 deste livro. A autora, ao analisar Livros Didáticos de Ciências, mostra de que modo o discurso biológico que circula nesse material contribui para produzir dualismos e generificações, como a construção da fragilidade como algo inerente à mulher. Já Meireles (2018), no Capítulo 7, ao analisar *blogs* sobre alfabetização, mostra o funcionamento da tecnologia da diferenciação, que atua de modo a essencializar e a naturalizar diferenças entre meninos e meninas em atividades escolares cotidianas. No caso dos livros analisados nos kits, algo similar ocorre: há a construção e atrelamento do choro ao corpo feminino, em uma remissão à ordem biológica, como fica evidente no episódio a seguir:

> Episódio 4: Mulher pode chorar
> [Joana e Pedro trocam de corpo após passarem debaixo do arco-íris]
> O menino, uma vez, *virado em mulher*, chora e afirma: *agora eu posso chorar à vontade.*
> Já Joana, sua irmã, como está em um corpo de menino, até choraminga, mas não chora: *... choramingou Joano, que agora era menino mas bem que estava com vontade de chorar...* (ROCHA, 2006).

Apesar de a história da qual foi retirado o episódio 4 ter como objetivo problematizar questões de gênero, o que caberia à mulher e o que caberia ao homem, ela acaba reiterando a norma do choro, inadequado para os meninos/homens. Ocupar o corpo feminino, na história, possibilita que a Pêdra (o irmão) se permita chorar, expressar suas emoções. Já Joano (a irmã), por ocupar o corpo masculino, se vê em um processo de contenção de lágrimas. Ensina-se, assim, que, enquanto para os meninos "não há outro caminho, pois ser homem é o destino" (REIS, 2011, p. 59), as meninas se veem "assimiladas à natureza, [...] condenadas à imanência de seus corpos, fracos e deficientes" (SWAIN, 2008, p. 7).

Vale destacar que esse último episódio é protagonizado por crianças brancas. São elas que vivenciam as confusões e as inadequações de seus corpos quanto às normas de gênero. São elas que vivenciam a posição do outro, do diferente; que se veem deslocados e sem saber quais regras devem seguir, uma vez que estão em corpos invertidos. É interessante notar que, em grande parte dos livros de literatura infantil que se propõem a tratar explicitamente da questão de gênero, as narrativas são protagonizadas por corpos brancos. Silva e Rosemberg (2008, p. 82), ao analisar discursos midiáticos sobre negros e brancos, apontam que o branco geralmente é tratado "como representante *natural* da espécie. As características do branco são tidas como a norma da humanidade". Essa alternância e imbricação, mas também desvinculação entre marcas de gênero e raça/etnia para a composição das posições de sujeito, leva-nos a refletir como, por mais que as normas atuem, o que há é uma pluralidade de possibilidades de existência. Essa ideia de pluralidade, de acordo com Lopes, Meyer e Waldow (1996, p. 10), implicaria admitir tanto que "sociedades diferentes teriam diferentes concepções de homem e de mulher", quanto que "no interior de uma sociedade tais concepções seriam diversificadas, conforme a classe, a religião, a raça, a idade, etc.; além disso, implicaria admitir que os conceitos de masculino e feminino se transformam ao longo do tempo".

Nos quatro episódios analisados até aqui observa-se uma reiteração do binômio homem/razão e mulher/emoção. Daí a produção de exercícios regulatórios sobre o choro, como o *autocontrole*, a *engolição*, a *escondedura*, assim como a produção de determinadas posições de sujeito – como *menino-controlado, menino-engolidor, menino-envergonhado* –, para os meninos. Em contrapartida, a produção da técnica de *naturalização* do choro e da posição *sexo-frágil* para as meninas. Observa-se nas histórias uma tentativa de se divulgar que o menino normal é aquele que usa a razão e não se deixa levar pelas emoções, isto é, o sujeito racional, cuja constituição está estreitamente vinculada ao cérebro. Assim, é o uso ou não desse órgão que determinaria "o principal (ou único) fator responsável pela formação das diferenças de gênero, de modo que fatores culturais não seriam decisivos" (AMARAL, 2012, p. 10). Pressuposto que gera como consequência a "impossibilidade de transformação das compreensões de feminilidade e masculinidade, já que elas seriam determinadas biologicamente" (AMARAL, 2012, p. 10).

MASCULINIDADE EMOTIVA E FEMINILIDADE RACIONAL: CORPOS QUE VAZAM FRONTEIRAS DE GÊNERO

Todavia, se, por um lado, há um retorno ao biológico para naturalizar as diferenças de gênero nos livros analisados, há também, por outro, um movimento de divulgação de outras posições que tentam romper com essas normas. A posição de *menino-chorão*, divulgada como inadequada em diversos artefatos e nos episódios analisados, por exemplo, passa a ser questionada na atualidade. Há uma reivindicação do direito do menino ao choro. E, uma vez que a "norma é uma invenção intrinsecamente ligada a mecanismos de poder" (CUNHA, 2011, p. 48), tem-se a problematização do caráter natural e a análise dos efeitos de poder que produz. A norma passa a ser situada historicamente e seu caráter de construção vem à tona.

Se em diversas práticas sociais há uma constância de exercício de controle e autocontrole das emoções sobre e pelos meninos, nem sempre foi assim. "As razões pelas quais as pessoas choram, o momento considerado apropriado para o choro, o que representa – para um homem ou para uma mulher – verter lágrimas em público, tudo isso muda" (LUTZ, 2002).[3] Como afirma Saliba (2002),[4] "as manifestações afetivas por meio das lágrimas não são constantes, mas mutáveis, historicamente nômades e culturalmente inventadas". Por exemplo, aos "homens, na Grécia antiga, era permitido chorar – mas, entre as mulheres, tal gesto não era bem-visto. A expressão dos sentimentos, para os gregos, era uma atitude masculina. No século XVIII, na França, tanto os homens quanto as mulheres podiam derramar lágrimas em público, diante da leitura dos primeiros romances modernos".[5]

Cunha (2011), ao analisar a produção de sujeitos generificados nas músicas de forró eletrônico, mostra que, em contrapartida aos atributos comumente associados ao cabra-macho da Região Nordeste, se divulga nas músicas outro tipo de masculinidade. É recorrente nessas canções o *homem-chorão*, aquele que sofre por amor e a quem é permitido "chorar, sentir medo, expor seus sentimentos e ter um coração sofredor" (CUNHA, 2011, p. 92). Isso corrobora o que Connell (1995, p. 189) aponta sobre como se forma a constelação de masculinidades e sobre a coexistência de muitas delas ao mesmo tempo: "uma determinada forma hegemônica de masculinidade tem outras masculinidades agrupadas em torno dela".

---

[3] Trecho retirado do artigo "Por que choramos?", da revista Superinteressante. Disponível em: <http://super.abril.com.br/cotidiano/choramos-443091.shtml>. Acesso em: 10 nov. 2012.

[4] Trecho retirado do artigo "Por que choramos?", da revista Superinteressante. Disponível em: <http://super.abril.com.br/cotidiano/choramos-443091.shtml>. Acesso em: 10 nov. 2012.

[5] Trecho retirado do artigo "Por que choramos?", da revista Superinteressante. Disponível em: <http://super.abril.com.br/cotidiano/choramos-443091.shtml>. Acesso em: 10 nov. 2012.

Dessa maneira, as posições que vão na contramão de uma masculinidade tida como norma, se constituem de uma forma bastante complexa, como mostra Silva (2018) no Capítulo 12 deste livro. É possível dizer que, ante um jogo de estímulos e recompensas, um livro pode disponibilizar, de modo simultâneo, múltiplas e conflitantes posições de sujeito nas quais se articulam diferentes marcas identitárias, como as de raça/etnia e de gênero. Essas articulações acontecem de diferentes maneiras nas narrativas. Ora prevalecem marcas de raça/etnia, ora marcas de gênero para a composição das posições de sujeito. Trata-se de posições, como tantas outras, engendradas em meio a fissuras e resistências, uma vez que a "construção das masculinidades [...] acontece de maneira relacional, repleta de tensões e conflitos" (SALES; PARAÍSO, 2011, p. 545).

Uma dessas tensões acontece na mesma história da qual foi retirado o episódio 2. Nesse livro, após a repreensão do pai quanto a não chorar mais, o menino passa a engolir todos os choros e adoece. A doença, a princípio não identificada pela família, é motivo para se chamar o médico. É ele que identifica a causa da doença: *os choros que estava engolindo desde o dia em que o pai falou que "homem não chora!"* (ROSA, 2002). O remédio, como se pode ler no episódio 5, é *desachorar*:

> Episódio 5: Meninos devem chorar
> [Médico diagnostica o "problema" de um menino, choro engolido, e recomenda que ele chore.]
> *Ora, ora, meu menino bonito, venha para o meu colo e vá lembrando dos choros engolidos e desengula todos eles, um a um, sem esquecer nenhum. Vamos lá! Vamos lembrando! [...] Exatamente porque você é homem é que não pode engolir os choros. Todo homem tem lágrimas e as lágrimas são para rolar pelo rosto. Qualquer rosto: de um homem, mulher, criança e gente de idade. Agora vamos parar de papo furado e comece logo a desachorar. [...] Foi uma choradeira danada [...] A mãe chorou junto. O pai chorou, sentido. O médico chorou de emoção.* (ROSA, 2002)

Neste episódio, observa-se a desconstrução da norma de gênero de que homem não pode chorar: *Exatamente porque você é homem é que não pode engolir os choros. Todo homem tem lágrimas e as lágrimas são para rolar pelo rosto* (ROSA, 2002). Tal trecho deixa entrever o processo massacrante pelo qual passam muitos meninos na atualidade. Nessa direção, Connel (1995, p. 190) afirma que "esforçar-se de forma demasiadamente árdua para corresponder à norma masculina pode levar à violência ou à crise pessoal e a dificuldades nas relações com as mulheres". Trata-se, portanto, de um processo que não se dá sem conflitos. E pode-se observar isso na história da qual a cena foi retirada. O pai, após o discurso do médico e de o menino chorar bastante, afirma para o filho que o choro *às vezes deixa a gente mais homem* (ROSA, 2002). O que mostra que "qualquer forma particular de masculinidade é, ela própria, internamente complexa e até mesmo contraditória" (CONNEL, 1995, p. 189).

O choro, o problema antes proibido e indesejado, passa a ser a solução, o remédio para a cura da doença de Nito. Há, portanto, por meio do mecanismo do *desachoro*, uma ressignificação do choro e uma flexibilização da regra "homem não chora". O choro é apresentado como próprio a qualquer um/a: *homem, mulher, criança e gente de idade* (ROSA, 2002). Tanto é, que todos choram, inclusive as duas figuras masculinas adultas choram um choro *sentido* e pautado pela *emoção*. Tem-se, portanto, a produção de *menino-chorão*, como algo positivo. Da anormalidade a ser combatida, o choro masculino passa a ser problematizado e estimulado; porém, essas posições são construídas em meio a conflitos e incoerências.

Ao mesmo tempo que o pai e o médico choram devido à mobilização de seus sentimentos e emoções, ao menino a permissão para o choro não é irrestrita, pois o pai acrescenta: *Filho, você deve chorar sempre que quiser, mas não chore sem razão* (ROSA, 2002). Isso mostra que a norma o tempo todo é questionada, refeita, incorporando ou rechaçando determinados elementos. Dessa maneira, a narrativa propõe uma flexibilização do choro masculino. Por um lado, é permitido que o homem chore, até mesmo como uma forma de externalização de sentimentos e emoções. Por outro lado, há um estabelecimento de novas fronteiras: autoriza-se o choro masculino, mas não há uma liberação geral, seu limite continua a ser demarcado. Observa-se que o choro só é permitido quando a norma maior não é abalada. Uma norma se soma a outra. O choro é permitido porque há uma norma com mais peso: a razão.

É interessante notar que a narrativa, que tem um final "feliz", se encerra com a seguinte frase: *A partir daí, entre uma e outra choradinha, com razão, o menino Nito cresceu um menino muito, muito, mas muito feliz!* (ROSA, 2002). Mostra-se com isso que há a possibilidade de o menino ou homem transgredir uma das fronteiras de gênero, mas que essas fronteiras não estão dadas, são fluidas e reconstruídas a todo instante, como toda fronteira, inclusive a étnico-racial. Assim, há sempre "a possibilidade permanente de um certo processo de ressignificação, que é desviado e bloqueado mediante outro mecanismo de poder, mas que é a possibilidade de retrabalhar o poder" (BUTLER, 1998, p. 31).

Assim como é apresentado o *menino-chorão*, que remete a uma masculinidade emotiva, que promove uma reconfiguração nas fronteiras de gênero, nas narrativas, por outro lado, há também a presença da *menina-perguntadeira*, que remete a uma feminilidade racional, como se pode observar a seguir.

> Episódio 6: Meninas não devem perguntar demais
> [Descrição da faceta perguntadeira da personagem principal da história]
> *Kizzy perguntava muito. "Perguntadeira" como ninguém. Chegava a encher a paciência da mãe, do pai, do irmão, da vó e da tia. [...] A curiosidade por tudo não vinha só de fazer perguntas: gostava de ler revistinhas, almanaques, livros, folhetos e rótulos de tudo.* (SANTANA, 2007)

No episódio 6 é descrita a personagem principal, Kizzy, uma menina que tem, como uma de suas marcas principais, o fato de ser curiosa. É sua curiosidade que a leva a personificar a posição de sujeito *menina-perguntadeira*, aquela que está sempre antenada, que quer saber de tudo e manter-se informada, que deseja que suas dúvidas sejam esclarecidas. É aquela que, para satisfazer sua ânsia por conhecimento, está sempre propondo perguntas para quem quer que esteja ao seu redor: mãe, pai, irmão, vó, tia. É aquela que, além de fazer perguntas, busca encontrar também as respostas na leitura de tudo que a cerca: *revistinhas, almanaques, livros, folhetos e rótulos de tudo* (SANTANA, 2007).

Essa posição de sujeito está diretamente ligada à razão, ao uso do cérebro, das faculdades intelectivas; posição geralmente ocupada por corpos masculinos. Talvez por isso o desejo de a menina saber e usar o raciocínio seja constantemente controlado e sua fala reiteradamente interditada. Afinal, como optou por usar a razão, "por experienciar outras práticas e performances, é 'prudente' que pelo menos o discurso feminino seja conformado, delimitado pelos possíveis a seu papel", isto é, "ainda que transgrida o **dever mulher**, deve-se 'manter as aparências' no discurso" (DALLAPICULA, 2012, p. 8, grifo da autora). Isso pode ser observado na narrativa da qual se retirou o episódio 6: após realizar suas perguntas, a menina é, de diferentes formas, regulada. Recebe como resposta da mãe, *um grande e sonoro: "CHEGA!!!!"*, e do pai, *"É conversa de adulto!"* (SANTANA, 2007). É vista como aquela que enche a paciência, coloca *a colher no meio*, esquenta a *cabeça de todo mundo com perguntas que não podiam ter respostas para uma criança* (SANTANA, 2007). É, enfim, nomeada como **entremeio sem babado**, ou seja, *ao pé da letra, [...] um enfeite de roupa que faltava um complemento* (SANTANA, 2007, grifo nosso), expressão que, inclusive, dá título ao livro.

Assim como o menino na maior parte das narrativas é estimulado a conter sua emoção e não chorar, ou quando fazê-lo que seja com razão e parcimônia, nessa história observamos a menina ser estimulada a conter sua "razão" e parar de perguntar, de falar. Observa-se, portanto, a fala de Kizzy sofrer uma série de interdições. Interdições que operam tanto para restringir o desenvolvimento de razão em corpos femininos, como para silenciar o discurso da mulher. Ao ser interditada, a menina sente os efeitos desse poder normalizador em seu corpo. Ela fica: *chateada; doente, pois gostava de fazer perguntas; alguns dias sem perguntar, sem entrar nas conversas* (SANTANA, 2007). A menina é conduzida a se sentir "inadequada para seu sexo" (PARAÍSO, 2010), como se existisse "alguma coisa que lhe falta, uma carência" (WALKERDINE, 1995, p. 208), algo fora do lugar; tal qual o enfeite que dá nome ao livro, a menina é apresentada como um entremeio, ao qual falta algo, o babado.

Todavia, por meio do *mecanismo da insistência* – que consiste em não desistir de perguntar, perseverar em saber sempre mais, continuar usando a razão

– a menina decide *voltar a ser como antes; voltar a ser como era menina-menininha "perguntadeira"*; a não ligar *se era um "entremeio sem babado"*; a entrar novamente *na conversa dos outros; saber o que significava Kizzy, seu nome*; inventar *uma brincadeira; ser mais feliz do que já era, estando entre amigos e também entre babados* (SANTANA, 2007). Ao final da narrativa, Kizzy não se submete totalmente aos exercícios regulatórios impostos sobre ela. Interage com todos/as e se sente bastante satisfeita e confortável na posição de *menina-perguntadeira*. O fato de a personagem perguntar, saber e conhecer adquire um caráter positivo; configura-se como o comportamento que deve ser seguido e buscado pelas meninas.

Faz-se necessário, entretanto, problematizar como o discurso feminino é controlado, como muitas vezes "emerge como alvo primordial para o controle do *status quo* social, alvo máximo da disciplina imposta pela pedagogia pública da heteronormatividade patriarcal" (DALLAPICULA, 2012, p. 4). Isso porque observa-se na narrativa que há uma delimitação dos limites e fronteiras da fala da mulher "que demarcam desde o vocabulário adequado ao feminino (o que a mulher pode dizer)" (DALLAPICULA, 2012, p. 2) Assim, se faz necessário, também, perguntar sobre as relações estreitas estabelecidas em nossa sociedade entre razão e ordem do discurso, pois, como mostram Souza e Fonseca (2010, p. 310), a "razão ocidental se torna cada vez mais discursiva: ao objetivar pessoas e grupos; ao produzir realidades; ao se colocar como referência na vida social; e ao ser pensada como referência na constituição da própria essência do ser racional".

Talvez se, inspirada em Foucault (2001), perguntasse "O que há, enfim, de tão perigoso" no fato de as meninas falarem e de seus discursos "proliferarem indefinidamente? Onde, afinal, está o perigo?", talvez encontrasse como resposta algo como: "Na transgressão que as meninas fazem na ordem do discurso". Isso porque a menina rompe com o "direito privilegiado ou exclusivo do sujeito que fala" (FOUCAULT, 2001). Afinal, trata-se de uma personagem infantil, feminina e negra. A menina transgride várias fronteiras quando ela ocupa a posição da *menina-perguntadeira*. Fronteiras de geração, quando entra *na conversa de adultos* ou *elabora perguntas que não podiam ter respostas para uma criança* (SANTANA, 2007). Fronteiras de gênero, quando ocupa a posição do sujeito que pensa e questiona tudo e todos à sua volta, posição geralmente ocupada por um sujeito masculino. Fronteiras de raça/etnia, quando a personagem principal é uma menina negra cuja família é toda de origem africana, ou seja, que não tem a marca da branquidade, nem do eurocentrismo do sujeito universal. Mesmo porque não se pode deixar de considerar que o pensamento, a Ciência Moderna e o Iluminismo são invenções ocidentais, europeias. Assim, a menina negra, antes marcada como o outro, uma vez que é atravessada por marcas anteriormente consideradas inferiores, como as destacadas, passa a ocupar o lugar da razão, consequentemente, o lugar da norma. Isso porque no "jogo de forças de sistemas que se organizam por oposições binárias", no caso, razão/emoção, "um dos polos é sempre o positivo, o privilegiado, instituindo-se assim como 'a norma'" (COSTA, 2008, p. 491). Entretanto, mesmo quando parece ultrapassar a fronteira, a menina permanece no terreno feminino: da falta, do débito, da culpa, do pecado, do excesso...

O traço da feminilidade é também demarcado por meio do outro viés a partir do qual a menina é apresentada. Se, por um lado, é perguntadeira e rompe várias fronteiras, como as apontadas acima, por outro, é apresentada como uma típica menininha cor-de-rosa. A utilização da cor rosa para as meninas é algo bastante difundido hoje em nossa sociedade. Antes de nascer, quando se descobre o sexo do bebê, o rosa entra com toda a força na vida de muitas mulheres. Marca presença na decoração do quarto, no enxoval da criança, nos presentes que recebe, nas roupas e acessórios, em seus primeiros brinquedos. A menina mal nasce e já se vê instalada em um "mundo cor-de-rosa". Um exemplo disso pode ser notado na ilustração do livro *Ana e Ana*, de Célia Cristina Godoy (2007): para se falar do nascimento das personagens principais, Ana Beatriz e Ana Carolina, mostra-se as duas com roupas rosas, envoltas em mantas rosas, com chupetas rosas. A mesma representação é usada para distinguir meninos e meninas no livro *Mamãe nunca me contou* (COLE, 2003).

Esse traço se torna emblemático também na descrição da personagem principal do livro *Entremeio sem babado* (SANTANA, 2007): *Ela era uma menina. Menina-menininha, dessas que gostam de tudo cor-de-rosa: blusa cor-de-rosa, saia cor-de-rosa e calcinha cor-de-rosa.* Kizzy, a menina negra que protagoniza a história, se destaca pelas variadas formas com que é apresentada e descrita, seja por meio das palavras, seja por meio das ilustrações. A cor rosa é recorrente nas ilustrações, quase tudo que cerca Kizzy é rosa, como suas roupas (blusa, vestido, saia, short, calcinha, meia, sapato, pijama) e seus adereços (arquinho, gominha, miçangas, pulseiras, colares, brincos, laços, batom). Todavia, não é só a cor rosa que compõe um estilo *Barbie* de ser, há também todo um investimento em roupas e acessórios: *Menina-menininha com o cabelo cada dia de um jeito: com birotes enfeitados, com gominhas coloridas, de trancinhas com borboletinhas, de rabo-de-cavalo, de tranças e solto com baião de dois* (SANTANA, 2007).

Essa construção da personagem nos leva a pensar, por um lado, que se há certas rupturas, por a narrativa desconstruir a relação menina-emoção, por outro lado, há a reiteração da relação rosa-feminino, como se o rosa fosse algo inerente à mulher. Observa-se assim que os livros de literatura infantil dos kits de literatura afro-brasileira, mesmo com o objetivo de trabalhar a diferença, acabam reiterando a norma de gênero que prescreve que o rosa é uma cor feminina, o que se dá sobretudo por meio das ilustrações. Vê-se, portanto, que é difícil escapar dessa lógica *generificante*. Todavia, espera-se que isso ocorra, quando se entende que a literatura "é discurso e ao mesmo tempo criatura do discurso, exercendo uma função reguladora, pelas representações nela existentes, sendo ao mesmo tempo regulada pelos discursos que se pretendem hegemônicos" (ARGÜELLO, 2005, p. 76). Esse paradoxo talvez possa nos ajudar, como sugere Louro (2002, p. 44), "a pensar sobre as formas como se estabelecem as posições de sujeito no interior de uma cultura – e, consequentemente, pode nos ajudar a pensar sobre as formas como a escola e o currículo realizam sua parte neste empreendimento".

Não só a menina é apresentada como ser racional nos livros analisados, diversas personagens negras, meninos e homens, meninas e mulheres também são posicionadas como seres pensantes, diferente da representação como eram divulgados em outros discursos, como mostra Cashmore (2000):

> O debate acerca das diferenças raciais quanto à inteligência ferveu por mais de um século, especialmente no que diz respeito aos povos de origem africana. No Ocidente, os negros foram considerados, há muito tempo como intelectualmente inferiores aos brancos e asiáticos; a partir do século XIX, as doutrinas racistas de Arthur Gobineau, Houston Stewart Chamberlain (mentor intelectual de Adolf Hitler) e outros procuraram respaldar cientificamente as teorias de diferenças mentais entre as raças. Durante a Primeira Guerra Mundial, quando os testes de QI começaram a ser amplamente aplicados a recrutas, alunos e outros grupos nos Estados Unidos, o interesse pelas diferenças raciais quanto à inteligência ganhou outro avanço. Os resultados foram utilizados para 'provar' a inferioridade, não só dos negros, mas também dos imigrantes da Europa oriental e do sul. (CASHMORE, 2000, p. 273)

Se a ciência e outros tantos discursos trabalharam na divulgação de uma representação do/a negro/a como alguém destituído de razão e inteligência, os livros dos kits de literatura afro-brasileira fazem um movimento contrário. Uma das estratégias para modificar tal representação é divulgar tanto o negro quanto a negra como aquele/a que estuda e que lê muito. Observa-se, portanto, a produção do/a *negro/a-letrado/a*. Tal posição é produzida principalmente por meio da apresentação das personagens negras, seja por meio da palavra, seja por meio da imagem, cercada de livros, jornais, revistas, frequentando escolas, se destacando no contexto acadêmico, em meio a objetos escolares, computadores.

Nas imagens veiculadas nos livros, há personagens negras em diversas situações que remontam ao estudo, ao trabalho intelectual. Observa-se, então, romper-se, por meio da literatura, uma fronteira de raça/etnia imposta aos negros e às negras que os/as confinava no lugar da não razão, aproximando-os/as do mundo animal. Nos livros investigados, essa representação que permitiu práticas cruéis de maus-tratos e exploração do trabalho escravo, predominantemente manual, é rompida. A personagem negra, seja qual for seu gênero e sua classe social, é apresentada como inteligente, detentora de conhecimentos e habilidades cognitivas para desempenhar diferentes profissões e desafios intelectuais. Os livros de literatura infantil dos kits investigados, nesse quesito, contribuem para criar "condições para que os estudantes negros não sejam rejeitados em virtude da cor de sua pele, menosprezados em virtude de antepassados seus terem sido explorados como escravos, não sejam desencorajados de prosseguir estudos" (BRASIL, 2010, p. 233).

De modo geral, pode-se afirmar que a literatura infantil também funciona como "um campo no qual se fabricam discursos que definem a verdade sobre o sujeito e se estabelecem práticas que regulam seu comportamento e mediam relações, sempre conflitivas" (MIRANDA, 2010, p. 2). Assim, se as posições de sujeito *menino-controlado, menino-engolidor, menino-envergonhando* e *sexo-frágil* de certa maneira respondem às normas de gênero que indicam e regulam para uma masculinidade racional e uma feminilidade emocional, nos dois últimos episódios, observa-se a composição de corpos que vazam a lógica do binarismo homem/razão e mulher/emoção.

Por meio do mecanismo do *desachoro*, constitui-se a posição *menino-chorão*, caracterizada como uma masculinidade emotiva. Por meio do mecanismo da *insistência*, constitui-se a *menina-perguntadeira*, caracterizada como uma feminilidade racional. Todavia, se é possível fazer essa distinção quanto à transgressão ou não de normas de gênero, observa-se que quando tais posições são inquiridas em relação a marcas de raça/etnia, todas elas atravessam as normas de branquidade e questionam o sujeito racional, universal. Assim, se "há normas de reconhecimento pelas quais se constituem o 'humano', e essas normas são códigos de operações de poder, então se pode concluir que a disputa sobre o futuro do 'humano' será uma contenda sobre o poder que funciona em e através das normas" (BUTLER, 2001, p. 32).

Os livros analisados, ao jogarem com a razão e a emoção para dizer de corpos femininos e masculinos, promovem cruzamentos entre normas de gênero e normas de raça/etnia. Cruzamentos que, por meio de mecanismo de poder regulatórios, ressignificam e borram as fronteiras que marcavam corpos negros e indígenas como o "outro", como o lugar da irracionalidade e da emoção, fazendo com que passem a ocupar também o lugar da norma, da razão, do humano. Esse currículo ensina, portanto, que a ressignificação do ser negro/a e indígena não prescinde de ser ajustado/a às normas de gênero.

Referências

OBRAS LITERÁRIAS

BARBOSA, Rogério Andrade. *Duula, a mulher canibal*: um conto africano, 1999.
BRANDÃO, Toni. *A preferida do rei*, 2009.
CASSIA, Rita. *Quatro presentes para Zaila*, 2009.
COLE, Babette. *Mamãe nunca me contou*, 2003.
DIOUF, Sylviane Anna. *As tranças de Bintou*, 2005.
GODOY, Celia Cristina. *Ana e Ana*, 2007.
LAMBLIN, Christian. *Os pais de Samira se separaram*, 2005.
LAMBLIN, Christian. *Samira não quer ir à escola*, 2003.
LINHARES, Bel e Alcy. *E essa tal de escola? Como será?*, 2005.
NKEECHI (SUNNY), Sunday Ikechukwu. *Ulomma*: *a casa da beleza e outros contos*, 2006.
ROCHA, Ruth. *Faca sem ponta, galinha sem pé*, 2006.
ROSA, Sonia. *O menino Nito. Então homem chora ou não?*, 2002.
ROSA, Sonia. *Os tesouros de Monifa*, 2009.
SANTANA, Patrícia. *Entremeio sem babado*, 2007.
SILVA, Aracy Lopes da; YOUNG, Carolina. *Histórias de Verdade*, 2002.

OBRAS GERAIS

ALCADIPANI, Rafael; ROSA, Alexandre Reis. O pesquisador como o outro: uma leitura pós-colonial do "Borat" brasileiro. *Revista de Administração de Empresas*, São Paulo, v. 50, n. 4, dez. 2010.

AMARAL, Jonathan Henriques do. O cérebro e a naturalização das diferenças de gênero em um artefato de divulgação científica. In: SEMINÁRIO DE PESQUISA EM EDUCAÇÃO DA REGIÃO SUL - ANPEd SUL, 9., 2012, Caxias do Sul. *Anais...* Caxias do Sul: ANPEd SUL, 2012.

ARGÜELLO, Zandra Elisa Argëllo. *Dialogando com crianças sobre gênero através da Literatura Infantil.* 2005. Dissertação (Mestrado em Educação) – Faculdade de Educação, Universidade Federal do Rio Grande do Sul, Porto Alegre, 2005.

BRAH, Avtar. Diferença, diversidade, diferenciação. *Cadernos Pagu*, Campinas, n. 26, jun. 2006. Disponível em: <http://www.scielo.br/scielo.php?script=sci_arttext&pid=S0104-83332006000100014&lng=en&nrm=iso>. Acesso em: 21 dez. 2013.

BRASIL, Ministério da Educação. Secretaria da Educação Continuada, Alfabetização e Diversidade. *Orientações e Ações para a Educação das Relações Étnico-Raciais*. Brasília: SECAD, 2010.

BUTLER, Judith. "*Passing, Queering*: o desafio psicanalítico de Nella Larsen". In: BUTLER, Judith. *Bodies that Matter* – on the discursive limits of "sex". New York; London: Routledge, 1993. (Tradução livre de Sandra Azerêdo).

BUTLER, Judith. Corpos que pesam: sobre os limites discursivos do "sexo". In: LOURO, Guacira Lopes. *O corpo educado*: pedagogias da sexualidade. Belo Horizonte: Autêntica, 2001.

BUTLER, Judith. Fundamentos contingentes: o feminismo e a questão do pós-modernismo. *Cadernos Pagu*, Campinas, n. 11, 1998.

CARDOSO, Lívia de Rezende. Relações de Gênero nos Materiais Curriculares de Ciências: o Programa Nacional de Livro Didático de Ciências em questão. In: PARAÍSO, Marlucy Alves; CALDEIRA, Maria Carolina da Silva (Org.). *Pesquisas sobre currículos, gêneros e sexualidades.* Belo Horizonte: Mazza, 2018, p. 93-113.

CARVALHAR, Danielle Lameirinhas. *Relações de gênero no currículo da educação infantil*: as produções das identidades de princesas, heróis e sapos. 2009. Dissertação (Mestrado em Educação) – Faculdade de Educação, Universidade Federal de Minas Gerais, Belo Horizonte, 2009.

CASHMORE, Ellis (Org.). *Dicionário de relações étnicas e raciais.* São Paulo: Summus, 2000.

CASTRO-GÓMEZ, Santiago. Ciências sociais, violência epistêmica e o problema da "invenção do outro". In: LANDER, Edgardo (Org.). *A colonialidade do saber*: eurocentrismo e ciências sociais. Perspectivas latino-americanas. Buenos Aires: CLACSO, 2005. [Colección Sur Sur].

CONNELL, Robert William. Políticas da masculinidade. *Educação & Realidade*, Porto Alegre, v. 20, n. 2, p. 185-206, 1995.

CORAZZA, Sandra. *O que quer um currículo*: pesquisas pós-críticas em educação. Petrópolis: Vozes, 2004.

COSTA, Marisa Vorraber. Currículo e pedagogia em tempos de proliferação da diferença. In: PERES, Elianes *et al (Org.)*. *Trajetórias e processos de ensinar e aprender*: sujeitos, currículos e culturas. v. 3. Porto Alegre: EdiPUCRS, 2008. p. 490-503.

CUNHA, Marlécio Maknamara da Silva. *Currículo, música e gênero*: o que ensina o forró eletrônico? 2011. Tese (Doutorado em Educação) – Faculdade de Educação, Universidade Federal de Minas Gerais, Belo Horizonte, 2011.

DALLAPICULA, Catarina. Pedagogia pública do discurso feminino, ou como lemos "fui abusada". In: SEMINÁRIO NACIONAL DE EDUCAÇÃO, DIVERSIDADE SEXUAL E DIREITOS HUMANOS, 2., 2012, Vitória. *Anais... v. 1*. Vitória: UFES, 2012.

FOUCAULT, Michel. *A ordem do discurso*. São Paulo: Edições Loyola, 2001.

FOUCAULT, Michel. *Arqueologia do saber*. Rio de Janeiro: Forense Universitária, 2005.

FOUCAULT, Michel. As técnicas de si. *Dits et Écrits*. Paris: Gallimard, 1994. v. IV, p. 783-813. Tradução de Wanderson Flor do Nascimento e Karla Neves. Disponível em: <https://cognitiveenhancement.weebly.com/uploads/1/8/5/1/18518906/as_tcnicas_do_si-_michel_foucault.pdf>. Acesso em: 25 jan. 2018.

GOMES, Nilma Lino. Alguns termos e conceitos presentes no debate sobre relações raciais no

Brasil: uma breve discussão. In: HENRIQUES, Ricardo (Org.). *Educação antirracista*: caminhos abertos pela Lei Federal n. 10.639/03. Brasília: SECAD/MEC, 2005.

LOPES, Marta Júlia Marques; MEYER, Dagmar E.; WALDOW, Vera Regina (Org.). *Gênero e Saúde*. Porto Alegre: Artes Médicas, 1996.

LOURO, Guacira Lopes. Currículo, gênero e sexualidade: refletindo sobre o "normal", o "diferente" e o "excêntrico". *Labrys*: *estudos feministas*, Brasília, v. 1, n. 1/2, jul.-dez. 2002. Disponível em: <http://www.tanianavarroswain.com.br/labrys/labrys1_2/guacira1.html>. Acesso em: 10 jun. 2013.

LOURO, Guacira Lopes. Pedagogias da sexualidade. In: LOURO, Guacira Lopes. *O corpo educado*: pedagogias da sexualidade. Belo Horizonte: Autêntica, 2001.

MEIRELES, Gabriela Silveira. Gênero no currículo de blogs sobre alfabetização de professoras alfabetizadoras: tecnologias da diferenciação e da heterossexualização normalizando condutas. In: PARAÍSO, Marlucy; CALDEIRA, Maria Carolina da Silva (Org.). *Pesquisas sobre currículos, gêneros e sexualidades*. Belo Horizonte: Mazza, 2018, p. 153-173.

MEYER, Dagmar E.; SOARES, Rosângela de Fátima Rodrigues. Modos de ver e de se movimentar pelos "caminhos" da pesquisa pós-estruturalista em Educação: o que podemos aprender com – e a partir de – um filme. In: COSTA, Marisa V.; BUJES, Maria Isabel E. (Org.). *Caminhos Investigativos III*: riscos e possibilidades de pesquisar nas fronteiras. Rio de Janeiro: DP&A, 2005.

MIRANDA, Shirley Aparecida. Ficções do corpo normal: gênero e raça numa academia de modelos. In: 33ª REUNIÃO ANUAL DA ANPED, 2010, Caxambu. Educação no Brasil: o balanço de uma década. Rio de Janeiro: ANPEd, 2010.

MUNANGA, Kabenguele. *Rediscutindo a mestiçagem no Brasil*. Petrópolis: Vozes, 1999.

OLIVEIRA, Dennis. Etnomídia: a construção de uma paisagem étnica na linguagem midiática. In: BATISTA, Leandro Leonardo; LEITE, Francisco (Org.). *O negro nos espaços publicitários brasileiros*: perspectivas contemporâneas em diálogo. São Paulo: Escola de Comunicação e Artes/USP: Coordenadoria dos Assuntos da População Negra, 2011.

PROENÇA FILHO, Domício. A trajetória do negro na literatura brasileira. *Estudos Avançados*. São Paulo, v. 18, n. 50, abr. 2004. Disponível em: <http://www.scielo.br/scielo.php?script=sci_arttext&pid=S0103-40142004000100017&lng=en&nrm=iso>. Acesso em: 22 dez. 2013.

REIS, Cristina D'Ávila. *Currículo escolar e gênero*: a constituição generificada de corpos e posições de sujeito meninos-alunos. 2011. Dissertação (Mestrado em Educação) – Faculdade de Educação, Universidade Federal de Minas Gerais, Belo Horizonte, 2011.

SALES, Shirlei; PARAÍSO, Marlucy Alves. Juventude ciborgue e a transgressão das fronteiras de gênero. *Revista Estudos Feministas*, Florianópolis, v. 19, p. 535-548, 2011.

SILVA, João Paulo de Lorena. Crianças *queer* no currículo escolar: demandando visibilidade e bagunçando as normas de gênero. In: PARAÍSO, Marlucy; CALDEIRA, Maria Carolina da Silva (Org.). *Pesquisas sobre currículos, gêneros e sexualidades*. Belo Horizonte: Mazza, 2018, p. 261-278.

SILVA, Paulo Vinicius Baptista da; ROSEMBERG, Fúlvia. Brasil: lugares de negros e brancos na mídia. In: VAN DIJK, Teun (Org.). *Racismo e discurso na América Latina*. São Paulo: Contexto, 2008.

SILVA, Tomaz Tadeu da. *Documentos de identidade*: uma introdução às teorias do currículo. Belo Horizonte: Autêntica, 2002.

SILVA, Tomaz Tadeu da. *Teoria cultural e educação*: um vocabulário crítico. Belo Horizonte: Autêntica, 2000.

SOUZA, Maria Celeste R. F.; FONSECA, Maria da Conceição Ferreira Reis. Razão Cartesiana, Matemática e Sujeito – olhares foucaultianos. *Educação & Realidade*, Porto Alegre, v. 35, p. 303-318, set.-dez. 2010.

SWAIN, Tânia Navarro. Corpos construídos, superfícies de significação, processos de subjetivação (UNB). In: SWAIN, Tânia Navarro *et al.* (Org.). *A construção dos corpos – Perspectivas Feministas*. Florianópolis: Ed. Mulheres, 2008.

THOMA, Adriana da Silva. Entre normais e anormais: invenções que tecem inclusões e exclusões das alteridades deficientes. In: PELLANDA, N. M. C.; SCHLÜNZEN, E.; SCHLÜNZEN, K (Org.). *Inclusão digital*: tecendo redes afetivas/cognitivas. Rio de Janeiro: DP&A, 2005.

WALKERDINE, Valerie. Ciência, razão e a mente feminina. *Educação & Realidade*, Porto Alegre, v. 32, n. 1, jan.-jun. 2007.

WALKERDINE, Valerie. O raciocínio em tempos pós-modernos. *Educação & Realidade*, Porto Alegre, v. 20, n. 2, p. 207-226, jul.-dez. 1995.

6

Pelas bruxas de Agnesi no currículo: educabilidades de uma matemática *no feminino*

Filipe Santos Fernandes

> Desenhe uma circunferência tangente ao eixo das abscissas na origem *O*. Desenhe uma reta *r*, paralela ao eixo *x* e tangente à circunferência no ponto diametralmente oposto à origem. Escolha um ponto *B* da circunferência. Trace uma reta passando por *O* e *B*, cortando a reta *r* no ponto *A*. Determine o ponto *C* com a ordenada de *B* e a abscissa de *A*. Imagine que a reta *AO* gira com o centro em *O*. O ponto *C* descreverá uma curva. Essa curva é a *bruxa de Agnesi*...

Os relatos sobre a italiana Maria Agnesi são, em grande parte, revestidos por certa áurea de leveza e romantismo, repletos de possíveis invenções e distorções como toda boa narrativa. Da concordância de seu nascimento em Milão, em 1718, vemos diferentes elaborações sobre a vida de seu pai: alguns contam que Agnesi foi filha de um professor de Matemática da Universidade de Bolonha, recebendo dele "o amor pela matéria"; outros, que Agnesi era filha de um homem culto que havia feito fortuna no comércio de seda.

Com o pai professor ou comerciante, Maria Agnesi frequentaria desde pequena uma elite privilegiada da sociedade que recebia acesso à cultura, ao saber e ao estudo, o que se acreditava estar restrito, naquele momento histórico, ao clero, à burguesia, à nobreza e, em particular, aos homens. Mais uma vez, os relatos conclamam o pai de Agnesi: foi ele que, percebendo o talento da filha, transformou sua casa no local de encontro dos mais ilustres intelectuais. Agnesi participou da maioria desses encontros, envolvendo-se com os convidados em discussões filosóficas e matemáticas de grande complexidade. Mesmo sendo tímida e não gostando dessas reuniões, a jovem continuou participando dos encontros domésticos para agradar ao pai. Aos 9 anos de idade, em um desses encontros, aproveitou para reivindicar com um discurso em latim – o qual não se sabe se foi um texto autoral ou uma tradução – o direto das mulheres à educação.

Desde pequena, Agnesi demonstrou interesse em seguir pela vida religiosa, como freira. Contam que ela não se adequava à exposição pública, quase circense, a que seu pai a submetia, e que só conseguiu abandonar os encontros domésticos após a morte de sua mãe, momento em que o genitor considerou que o cuidado da família poderia ser mais interessante que a participação da jovem nos encontros intelectuais. Em troca da continuação de seus estudos, o pai a deixaria frequentar a igreja sempre que quisesse.

Maria Agnesi publicou obras de grande impacto na comunidade matemática do período. A principal delas foi publicada em 1748, *Instituzioni Analitiche* (Figura 1), um trabalho que começou como um passatempo, tornou-se um livro de estudo para os irmãos mais novos e, finalmente, o trabalho de maior expressão publicado por uma mulher à época. Dessa obra de Agnesi, destaca-se a capacidade de expressão, a qualidade dos exemplos e o tom didático do texto.

Figura 1. Capa de *Instituzioni Analitiche*, obra publicada na Itália em 1748

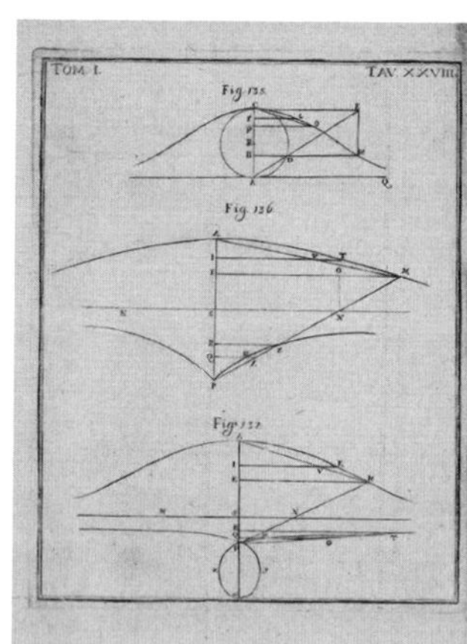

Figura 2. Página da obra em que é apresentado um esboço de *la Versiera*, a curva de Agnesi (figura 135).

O interesse que aqui se demonstra pela obra de Agnesi não reside em seu tom didático ou em sua capacidade de articulação de métodos e técnicas matemáticas antes dispersas, mas em um curioso fato ocorrido em uma das traduções da obra. Um dos assuntos abordados no trabalho é a curva de equação $xy^2 = a^2 \cdot (a - x)$, a qual Agnesi denominou *la Versiera*, palavra que, em latim, significa "dar a volta" (Figura 2).

Em 1801, quando o livro foi traduzido para o inglês por John Colson, *la Versiera* foi traduzido como "bruxa", visto que a palavra italiana *versiera* – que deriva do significado latino "virar" – pode ser considerada uma abreviatura de *avversiera*, que significa "esposa do diabo" (SWETZ; KATZ, 2011). Do significado em latim proposto por Agnesi, recebeu a fama o descuido da tradução na versão inglesa. A partir de então, a curva de Agnesi passaria a ser conhecida como a *bruxa de Agnesi*.

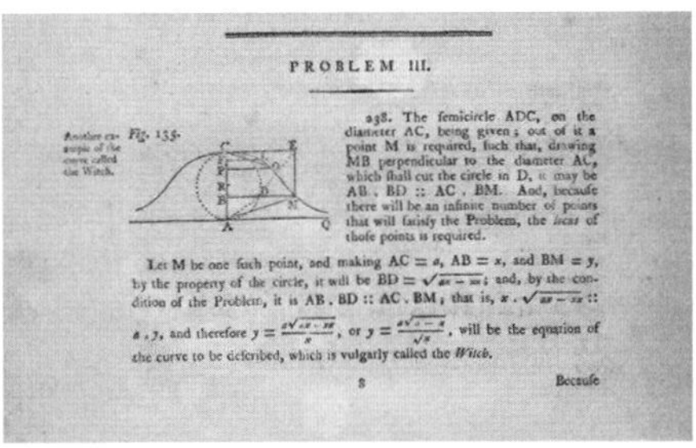
PROBLEM III.

Another example of the curve called the Witch. *Fig.* 155.

238. The femicircle ADC, on the diameter AC, being given; out of it a point M is required, fuch that, drawing MB perpendicular to the diameter AC, which fhall cut the circle in D, it may be AB . BD :: AC . BM. And, becaufe there will be an infinite number of points that will fatisfy the Problem, the *locus* of thofe points is required.

Let M be one fuch point, and making AC = a, AB = x, and BM = y, by the property of the circle, it will be BD = $\sqrt{ax - xx}$; and, by the condition of the Problem, it is AB . BD :: AC . BM; that is, $x . \sqrt{ax - xx}$ :: $a . y$, and therefore $y = \frac{a\sqrt{ax - xx}}{x}$, or $y = \frac{a\sqrt{a - x}}{\sqrt{x}}$, will be the equation of the curve to be defcribed, which is vulgarly called the *Witch*.

8 Becaufe

Figura 3. Página da edição em inglês da obra, traduzida por John Colson, em 1801. Nela, lemos o trecho: "which is vulgarly called the *Witch*" – "que é vulgarmente chamada de *bruxa*".[1]

A história da Matemática não cessa de dar exemplos como o de Maria Agnesi: em alguns relatos sobre mulheres na matéria é comum encontrar uma figura masculina que, incentivadora ou repressora, define os rumos de seus trabalhos; em outros, há uma referência quase imediata ao tom didático e pedagógico dos comportamentos ou das obras produzidas por essas mulheres, trazendo às histórias uma atmosfera materna e professoral. Hipácia de Alexandria (370-415), por exemplo, era uma "mulher de enorme beleza", que foi "criada pelo pai, Teón – grande matemático, astrônomo e diretor do Museu de Alexandria". Era uma "professora carismática que inspirou alguns dos grandes cérebros de seu tempo" e "tinha influência em diversas esferas da vida pública".[2] Mary Fairfax Greig Somerville (1780-1872), diferente de Hipácia, "casou-se não apenas uma vez, mas duas" e, da segunda união, "teve dois filhos"; "seu esposo morreu e lhe deixou uma boa herança, permitindo assim que ela continuasse com seus estudos e montasse uma pequena biblioteca".[3]

[1] As figuras 1, 2 e 3 encontram-se disponíveis no texto *Mathematical Treasures: Maria Agnesi's Analytical Institutions*, de Fank J. Swetz e Victor J. Katz. Disponível em: <http://www.maa.org/press/periodicals/convergence/mathematical-treasures-maria-agnesis-analytical-institutions.> Acesso em: 25 maio 2017.

[2] Trechos do texto *Conheça a história de Hipácia de Alexandria*, de Flávia Ribeiro. Disponível em: <http://guiadoestudante.abril.com.br/estudo/conheca-a-historia-de-hipacia-de-alexandria>. Acesso em: 21 maio 2017.

[3] Trechos do texto *As mulheres na matemática*, de Kátia Cristina da Silva Souza. Disponível em: <https://repositorio.ucb.br/jspui/bitstream/10869/1748/1/Katia%20Cristina%20da%20Silva%20Souza.pdf>. Acesso em: 21 maio 2017.

Não é difícil considerar que uma ciência que tanto marcou o pensamento moderno tenha afinidades com o signo do *masculino*. Ao que parece, as relações que estabelecem a matemática e o masculino se confundem, em modos de constituição e expressão: ao passo que ao masculino foi atribuída a capacidade de pensar, à matemática revestiu-se do pensamento mais legítimo; quando ao masculino se desenhou a vergonha pela emoção e pela expressão dos sentidos, a matemática se confundiu com uma racionalidade distante dos sentidos do mundo; se ao masculino foram atribuídos a ordem, a certeza e o controle, o mesmo foi conferido à matemática.[4] Masculino e matemática passaram, então, a caminhar lado a lado, estabelecendo-se na centralidade da história do pensamento. Assim,

> [...] ideias sobre razão e raciocínio não podem ser compreendidas historicamente à parte de considerações sobre gênero. [...] A racionalidade foi escolhida para ser um tipo de renascimento do eu pensante, sem a intervenção de uma mulher. O eu racional era profundamente masculino, um eu do qual a mulher havia sido excluída, seus poderes considerados não apenas inferiores, mas também subservientes. O sujeito "pensante" era macho; a fêmea fornecia o suporte biológico para a procriação e serviços voltados à possibilidade do "homem". A doutrina filosófica foi transformada no objeto de uma ciência em que a razão se tornava uma capacidade investida no corpo e, depois, na mente, apenas do homem. (WALKERDINE, 2007, p. 13)

Ao localizar o *masculino* no centro da verdade e da razão, procurou-se constantemente encontrar o outro, o oposto, no *feminino*. Assim, o *feminino* não caminhou ao lado da matemática e quando se afirma que existem mulheres que produziram matemática no curso da história, o *masculino* se faz presente na imagem de um homem ou no modo como as relações que constituem a matemática são estabelecidas. Maria Agnesi, por exemplo, é considerada uma mulher na matemática na medida em que produziu um conhecimento reconhecível como *matemático* naquela ocasião; um conhecimento praticado e valorado pelo *masculino* na figura do homem e de suas relações. Entretanto, mesmo estando na ordem de um discurso matemático do período, o fato de ser mulher tornou-se um fardo na história de Agnesi, afinal, não é de se espantar que, em uma tradução de um texto de uma mulher, figure a palavra *bruxa*.

---

[4] É importante destacar que essa aproximação da matemática ao que entendemos, aqui, como *signo do masculino* não se faz apenas junto à matemática, mas a outras formas do conhecimento que permeiam o espaço escolar. Nicolino (2018), no Capítulo 3 deste livro, discute essa aproximação junto às práticas da educação física escolar, evidenciando as desigualdades em práticas pedagógicas que identificam o feminino como fraco e frágil e o masculino como forte e resistente, produzindo formas de discriminação que direcionam as práticas pedagógicas aos parâmetros considerados masculinos. De modo semelhante, Cardoso (2018), no Capítulo 4 deste livro, discute como ocorrem naturalizações de corpos, gêneros e sexualidades em materiais curriculares da ciência escolar. Essas discussões evidenciam como as práticas escolares são permeadas por materialidades, linguagens e subjetividades que reforçam padrões e políticas de gênero e sexualidade.

Por isso, o termo *bruxa* produzido em uma confusão na tradução da obra de Agnesi serve-nos, aqui, como um símbolo que diz da potência do *feminino* em matemática. Um símbolo que distancia a matemática de uma ordem do discurso dada; que rompe com a associação entre a matemática e o masculino; que esgarça as relações envolvidas na produção do conhecimento matemático e que, finalmente, lança-nos no irreconhecível.

Seria possível, então, pensar uma matemática no *feminino*? Se sim, como ela pode operar no espaço escolar? Como ela faz currículo e se faz no currículo? Pretendemos neste texto perseguir essas inquietações, sempre andando em torno delas.

***

Lucca é um jovem de 16 anos, estudante de uma escola da periferia de Belo Horizonte. Mesmo não sendo um aluno popular, Lucca sempre ganhou destaque entre os colegas e o reconhecimento de seus professores: sua aptidão para a matemática era tanta que chegavam a dizer que ele era um gênio e que mereceria uma educação muito melhor do que aquela escola poderia oferecê-lo. Bom comportamento, boas notas, sempre atento. Um jeito tímido de ser.

A timidez de Lucca era, contudo, um refúgio. Evitava o contato com os colegas pois era habitualmente zombado por suas formas de andar, de gesticular ou de falar. Do talento das aulas de Matemática e da genialidade que aquele espaço o concedia, sobravam para o jovem as zombarias em corredores, as ofensas em bilhetes, os risos debochados nas práticas dos esportes, o isolamento que só o preconceito pode oferecer.

Lucca sabia que havia outros como ele, que guardavam para si o segredo sobre diferentes formas de ser e de sentir. Sabia que deveria esconder isso ao máximo e que qualquer forma de exposição alimentaria um ódio inexplicável pelo que ainda sentiria com maior desejo e intensidade. Por isso, a matemática se convertera no esconderijo ideal para deixar o tempo passar sem ser notado; uma esquiva nobre das mazelas que – diziam a ele – a vida inevitavelmente oferecia. Matemática salvadora, que fazia do "maricas" um rapaz inteligente; do "viadinho", jovem promissor.

Certa vez, porém, essa confiança na salvação pela matemática foi abalada. Em uma aula, um tema simples e recorrente expresso por meio de um problema, perguntado pelo livro na voz do professor: "Quantos casais diferentes podem ser formados tendo à disposição três meninos e duas meninas?" "Dez casais!" – respondeu o jovem empolgado, sem hesitar.

O professor o olhou assustado: pela primeira vez o talentoso ofereceu uma resposta diferente da correta. Após ser questionado sobre o porquê de sua resposta, Lucca disse que tendo à disposição cinco pessoas seriam possíveis dez grupos diferentes formados por duas pessoas e que, portanto, teríamos dez possíveis casais. Os alunos riram-se, ao passo que o professor buscou se conter. Mesmo não entendendo a matemática de sua resposta, os demais haviam entendido o que o ódio inexplicável permitia. Os risos eram, na verdade, uma mesquinha tradução: "Tinha que ser o Lucca para pensar que pode ter casal de homem com homem e de mulher com mulher."

Enquanto Lucca esmaecia, o professor explicava que seriam possíveis apenas seis casais. Os quatro casais formados pelo aluno, como disse o professor, "não eram, assim, 'casais', né? Poderiam até ser, mas nos problemas de Matemática..."

Naquele momento, Lucca se sentia traído. Logo ele, que havia dado à Matemática todo o seu existir como sujeito da educação, de se fazer presença em meio a tantos esquecimentos. O refúgio da aula de Matemática deu acesso de modo ainda mais intenso e grave às zombarias, às ofensas e aos risos debochados que conhecera em outros espaços, mas nunca ali. Viu-se pela primeira vez diante de uma matemática perversa que reproduzia o ódio inexplicável capaz de cercear seu desejo ao mesmo tempo que minava sua potência de existir.

***

O sinal estridente toca em meio ao vozerio. Alunos, professores e funcionários vão ocupando seus lugares na escola. Nada muito diferente de um dia habitual, senão fosse a sala 201...

O professor de Matemática conta aos alunos que vai "trabalhar uma matemática do dia a dia, que todo mundo lida fora da escola", e desenha curvas e arestas na lousa um tema: "matemática financeira". Ao se virar, pergunta aos alunos o que precisam para serem felizes. As respostas são as mais variadas: "celular novo", "roupas de marca", "carro", "casa", "dinheiro para a balada" e até mesmo um "helicóptero" surge em meio a risadas como relevante para a felicidade. O professor anota todos os anseios cuidadosamente na lousa, inclusive o helicóptero.

Começam uma conversa sobre o que é preciso fazer para alcançar essa felicidade. Timidamente, algumas vozes: "estudar mais", "ser esforçado", "trabalhar". O professor segue registrando os caminhos na lousa, mas ainda à espreita de uma oportunidade antevista. Finalmente, um aluno diz: "guardar dinheiro!" "Muito bem, Pedro!" – exclama o professor no momento esperado – "Precisamos controlar nossas finanças, nossos gastos, nossos ganhos".

A partir daí, a aula segue pelos caminhos pensados pelo professor – e não mais aquele do helicóptero anunciado no início. Em sua explanação, palavras que têm como norte uma vida financeira saudável e a felicidade. É preciso "acumular dinheiro, ter uma poupança. Fazer investimentos, evitar compras a prazo, adquirir e usufruir de bens e serviços com responsabilidade, pensando sempre no dia de amanhã..."

Mariana escuta a homilia, mas sua atenção parece não estar ali. A aluna, que se sente feliz, estranha a felicidade desenhada pelo professor. Recorda-se de sua mãe, uma ajudante de limpeza de um grande escritório de advocacia, que trabalha de segunda a sábado para ganhar pouco mais de um salário mínimo. Aliás, a mãe de Mariana é sua família, já que a jovem senhora teve que deixar os pais cedo para tentar a vida na "cidade grande" e, já perdidos os laços familiares, foi ironicamente abandonada anos mais tarde pelo pai de Mariana. Nessa história, nenhum rancor ou amargura: mãe e filha conservam um intenso carinho e uma expressiva cumplicidade.

Entretanto, o que lança a jovem Mariana em suas memórias não são esses traços familiares. A aula de Matemática não faz recordar nenhum evento extraordinário, mas a compra de uma TV. Um dos fortes laços de afeto entre a jovem e sua mãe são os filmes que assistem. Deliciam-se quando podem ir ao cinema, mas se divertem igualmente nas segundas-feiras à noite com os filmes de um canal aberto, os lançamentos mais "recentes" que podem assistir sem pagar. Mas, por que a aula faz a jovem se lembrar da TV?

Dias antes, Mariana e sua mãe descobriram que com uma nova TV, uma dessas novidades do mercado, poderiam assistir a diversos filmes, séries e documentários em casa, usando a internet. A TV, contudo, não se encaixava na matemática do professor. Cogitaram pagar à vista, como dizem ser o ideal, mas para isso teriam que abandonar o que comer para comprá-la. Pensaram em juntar dinheiro, mas foram alfinetadas pelo desejo e pelo presente, já que teriam que esperar ao menos vinte meses para reunir o necessário. De tanto cogitar e pensar, decidiram. Fizeram o avesso daquela matemática: realizaram a compra a prazo, com parcelas a perder de vista.

Seria essa a melhor escolha? Mariana e sua mãe sabiam que na compra a prazo os juros eram maiores e que a decisão não parecia coerente quando comparada com a fala do professor. Parecia haver um abismo que separava sua vida daquela matemática; uma força que a arrastava da carteira e que a levava para o sofá, ao lado da mãe e da pipoca doce que tanto saboreava...

***

No mesmo ano em que foi publicada a tradução da obra de Maria Agnesi por John Colson, Carl Friedrich Gauss publica *Disquisitiones Arithmeticae*, obra em que lemos uma de suas mais célebres afirmações: "A matemática é a rainha das ciências e a aritmética é a rainha das matemáticas". Não sem motivos, Gauss concedeu à matemática um título de nobreza, um lugar de destaque entre as formas do conhecimento que emergiam no século XIX. Mais do que em qualquer outro momento da história, a matemática se tornaria a linguagem fundamental da ciência ao mesmo tempo que o pensamento lógico-dedutivo se estabeleceria como forma legítima de significar o mundo. Esse título concedido à matemática revelaria não apenas sua hegemonia mas também sua posição ao lado do Estado: *rainha* é uma referência à regulação e à normalização que passariam a caminhar ao lado da matemática e de suas práticas, subordinando modos outros de pensar, de agir, de se relacionar com o mundo e com o conhecimento. Nas palavras de D'Ambrosio (2002, p. 17):

> [...] a Matemática, com seu caráter de infalibilidade, de rigor, de precisão e de ser um instrumento essencial e poderoso no mundo moderno, teve sua presença firmada excluindo outras formas de pensamento. Na verdade, ser racional é identificado com dominar a Matemática. A Matemática se apresenta como um deus mais sábio, mais milagroso e mais poderoso que as divindades tradicionais e outras tradições culturais.

Há, assim, uma matemática *no masculino* não porque ela é praticada quase que exclusivamente por homens, mas por figurar ao lado da determinação e da imposição de certos modelos de pensamento. Esses modos de pensar, de agir, de se relacionar com o mundo e com o conhecimento perpassam a educação e constituem na escola uma matemática que se sustenta em pilares como a verdade, a soberania, o controle, a previsibilidade, a inteligência, a virilidade, a agressividade. Desse modo, uma matemática *no masculino* não é uma referência à matemática praticada por homens, mas à matemática que serve como lócus onde se concentra o poder, ponto nodal de relações que inviabilizam a emergência de modos outros de existir.

Nos relatos apresentados, podemos delinear traços de uma matemática *no masculino*; traços que nos permitem entrever diferentes materialidades, linguagens e subjetividades que dão acesso e fortalecem o trânsito de discursos normatizadores e normalizadores na educação escolar. Constituem-se, assim, formas e forças em um currículo (PARAÍSO, 2015) que concedem à matemática uma posição superior – *rainha*, como diz Gauss; *divindade mais sábia, mais milagrosa, mais poderosa*, como indica D'Ambrosio.

Na vida escolar de Lucca, as formas e forças do currículo se arranjam no desenho de uma subjetividade que reforça padrões heteronormativos: formar um casal é estabelecer um par *moça-rapaz, menino-menina, homem-mulher*, reproduzindo representações binárias de gênero. Sobre isso, Souza e Silva (2017, p. 7) destacam que "[...] no interior do currículo de matemática, uma interdição silenciosa reconhece proposições 'verdadeiras' de representações de gênero: menino ou menina, e repele para fora de suas margens outras possibilidades de reconhecimento". Ainda segundo os autores:

> O determinismo social se institui na produção de subjetividades que impõe modos de vida e exclui a possibilidade de transformação [...]. Demarca quem são aqueles que podem se denominar de meninos e de meninas e excluir outras possibilidades de representações de gêneros, quando convida um "você" a participar da linguagem discursiva que institui uma representação biunívoca, articulando um modo de confissão em uma interdição normativa de representações de gênero no social. A interdição discursiva do currículo de matemática produz e reproduz uma separação e uma rejeição. Uma separação das formas de vidas localizadas no binário humano de

> outros modos de ser e estar no mundo representado na forma unívoca do currículo de matemática: menino ou menina. É justamente no lugar onde o currículo solicita a participação que, ao mesmo tempo, ensina que outras representações, fora do binário generificado, serão rejeitadas. (SOUZA; SILVA, 2017, p. 12)

Contudo, ao passo que a vida escolar de Lucca é marcada por um currículo de matemática que impõem direcionamentos de gênero ligados à afirmação de certos padrões heteronormativos, passam também pelo currículo de matemática materialidades, linguagens e subjetividades que reforçam padrões e políticas de gênero e sexualidade estabelecidos em outras ordens, como determinismos sociais e laborais. O trabalho de Casagrande (2005), por exemplo, analisou as representações de gênero em livros didáticos de Matemática destinados ao terceiro e quarto ciclos do Ensino Fundamental das décadas de 1990 e 2000. Em uma compreensão geral, a autora conclui que os gêneros são representados de forma diferenciada nos livros didáticos de Matemática: a representação dos homens e meninos é mais frequente que a de mulheres e meninas; os homens e meninos são representados em situações de maior autonomia e iniciativa; os homens e meninos são associados a situações sociais e laborais da esfera pública, ao passo que as mulheres e meninas são associadas ao espaço privado e suas atividades não parecem reconhecíveis como laborais; meninos e meninas aparecem trabalhando juntos, mas sem laços afetivos... Esses traços permitem à autora afirmar que ao

> representar os gêneros de forma distinta e desigual, os livros didáticos estão contribuindo para construção e manutenção das desigualdades de gênero que, por sua vez, contribuem para a construção e manutenção de outras desigualdades sociais. Não se trata de negar a diferença entre homens e mulheres e sim questionar a transformação dessas diferenças em desigualdades, questionar a valorização de um dos gêneros (masculino) em detrimento de outro (feminino). (CASAGRANDE, 2005, p. 179)

Há, então, uma matemática que dispõe materialidades, linguagens e subjetividades que se alinham com a identificação dos lugares sociais que podem ser ocupados em representações binárias de gênero. Entretanto, a matemática *no masculino* não se expressa apenas na afirmação de certos direcionamentos de gênero. Mariana, por exemplo, é atravessada por um currículo em que as formas e as forças se arranjam no desenho de uma subjetividade firmada pela ordem do discurso capitalista, afirmando a vida em estreitas relações com o *financeiro*, com o *econômico*, com o *capital*.

Ao investigar discursos da matemática financeira em livros didáticos do Ensino Médio, Camila Manoel (2017) destaca diferentes modos de regulação e instrução de conduta presentes nas obras: materialidades e linguagens de um currículo que procura subordinar a felicidade a certa qualidade econômica do indivíduo. Assim, o sujeito feliz seria aquele com uma vida financeira saudável, definida pelo acúmulo de capital, pelo investimento, pela poupança, pela aquisição de bens e pelo uso de serviços. Ao lado dessas orientações financeiras, em geral, figuram nas páginas dos livros imagens de homens, mulheres e crianças sorridentes, com pilhas de moedas cuidadosamente organizadas e porquinhos-cofre coloridos orquestrando uma felicidade pautada na organização e no controle das finanças. Aqui, uma matemática que afirma o modo de vida capitalista, operando com a fabricação de subjetividades que vinculam a formação do cidadão à formação do consumidor ideal. Palavras como *economizar, planejar, financiar, custear, poupar, empreender* povoam a linguagem dos currículos ao mesmo tempo que produzem escola...

Poderíamos seguir por diferentes episódios nos quais vidas escolares são marcadas por um currículo sustentado pelas tramas de uma matemática *no masculino*. O que aprendemos em meio a essas experiências é que "não ensinamos só conceitos matemáticos", mas que a "escola disciplina de formas muito peculiares. [...] um professor que ensina matemática, também ensina aquilo que até ele não classificaria como 'matemática', ou até como não sendo da competência escolar" (SILVA, 2016, p. 51). Ao estabelecer laços com uma matemática *no masculino* não nos situamos apenas em uma educabilidade desenhada entre conteúdos ou métodos concernentes àquilo que uma *ordem do discurso* nomeia como "matemática", mas também produzimos modos de existir para a educação que afirmam sentidos para a vida ao mesmo tempo que silenciam outros. O que se torna fundamental, então, é o desenho de uma sensibilidade que evidencie o que se afirma e o que se silencia; uma sensibilidade que nos distancie, ainda que provisoriamente, dos discursos que envolvem a matemática como meio de produção do ser social, cidadão consciente da realidade em que vive, e do ser laboral, capacitado a participar dessa realidade.

É nesse sentido que recolocamos a questão inaugural deste texto: Como pensar uma matemática que dispõe materialidades, linguagens e subjetividades que atuam na contramão da imposição de formas de conhecer, de estar e de ser, afirmando a vida como variação e diferença? Como desenhar uma sensibilidade que evidencie e critique o afirmado e o silenciado? Como essa matemática faz e se faz no currículo? Como ela dispara educabilidades, modos outros de existir da educação? Na poética de Pedro Pellegrino, um caminho para pensar essas questões...

***

Um, dois, três
Um mais dois mais três é igual a seis.
Vamos aprender matemática,
MATEMÁTICA:
Observem a palavra,
Contem em si seu segredo
Vamos decompô-la:
MATE M ÁTICA

Primeira filosofia: é preciso matar ATICA
Sabem vocês que TICA é menina em espanhol
E que A é partícula de negação
Logo, derivando deste termo podemos dizer:
Aprender matemática é se libertar de tudo que nega a infância em nós
(Matemática, Pedro Pellegrino, 1982)

***

O escritor português Valter Hugo Mãe, em *O filho de mil homens*, diz: "Os homens eram todos iguais. Só as mulheres podiam ascender à diferença. A Isaura pensou nisso. Na igualdade dos homens e na oportunidade de diferença das mulheres". Pedro Pellegrino escreve que uma possível filosofia da/para a matemática seria *matar atica*, isto é, *eliminar o que a matemática tem de não menina*. Em diálogo com Valter Hugo Mãe, eliminar o que a matemática tem de não menina significaria desviá-la de um estatuto de igualdade conferido ao homem e, ao negar *atica*, ascender à diferença: um *devir-mulher* da matemática, como nos ensinam Deleuze e Guattari.

> É a mulher enquanto tomada numa máquina dual que a opõe ao homem, enquanto determinada por sua forma, provida de órgãos e de funções, e marcada como sujeito. Ora, devir-mulher não é imitar essa entidade, nem mesmo transformar-se nela. [...] Queremos apenas dizer que esses aspectos inseparáveis do devir-mulher devem primeiro ser compreendidos em função de outra coisa: nem imitar, nem tomar forma feminina, mas emitir partículas que entrem na relação de movimento e repouso, ou na zona de vizinhança de uma microfeminilidade, isto é, produzir em nós mesmos uma mulher molecular, criar a mulher molecular. Não queremos dizer que tal criação seja o apanágio do homem, mas, ao contrário, que a mulher como entidade molar tem que devir-mulher, para que o homem também se torne mulher ou possa tornar-se [...]. É preciso, portanto, conceber uma política feminina molecular, que insinua-se nos afrontamentos molares e passa por baixo, ou através. (DELEUZE; GUATTARI, 1997, p. 67-68)

Pensar uma matemática *no feminino* – ou, como ousamos dizer, um *devir-mulher* da matemática – é criar fluxos, movimentos, passagens e paragens temporárias que rompem com a determinação e a imposição de certos modelos de pensamento. Assim como uma matemática *no masculino* não se refere ao homem, uma matemática *no feminino* não se refere à mulher: não se trata de localizar a matemática em um sujeito cujas políticas de gênero e sexualidade são antecipáveis, mas de primar os modos de relação com o que denominamos por *matemática*.

Podemos, agora, retomar o episódio de Maria Agnesi. Como buscamos mostrar, seu trabalho em matemática não se situava distante da *ordem do discurso* do período e, por isso, fora reconhecida por seu brilhantismo. Esse brilhantismo, aliás, cintilava apenas na medida em que sua produção afirmava a matemática em seus regimes de infalibilidade, de rigor, de precisão e de instrumentalidade, mantendo a matemática como uma rainha, uma divindade mais sábia, mais milagrosa e mais poderosa.

Entretanto, é na tradução de uma obra de Agnesi que vemos o descaso de sua realeza: talvez por ser um escrito de uma mulher em um espaço povoado por homens, é possível conceber nas páginas do livro a palavra *bruxa*. Nessa situação, não sabemos em que medida outros se espantaram. O que podemos reconhecer por meio de nossas experiências é que, do mesmo modo que em traduções e historietas, diferentes *bruxas* povoam o currículo: *bruxas* que não se alinham com uma ordem do discurso, que rompem com formas e forças que conferem à matemática a soberania e que, em meio à artesania e ao encantamento, produzem um currículo como vetor de uma força mobilizadora da diferença...

> Considero que um currículo, apesar de ser constituído de muitas formas, pode perfeitamente ser feito da mesma matéria dos sonhos, dos filmes e da vida. Para isso é necessário fazer muitos cortes nas formas que aniquilam as forças; deformar as regras; arriscar; seguir o movimento da vida; atentar às sensações nossas e de nossos/as alunos/as. Um currículo, livre das formas que aprisionam, trabalha com a diferença para encontrar os desejos dos diferentes, para enfatizar as suas dinâmicas, reforçá-las e problematizá-las. Trabalha com a diferença não para justificar e fazer diferenciações, mas para atentar às forças que produzem bons encontros e para dar alimento para a diferença seguir seu fluxo. (PARAÍSO, 2015, p. 55-56)

Esse distanciamento da realeza e essa aproximação da bruxaria, essa possibilidade de *fazer cortes, deformar regras,* de *arriscar* e de *seguir o movimento da vida*, convidam-nos a pensar um currículo no qual a sala de aula de matemática transforma-se em um acontecimento aberto que produz e dissipa o que uma ordem do discurso permite identificar como "conhecimento matemático". Um currículo que, como sugerem Ribeiro e Fonseca (2018) no Capítulo 14 deste livro, ensina e aprende *modos de vida*, formas de entender o mundo, de lidar com o corpo e com nós mesmos. Por isso, o que está jogo em uma matemática *no feminino* não é a delimitação do que é o conhecimento matemático, mas em *como esse conhecimento opera;* não é perguntar sobre o que ensinar, mas sobre *como o ensinar oferece sentidos do mundo e de nós mesmos*; não é questionar as funcionalidades dos objetos matemáticos, mas problematizar como a matemática *põe algo a funcionar*. Trata-se, enfim, de pensar: *Em uma aula de matemática, entre formas e forças de um currículo, que modos de existir estou privilegiando e quais estou silenciando?*

Assim, assumir uma matemática *no feminino* é lutar pelas bruxas do currículo, libertando-nos dos modos de conhecer, de estar e de ser que nos aprisionam. Uma matemática *no feminino* requer de nós uma atenção aos rompimentos e subversões das lógicas curriculares dadas, delineando formas e forças outras na constituição de um currículo. Currículo que, aliás, transforma-se em um espaço intempestivo, irreconhecível e não antecipável que, como uma brecha no tempo, dissipa a tradição e permite a produção de novos começos. Com as palavras de Pedro Pellegrino, uma disposição a eliminar o que a matemática tem de não menina; *de se libertar de tudo que nega a infância em nós.*

Não sabemos em que medida as questões aqui colocadas podem produzir implicações epistemológicas, didáticas ou curriculares. Nossa intenção neste capítulo foi problematizar o modo como a matemática produz não só sentidos ligados ao *conhecer*, mas configura *modos de ser* que afirmam certas existências e permanências ao mesmo tempo que silenciam outras. É a atenção a essas afirmações e silenciamentos que configura um traço de uma discussão mais profunda que envolve as diferentes materialidades, linguagens e subjetividades que pode dispor um currículo escolar de matemática que busque ultrapassar as marcas da tradição que o colocam a serviço de certas políticas de gênero e sexualidade. Esperamos que, na possibilidade de superá-las, as ideias aqui presentes contribuam com essa discussão.

Referências

CARDOSO, Lívia de Rezende. Relações de Gênero nos Materiais Curriculares de Ciências: o Programa Nacional de Livro Didático de Ciências em questão. In: PARAÍSO, Marlucy Alves; CALDEIRA, Maria Carolina da Silva (Org.). *Pesquisas sobre currículos,gêneros e sexualidades*. Belo Horizonte: Mazza, 2018, p. 93-113.

CASAGRANDE, Lindamir Salete. *Quem mora no livro didático?* Representações de gênero nos livros de matemática na virada do milênio. 2005, 190 f. Dissertação (Mestrado em Tecnologia) – Programa de Pós-Graduação em Tecnologia, Centro Federal de Educação Tecnológica do Paraná, Curitiba, 2005.

D'AMBROSIO, Ubiratan. Etnomatemática e educação. *Educação & Reflexão*, Santa Cruz do Sul, v. 10, n. 1, p. 7-20, 2002.

DELEUZE, Gilles; GUATTARI, Félix. *Mil Platôs 4*: capitalismo e esquizofrenia. São Paulo: Editora 34, 1997.

MANOEL, Camila Aparecida Lopes Coradetti. *Um olhar contemporâneo para a matemática financeira presente nos livros didáticos do Ensino Médio*. 2017, 126 f. Dissertação (Mestrado em Educação Matemática) – Programa de Pós-Graduação em Educação Matemática, Universidade Federal de Mato Grosso do Sul, Campo Grande, 2017.

NICOLINO, Aline. Gênero nos currículos da formação docente em Educação Física no Brasil. In: PARAÍSO, Marlucy Alves; CALDEIRA, Maria Carolina da Silva (Org.). *Pesquisas sobre currículos, gêneros e sexualidades*. Belo Horizonte: Mazza, 2018, p. 73-92.

PARAÍSO, Marlucy Alves. Um currículo entre formas e forças. *Educação*, Porto Alegre, v. 38, n. 1, p. 49-58, jan.-abr. 2015.

RIBEIRO, Vândiner; FONSECA, Ivana Alice Teixeira. No currículo de um *site* de relacionamento mulheres que desejam mulheres criam um modo de vida fora do armário e dentro dele. In: PARAÍSO, Marlucy Alves; CALDEIRA, Maria Carolina da Silva. (Orgs.). *Pesquisas sobre Currículos, Gêneros e Sexualidades*. Belo Horizonte: Mazza, 2018, p. 299-325.

SILVA, Marcio Antonio. Investigações envolvendo livros didáticos de matemática do Ensino Médio: a trajetória de um grupo de pesquisa. *Jornal Internacional de Estudos em Educação Matemática*, São Paulo, v. 9, n. 3, p. 36-54, 2016.

SOUZA, Deise Maria Xavier de Barros; SILVA, Marcio Antonio. Heteronormatividade demarcada por um currículo de matemática: uma linguagem para multiplicar sentidos. In: SEMINÁRIO BRASILEIRO DE ESTUDOS CULTURAIS E EDUCAÇÃO, 7., 2017, Porto Alegre. *Anais*... Canoas: PPGEDU, 2017. p. 1-14.

SWETZ, Frank J.; KATZ, Victor J. *Mathematical Treasures*: Maria Agnesi's Analytical Institutions. Mathematics Association of America. Washington: 2011. Disponível em: <https://www.maa.org/press/periodicals/convergence/mathematical-treasures-maria-agnesis-analytical-institutions>. Acesso em: 25 maio 2017.

WALDERKINE, Valerie. Ciência, razão e mente feminina. *Educação & Realidade*, Porto Alegre, v. 32, n. 1, p. 7-24, jan.-jul. 2007.

7

Gênero no currículo de *blogs* sobre alfabetização de professoras alfabetizadoras: *tecnologias da diferenciação e da heterossexualização* normalizando condutas

Gabriela Silveira Meireles

Este capítulo é resultado de uma investigação realizada para uma tese de doutorado[1] que estudou 31 *blogs* educativos sobre alfabetização criados por professoras alfabetizadoras. A investigação mapeou e analisou os saberes divulgados por esses *blogs*, as relações de poder neles estabelecidas e os sujeitos neles produzidos e demandados. Tais *blogs* são aqui analisados como um currículo que, por meio das tecnologias da diferenciação de gênero e da heterossexualização, divulga saberes dicotômicos sobre gênero e investe na produção e divulgação de sujeitos generificados. O argumento aqui desenvolvido é o de que são demandadas, no currículo dos *blogs* sobre alfabetização criados por professoras alfabetizadoras, subjetividades generificadas produzidas pelas *tecnologias* da *diferenciação* e da *heterossexualização* que fazem funcionar

[1] A referida tese intitulou-se *Tecnologia da formação docente no currículo dos blogs sobre alfabetização criados por professoras alfabetizadoras:* saberes divulgados, relações de poder acionadas e sujeitos demandados, e pesquisou o currículo de blogs criados por professoras alfabetizadoras no período de 2013 a 2016, tendo sido defendida em fevereiro de 2017 no Programa de Pós-Graduação em Educação da Universidade Federal de Minas Gerais, sob a orientação da Profa. Dra. Marlucy Alves Paraíso.

a ideia de gênero como uma norma, que tanto naturalizam e essencializam as diferenças entre os gêneros, quanto normatizam e normalizam as condutas.

A compreensão de que os gêneros são produzidos vem sendo discutida e aprofundada desde que as feministas, nos anos 1960, começaram a rejeitar o determinismo biológico sobre o feminino e o masculino e passaram a entender o gênero como uma "categoria social imposta sobre um corpo sexuado" (SCOTT, 1995, p. 77). Nessa perspectiva, o termo gênero é utilizado "para designar as relações sociais entre os sexos" (SCOTT, 1995, p. 81) e ressaltar "as 'construções sociais'" (SCOTT, 1995, p. 82), no sentido de "rejeitar o caráter fixo e permanente da oposição binária" (SCOTT, 1995, p. 85). Com isso, há um questionamento da polarização da diferença sexual e dos "conceitos normativos que colocam em evidência interpretações do sentido dos símbolos que tentam limitar e conter as suas possibilidades" (SCOTT, 1995, p. 93). Desde então, os estudos de gênero vêm se ampliando e se complexificando, partindo de uma reivindicação comum entre as feministas: desmontar uma equação na qual "o gênero seria concebido como o sentido, a essência, a substância" (AGUIAR, 2005, p. 179).

Judith Butler, uma das teóricas feministas que partiu do questionamento dessa unidade relativa ao gênero, introduziu um novo elemento relativo à desconstrução da polaridade entre sexo e gênero. Butler buscou "retirar da noção de gênero a ideia de que ele decorreria do sexo" para introduzir a ideia de que "o sexo não é natural, mas é ele também discursivo e cultural como o gênero" (AGUIAR, 2005, p. 178-180). Por isso, neste capítulo, compreendo o gênero como "uma *relação* entre sujeitos socialmente constituídos" (BUTLER, 2010, p. 29), na qual vão sendo produzidas algumas "normas de gênero" (BUTLER, 2010, p. 38). Essas normas atuam no sentido de "materializar o sexo do corpo, para materializar a diferença sexual a serviço da consolidação do imperativo sexual" (BUTLER, 2007, p. 154).

As normas se relacionam a uma capacidade de comparar e de julgar que se espalha por toda parte e torna referência as "ideias de naturalidade e heterossexualidade" (SANCHES, 2010, p. 2). A normatização engloba a ideia da "norma" que, em Foucault (2001), não tem por função apenas excluir ou rejeitar, mas "está sempre ligada a uma técnica positiva de intervenção e de transformação, a uma espécie de 'poder normativo'" (FOUCAULT, 2001, p. 62). Nessa perspectiva, a norma aparece em um sentido produtivo, que engloba "as normas de comportamento, as normas sociais, as normas de conduta, as normas que regulam os saberes, as normas que prescrevem ações" (FONSECA, 2010, p. 2). A seguir, mostro como a *tecnologia da diferenciação* de gênero opera nos *blogs* investigados por meio de algumas *técnicas*, como a da *essencialização* e a da *naturalização*.

TECNOLOGIA DA DIFERENCIAÇÃO E A AFIRMAÇÃO DE UMA NORMA DE GÊNERO NOS *BLOGS* SOBRE ALFABETIZAÇÃO

No currículo dos *blogs* sobre alfabetização investigados, inúmeras atividades postadas e sugeridas para serem trabalhadas pelas professoras- alfabetizadoras operam reforçando as normas de gênero existentes. Cores, atividades, lembrancinhas, músicas, corpos, capas de cadernos, exercícios e brincadeiras são diferenciados para meninos e meninas e essas diferenças são naturalizadas. Embora algumas atividades desse currículo escapem dessa naturalização das diferenças normalizadas, em sua maior parte demanda-se que a professora -alfabetizadora ensine para os/as alfabetizandos/as a obediência às normas de gênero.

Nesses *blogs*, a *tecnologia da diferenciação* opera na reiteração de uma norma de gênero que afirma a diferença entre meninos e meninas, por meio das *técnicas da essencialização* e da *naturalização*, funcionando concomitantemente à tecnologia da formação docente e trabalhando com um pensamento da diferenciação de gênero e da heterossexualidade como norma entre as professoras alfabetizadoras. Nesse sentido, um dos *blogs*, por exemplo, divulga, no *post* "Lembrancinhas" (Imagem 1), uma mesma mensagem para o Dia dos Avós, mas com a explicitação das diferenças entre a avó e o avô por meio da cor do cartão (rosa para as meninas e azul para os meninos) e da caracterização dos/as bonecos/as desenhados para representá-los (o avô tem cabelo curto e a avó usa um coque com um aparente laço de fita na ponta).

Imagem 1. Cartão para o "Dia dos Avós" disponível no blog: http://professoravivianferreira.blogspot.com.br/search/label/LEMBRANCINHAS. Acesso em: 7 ago. 2015.

O *post* em destaque coloca em funcionamento a *técnica da essencialização*, que se utiliza de "um pensamento dicotômico e polarizado sobre os gêneros", em que "cada um é uno e idêntico a si mesmo" (LOURO, 2007b, p. 31). Outra *técnica* acionada é a da *naturalização*, que supõe serem naturais as diferenças entre homens/ mulheres, meninos/ meninas, definindo para cada um dos gêneros um grupo específico de características e atitudes. Tais técnicas compõem a *tecnologia da diferenciação* de gênero, que inclui desde as características biológicas e corporais até um conjunto de regras e comportamentos que produzem o gênero feminino e o masculino (MUSSKOPF, 2008).

No que se refere ao aspecto biológico, estudos mostram que "meninas e meninos nascem diferentes" (SILVA *et al.*, s.d., p. 115). Ao anunciar isso, a *tecnologia da diferenciação* acaba sendo reduzida à questão biológica, que divulga um essencialismo ou uma "noção de essência última" (BRAH, 2006, p. 331) relativa a homens e mulheres, meninos e meninas. Em relação às questões sociais e culturais, a *tecnologia da diferenciação* opera por meio da *técnica de naturalização* das diferenças entre os gêneros, reforçando a dicotomização e tratando as "diferenças entre homens e mulheres" (LOURO, 2007a, p. 28) e a forma como se relacionam como algo natural. A *tecnologia da formação docente*, acionada nos *blogs* investigados, age com a manutenção dessa diferenciação. Daí a necessidade apontada por Caldeira (2018) no Capítulo 2 deste livro, de se estudar gênero na formação docente nos diferentes níveis de ensino. Isso já foi indicado por diversas políticas públicas, conforme a autora mostra, tais como os Parâmetros Curriculares Nacionais (PCN) e o Programa de Formação Docente em Gênero e Diversidade na Escola (GDE). Eu acrescentaria, ainda, o Programa Brasil sem Homofobia, que se desdobrou no Curso Educação sem Homofobia, e o Curso Tecendo Gênero e Diversidade Sexual nos Currículos da Educação Infantil, ocorrido em cinco universidades públicas brasileiras: Lavras (UFLA), São Paulo (USP/Leste), Campo Grande (UFMS), Campinas (Unicamp) e Juiz de Fora (UFJF). Essas são apenas algumas iniciativas que precisam certamente se multiplicar.

Em um dos *blogs* investigados, há um *post* que solicita que os/as alunos/as continuem a escrita da seguinte história: "Num belo dia de sol Pedro, João, e Luisa brincavam na praça próxima a suas casas. Pedro e João estavam muito alegres jogando bola, enquanto Luisa não tinha ninguém para brincar, segurava seu urso de pelúcia, e assistia ao jogo. De repente..." (Imagem 2).

Imagem 2. Imagem de atividade de produção de texto disponibilizada no blog: http://alfalet.zip.net/. Acesso em: 12 maio 2015.

Ao divulgar atividades que operam com o raciocínio de que meninos brincam de bola e meninas brincam de boneca ou de ursinho, o *post* lida com a existência de uma norma relativa às brincadeiras de meninos e meninas, que afirma a existência de um lugar fixo e natural para cada gênero (LOURO, 2007a). Outra evidência da atuação das técnicas de essencialização e de naturalização por meio da *tecnologia da diferenciação* de gênero pode ser observada no *post* "Trava-línguas", em que é apresentado um texto que coloca a mulher e o homem em polos opostos (Imagem 3).

Quando digo Maria
Digo Maria
Não digo João
Quando digo João
Digo João
Não digo Maria

Imagem 3. Trava-língua disponível no blog: http://oficinasdealfabetizacao.blogspot.com.br/search/label/Trava-l%C3%ADnguas. Acesso em: 8 ago. 2015.

Nesse sentido, o trava-língua naturaliza a separação entre mulher e homem, além de apontar para uma essência comum a todas as "Marias" e outra essência comum a todos os "Joões". O mesmo ocorre no *post* "Capas de caderno e atividade" (Imagem 4), em que a menina aparece cuidando das flores do jardim, enquanto o menino aguarda de pé, sem se envolver com a atividade, pressupondo ser esta uma função feminina e não masculina.

Imagem 4. Capa de caderno disponibilizada no blog: http://professoravivianferreira.blogspot.com.br/search/label/capas%20atividades. Acesso em: 8 ago. 2015.

O *post* "Troca de bonecas" trabalha com o entendimento de que as bonecas são apenas para as meninas ou mulheres, já que a troca de bonecas é feita apenas entre as professoras-blogueiras. Além disso, nesse *post* as roupas das bonecas são todas feitas nas cores rosa ou lilás, consideradas femininas. No *post* "Imagens para trabalhar corpo humano" (Imagem 5), a diferenciação é feita corporalmente, com ênfase na distinção dos órgãos reprodutores, embora também possa ser notado um componente cultural quando a menina se apresenta com os cabelos compridos (e com laços de fita) e o menino com o cabelo curto.

Imagem 5. Imagem de atividade sobre o corpo humano disponibilizada no blog: http://www.pragentemiuda.org/search/label/atividades%20corpo%20humano. Acesso em: 8 ago. 2015.

A *tecnologia da diferenciação* atua mais uma vez aí por meio da *técnica da naturalização*, considerando naturais as diferenças entre homens/ mulheres, meninos/ meninas e definindo para cada um deles um tipo diferente de brincadeira. Nesse caso, a diferença entre os gêneros é apresentada pela "permissão ou não de jogar futebol" (FINCO, 2003, p. 94). Atua, ainda, por meio da *técnica de essencialização*, que não apenas considera que meninos e meninas são diferentes, mas também compreende que todas as meninas são iguais, ou seja, que todas brincam de boneca ou ursinho e que a bola não serve para elas ou que elas não gostam de bola. Do mesmo modo, entende que todos os meninos gostam de futebol e que eles não devem brincar de boneca.

A *tecnologia da diferenciação* é acionada ainda no currículo dos *blogs* investigados por meio das imagens de lembrancinhas para o 1º dia de aula, para o dia dos pais e dia das mães, bem como ao expor e ensinar a confeccionar capas de cadernos, de atividades, avaliações, diários, agendas, etiquetas, bonecas e crachás. Numa busca, localizei 65 *links*[2] que colocam em funcionamento a *tecnologia da diferenciação*, diferenciando e demarcando acessórios usados por meninos e meninas, diferenciando cores, distinguindo personagens e objetos a eles/as destinados, diferenciando sentimentos ou características apresentadas.

A *tecnologia da diferenciação* mostra-se, por exemplo, na proposta de crachás elaborados pelas professoras, tendo os de meninos e os de meninas (Imagem 6).

Meninos e meninas se diferenciam, no currículo dos *blogs* investigados, não apenas por características biológicas, mas principalmente pelo modo de se vestir e se comportar. Tais marcas se inscrevem sobre os corpos femininos e masculinos, nos ensinando "como vestir, agir, pensar e ser" (FREITAS, 2014, p. 179). Sendo uma fabricação e não mais exatamente uma reprodução dos contornos que assumimos ao nascer, o corpo "é o que se diz dele e o que se faz dele" (LOURO, 2012, p. 12), configurando-se

---

[2] Esses *links* foram localizados por meio de uma busca relacionada às questões de gênero, por meio dos ícones encontrados na parte lateral dos *blogs* (esquerda ou direita), conforme a temática ali anunciada. Considerei também os posts vinculados aos *links* escolhidos.

a partir de construções discursivas. Em se tratando dos corpos generificados, muitas vezes "espera-se que se ajustem a normas, que repitam e recitem modos, gestos, gostos, comportamentos" (LOURO, 2012, p. 12). Ao divulgar diferentes modos de vestir, ao determinar que algumas cores são para meninas e outras para meninos, ao associar o uso de determinados acessórios a um dos gêneros (como boné para meninos e flor ou laço de fita para meninas), alguns *blogs* mostram que o corpo também é constituído pela "roupa e os acessórios que o adornam" (GOELLNER, 2003, p. 28). A imagem do crachá acima reforça, assim, as diferenças entre os gêneros, criando modos padronizados de vestir, de ser e de se comportar para cada um dos gêneros.

Imagem 6. Fotos de crachás de alunos/as disponível no blog: http://priscillaamaalfabetizar.blogspot.com.br/search/label/CRACH%C3%81S. Acesso em: 10 maio 2015.

Os comentários[3] de outras blogueiras reforçam essas essencializações, naturalizações e dicotomizações ao aprovarem o trabalho das colegas sem qualquer menção aos problemas sobre as questões de gênero: "Adorei as lembrancinhas para o início das aulas. Parabéns por tanta novidade";[4] "Adorei suas cadernetas e as canetas então??? Amei tudo...";[5] "oi Edna! lindas suas lembrancinhas! quem não gostaria de ganhar? beijinhos e que DEUS lhe conceda um ótimo 2014!!".[6] Reforçam, inclusive, o uso diferenciado de cores para meninos e meninas: "Quantas cadernetas e canetas lindas, amei as cores também".[7] Reforçam

[3] Mantenho aqui os textos conforme constam dos comentários, inclusive seus pequenos erros de grafia/digitação. Disponível em: http://www.cantinhodaedna.com/2015/01/lembrancinhas-para-grupo-de-mulheres.html. Acesso em: 26 jan. 2016.

[4] Disponível em: http://paraisodaalfabetizacao.blogspot.com.br/2012/01/lembrancinhas-para-o-inicio-das-aulas.html#comment-form. Acesso em: 16 maio 2015.

[5] Disponível em: http://www.cantinhodaedna.com/2015/01/lembrancinhas-para-grupo-de-mulheres.html#comment-form. Acesso em: 16 maio 2015.

[6] Disponível em: http://www.cantinhodaedna.com/2013/12/lembrancinha-encerramento-do-ano-letivo.html#comment-form. Acesso em: 16 maio 2015.

[7] Disponível em: http://www.cantinhodaedna.com/2015/01/lembrancinhas-para-grupo-de-mulheres.html#comment-form. Acesso em: 16 maio 2015.

quando oferecem selos ou *memes* para o *blog* visitado: "Que gracinha Edna, ficou linda a agenda... Tem um meme para você no meu *blog*... Bom fim de semana... Bjusssss";[8] "Olá irmã Édna, voltei pra dizer que tem selinho pra você no *post* [...] passa lá pra pegar!".[9] Reforçam quando afirmam a utilidade dos *posts* dos *blogs* nas atividades que realizam em sala de aula: "Nós educadoras precisamos de ideias criaivas como estas, que tornam a aprendizagem significativa e prazerosa!";[10] "gostaria de dizer que adorei a sua criatividade e gostaria também de obter essas criatividades´ para trabalhar na sala de aula";[11] "Ótimo o teu espaço, atividades legais e textos muito bons para quem, como nós, trabalha nesta área".[12] Reforçam, por fim, quando mostram que estão visitando e seguindo aquele *blog*: "Olá, vim conhecer o seu *blog* e adorei tudo por aqui. Já estou te seguindo e estarei sempre por aqui vendo as novidades".[13] Nesses comentários, não encontrei qualquer tipo de contestação por parte das professoras alfabetizadoras que visitam os *blogs* pesquisados em relação às diferenciações de gênero e sua naturalização nos *posts* divulgados.

Há alguns *posts* que rompem com as normas de gênero, escapando das *técnicas de essencialização* e de *naturalização*, apresentando outros modos de ser e de existir. Podemos observar isso: 1) no *post* "Dia dos Avós – lembrancinhas", em que tanto a avó quanto o avô recebem flores de presente (Imagem 7); 2) no *post* "Desafio Dia dos Pais"[14] (disponível no blog: http://juntospelaalfabetizacao.blogspot.com.br/search/label/DIA%20DOS%20PAIS), em que o pai aparece cuidando da filha e do filho; 3) no *post*[15] que traz chaveiros e cadernos em cores variadas, com animais de diferentes tipos (disponível no blog: http://www.cantinhodaedna.com/search/label/CHAVEIROS); 4) no *post*[16] sobre o dia dos pais, aparecem camisetas com desenhos livres feitos pelas crianças (disponível no blog: http://www.cantinhodaedna.com/search/label/LEMBRANCI-

---

[8] Disponível em: http://www.cantinhodaedna.com/2013/01/agenda-com-aplicacao-de-bonequinha-e.html#comment-form. Acesso em: 16 maio 2015.

[9] Disponível em: <http://www.cantinhodaedna.com/2013/01/voltei-viva.html#comment-form. Acesso em: 16 maio 2015.

[10] Disponível em: https://www.blogger.com/comment.g?blogID=4037654639600351945&postID=5024236322091828087&isPopup=true. Acesso em: 16 maio 2015.

[11] Disponível em: https://www.blogger.com/comment.g?blogID=4037654639600351945&postID=5024236322091828087&isPopup=true. Acesso em: 16 maio 2015.

[12] Disponível em: https://www.blogger.com/comment.g?blogID=4037654639600351945&postID=6732678886794464216&isPopup=true. Acesso em: 16 maio 2015.

[13] Disponível em: https://www.blogger.com/comment.g?blogID=4037654639600351945&postID=6042562699321568992&isPopup=true. Acesso em: 16 maio 2015.

[14] Disponível em: <http://juntospelaalfabetizacao.blogspot.com.br/search/label/DIA%20DOS%20PAIS>.

[15] Disponível em: < http://www.cantinhodaedna.com/search/label/CHAVEIROS>.

[16] Disponível em: <http://www.cantinhodaedna.com/search/label/LEMBRANCINHAS%20PARA%20OS%20PAIS>.

NHAS%20PARA%20OS%20PAIS); 5) no *post* "Desafio Dia dos Pais",[17] em que é divulgada a imagem de um pai cuidando e fazendo carinho no filho (disponível no blog: http://juntospelaalfabetizacao.blogspot.com.br/2011/07/desafio-dia-dos-pais.html); 6) no *post* sobre o Dia das Mães[18] (disponível no blog: http://diariodaprofaglauce.blogspot.com.br/), em que aparecem lembrancinhas como eco-bags de coruja, uma azul e uma rosa, ambas para a mãe, chaveiros de coruja de várias cores; 7) um *post*[19] com latinha única, da mesma cor, feita por meninos e meninas para a mãe (disponível no blog: http://miriamveiga.com/ensino-fundamental-5/dia-das-maes/), e também um marcador de páginas nas cores vermelho e amarelo; 8) no *post* "Capas de Atividades"[20] (disponível no blog: http://professoravivianferreira.blogspot.com.br/search/label/capas%20 atividades), em que a Magali aparece fazendo montaria em um touro.

Imagem 7. Atividade do *post* "Dia dos Avós", disponível no *blog*: http://professoravivianferreira.blogspot.com.br/search/label/LEMBRANCINHAS. Acesso em: 10 maio 2015.

Em alguns *blogs*, há etiquetas em que meninos e meninas aparecem juntos ou compartilham da mesma atividade (Imagem 8): 1) no *post* "Modelo de etiquetas para o material do Professor"[21] (disponível no blog: http://professoravivianferreira.blogspot.com.br/2015/01/modelo-de-etiquetas-para-material-do.html), há etiquetas com diferentes personagens, todos coloridos e misturados; 2) no *post* "Etiquetas fofas"[22] (disponível no blog: http://priscillaamaalfabetizar.blogspot.com.br/search/label/ETIQUETAS), aparecem desenhos de carrinhos, de materiais escolares, de

[17] Disponível em: <http://juntospelaalfabetizacao.blogspot.com.br/2011/07/desafio-dia-dos-pais.html>.
[18] Disponível em: <http://diariodaprofaglauce.blogspot.com.br>.
[19] Disponível em: <http://miriamveiga.com/ensino-fundamental-5/dia-das-maes>.
[20] Disponível em: < http://professoravivianferreira.blogspot.com.br/search/label/capas%20atividades>.
[21] Disponível em: <http://professoravivianferreira.blogspot.com.br/2015/01/modelo-de-etiquetas-para-material-do.html>.
[22] Disponível em: <http://priscillaamaalfabetizar.blogspot.com.br/search/label/ETIQUETAS>.

ursinhos, anjo, animais e crianças, mas sem uma demarcação clara de gênero. Isso mostra que, na confecção de crachás, há *posts* que escapam à *tecnologia de diferenciação de gênero*, ao mostrar crachás que podem ser usados tanto por meninos como por meninas. Contudo, vale ressaltar que nesses mesmos *blogs* em que há algumas dessas exceções, estão também presentes outras *tecnologias* que são constantemente acionadas para diferenciar, separar e demarcar os gêneros feminino e masculino.

A *tecnologia da diferenciação* é também acionada em um *post* sobre o "Dia do Trabalho", que define quais profissões são próprias para o público masculino e quais profissões são indicadas para o público feminino (Imagem 9).

Imagem 8. Modelos de etiqueta disponível no blog: http://priscillaamaalfabetizar.blogspot.com.br/search/label/ETIQUETAS. Acesso em: 10 maio 2015.

Imagem 9. Atividades sobre o Dia do Trabalho disponível no blog: http://criandoealfabetizando.blogspot.com.br/2013/04/dia-do-trabalho.html. Acesso em: 4 maio 2015.

Utiliza-se o artigo "o" para as profissões consideradas masculinas e o artigo "a" para aquelas profissões consideradas femininas: o pedreiro; a empregada. Nesses *posts*, o tipo de função atribuída ao feminino tem a ver com o ambiente doméstico, como cozinhar e arrumar a casa, enquanto as funções atribuídas aos homens remetem ao ambiente externo da casa e às atividades mais intelectualizadas, como a de médico – colocando "as mulheres fora da racionalidade" (WALKERDINE, 2007, p. 9) –, ou às atividades mais operacionais, como a de pintor, digitador, pedreiro, bombeiro. Assim, há uma "associação do feminino ao privado e do masculino ao público" (ABOIM, 2012), já antes descrita por Michelle Perrot (2009, p. 15) como uma divisão que produziu, entre outros efeitos, uma "diferenciação mais estrita dos papéis sexuais", com lugares inferiores nas hierarquias sociais atribuídos às mulheres. Com isso, as atividades do espaço público passaram a ser reservadas prioritariamente aos homens e as atividades do espaço privado destinadas geralmente às mulheres.

Aquilo que Perrot (2009) descreve na história das mulheres como a invisibilidade do trabalho no ambiente privado do lar, nos *blogs* sobre alfabetização é divulgado como uma profissão ou trabalho. Contudo, ainda se mantém a diferenciação das ocupações de mulheres e homens pelo ambiente doméstico ou pelo espaço público. Essa forma de divisão social do trabalho tem "dois princípios organizadores: o princípio de separação (existem trabalhos de homens e trabalhos de mulheres) e o princípio hierárquico (um trabalho de homem "vale" mais que um trabalho de mulher)" (HIRATA; KERGOAT, 2007, p. 599). A única função divulgada nos *blogs* como sendo comum a ambos os gêneros é a de cozinheiro/a. No entanto, para a mulher, cozinhar parece estar ligado somente à tarefa doméstica, enquanto para o homem remete a uma profissão, desempenhada em um restaurante, em um espaço público, evidenciada até mesmo em sua roupa de chefe de cozinha.[23]

Em seu conjunto, o currículo dos *blogs* sobre alfabetização divulga uma norma de gênero que afirma as separações, divisões, dicotomizações entre o feminino e o masculino por meio das *técnicas de naturalização* e de *essencialização*. Ao fazer operar a *tecnologia de diferenciação*, evidencia-se "o aspecto relacional das definições normativas" (SCOTT, 1995, p. 72). O que apresentam os *blogs* sobre alfabetização só é possível porque alguns elementos foram e são instituídos para os meninos/homens e outros para as meninas/mulheres. Cada um desses polos generificados somente pôde existir e se configurar porque há um outro que se opõe a eles.

Em síntese, no currículo dos *blogs* investigados, a *tecnologia da diferenciação* coloca em funcionamento uma norma de gênero que divide e separa coisas de meninos e coisas de meninas. Isso é feito "por meio de recomendações repetidas e observadas cotidianamente, que servem de referência a todos" (LOURO, 2008, p. 22). Ao tornar-se comum, a norma passa a operar por meio das *técnicas da essencialização* e da *naturalização* de gênero, como se aos homens/meninos fossem reservados um determinado modo de ser e agir, e às meninas/mulheres um outro modo de ser e agir distinto. Considerando o "aspecto relacional das definições

[23] O **chefe de cozinha** é o profissional responsável por organizar a cozinha de hotéis e restaurantes, elaborar cardápios e supervisionar o trabalho dos cozinheiros em restaurantes, hotéis, hospitais, residências, etc. Quem prepara os pratos são os **cozinheiros**, os chefes planejam a execução do prato, o preparo, a finalização, a qualidade dos alimentos e os métodos de cozimento. Os cozinheiros são geralmente comandados por um chefe. Disponível em: http://www.infoescola.com/profissoes/chefe-de-cozinha/. Acesso em: 19 jun. 2015.

normativas" (SCOTT, 1995, p. 73), vale ressaltar que mulheres e homens são descritos nos *blogs* por meio da relação, da construção discursiva e da atribuição social feita a cada um dos gêneros. E isso também parece ser naturalizado pelas próprias professoras que usam, seguem os *blogs*, já que não foi encontrada neles qualquer crítica às diferenciações e divisões de gênero. As professoras-alfabetizadoras que usam as sugestões desses *blogs*, que aprendem com eles, podem ser, então, multiplicadoras dessas diferenciações generificadas neles ensinadas e divulgadas. A seguir, mostro como a *tecnologia da heterossexualização* opera nos *blogs* investigados por meio das *técnicas de normatização* e de *normalização*.

TECNOLOGIA DA HETEROSSEXUALIZAÇÃO PRODUZINDO UMA NORMA DE GÊNERO NO CURRÍCULO DOS *BLOGS* SOBRE ALFABETIZAÇÃO

No currículo dos *blogs* investigados, junto com as inúmeras atividades sugeridas e divulgadas para as professoras alfabetizadoras trabalharem com os/as alfabetizandos/as, a norma heterossexual é valorizada e ensinada. Há, nesse currículo em funcionamento, uma *tecnologia da heterossexualização*. A *tecnologia da heterossexualização* opera na afirmação heterossexual, reiterando uma norma de gênero que reafirma as dicotomias criadas para diferenciar a heterossexualidade das outras formas de vivenciar a sexualidade, por meio das *técnicas de normatização* e de *normalização*. A *técnica de normatização* atua na "modelagem do indivíduo", visando inseri-lo em uma norma (DANNER, 2010, p. 144), por meio de "qualquer julgamento de apreciação ou qualificação conforme uma norma" (COELHO; MONTEIRO; CANGUILHEM, 2010, p. 185). Já a *técnica de normalização* envolve um processo de diferenciação entre o normal e o patológico, atuando para ordenar e "homogeneizar as multiplicidades, ao mesmo tempo que individualiza [...], determina níveis, fixa especialidades e torna úteis as diferenças" (PORTOCARRERO, 2004, p. 175). Ao atuarem como técnicas, a *normatização* e a *normalização* colocam em funcionamento a *tecnologia de heterossexualização*, que funciona pela articulação dessas técnicas a "certos tipos de discurso acerca do sujeito" (FOUCAULT, 1993, p. 207), para reiterar a ideia de que a única sexualidade possível é a heterossexual.

A heterossexualidade é a forma mais propagada de sexualidade em nossa sociedade, sendo generalizada e naturalizada como universal e normal, assumindo-se como uma norma: a "heteronormatividade". A produção dessa norma heterossexual envolve alguns procedimentos: 1) considerar o relacionamento entre homem e mulher o único possível; 2) entender que só é possível o amor verdadeiro e completo entre um homem e uma mulher; 3) conceber que qualquer aproximação (física ou psicológica) entre um homem e uma mulher se refere ao início de um relacionamento amoroso ou à possibilidade de que ele aconteça; 4) julgar que qualquer prática sexual diferente da heterossexual é considerada anormal e antinatural. Essas "disposições heteronormativas" tendem a tornar natural uma única sequência sexo-gênero-sexualidade, "centrada na heterossexualidade e rigorosamente regulada pelas *normas de gênero*" (JUNQUEIRA, 2009, p. 375).

Ao divulgar "a heterossexualidade como uma norma social", muitas vezes, apenas se considera possível a vivência sexual entre um homem e uma mulher (CARVALHAR, 2009, p. 18). As outras formas de viver a sexualidade passam a ser vistas como "antinaturais, peculiares e anormais" (LOURO, 2007a, p. 10). Define-se assim um lugar da inclusão e outro da exclusão, pautando-se na ideia de que "a homossexualidade é não natural" (BRITZMAN, 1996, p. 83). Além disso, passa-se a considerar que todos/as os/as homossexuais, bissexuais, transexuais, assexuados ou todos/as os/as heterossexuais teriam relações iguais. A *técnica de normalização* é acionada em relação a essas formas de vivenciar a sexualidade, na medida em que "compara, diferencia, hierarquiza, homogeneiza, exclui" (FOUCAULT, 2004, p. 153). Do mesmo modo, a divisão constante entre "o normal e o anormal" torna evidente a marcação binária e assume as tarefas de "medir, controlar e corrigir os anormais" (FOUCAULT, 2004, p. 165).

Nos *blogs* sobre alfabetização investigados, a norma heterossexual é divulgada e valorizada no contexto da composição familiar, pressupondo uma configuração tradicionalmente constituída por pai, mãe e filhos/as. Aquilo que não é "natural" ou "normal" simplesmente não é divulgado, ou seja, fica no "silêncio", conforme apontam Motta e Favacho (2018) no Capítulo 11 deste livro, o que acaba "desobrigando" as professoras a trabalharem as outras configurações familiares possíveis, como as homoafetivas, por exemplo. O *post* "O livro da família", por exemplo, traz, em suas imagens, apenas famílias constituídas por casais heterossexuais e com filhos/as (Imagem 10).

Imagem 10. Imagens do *post* "O livro da família" disponível no *blog*: <http://canttinhodaprofeadri.blogspot.com.br/search/label/%E2%99%A5%20Atividades%20Fam%C3%ADlia>. Acesso em: 10 maio 2015.

Imagem 11. Imagem disponível no *blog*: http://saberesefazeresnaeducacao.blogspot.com.br/search/label/Dicas%20para%20os%20pais. Acesso em: 10 maio 2015.

Imagem 12. Imagem disponível no *blog*: http://paraisodaalfabetizacao.blogspot.com.br/search/label/Capas%20para%20os%20cadernos. Acesso em: 10 maio 2015.

Imagem 13. Imagem para atividade de produção de texto disponível no *blog*: http://alfalet.zip.net/. Acesso em: 10 maio 2015.

Imagem 14. Imagem de atividade do projeto "Minha identidade" disponível no *blog*: http://paraisodaalfabetizacao.blogspot.com.br/2012/10/projeto-minha-identidade.html. Acesso em: 27 jan. 2016.

Ocorre uma exceção quando a mulher e o homem não estão juntos e aparece a mulher sozinha cuidando dos/as filhos/as (Imagem 11). Contudo, aí também há uma suposição de uma relação anterior heterossexual.

A heterossexualidade é tomada como natural também na infância, como mostra um *post* denominado "Capas para os Cadernos", em que se "permite" o fato de a menina estar apaixonada pelo menino (Imagem 12).

A *tecnologia de heterossexualização* é acionada também quando um outro *post* (Imagem 13) solicita que se conte uma história a partir da imagem divulgada, que reduz as possibilidades de relacionamento ao casal heterossexual e reafirmando a norma heterossexual – a de que o homem deve se casar com uma mulher e a de que a mulher deve se casar com um homem.

Ainda que haja uma ruptura étnico-racial na imagem, por trazer um homem branco se casando com uma mulher negra, o *post* faz uma associação entre relacionamento/casamento e a heterossexualidade. A *tecnologia de heterossexualização* opera, assim, na constituição do casal heterossexual como uma norma. A heterossexualidade é uma norma que se reitera constantemente nos *blogs* sobre alfabetização. Em um *post* de um projeto denominado "Minha Identidade" (Imagem 14), a heterossexualidade é um pressuposto da professora-blogueira quando ela divulga uma atividade de preenchimento dos dados da criança e de sua família, solicitando o "nome da mamãe" e o "nome do papai".

Toma-se como normal e natural nesse *post* "a família nuclear constituída por um casal heterossexual e seus filhos" (LOURO, 2007b, p. 133-134), o que torna anormal e não natural todos os outros arranjos familiares. Assim, a *tecnologia da heterossexualização* reafirma uma norma de gênero que faz proliferar a ideia de que "a heterossexualização do desejo requer e institui a produção de oposições discriminadas e assimétricas entre 'feminino' e 'masculino', em que estes são compreendidos como atributos expressivos de 'macho' e de 'fêmea'" (BUTLER, 2010, p. 39).

Cabe registrar que há alguns poucos *blogs*[24] de professoras alfabetizadoras que divulgam também discursos sobre a homossexualidade. Em um deles há uma apostila de combate à homofobia, que inclui a lesbianidade e a transexualidade como possibilidades de vivenciar a sexualidade. Contudo, o mesmo *blog* traz um "Guia de Prevenção das DST/Aids e Cidadania para homossexuais", sob a justificativa de que "a maior vulnerabilidade é processada entre as pessoas com práticas homossexuais" (BRASIL, 2002, p. 24)[25]. Cavalcanti e Dinis (2008) afirmam que discursos desse tipo parecem entender que a homosse-

[24] Disponível em: http://saberesefazeresnaeducacao.blogspot.com.br/search/label/M%C3%ADdia e https://jucienebertoldo.wordpress.com/category/aids/. Acesso em: 10 maio 2015.

[25] Esse material encontra-se também disponível em um dos blogs investigados: https://jucienebertoldo.files.wordpress.com/2013/05/guia-de-prevenc3a7c3a3o-dsts-aids.pdf. Acesso em: 10 maio 2015.

xualidade é "um vírus capaz de contagiar" (CAVALCANTI; DINIS, 2008, p. 106). Outro *blog* parece manter esse mesmo discurso, ao se posicionar contra a divulgação dos kits do MEC anti-homofobia[26] (Imagem 15).

POST DE UMA BLOGUEIRA:

"... sou totalmente contra o kit do MEC anti-homofobia. Entendo que estamos lidando com indivíduos em fase de desenvolvimento e formação de personalidade, não podemos banalisar o sexo e as escolhas que fazemos acerca deste. As crianças vem sendo despertadas para a sexualidade pela mídia de uma forma alarmante, e agora surge este kit, que na minha opinião, ocasionará curiosidades prematuras às nossas crianças".

Imagem 15. *Post* com opinião sobre o Kit anti-homofobia do MEC disponível no blog: <http://saberesefazeresnaeducacao.blogspot.com.br/search/label/M%C3%ADdia>. Acesso em: 20 jun. 2015

No primeiro caso, o medo do contágio está ligado à disseminação do vírus da aids. No segundo, aparece um temor relacionado a despertar curiosidades prematuras nas crianças sobre o tema. Em ambos os casos, porém, opera a *tecnologia da heterossexualização*, seja para excluir o heterossexual do risco da aids e incluir o homossexual no grupo de risco da doença, seja para afirmar a heterossexualidade como a única forma de viver a sexualidade que deve ser divulgada.

O mesmo modelo heteronormativo é anunciado em algumas músicas infantis[27]. Um exemplo é o *post* "Músicas de Festa Junina",[28] que divulga o trecho da música *Pedro, Antônio e João*: "com a filha de João/ Antônio ia se casar/ mas Pedro fugiu com a noiva/ na hora de ir pro altar/ a fogueira está queimando/ e

---

26 Disponível em: http://saberesefazeresnaeducacao.blogspot.com.br/search/label/M%C3%ADdia. Acesso em: 20 jun. 2015.

27 Ver: <http://miriamveiga.com/ensino-fundamental-5/projeto-musica-pirulito/>
<http://diariodaprofaglauce.blogspot.com.br/search/label/M%C3%BAsicas>
<http://alfabetizacaocefaproponteselacerda.blogspot.com.br/search/label/M%C3%BAsicas>
<http://renata.piraju.tur.br/?cat=47>
<http://miriamveiga.com/ensino-fundamental-5/projeto-musica-pirulito/>
<http://miriamveiga.com/ensino-fundamental-5/projeto-musica-de-abobora-faz-melao/>
<http://canttinhodaprofeadri.blogspot.com.br/search/label/%E2%99%A5%20Musicas%20Infantis>
<http://juntospelaalfabetizacao.blogspot.com.br/search/label/MUSICA%20E%20POESIA
<http://www.ensinar-aprender.com.br/2011/07/musicas-do-sitio-do-pica-pau-amarelo.html>
<http://www.pragentemiuda.org/search/label/m%C3%BAsica>
<http://www.pragentemiuda.org/search/label/m%C3%BAsicas%20de%20rotina>.
Acesso em: 12 maio 2015.

28 Disponível em: http://diariodaprofaglauce.blogspot.com.br/search/label/Festa%20Junina. Acesso em: 12 maio 2015.

um balão está subindo/ Antônio estava chorando/ e Pedro estava sorrindo/ e no fim dessa história/ ao apagar-se a fogueira/ João consolava Antônio/ que caiu na bebedeira". O título da música evidencia o nome dos três homens envolvidos com a noiva (o pai, o noivo e o outro que surge para acabar com o casamento). A *tecnologia da heterossexualização* é acionada aí para reiterar duas normas de gênero – a do casamento necessariamente heterossexual (se não for com Antônio, ela se casa com Pedro) e a da ausência do temor da homossexualidade, quando o título coloca lado a lado três homens e quando João consola Antônio. Nesse caso, a homossexualidade não é temida porque se tem como óbvia a heterossexualidade.

Em um blog, no *post* denominado "Suco gelado – Alfabeto", divulga-se a seguinte canção: "Suco gelado/ cabelo arrepiado/ qual é a letra do seu namorado?". A atividade é composta de um cabeçalho (com a imagem de um casal – um menino e uma menina) e outra imagem com três meninas brincando de pular corda (sugerindo que estão cantando a música em questão). Supõe-se, então, que são elas (as meninas) quem estão procurando a letra do namorado. Com isso, divulga-se a ideia de que, nos *blogs* investigados, as meninas devem namorar com os meninos e os meninos namorar com as meninas. Nesse caso, o que percebi é diferente daquilo que Campos (2018) mostra aqui no Capítulo 10. Nos momentos festivos descritos por Campos, os corpos se movimentam, dançam e se alegram de um modo mais fluido, enquanto nos *blogs* investigados o que aparece é uma rigidez e uma conformação de gênero produzida pelas *tecnologias da diferenciação* e da *heterossexualização.*

CONSIDERAÇÕES FINAIS

O currículo dos *blogs* sobre alfabetização investigados reitera a existência de uma "heterossexualidade irrefutável" (BUTLER, 2010, p. 257), inquestionável, fazendo com que as outras possibilidades de sexualidade caiam no esquecimento, ficando na ordem do impensado. Quando aparecem, timidamente, são enquadradas, tratadas, normalizadas. A *tecnologia da heterossexualização* atua, pois, produzindo a ideia de que o normal é ser heterossexual. Evidencia, ainda, o quanto o currículo dos *blogs* sobre alfabetização criados por professoras- alfabetizadoras têm produzido e demandado subjetividades generificadas, seja por meio da *tecnologia da diferenciação* – que destaca desde a diferenciação biológica, as características, até as funções sociais atribuídas a cada um dos gêneros – seja por meio da *tecnologia da heterossexualização*, que reitera a lógica heterossexual e visa à manutenção das normas de gênero.

Desse modo, tanto a *tecnologia da diferenciação* (entre homens e mulheres, meninos e meninas), como a *tecnologia da heterossexualização* (que apresenta a heterossexualidade como única possibilidade) operam no currículo dos *blogs* de maneira a se articular com a *tecnologia da formação docente* posta em funcionamento para conduzir as professoras-alfabetizadoras-blogueiras a naturalizarem as diferenças entre meninos e meninas, bem como a afirmarem a heterossexualidade como uma norma, ou seja, como a única possibilidade de vivenciar a sexualidade. Isso implica, portanto, fazer, junto com as inúmeras atividades praticadas no período da alfabetização das crianças, um investimento constante na diferenciação entre o feminino e o masculino, entre o heterossexual e o homossexual, para que sejam garantidos o sucesso e a eficácia das normas de gênero ao mesmo tempo que as crianças são alfabetizadas e aprendem a ser bons/boas alunos/as em todo o seu percurso escolar.

Referências

ABOIM, Sofia. Do público e do privado: uma perspectiva de gênero sobre uma dicotomia moderna. *Revista de Estudos Feministas*, Florianópolis, v. 20, n. 1, jan.-abr. 2012.

AGUIAR, Renato. Butler e a desconstrução do gênero. *Revista de Estudos Feministas*, Florianópolis, v. 13, n. 1, p. 216, jan.-abr. 2005.

BRAH, Avtar. Diferença, diversidade, diferenciação. *Cadernos Pagu*, Campinas, n. 26, p. 329-376, jan.-jun. 2006.

BRASIL, Ministério da Saúde. Secretaria de Políticas de Saúde. Coordenação Nacional de DST e Aids. *Guia de Prevenção das DST/Aids e Cidadania para Homossexuais*. Secretaria de Políticas de Saúde, Coordenação Nacional de DST e Aids. – Brasília: Ministério da Saúde, 2002.

BRITZMAN, Deborah P. O que é esta coisa chamada amor: identidade homossexual, educação e currículo. *Educação & Realidade*, Porto Alegre, v. 21, n. 1, p. 71-96, jan.-jun. 1996.

BUTLER, Judith. Corpos que pesam: sobre os limites discursivos do "sexo". In: LOURO, Guacira Lopes (Org.). *O corpo educado*: pedagogias da sexualidade. 2. ed. Belo Horizonte: Autêntica, 2007.

BUTLER, Judith. *Problemas de gênero:* feminismo e subversão da identidade. 3. ed. Rio de Janeiro: Civilização Brasileira, 2010.

CALDEIRA, Maria Carolina da Silva. Relações de gênero no currículo da formação de professoras para a alfabetização: uma análise do Pacto Nacional pela Alfabetização na Idade Certa (PNAIC). In: PARAÍSO, Marlucy Alves; CALDEIRA, Maria Carolina. *Pesquisas sobre currículos, gêneros e sexualidade*. 2018, p. 53-71.

CAMPOS, Camila Amorim. Currículo com música e festa: encontrando saídas às normas que generificam e impedem de dançar no embalo das sensações do corpo. In: PARAÍSO, Marlucy Alves; CALDEIRA, Maria Carolina. *Pesquisas sobre currículos, gêneros e sexualidade*. 2018, p. 219-239.

CARVALHAR, Danielle Lameirinhas. *Relações de gênero no currículo da educação infantil*: a produção das identidades de princesas, heróis e sapos. 2009, 170f. Dissertação (Mestrado em Educação) – Faculdade de Educação, Universidade Federal de Minas Gerais, Belo Horizonte, 2009.

CAVALCANTI, Roberta Ferreira; DINIS, Nilson Fernandes. Discursos sobre homossexualidade e gênero na formação em pedagogia. *Revista Pró-Posições*, Campinas, v. 19, n. 2 (56), maio-ago. 2008.

COELHO, Daniela de Freitas; MONTEIRO, Silas Borges; CANGUILHEM, Georges. O normal e o patológico. *Revista Educação Pública*, Cuiabá, v. 19, n. 39, p. 183-186, jan.-abr. 2010.

DANNER, Fernando. O sentido da biopolítica em Michel Foucault. *Revista Estudos Filosóficos*, n. 4, 2010, versão eletrônica. Disponível em: http://www.ufsj.edu.br/portal2-re-

positorio/File/revistaestudosfilosoficos/art9-rev4.pdf. Acesso em: 14 dez. 2016.
FINCO, Daniela. Relações de gênero nas brincadeiras de meninos e meninas na educação infantil. *Revista Pro-Posições*, Campinas, v. 14, n. 3 (42), set.-dez. 2003.
FONSECA, Márcio Alves da. *A época da norma*, 2010. Disponível em: . Acesso em: 13 jan. 2017.
FOUCAULT, Michel. *Tecnologías del yo y otros textos afines*. Barcelona: Paidós Ibérica, 1990.
FOUCAULT, Michel. Verdade e subjetividade. *Revista de Comunicação e Linguagem*, Lisboa, n. 1, p. 203-223, 1993.
FOUCAULT, Michel. *Os anormais*: Curso no Collège de France (1974-1975). São Paulo: Martins Fontes, 2001.
FOUCAULT, Michel. *Vigiar e punir:* nascimento da prisão. 29. ed. Petrópolis: Vozes, 2004.
FREITAS, Daniela Amaral da Silva. *Literatura infantil dos kits de literatura afro-brasileira da PBH*: um currículo envolvido em lutas culturais para uma ressignificação das relações étnico-raciais. 2014. 280f. Tese (Doutorado em Educação) – Faculdade de Educação, Universidade Federal de Minas Gerais, Belo Horizonte, 2014.
GOELLNER, Silvana Vilodre. A produção cultural do corpo. In: LOURO, Guacira Lopes; FELIPE, Jane; GOELLNER, Silvana Vilodre (Org.). *Corpo, gênero e sexualidade*: um debate contemporâneo sobre educação. Petrópolis: Vozes, 2003.
HIRATA, Helena; KERGOAT, Danièle. Novas configurações da divisão sexual do trabalho. *Cadernos de Pesquisa*, São Paulo, v. 37, n. 132, p. 595-609, set.-dez. 2007.
JUNQUEIRA, Rogério Diniz. Educação e Homofobia: o reconhecimento da diversidade sexual para além do multiculturalismo liberal. In: BRASIL. Ministério da Educação, Secretaria de Educação Continuada, Alfabetização e Diversidade. *Diversidade Sexual na Educação*: problematizações sobre a homofobia nas escolas. Brasília: UNESCO, 2009.
LOURO, Guacira Lopes. *O corpo educado*: pedagogias da sexualidade. 2. ed. Belo Horizonte: Autêntica, 2007a.
LOURO, Guacira Lopes. *Gênero, sexualidade e educação*: uma perspectiva pós-estruturalista. 9. ed. Petrópolis: Vozes, 2007b.
LOURO, Guacira Lopes. Gênero e sexualidade: pedagogias contemporâneas. *Revista Pro-Posições*, Campinas, v. 19, n. 2 (56), mai-ago. 2008.
LOURO, Guacira Lopes. Prefácio: Desafios. In: COUTO, Edvaldo Souza; GOELLNER, Silvana Vilodre. *O triunfo do corpo:* polêmicas contemporâneas. Petrópolis: Vozes, 2012.
MOTTA, Darci Aparecida Dias; FAVACHO, André. Do silêncio ao desconforto: a prática de educadoras da educação infantil frente à sexualidade das crianças. In: PARAÍSO, Marlucy Alves; CALDEIRA, Maria Carolina. *Pesquisas sobre currículos, gêneros e sexualidade*. 2018, p. 241-259.
MUSSKOPF, André Sidnei. Quando sexo, gênero e sexualidade se encontram. *Tempo & Presença Digital*, Rio de Janeiro, ano 3, n. 8, abril 2008.
PERROT, Michelle (Org.). *História da vida privada 4*: da Revolução Francesa à Primeira Guerra. São Paulo: Companhia das Letras, 2009.
PORTOCARRERO, Vera. Instituição escolar e normalização em Foucault e Cangui-

lhem. *Educação & Realidade*, Porto Alegre, v. 29, n. 1, p. 169-185, jan.-jun. 2004.
SANCHES, Isabelle de Paiva; MAHFOUD, Miguel. *Construtivismo*: desdobramentos teóricos e no campo da educação. *Revista Eletrônica de Educação*, São Carlos, v. 4, n. 1, p. 18-33, maio 2010. Disponível em: http://www.reveduc.ufscar.br. Acesso em: 20 dez. 2015.
SCOTT, Joan. Gênero: uma categoria útil de análise histórica. *Educação & Realidade*, Porto Alegre, v. 20, n. 2, p. 71-99, jul.-dez. 1995.
SILVA, Lúcia Isabel da Conceição *et al.* Diferenças de gênero nos grupos de brincadeira na rua: a hipótese de aproximação unilateral. *Psicologia: Reflexão & Crítica*, v. 19, n. 1, p. 114-121, s.d.
WALKERDINE, Valerie. Ciência, razão e a mente feminina. *Educação & Realidade*, Porto Alegre, v. 32, n. 1, p. 7-24, jan.-jun. 2007.

8

A problematização em Foucault como ferramenta para analisar projetos de futuro de jovens estudantes: intersecções entre gênero e currículo[1]

Clarice Salete Traversini
Sandra dos Santos Andrade
Marcos Vinicius da Silva Goulart

Em 2015, a Fundação Lemann, em parceria com o Movimento Todos pela Educação, divulgou uma pesquisa intitulada "Projeto de Vida", em que a pergunta principal, em linhas gerais, é "A escola está preparando os jovens para a vida adulta?" A essa pesquisa, foi dedicada uma matéria no Jornal Zero Hora (2015) anunciando que haveria uma "desconexão entre escola e vida". A pesquisa, ao ouvir professores/as universitários/as, empresários/as e especialistas em educação, constata que as dificuldades que os/as jovens apresentam ao sair do Ensino Médio são similares àquelas que enfrentam quem conclui o Ensino Fundamental. Entre as principais, estaria o baixo desempenho em disciplinas como Matemática e Português. Ao manter-se a centralidade nessas disciplinas, reforça-se sua necessidade para viabilizar a noção de juventude como projeto de futuro. Percebe-se, na reportagem, que a compreensão de "Projeto de Vida"

[1] Este capítulo é resultado de estudos realizados por três pesquisadores que contam com financiamento: Clarice Salete Traversini contemplada com edital CNPq; Sandra dos Santos Andrade com bolsa de pós-doutorado, financiamento Capes; Marcos Vinícius da Silva Goulart com bolsa de doutorado, financiamento Capes.

apresentada está constituindo uma noção de juventude como projeto, isto é, o/a jovem é um sujeito em preparação para o futuro, no que concerne à sua relação com o mercado de trabalho e com a universidade, numa perspectiva de projeto como algo coletivo ou como projeto de nação. Observamos, também, que na referida pesquisa o jovem é apresentado genericamente sem qualquer especificidade de gênero, raça/etnia ou outro atravessamento identitário, os quais modificam as trajetórias individuais.

Por outro lado, quando se fala em "Projeto de Vida", não se pode desconsiderar que há uma relação direta com aquilo que é esperado para si mesmo. Em 2013, foi instituído o programa Juventude Brasileira e Ensino Médio Inovador (JUBEMI), que visava oferecer formação continuada a professores/as do Ensino Médio de algumas redes públicas do Brasil. Nele, a ideia de "Projeto de Futuro" estava intrinsecamente ligada à de formação da identidade (VILLAS; NONATO, 2014). Geralmente, pesquisas que discutem projetos de vida de estudantes têm como foco os/as jovens do Ensino Médio; entretanto, entendemos que a preocupação com o futuro se inicia antes disso, principalmente quando acrescentamos marcadores como pobreza, gênero e cor da pele. Por isso, nosso foco, neste artigo, volta-se aos/às jovens estudantes dos anos finais do Ensino Fundamental, os quais se deparam com a dúvida sobre "o que fazer no ano que vem". Assim, perguntamo-nos: Quais os projetos de vida narrados pelos/as jovens entrevistados/as? Eles são atravessados pelo gênero? Apresentam-se como problemas para o currículo da escola?

Os projetos de futuro, como os compreendemos aqui, podem ser chamados de projetos de vida também; são flexíveis e estão muito mais ligados a uma relação consigo do que com o outro, ou seja, o projeto de vida seria muito mais uma autodescoberta. Essa visão traz uma perspectiva do que se compreende por juventude, e cabe dizer que diferentes perspectivas teóricas buscam definir o que é juventude. Por um lado, há discussões que se centram numa visão de jovem como uma espécie de "adulto incompleto", que precisaria ser conduzido para alcançar o seu fim, incluído em uma sociedade que diz de antemão o que ele deve ser. Por outro, há uma visão que questiona isso (DAYRELL, 2003), afirmando que juventude é uma categoria mais ampla, que abarca uma gama de experiências juvenis – haveria, portanto, *juventudes*. Essas duas noções operam em tensão no campo de luta pelo discurso verdadeiro.

Nesse sentido, podemos conceber os projetos de vida ou de futuro dos/as jovens com base em duas perspectivas. A primeira está relacionada com aquilo que se espera dos/as jovens, como se houvesse um projeto preconcebido no qual eles/as deveriam encaixar-se. A segunda é uma visão um pouco mais ampla, em que o ato de projetar a própria vida seria elementar à experiência juvenil (DAYRELL, 2005); mais que isso, projetar o futuro é algo da própria existência humana. Entende-se que essa tensão remete a questões que fazem parte do projetar a vida de um/a jovem, porém, essas questões são atravessadas por outras aprendizagens que dizem respeito à experiência de cada um/a. Assim, interessa-nos neste artigo examinar narrativas de jovens mulheres e de jovens homens estudantes dos anos finais do Ensino Fundamental sobre o futuro e perceber como a escola lida com essas questões no currículo escolar; bem como analisar gênero como um marcador que produz efeitos na concretização dos projetos de futuro e cria possibilidades diferentes em função do sexo a que pertence o/a jovem.

A metodologia de pesquisa priorizou as interações, observações, conversações e intervenções entre um grupo de 20 alunos/as de uma 8ª série do Ensino Fundamental de uma escola pública de Porto Alegre, RS, ao longo do segundo semestre letivo do ano de 2013, durante duas tardes por semana. Na análise, problematizamos, com base em Foucault, como os/as estudantes se narram em relação aos seus projetos de futuro. A noção de problematização aparece na filosofia tardia de Foucault (2006), quando analisa a própria obra e afirma que essa noção sintetiza a sua filosofia; pode-se dizer que ele, ao desenvolver o seu trabalho histórico e analítico, fez problematizações, buscando compreender como determinados objetos entram no que chamou de jogo do verdadeiro e do falso (FOUCAULT, 1984).

Nesse processo analítico, articulamos as noções de currículo e gênero como problematizações que entram no contexto escolar e que exigem, nesse jogo do verdadeiro e do falso, modos de intervenção. Nos espaços do social, todos podem ser incluídos em uma situação, o que implica ser excluídos de outra. Nesse âmbito, os pertencimentos de gênero, classe e raça/etnia estão intrinsecamente relacionados com as posições de sujeito jovem que podem ocupar (ou que permitimos que ocupem) o espaço da escola, o espaço do trabalho, enfim, os espaços da vida. Ao mesmo tempo, as práticas curriculares, por si só, são generificadas, ou seja, o conceito de gênero nos ensina que as instituições, entre elas a escola, são atravessadas e constituídas por pressupostos de gênero. Dizendo de outro modo, o gênero atravessa e dimensiona as práticas curriculares (DAL'IGNA; KLEIN; MEYER, 2016).

Tratamos currículo como recortes da cultura trazidos para a escola que impactam na constituição do sujeito escolar, como aponta Veiga-Neto (2002). O autor concebe currículo "como a porção da cultura – em termos de conteúdos e práticas (de ensino e aprendizagem, de avaliação etc.) – que, por ser considerada relevante num dado momento histórico, é trazida para a escola, isto é, é escolarizada" (VEIGA-NETO, 2002, p. 44). O currículo tem como efeito a constituição de sujeitos escolares (sejam professores/as ou estudantes) pelas contingências históricas de uma época. Além disso, currículo diz respeito a todas as práticas desenvolvidas na escola que, especificamente, constituem um modo de ser sujeito-aluno (XAVIER, 2003) a partir das vivências no espaço escolar, e não apenas da aprendizagem dos conhecimentos em sala de aula. Portanto, os currículos escolares divulgam saberes ("querem" ensinar algo), estão centralmente envolvidos com relações de poder ("querem" tornar-se uma verdade) e constituem sujeitos ("querem" modificar algo em alguém) (CORAZZA; TADEU, 2003; PARAÍSO, 2010; MEIRELES, 2017).

As narrativas aqui apresentadas foram examinadas, então, na perspectiva foucaultiana e dos estudos de gênero. Isso possibilitou discutir e problematizar discursos que, atravessados pelo currículo escolar e pelo gênero, permitem aos/às jovens significar, de modos específicos, seus projetos de vida, visto que são constituídos por tais discursos e, assim, reproduzem essas aprendizagens. Algumas vezes esses atravessamentos se deram pelo silenciamento desse marcador identitário: quando os jovens afirmam não perceber as diferenças entre eles e elas para a concretização dos sonhos de futuro, mostram a naturalização dessas diferenças a ponto de nem percebê-las operando em seus ditos e nas práticas cotidianas. Acentuamos aqui, o caráter substancialmente social das relações entre homens e mulheres (e das diferentes possibilidades de se constituir como homens e mulheres), daquilo que se construiu (ou se constrói) sobre eles e elas no espaço da cultura, incluindo o espaço da escola.

O conceito de gênero com o qual operamos neste texto traz, conforme exposto, um forte apelo relacional, como nos ensina Joan Scott (1995) e Guacira Lopes Louro (1997), o que significa que, para haver uma relação, requer ao menos um outro. Ou seja, falar em mulheres não é o mesmo que falar em gênero, falar em mulheres implica necessariamente falar também em homens e vice-versa. Pois é no campo do social que "[...] se constroem e se reproduzem as relações (desiguais) entre os sujeitos" (LOURO, 1997, p. 22). As relações de gênero oferecem lugar para a concretização de destinos particulares, distintos e estão implicadas em processos de inclusão/exclusão. Nesse caso, inclusão/exclusão dos projetos de futuro que os/as jovens idealizam, que não estão, entretanto, totalmente incluídos nem totalmente excluídos das possibilidades de futuro projetadas para si, o que não significa também que essas posições sejam fixas ou permanentes. Em síntese, implica dizer que uma análise de gênero focaliza a relação entre os sexos em contextos sociais e culturais específicos (NICHOLSON, 2000; LOURO, 1997, 1999; MEYER, 2000, 2003).

Entende-se que na escola, mediante o currículo, se ensinam e se aprendem modos de ser homem e mulher jovem, considerados como mais adequados, demarcando pertencimentos múltiplos; a escola configura-se como um local privilegiado de construção e validação da diferença. Se é nas relações sociais que se constroem os gêneros, a escola é um campo do social privilegiado para definir nos corpos o que parece ser positivo ou negativo, adequado ou inadequado a cada um/a, de acordo com os espaços que frequentam ou desejam frequentar. Nesse reforço binário, percebe-se que, geralmente, são demarcadas e corroboradas relações desiguais de poder. Os conceitos de gênero e currículo são centrais para a análise empreendida aqui e, por isso, serão ampliados na seção analítica. O texto está organizado em três partes, visando responder os objetivos aqui propostos.

ASPECTOS TEÓRICO-METODOLÓGICOS: DA PRODUÇÃO DO EMPÍRICO À ANÁLISE DOS DADOS

O material empírico da nossa pesquisa é resultado de um trabalho de campo realizado por um dos autores, em 2013, com estudantes de uma 8ª oitava série do Ensino Fundamental. A escola pertence à rede estadual de ensino da cidade de Porto Alegre e localiza-se em uma região central da cidade, o que fez diferença na compreensão da constituição identitária dos/as jovens pesquisados/as. A metodologia de pesquisa focou-se na entrevista narrativa com jovens entre 14 e 16 anos. A turma era composta por 20 alunos/as, mas somente 12 aceitaram participar das entrevistas individuais, embora todos/as tenham participado dos outros momentos da pesquisa. A pesquisa se deu ao longo de um semestre letivo e os encontros com os/as jovens ocorriam em duas tardes por semana. Esse intenso estar com o outro (sujeito da pesquisa) possibilitou desenvolver certos modos de ver e, consequentemente, outros e novos modos de narrar esses/as jovens em particular, porque cada lugar admite dizer coisas muito específicas e singulares daquele universo (ANDRADE, 2012). São movimentos de ver e narrar que adotamos para apreender o que diziam os indivíduos jovens que frequentavam essa 8ª série; sendo este o último ano da escola, enfrentavam a necessidade de pensar o que fazer no "ano que vem", constituindo-se uma situação inevitável como uma experiência de futuro em curto prazo.

Além das entrevistas narrativas, construiu-se um extenso conjunto de procedimentos de investigação: observações, conversas informais, produções textuais e diários. Entendemos o conjunto de materiais produzidos como textos que possibilitam diferentes formas de narrar a si mesmo e de narrar o outro nessa implicação pesquisador e pesquisados/as. Nesse sentido, para compor as análises aqui empreendidas, utilizamos elementos das entrevistas narrativas, já que, "através da narrativa, é possível reconstruir as significações que os sujeitos atribuem ao seu processo de escolarização, pois falam de si, reinventando o passado, ressignificando o presente e o vivido para narrar a si mesmos, projetando o futuro" (ANDRADE, 2008, p. 49). Com isso, reforçamos nosso objetivo neste texto: analisar os projetos de vida dos/as jovens na intersecção com gênero e currículo escolar. Como diz Andrade (2017, p. 4), em outro texto sobre projetos de futuro:

> Problematizar essas questões só faz sentido numa era em que se intensificam cada vez mais os processos de globalização, quando o acesso à informação se dá em tempo real, a aceleração do tempo borra suas fronteiras e acabamos nos confrontando com a incoerência da ideia de controle: controle do tempo, controle da vida, controle do futuro... Nesse cenário, parece desbotar-se a antiga e cara noção de futuro

> produzida no início da modernidade: futuro como projeto individual e coletivo; futuro como algo a ser construído em longo prazo. Carmen Leccardi (2005) aponta que, na sociedade industrial, os jovens tinham projetos de ordem coletiva e de ordem individual, e que eles eram interdependentes entre si. Da realização dos projetos coletivos como democracia, cidadania, liberdade, igualdade etc. dependiam a realização dos projetos individuais como escolarização, trabalho, acesso a bens e serviços. Nos dias atuais, essa ideia de coletivo tende a apagar-se. Com isso, também se modifica a ideia de projeto [de vida ou de futuro] produzida até então.

Quando nos referimos ao termo "problematizar", estamos orientados por aquilo que Foucault chama de problematização, uma noção que aparece na sua obra tardia, mais especificamente, no segundo volume de sua *História da sexualidade*. Segundo o filósofo, em uma entrevista no mesmo ano de lançamento do livro, tal noção seria uma espécie de síntese do seu trabalho (FOUCAULT, 2006). Isso significa que toda a sua obra, quando analisada por ele próprio, seria uma história das problematizações. Mas o que significa essa noção? Ela seria "[...] o conjunto das práticas discursivas ou não discursivas que faz alguma coisa entrar no jogo do verdadeiro e do falso e o constitui como objeto para o pensamento [...]" (FOUCAULT, 2006, p. 242). Muito mais do que analisar como determinadas coisas se tornaram um problema do ponto de vista da história e da ciência, a ideia central é compreender como determinados conceitos, práticas e sujeitos foram/são produzidos com base em discursos que estabelecem um regime de verdade, uma relação com o discurso verdadeiro.

Aqui cabe compreender problematização como um objeto de análise e, ao mesmo tempo, um modo de olhar para esse objeto. Problematizar é um trabalho do pensamento, uma experimentação (DELEUZE, 2005). Esse trabalho do pensamento é um olhar para determinadas práticas que, de alguma maneira, indicariam um campo de problemas sobre os quais o ser humano proporia certas resoluções, numa espécie de "jogo de verdade". Diríamos que problematizar os projetos de vida de jovens homens e mulheres é refletir sobre como a escola e o currículo dão conta desse tema, é refletir se os projetos de vida trazem para a escola problemas para os quais devem-se experimentar soluções e quais verdades são introduzidas por essa problematização.

Ao operar com gênero como categoria de análise, somos nós pesquisadores/as que vamos olhar para as narrativas juvenis a fim de problematizar os ditos que parecem não ter o gênero como um problema, desnaturalizando concepções de masculino e feminino já tomadas como verdadeiras. Ao analisar a narrativas dos/as jovens sobre seus projetos de vida optamos por não reiterar "o silêncio que discursa", como mostram Motta e Favacho (2018, p. 249). Buscamos problematizar também como – e de que modo – os processos de generificação estão ligados às possibilidades de futuro, não apenas no âmbito escolar, mas social e cultural de modo mais amplo. Em suma, quais discursos são interditados, naturalizados ou afirmados para que se produza um saber sobre esses/as jovens alunos/as sujeitos de nossa análise.

Não podemos perder de vista que problematização, em Foucault, tem relação direta com a sua perspectiva de discurso, considerando-se que as problematizações se dão no plano discursivo. Foucault considera discurso um conjunto de enunciados (FOUCAULT, 2007) que, em certo sentido, dariam corpo para determinada formação discursiva. Para serem além do mero dito em forma de frase ou proposição, tais enunciados têm uma função, isto é, apresentam materialidade e se articulam com outros. Por conta de sua materialidade e por comporem discursos, eles são considerados práticas, coisas efetivamente ditas que animam textos, programas de televisão, conversas cotidianas e narrativas juvenis. Assim, quando falamos em discurso temos como pressuposto uma composição de enunciados.

Segundo Ferreira e Traversini (2013, p. 209), "Foucault propõe entendermos o discurso como discursos, no plural, e manter-se no que foi dito". Manter-se no que foi dito é fugir da tentação de analisar o texto no interior do próprio texto, buscando, a partir da sua própria estrutura, elementos ocultos, como se houvesse uma intencionalidade a ser desvelada. Manter-se no que foi dito é compreender determinadas proposições enunciadas como algo que se articula com outras e que dariam para o texto certa relação de exterioridade. Os ditos não estão ali isolados, mas conectados com práticas que estabelecem relações com um referente, sujeitos, exterioridade e materialidade (FISCHER, 2001). Assim, quando analisamos nosso objeto de pesquisa, temos que, em princípio, pensar no que foi efetivamente dito, quem disse, quais as práticas que poderiam indicar a emergência desse dito e qual o seu meio material. No caso das entrevistas narrativas, a questão é analisar os "ditos" a partir do que é efetivamente dito, ficando na superfície dos discursos, não buscando algo oculto, por trás das falas. Compreendemos a linguagem como uma instância que faz as coisas aconteceram, produzindo efeitos de verdade e construindo realidades. De outro modo, aquilo que é dito só entra na ordem dos discursos se a coisa dita se encontrar no lugar do *verdadeiro*. O que é dito na escola para e sobre os/as jovens em relação a gênero "obedece às regras de uma polícia discursiva" e, assim, pode ser definida como pertencente aos discursos verdadeiros, sendo que suas asserções vão aparecer como certas, possíveis e necessárias (FOUCAULT, 1999, p. 69).

Desse modo, problematização em Foucault não pode ser vista como algo completamente distinto de sua análise do discurso. Analisar as problematizações é o olhar em que um indivíduo problematiza, percebe os jogos de verdade e empreende uma análise do discurso que concatenaria as descrições arqueológica e genealógica (FOUCAULT, 1984). Uma problematização é algo que emerge da análise de alguém que se volta para os jogos de verdades em determinados contextos e práticas.

AS NARRATIVAS DOS/AS JOVENS ENTREVISTADOS/AS E OS PROJETOS DE VIDA

Os/as jovens desta pesquisa representam um recorte de um grupo específico. Provavelmente, se esta mesma pesquisa fosse realizada em outro bairro da cidade de Porto Alegre, geraria diferentes dados. Os/as estudantes frequentavam uma escola situada em uma região urbana de classe média, questão que, por si só, já configura uma diferença em relação a jovens de escolas de outras regiões. Portanto, compreendemos que a juventude não é uma essência em si mesma; é uma construção e uma condição que se dá em diferentes tempos e lugares de diferentes formas. Os/as jovens, mesmo dentro de uma mesma faixa etária, não "[...] vão viver este período do mesmo modo e nem se tornarão adultos no mesmo espaço de tempo; tudo isso é dependente de contextos e circunstâncias sociais, geográficas e culturais específicos" (ANDRADE, 2008, p. 77). Concordando com essa perspectiva, corroboramos a noção de *juventudes* (no plural), já que ela adquire significados distintos de acordo com questões como classe, gênero, raça/etnia, religião, região etc.

A localização da escola, ou seja, a questão geográfica, mostrou-se na pesquisa como mais um elemento constituidor das identidades dos/as jovens. A opção (das famílias e dos/as próprios/as jovens) por essa escola, e não outra, não foi aleatória e já implicava uma noção de projeto de vida, como afirma a aluna Cadrícia:[2] "parece uma escola particular". Por isso, ela continua estudando ali com o passar dos anos e apesar da distância. Ou, ainda, como diz Júlia – que sai da zona sul da cidade para ir à escola – quando perguntamos sobre o ensino oferecido:

> **Júlia:** É bem bom! Eu até às vezes comparo com uma amiga que estuda em colégio particular, daí eu pergunto se ela aprendeu uma coisa ou outra e, daí, quando eu vou ver, no final, eu estou adiantada.

Foram vários os casos de jovens que vinham de outras regiões para a escola em função da sua qualidade, segundo consideram; além disso, muitos familiares trabalhavam no entorno da escola como zeladores/as, governantas, comerciários/as etc., e a viam como um local "adequado" para a formação de seus/suas filhos/as. O espaço da escola e sua localização são comparados aos de um colégio privado, numa relação que coloca a classe social como importante marcador de pertencimentos que podem favorecer melhores acessos e inserções. Essa é uma projeção de futuro dos/as jovens e de suas famílias, pela via da escola e sua localização geográfica e econômica, para galgar o acesso e a inclusão a determinados privilégios

[2] Os nomes dos sujeitos apresentados nos excertos das entrevistas foram definidos pelos/as próprios/as jovens.

ou direitos sociais, como a participação em projetos, políticas públicas, bolsa de estudos e uma futura graduação. A escola, segundo narrativas dos/as jovens, não apresenta situação de violência, o bairro é tranquilo, o local é pequeno e tem um "bom ensino". Como disse o aluno ShapeDoor, "só não aprende quem não quer, porque as professoras ensinam bem".

Parece evidente nas narrativas a noção de que, para se ter um futuro, a escola é fundamental, mas não qualquer escola. Circula, de modo geral, entre eles/as, uma representação idealizada da escola que pode prover um futuro "melhor". Um enunciado recorrente nas entrevistas foi: "A gente precisa do estudo para qualquer coisa". Como já apontado em outras pesquisas, a escolarização coloca-se como imperativo, não só pelo que ensina mas também pelos acessos que proporciona (ANDRADE, 2008, 2017). Imperativo é aquilo que se coloca como inquestionável, sem discussão possível, uma lei; ao mesmo tempo, por essa via, é também uma obrigação, uma imposição, uma sentença. Com isso, ratifica-se o senso comum, aquilo que é produzido como o verdadeiro: não há futuro sem escola, visto que projetar esse futuro implica estudar, ter uma profissão, tornar-se educado, trabalhar na profissão escolhida e adquirir bens. Numa visão idealizada e socialmente aceita, só se adquire bens trabalhando, e só uma profissionalização permite acesso a um bom trabalho. Os/as jovens de hoje (e de outras épocas) viram-se e veem-se enredados nessa perspectiva de futuro e nesse ideal de juventude que se projeta neles/as. Não é um projeto de família apenas, é um projeto de nação. Há muito ouvimos o bordão de que os/as jovens são o futuro do país, que uma nação bem-educada é uma nação civilizada, que a educação é a via de transformação da humanidade. Nossa Constituição, desde 1988, decreta que a educação é direito de todos e dever do Estado.

A ideia de que os/as jovens são o futuro do país é parte de uma problematização da juventude que opera desde, pelo menos, a década de 1970, como apontam Goulart e Santos (2014) ao analisarem os discursos do Banco Mundial e da Organização das Nações Unidas. A ideia de que os jovens são "o futuro" se produz numa tensão com pesquisadores brasileiros sobre o tema na tentativa de gerar prescrições para políticas públicas de juventude. Há um entendimento de que o mundo dos jovens é o que virá e o seu papel no desenvolvimento do país é essencial, o jovem precisa "participar" disso. Um discurso ufanista que muitas vezes captura as famílias e os próprios jovens. As políticas públicas, entretanto, de um modo geral são propostas para sujeitos universais e têm a expectativa de alcançar todo o país. Então, historicamente, as políticas públicas de juventude pouco preveem atravessamentos de gênero, de raça/etnia, o foco ainda tem maior centralidade na classe social. Com isso, as especificidades originadas pelos diferentes marcadores identitários acabam invisibilizadas, mas podemos nos perguntar também: Como uma política pública poderia dar conta de tantas diferenças intrínsecas ao se ser jovem no Brasil?

Tanto meninos quanto meninas reafirmaram a escola como o lugar necessário para favorecer um futuro de mais qualidade. Entretanto, quando perguntados sobre seus projetos de vida e a possibilidade de acesso a eles de modo equitativo, mostraram explicações que privilegiam a meritocracia sob o manto da igualdade; ou ainda certa confusão – parece que deveria ser igual para eles e elas, mas não é, embora nem sempre consigam materializar o porquê. Alguns reconhecem questões culturais implicadas nessas diferenciações; outros/as ainda veem na biologia e na psicologia a explicação para essas diferenças:

> **Pesquisadora:** E deixa eu te perguntar outra coisa. Tu achas que é mais difícil no trabalho, em uma relação... em tudo, ser menino ou ser menina? Faz muita diferença ser homem ou ser mulher?
>
> **Isadora:** Faz, faz sim! Porque, olha só, "sôra", a mulher já é problemática por natureza, a gente já tem um problema interno, querendo ou não, a gente já tem um problema, a gente tem, ó, a gente tem menstruação, TPM, a gente tem que cuidar com gravidez, a gente tem que cuidar com estria, a gente tem que cuidar com maquiagem, a gente tem que cuidar com roupa, a gente, sôra, é muita coisa! E tipo, guri está ali, eu vejo que eles têm uma fama, assim, de saber controlar as emoções, por mais difícil que seja [...].
>
> **Pesquisadora:** Tu achas, então, se eu entendi, que os homens são mais controlados nas emoções do que as mulheres?
>
> **Isadora:** É, eu acho isso. Tipo, tem muita mulher determinada ali, só que, se acontecer alguma coisa forte, é muito certo que vai interferir.
>
> **Felipe:** Ah, não sei. Porque hoje em dia ainda tem aquelas coisas de mulheres não trabalharem em certas coisas, mas para o homem, eu ainda acho que é mais fácil arrumar um emprego bom.
>
> **Pesquisadora:** E por que tu achas que é mais difícil para a mulher?
>
> **Felipe:** Não sei, eu acho que é porque tem muito homem machista que, por exemplo, na medicina, tem muita mulher, mas no direito os homens questionam as mulheres dizendo que elas são piores que os homens.
>
> **Pesquisadora:** E tu concordas que as mulheres são piores que os homens?
>
> **Felipe:** Não, até dizem, tem várias pesquisas dizendo que as mulheres são mais inteligentes que os homens.

Ambos concordam que há diferenças entre os gêneros e que elas podem implicar dificuldades na realização dos projetos de vida, mas as diferenças acima apontadas são de ordens opostas. Por um lado, coloca-se o foco em algo que seria intrínseco ao se ser mulher ou homem, como se a ligação a um dado anatômico ou de ordem biológica implicasse um modo de ser preestabelecido, um destino. Um destino do qual não há saída, um destino imutável, sendo assim, nada haveria a ser feito para modificar o entendimento sobre as relações de gênero. A narrativa de Isadora parece reforçar questões que muito lutamos para desconstruir, mas que ainda se fazem presentes na voz dos/as jovens, apontando para uma tese biologicista em que o sexo aparece como sinônimo de gênero e determinante dos seus pertencimentos e comportamentos na cultura. É possível afirmar que esse entendimento de como funcionam os gêneros em nossa cultura é um dado aprendido. E se aprendido, é porque foi ensinado, e o currículo escolar é um desses lugares que muito ensina sobre como ser e estar em nossa cultura. O livro didático é uma das materializações dessa forma de constituir modos generificados no currículo. Cardoso (2018, p. 109) argumenta, por exemplo, que "o Livro Didático de Ciências, especificamente, é responsável por vincular saberes acerca dos corpos e dos comportamentos de maneira aparentemente neutra e isenta de elementos culturais".

Por outro, a cultura é trazida como um marcador de desigualdade de gênero, colocando em xeque a *naturalidade* do masculino e do feminino. A narrativa dos/as jovens aponta para o caráter produzido de homens e mulheres como sujeitos históricos. Na mesma linha, Caldeira (2018) aponta que corpos masculinos e femininos são construções colocadas em funcionamento por discursos que são situados, datados. Ou seja, percebe-se uma polifonia discursiva constituindo os ditos dos/as jovens sobre si mesmos/as e sobre o mundo. São ditos que nem sempre convergem, mas que, mesmo assim, ocupam os mesmos espaços e constituem os modos de ser dos/as jovens como homens e mulheres. Podemos problematizar aqui a implicação das teorias curriculares na constituição identitária dos/as estudantes, por meio das conexões entre poder e conhecimento, pois o currículo produz conhecimento – e produz não apenas conhecimentos escolares, mas sujeitos, ou seja, nos produz, nos constitui enquanto sujeitos generificados. O currículo não é neutro e tem intencionalidades:

> Uma noção singular de gênero e sexualidade vem sustentando currículos e práticas de nossas escolas. Mesmo que se admita que existem muitas formas de viver os gêneros e a sexualidade, é consenso que a instituição escolar tem obrigação de nortear suas ações por um padrão: haveria apenas um modo adequado, legítimo, normal de masculinidade e de feminilidade e uma única forma sadia e normal de sexualidade, a heterossexualidade; afastar-se desse padrão significa buscar o desvio, sair do centro, tornar-se excêntrico. (LOURO, 2012, p. 45)

Ao sermos educados/as dentro dessa perspectiva, restam duas alternativas: aderir a ela e cumprir o que é esperado de cada um/a ou fazer a resistência a este modelo normatizado de homem e mulher. Os/as jovens da pesquisa reagem sem fazer muita oposição a esse modelo padrão, considerado legítimo e normal. Não há como afirmar se fazem isso de modo consciente, premeditado, mas, possivelmente, entendem que fugir às regras implica assumir-se fora do centro; como diz Louro (2012), implica assumir-se um/a excêntrico/a. Nessa jornada de autorregulação para permanecer no centro, imaginando que isso lhes garantirá acessos melhores e mais qualificados, bem como perspectivas de futuro mais intensas, os/as jovens pesquisados/as parecem artificialmente controlados/as, em uma espécie de "bom-mocismo" que exaspera. Não transam, são heterossexuais, não querem casar cedo, são românticos, querem primeiro se organizar, viajar, curtir a vida e ter filhos só depois de alcançarem essas metas tão difundidas de estabilização profissional e econômica.

> **Pesquisadora:** Quando é que tu imaginas isso acontecendo [sendo pai, tendo família]? O que é que tu te imaginas fazendo antes?
>
> **Dudu:** Ah, [quero ser] o pai que eu não tive, quando eu tiver meu filho, ser o pai que eu não tive.
> [...]
>
> **Pesquisadora:** Quando?
>
> **Dudu:** Ah, mais para frente.
>
> **Pesquisadora:** Quer casar cedo?
>
> **Dudu:** Não, quero curtir bastante e depois pensar nisso.
>
> **Pesquisadora:** Tu tens namorada?
>
> **Dudu:** Não.
>
> **Pesquisadora:** Tu já transaste?
>
> **Dudu:** Não.
>
> ***
>
> **Eduarda:** Ah, eu tenho muito [sonho de casar], é um sonho com o príncipe encantado, sabe? Eu quero ficar com uma pessoa que eu goste, que eu realmente goste e que realmente goste de mim.

Há muitos discursos que se assemelham nas narrativas. Talvez pela questão geográfica apontada anteriormente, talvez pela incorporação de discursos reiterados na mídia, na família, via currículo escolar, esses/as jovens redizem/renovam um discurso idealizado de juventude de classe média que vai estudar (e muito) e fazer faculdade, trabalhar, não sair de casa tão cedo, não ter filhos cedo para não atrapalhar os estudos, inserir-se no mercado de trabalho etc. Mesmo Eduarda que sonha com o príncipe encantado, espera que ele apareça só mais tarde, depois da realização de certos objetivos como estudar e ter uma profissão. Dal'Igna, Meyer e Klein (2016, p. 475) afirmam "[...] que os investimentos que, sob a forma de imperativos de gênero, ocorrem nas instituições educativas em todos os níveis, e também fora delas, podem ser aceitos, recusados e/ou transgredidos pelos sujeitos aos quais se direcionam, na medida em que é na cultura que negociamos os sentidos relacionados ao corpo".

Parece que os/as alunos/as tomaram para si tais investimentos como verdades e entraram no jogo do verdadeiro e do falso, reiterando o discurso cultural/social que está no verdadeiro. As verdades são deste mundo, nós produzimos as verdades (NIETZSCHE, 2007), por isso, os/as jovens não se colocam como problemas para essa escola, pois aceitam esse jogo do verdadeiro e do falso – esse é o jogo, eles/as escolheram a escola porque ela se "encaixava" num ideal de escola. Comumente, os/as jovens rebelam-se contra esse modo de ser "enquadrado" da escola, colocam-se como resistência a esse modelo de escola; mas neste caso, não, justamente porque escolheram (ou foram convencidos/as a escolher) esse modelo: regulado, controlado, disciplinado. Eles e elas estão jogando esse jogo. É um jogo mútuo, que não parece coercitivo, mas conveniente para ambos – os/as jovens e a escola. Assim, fazem a manutenção desse modelo, e não é interessante para esses/as jovens mudar isso.

OS PROJETOS DE VIDA DAS/OS JOVENS E O CURRÍCULO ESCOLAR

Com base em nossas análises, podemos dizer que na escola, um dos espaços mais importantes para contemplar os projetos de vida, é o currículo, ou seja, a seleção de saberes e práticas, que constitui sujeitos no processo de escolarização. E no currículo, pouco cabem a história, a vida e os sonhos dos/as jovens. Na tentativa de perceber como gênero e currículo escolar faziam parte de seus projetos de vida, os/as estudantes foram mobilizados a narrar dois aspectos: a) se percebiam ser mais difícil para as meninas ou para os meninos realizarem seus sonhos ou se é igual para ambos; b) como os conhecimentos aprendidos contribuem para a realização dos seus sonhos.

Em relação ao gênero, primeiro aspecto aqui analisado, segundo os 12 participantes da pesquisa, os sonhos da continuidade dos estudos e de inserção no mercado de trabalho dependem, para a grande maioria, mais do esforço individual do que ser menino ou menina. Possivelmente, por uma questão etária e de experiência de vida, os/as estudantes dificilmente dimensionam que o esforço individual nem sempre é suficiente para resolver as desigualdades promovidas pelas diferenças entre os gêneros, já disseminadas como verdadeiras no senso comum.

> **Pesquisadora:** Mas tu não acha que as mulheres são mais determinadas porque elas precisam disso para conseguir as coisas e para os homens parece que é mais fácil?
>
> **Renata:** Pois é, e também vamos dizer que hoje em dia o mercado de trabalho facilita mais para o homem, tanto é que para os homens, os homens têm um cargo mais privilegiado e as mulheres não.

A maior dificuldade de inserção no mercado de trabalho para as meninas, mencionada na narrativa de Renata, é reafirmada pela pesquisa Retrato das Desigualdades de Gênero e Raça, divulgada pelo Instituto de Pesquisa Econômica Aplicada (Ipea). De acordo com o estudo, "as barreiras para as mulheres entrarem no mercado de trabalho se mostram presentes, apesar dos avanços das décadas passadas", e o número de mulheres no mercado de trabalho não tem aumentado: "entre 1995 e 2015, a taxa de participação feminina pouco oscilou em torno dos 54-55%, não tendo jamais chegado a 60%" (IPEA, 2017, p. 2). Já "o percentual masculino chegou a 85% e vem caindo, tendo alcançado menos de 78% no último ano da série" (IPEA, 2017, p. 2). A estagnação da taxa de participação feminina pode estar atrelada às construções culturais de que a mulher tem probabilidade de afastar-se do trabalho por longo período com a licença-maternidade, o que onera a produtividade das empresas. Então, os empresários seguem preferindo contratar mais homens e menos mulheres. Entretanto, precisamos lembrar que o país vive atualmente um período de crise econômica e política que vem gerando aumento de desemprego, o que pode ser mais uma explicação para os índices aqui apresentados.

A narrativa de Júlia representa um modo de pensar da maior parte dos jovens da pesquisa:

> **Pesquisadora:** Tu acha que é mais difícil para as meninas, para os meninos ou tu acha que é igual para conseguir realizar esses sonhos e fazer essas coisas todas?
>
> **Júlia:** Eu acho que depende da pessoa, se a pessoa for esforçada ela vai conseguir muito mais do que aquela que não é.
>
> **Pesquisadora:** Então não tem nada a ver com ser menino ou ser menina?
>
> **Júlia:** Acho que não.

Podemos entender que a narrativa da jovem pode estar calcada numa suposta igualdade de gênero quando atribui ao esforço individual a concretização dos sonhos ou, ainda, a uma certa naturalização desses lugares de pertença, de modo que não lhe permite perceber que a meritocracia só funciona entre pares, entre sujeitos que se assemelham. O esforço individual pode ser entendido aqui como meritocracia, já que remete à noção de esforço, talento, aptidão, proporcionando a ilusão de justiça social. No entanto, esse modo de pensar pode fortalecer a ideia de esforço individual e agravar as desigualdades em um sistema social e político que privilegia uns em detrimento de outros; que ainda privilegia homens em detrimento de mulheres, visto que vivemos uma ausência de igualdade de oportunidades.

Uma divulgação do Instituto Nacional de Estudos e Pesquisas Educacionais Anísio Teixeira (Inep), denominada Panorama da Educação – Destaques do Education at a Glance 2016, destaca que nos países da Organização para a Cooperação e Desenvolvimento Econômico (OCDE) as mulheres apresentam maior grau de escolaridade, mas, por outro lado, "uma grande diferença de ganhos entre homens e mulheres ainda é vista entre os trabalhadores e trabalhadoras com educação superior" (INEP, 2016, p. 11-12). Caldeira (2018, p. 60), em seu texto presente neste livro, também destaca a inexplicável relação entre grau de escolaridade superior das mulheres e aprofundamento das desigualdades de gênero, concordando que não há uma explicação única para isso, mas "que opera no currículo um raciocínio generificado". O estudo do Inep aponta, ainda, que mulheres recebem salários menores que os homens em todos os níveis de escolarização. Especificamente no que se refere aos trabalhadores e trabalhadoras com educação superior, "Chile e Brasil possuem a maior disparidade de gênero, acima de 35% (ou seja, as mulheres ganham menos de 65% do que ganham os homens)" (INEP, 2016, p. 12).

As mulheres são mais escolarizadas que os homens, mesmo assim elas continuam em desvantagem quando se trata de isonomia salarial entre ambos. Informações como essa evidenciam que, para receber salários iguais aos dos homens, não basta o esforço individual das mulheres. Ser homem ou ser mulher pode definir a concretização de alguns sonhos. Embora o dito "estudar para ser alguém na vida" e a meritocracia sejam amplamente difundidos pela sociedade, ambos parecem se tornar mais verdadeiros para os homens do que para as mulheres.

Por reiterar o enunciado de que o esforço individual é mais importante que o gênero, as narrativas dos/as entrevistados/as parecem reforçar uma idealização dos projetos de futuro. Os/as estudantes que estão nos anos finais do Ensino Fundamental possivelmente sentirão os atravessamentos de gênero, em relação a seus projetos de vida, mais à frente, por exemplo, no momento da busca por emprego e escolha da profissão. Nessa etapa da escolarização, para os/as jovens sujeitos da pesquisa e especificamente para a realização dos seus sonhos narrados, gênero parece não ser um problema e menos ainda para o currículo escolar, uma vez que, como já afirmamos, seus projetos de vida raramente compõem o conjunto de conhecimentos desenvolvidos nas aulas.

Outro aspecto não abordado por eles e elas, talvez por estar distante do seu horizonte atual, são situações de gravidez indesejada, que não são incomuns entre os/as jovens. Nessa situação, boa parte das vezes, os jovens rapazes são desresponsabilizados da gravidez e das suas obrigações. Em nossa cultura, geralmente são as mulheres que se tornam responsáveis pelo cuidado, pela educação dos filhos e pelas questões domésticas, tendo que, em geral, abdicar de certas experiências de vida em prol de outras, ou desde cedo conciliar dupla jornada de tarefas e responsabilidades. Ou seja, a juventude é dependente do gênero e há mais possibilidades de se viver a juventude e realizar os projetos de futuro sendo homem do que sendo mulher. A concretização de certos objetivos de vida se oferece de modos diferentes ao homem e à mulher, pois a cultura é vivida pelas dinâmicas de gênero, bem como de classe, de raça/etnia, entre outras.

No segundo aspecto analisado, referente à contribuição dos conhecimentos aprendidos para a realização dos sonhos, constatamos que aqueles priorizados nos currículos escolares, por vezes, não são os mesmos considerados importantes para os/as jovens. Tal constatação se deu por meio da crítica dos/das estudantes aos conteúdos escolares considerados pouco úteis para a vida e a valorização de uma disciplina secundarizada pelas políticas curriculares atuais.

Sobre a crítica aos conteúdos escolares, Júlia narra:

> **Pesquisadora:** Tu achas que as coisas que aprendeste aqui na escola têm ajudado na tua vida para conseguires realizar os teus sonhos?
>
> **Júlia:** Eu acho que não. Eu acho que a maioria das coisas que eu aprendo aqui é, eu tenho que aprender na escola, mas eu não vou usar isso [...]
>
> **Pesquisadora:** Por que tu não vais usar? [...] Detalha isso.
>
> **Júlia:** Por exemplo, matemática, plano cartesiano, eu não vou usar plano cartesiano na minha vida, ou equação de 2º grau, por exemplo. Eu vou fazer jornalismo, daí, não tem sentido aprender isso se eu não vou usar futuramente.

A jovem expõe a expectativa de continuidade de estudos, entretanto, ela não consegue relacionar como o conhecimento aprendido na escola contribuirá em seus estudos futuros. Reconhecemos nessa narrativa uma ressonância do discurso que circula em significativa parte da sociedade valorizando a aprendizagem dos conhecimentos que têm utilidade imediata e prática, por exemplo: compreender faturas de água e luz, entender orientações de cuidados com a saúde, cálculos para comprar à vista ou a prazo, para desenvolver um pensamento lógico, entre outros. Por mais que sejam importantes, são discursos que priorizam o uso instrumental dos conhecimentos e, na maioria das vezes, desvalorizam aqueles que tratam das preocupações dos/as jovens, tais como: Quais as opções para a continuidade dos estudos? Que relações conseguem encontrar entre o presente que vivem e perspectivas de futuro? Que noções de gênero e família que vivem são legitimadas ou precisam desconstruir? Como percebem sua aceitação nos diferentes grupos de que fazem parte?

Além disso, os discursos atuais na sociedade pouco valorizam os conhecimentos que subsidiam discussões sobre o reconhecimento das diferenças, a construção cultural do gênero, a produção econômica da pobreza e violência, as críticas ao consumo, entre outras questões. O conjunto desses conhecimentos compõe o currículo escolar, um espaço privilegiado de constituição dos sujeitos jovens. Por outro lado, como têm alertado Leão, Dayrell e Reis (2011, p. 1.081), ao realizarmos pesquisa com jovens do Ensino Médio, precisamos considerar "a crítica dos jovens alunos a um currículo distante da sua realidade, pleiteando uma articulação maior entre os conteúdos e sua vida cotidiana". Acreditamos que um trabalho curricular interessado no que pensam os/as jovens ao final do Ensino Fundamental poderia favorecer um Ensino Médio mais focado, mais engajado, mais conectado com os/as jovens deste tempo, diminuindo o descompasso entre a escola e eles/as.

Além disso, os/as estudantes entrevistados narram preocupações com aprendizados cotidianos considerados importantes por eles, tais como: aprender tarefas da vida diária para quando forem morar sozinhos. Também os aflige a mudança de escola onde estudam o Ensino Fundamental para dar continuidade ao Ensino Médio em outra instituição, com a perda de referências: separação dos/as amigos/as, nova localização, organização da escola, relação com professores/as etc. Como a escola atual não tem Ensino Médio, terão que buscar outras instituições. Preocupam-se com o distanciamento dos/as amigos/as e a aceitação dos/as outros/as colegas na futura escola. Esta fala esteve presente em mais de uma narrativa e indica um momento relevante e necessário de adequação e planejamento curricular:

> **Ju:** É, aí, a primeira vez que a minha mãe falou do Santa Inês,[3] das escolas, que eu tinha que trocar, a primeira coisa que eu falei foi "eu estou indo para o Ensino Médio para estudar". Aí eu me imagino lá no recreio com um livro na mão e o fone de ouvido. Sem falar com ninguém. A primeira coisa que me deu medo ao falar do Ensino Médio foi, tá, e o trabalho em grupo? Em dupla? Com quem que eu vou sentar?

Concordamos com a relevância dos conhecimentos escolares a serem aprendidos pelos/as estudantes nos anos finais do Ensino Fundamental, considerando que estão consolidando aprendizagens dessa etapa para seguir o fluxo do processo de escolarização. Entretanto, corremos o risco de comprometer os

[3] O Colégio Santa Inês é um colégio privado, confessional católica, procurada pelos/as jovens entrevistados/as por ser considerada "boa escola" e situar-se perto da escola onde eles cursam o Ensino Fundamental.

aprendizados se excluirmos as preocupações dos/as jovens de nossas aulas e se não compreendermos essas questões como aprendizados que interessam para a vida. Como lidar com o desconhecido, o que esperar na nova escola onde continuarão os estudos etc., são inquietações próprias da conclusão de uma etapa de escolarização. Ingressar no Ensino Médio, ainda mais em outra escola, é um rito de passagem entre tantos outros que os/as jovens experimentam na vida, mas sem uma transição mediada. Assim como os projetos de vida dos/as jovens não têm recebido atenção nos currículos escolares, também as políticas públicas educacionais, os programas governamentais e as pesquisas acadêmicas têm dado pouca atenção aos anos finais do Ensino Fundamental, menos ainda aos interesses da vida juvenil. O Ensino Médio tem se tornado foco, enquanto as etapas dos anos finais do Ensino Fundamental têm sido pouco visibilizadas.

No que tange à valorização de uma disciplina secundarizada pelas políticas curriculares atuais, as narrativas expõem a língua inglesa como importante, mas os alunos estiveram a maior parte do ano sem professor, inclusive no período da pesquisa.[4] A pesquisadora obteve autorização da escola para ficar com os/as estudantes, para realizar suas ações investigativas, também nos dois períodos semanais das aulas de Língua Inglesa, responsabilizando-se por "ocupá-los" naqueles momentos. As aulas eram consideradas importantes pelos/as estudantes, pois os/as colocam diante do seu tempo, antenados, conectados, situados, globalizados. Ju relatou que, além das aulas na escola, fazia inglês em um curso particular, mas teve dificuldades para dar continuidade, culminando com a sua desistência.

> **Ju:** É, daí eu parei de fazer. E aí eu peguei um livro, eu tenho muito livro em casa, as minhas primas, elas já se formaram em inglês e tal, e elas me deram livros delas, e tem coisas que me ajudam até hoje assim. Eu sei bastante coisa de inglês, eu costumo ver filme sem legenda para tentar entender. Tem um seriado que eu vejo que ele dá toda quinta-feira nos EUA mesmo, dá na MTV, é o 88, eu vejo desde a 1ª temporada e está na 5ª temporada, e aí é, é, tem coisas assim, eu não entendo tudo, mas já teve episódios que eu já vi sem a legenda, tipo, "ah, vou ver sem a legenda para ver se eu entendo".

Outro estudante também menciona a falta das aulas de inglês:

> **Pesquisadora:** Ah, deixa eu ver... Tu achas que os conteúdos que tu aprendeste durante todo esse tempo aqui na escola foram importantes e te ajudam na tua vida ou tu achas que não?

---

[4] A ausência do professor de Língua Inglesa durante a maior parte do ano letivo de 2013 foi devido à rede estadual gaúcha ter número insuficiente de professores concursados e temporários para atender a demanda. A falta de professores nas escolas públicas tem sido um problema das escolas brasileiras, como mostrou o estudo de Pinto (2014). Segundo o autor, há menos professores formados do que a demanda, em especial para os componentes curriculares da educação básica de Física, Ciência e Língua Inglesa.

> **ShapeDoor:** Não, são sim. Todos são. Até tem gente que fala que o inglês não é importante, mas o inglês é importante sim, tu vais fazer um curso, tu vais trabalhar, tu tens que saber falar inglês para falar com os estrangeiros.

Uma das hipóteses que levantamos como justificativa para o grupo pesquisado valorizar a disciplina de Língua Inglesa é a localização geográfica da escola, considerada uma escola que tem "bom ensino", conforme já mencionado. Ou seja, os/as jovens da pesquisa têm a sensação de pertencer ao *status* de classe média, em que dominar uma língua estrangeira é relevante e necessário para a realização de um "bom" projeto de futuro. Em nossa perspectiva de análise, dominar uma língua estrangeira está situado no discurso do verdadeiro. Não são raros os comerciais de televisão de cursos de inglês que enunciam a importância do idioma para o futuro dos/as jovens, como se fosse um conhecimento imprescindível. Pucci (2017), em estudo realizado sobre professores/as de inglês que atuam na escola pública, destaca que, se, por um lado, há discursos de desprestígio sobre o trabalho do/a professor/a de inglês, por outro, há valorização da aprendizagem do inglês na contemporaneidade, pois é a "língua das oportunidades no mercado de trabalho, a língua da globalização, o conhecimento que agrega *status* e poder" (PUCCI, 2017, p. 46), como corroboram as narrativas dos/as jovens.

Os/as estudantes enunciam, em função de um recorrente discurso midiático de classe média, a importância da língua inglesa, mas, a um só tempo, reconhecem a centralidade da matemática e do português como conhecimentos que importam mais do que outros. Uma das alunas destaca que deseja fazer o Ensino Médio concorrendo a uma bolsa de estudos em uma escola particular e, para isso, precisará fazer provas para a seleção. Quando perguntada sobre o conteúdo das provas, responde: "vai cair Português, Matemática, e eu acho que só". Essas duas disciplinas também figuram nos veículos de comunicação, em documentos oficiais e em falas de especialistas como as mais necessárias para o mundo "adulto". As narrativas mostram que os/as jovens já têm internalizada a compreensão, nesse jogo do verdadeiro, de que Português e Matemática são as disciplinas indispensáveis para garantir o acesso a uma bolsa de estudos em processos seletivos e ao vestibular. Ou seja, como projeto de vida, mesmo que reconheçam a importância de dominar a Língua Inglesa, essas disciplinas escolares ainda são insubstituíveis:

> **Dudu:** [...] quando é adolescente, a gente pensa que Português e Matemática não vão fazer falta, mas tu vais fazer uma prova e praticamente... A gente precisa do estudo para tudo. Que nem a prova do Tiradentes,[5] são 20 perguntas de Matemática e parece que 30 de Português.

---

[5] O Centro de Ensino Médio Tiradentes é uma escola situada em Porto Alegre, RS, "mantida pela Secretaria de Segurança Pública. Sua administração é exercida por oficiais superiores, auxiliados por um efetivo policial militar, especialmente designados pelo Comando da Brigada Militar". Já a "Coordenação Pedagógica e Pro-

> **ShapeDoor:** Ah, a Matemática, sim, porque, para o cara administrar, ele tem que saber lidar com números e tudo mais. Português também, para aprender a falar e coisa. Esses dois são praticamente a base para poder ser alguém.

As disciplinas de Matemática e Português são as citadas com maior intensidade nas narrativas, pois a importância de aprendê-las está naturalizada na sociedade. Naturalização cada dia mais fortalecida, como nos mostra suas cargas horárias na grade curricular das escolas, seu predomínio em provas de ingresso ou nivelamento em algumas escolas privadas e públicas para o Ensino Médio, em avaliações em larga escala e vestibulares. Tal priorização em detrimento de outras disciplinas fortalece "a concepção da escola como instituição voltada ao ensino de conteúdos básicos necessários à vida social: ler, escrever e contar" (KLEIN; ARANTES, 2016, p. 151); esses conteúdos seriam, ainda, "úteis" para as práticas institucionalizadas, que valorizam o desempenho escolar. Aquele "ser alguém" explicitado na fala de ShapeDoor indica o quanto os saberes sobre essas duas disciplinas são naturalizados no contexto escolar como algo necessário, um imperativo, no campo do verdadeiro, para a constituição de uma pessoa bem-sucedida.

ALGUMAS CONSIDERAÇÕES

Os/as jovens, em suas narrativas, demonstram que vivenciam experiências específicas e traçam seus projetos de vida num contexto urbano de classe média porto-alegrense. Não se pode falar que há ali a vida comum da juventude, e, sim, um dos modos de viver o que são *as juventudes*. Há uma opção pela escola que "parece particular", um certo estar que marca um desejo, num jogo de verdade que, além disso, vende o privado como melhor que o público. Mesmo assim, com diferenças marcantes, percebe-se que a busca pelos sonhos são atravessadas por diferenças de gênero, em que ser homem ou ser mulher ainda delimita, de forma desigual, as possibilidades no futuro, e isso emerge da própria fala dos/as jovens; mas também há aqueles que acreditam que o esforço individual pode superar as desigualdades de gênero tão internalizadas em nossa cultura. Talvez essa crença contribua para o rompimento de algumas dessas diferenças, mas entendemos que ainda exigirão mais insistência delas do que deles para galgar os mesmos lugares e acessos.

---

fessores pertencem aos quadros da Brigada Militar e da Secretaria de Educação". Por ser considerada uma "boa escola" nas avaliações em larga escala e pela comunidade gaúcha, há muitos candidatos que disputam o ingresso para cursar Ensino Médio.

Por outro lado, as narrativas aqui trazidas suscitaram questões como: Então, podemos pensar que o que é importante para o/a estudante (aulas de inglês) não é o mesmo que importa para a escola (matemática e português)? Haveria um descompasso entre o que os/as alunos/as consideram como relevante e o que a escola determina como relevante? Talvez possamos pensar que as narrativas dos/as jovens estudantes dos anos finais do Ensino Fundamental que não percebem/significam a escola como um lugar para pensar o seu projeto de vida não são de hoje, têm história. A escola não parece ser o lugar em que o/a aluno/a vive o presente; o/a estudante é sempre "jogado/a" para o futuro. No fundo, vive-se muito mais em função desse projetar-se além do que se vive.

Aprende-se para ser alguém na vida e não para viver as múltiplas formas de ser e estar hoje, imbricadas com uma racionalidade histórica atual que precisa ser enfrentada e à qual, ao mesmo tempo, se deve resistir. Nessa racionalidade constituída historicamente, produzem-se os currículos das escolas. Se assim é, que currículo a escola propõe para os projetos de vida dos/as jovens na contemporaneidade? De que forma a escola vem investindo nas desigualdades de gênero para auxiliar eles e elas a conquistarem seus espaços? Como vem educando na busca da equidade, por uma sociedade mais inclusiva em termos de gênero?

Em nosso entender, podemos pensar em currículos de saberes e conhecimentos que incluam aqueles acumulados pela humanidade que sejam base para novas descobertas (curas de doenças, modos de diminuir a pobreza, as violências...), aqueles para manter a memória e não repetir barbáries (ditaduras, holocaustos...), aqueles não previstos pela escola, mas que se fazem urgentes devido às necessidades do presente, por exemplo, os projetos de vida dos/as jovens e a igualdade entre os gêneros. Estes últimos, também precisam ser compreendidos como conhecimento que importa ser ensinado.

Como mostramos em Traversini (2012), precisamos lidar com as transformações da sociedade presentes na escola, desconstruindo a noção de que diferentes formas de ser sujeito, conhecimentos e saberes estão desencaixados, não pertencem ao que conhecemos como escola, desde a modernidade. Nos tempos contemporâneos, eivados de diferenças de gênero, raça/etnia e classe social que adentram nas escolas, talvez os currículos possam ser tensionados a assumir o desencaixe, a legitimar o viver a experiência de ser jovem e construir os projetos de vida como um dos problemas que lhes dizem respeito.

Referências

ANDRADE, Sandra dos Santos. A entrevista narrativa ressignificada nas pesquisas educacionais pós-estruturalistas. In: MEYER, Dagmar E.; PARAÍSO, Marlucy Alves (Org.). *Metodologias de pesquisas pós-críticas em educação*. Belo Horizonte: Mazza, 2012. p. 173-94.

ANDRADE, Sandra dos Santos. *Juventudes e processos de escolarização*: uma abordagem cultural. 2008. 258 f. Tese (Doutorado em Educação) – Programa de Pós-Graduação em Educação, Faculdade de Educação, Universidade Federal do Rio Grande do Sul, Porto Alegre: 2008.

ANDRADE, Sandra dos Santos. O que fazer no ano que vem? Articulações entre juventude, tempo e escola. *Educ. rev.*, Belo Horizonte, v. 33, 2017. Disponível em <http://www.scielo.br/scielo.php?script=sci_arttext&pid=S0102-46982017000100119&lng=pt&nrm=iso>. Acesso em: 22 ago. 2017.

CALDEIRA. Maria Carolina da Silva. Relações de gênero no currículo da formação de professoras para a alfabetização: uma análise do Pacto Nacional pela Alfabetização na Idade Certa (PNAIC). In: PARAÍSO, Marlucy Alves; CALDEIRA, Maria Carolina da Silva (Org.). *Pesquisas sobre currículos, gêneros e sexualidades*. Belo Horizonte: Mazza, 2018, p. 53-71.

CARDOSO, Lívia de Rezende. Relações de Gênero nos Materiais Curriculares de Ciências: o Programa Nacional de Livro Didático de Ciências em questão. In: PARAÍSO, Marlucy Alves; CALDEIRA, Maria Carolina da Silva (Org.). *Pesquisas sobre currículos, gêneros e sexualidades*. Belo Horizonte: Mazza, 2018, p. 93-113.

CORAZZA, Sandra; TADEU, Tomaz. *Composições*. Belo Horizonte: Autêntica, 2003.

DAL'IGNA, Maria Cláudia; KLEIN, Carin; MEYER, Dagmar E. Generificação das práticas curriculares: uma abordagem feminista pós-estruturalista. *Currículo sem Fronteiras*, Pelotas, v. 16, n. 3, p. 468-487, set.-dez. 2016.

DAYRELL, Juarez. O jovem como sujeito social. *Revista Brasileira de Educação*, Campinas, n. 24, set.-out.-nov.-dez. 2003. p. 40-52. Disponível em: <http://www.scielo.br/pdf/rbedu/n24/n24a04>. Acesso em: 15 maio 2017.

DAYRELL, Juarez. Por uma pedagogia da juventude. *Revista Onda Jovem*, n. 1, ano 1, p. 34-37, mar.-jun. 2005. Disponível em: <http://www.ondajovem.com.br/acervo/1>. Acesso em: 15 maio 2017.

DELEUZE, Gilles. *Foucault*. São Paulo: Brasiliense, 2005.

FERREIRA, Mauricio dos Santos; TRAVERSINI, Clarice Salete. A análise foucaultiana do discurso como ferramenta metodológica de pesquisa. *Educação & Realidade*, Porto Alegre, v. 38, n. 1, p. 207-226, mar. 2013. Disponível em: <http://www.scielo.br/readcube/epdf.php?doi=10.1590/S2175-62362013000100012&pid=S2175-623620130001000>. Acesso em: 3 jul. 2017.

FISCHER, Rosa. Foucault e a análise do discurso em educação. *Cadernos de Pesquisa*, n. 114, p. 197-223, nov. 2001. Disponível em: <www.scielo.br/pdf/cp/n114/a09n114.pdf>. Acesso em: 22 ago. 2015.

FOUCAULT, Michel. *A arqueologia do saber*. Rio de Janeiro: Forense Universitária, 2007.

FOUCAULT, Michel. *A ordem do discurso*. São Paulo: Loyola, 1999.

FOUCAULT, Michel. *História da sexualidade II*: o uso dos prazeres. Rio de Janeiro: Edições Graal, 1984.

FOUCAULT, Michel. O cuidado com a verdade. In: FOUCAULT, Michel. *Ética, Sexualidade, Política*. Rio de Janeiro: Forense Universitária, 2006. p. 240-251.

FUNDAÇÃO LEMANN. *Projeto de Vida* - Apresentação, 2015. Disponível em: <http://www.fundacaolemann.org.br/wp-content/uploads/2015/06/pesquisa_projeto_de_vida_apresentacao.pdf>. Acesso em: 28 abr. 2017.

GOULART, Marcos Vinicius; SANTOS, Nair Iracema dos. Protagonismo juvenil e capital humano: uma análise da participação política da juventude no Brasil. *Ciências Sociais Unisinos*, [s.l.], v. 50, n. 2, p. 127-136, 24 set. 2014.

INEP. Instituto Nacional de Estudos e Pesquisas Educacionais Anísio Teixeira. *Panorama da Educação - Destaques do Education at a Glance 2016*. Brasília: INEP, 2016. Disponível em: <http://portal.inep.gov.br/informacao-da-publicacao/-/asset_publisher/6JYIsGMAMkW1/document/id/562710>. Acesso em: 6 out. 2017.

IPEA. Instituto de Pesquisa Econômica Aplicada. *Retrato das Desigualdades de Gênero e Raça*: 1995 a 2015. Brasília, mar. 2017. Disponível em: <http://www.ipea.gov.br/portal/images/stories/PDFs/170306_retrato_das_desigualdades_de_genero_raca.pdf>. Acesso em: 6 out. 2017.

KLEIN, Ana Maria; ARANTES, Valeria Amorim. Projetos de vida de jovens estudantes do Ensino Médio e a escola. *Educação & Realidade*, Porto Alegre, v. 41, n. 1, jan.-mar. 2016. Disponível em: <http://dx.doi.org/10.1590/2175-623656117>. Acesso em: 10 de ago. 2017.

LEÃO, Geraldo; DAYRELL, Juarez Tarcísio; REIS, Juliana Batista dos. *Juventude, projetos de vida e ensino médio. Educ. Soc.*, v. 32, n. 17, p. 1067-1084, dez. 2011.

LOURO, Guacira Lopes. Currículo, gênero e sexualidade: o "normal", o "diferente" e o "excêntrico". In: LOURO, Guacira Lopes; FELIPE, Jane; GOELLNER, Silvana Vilodre (Org.). *Corpo, gênero e sexualidade*. 8. ed. Petrópolis: Vozes, 2012. p. 41-52.

LOURO, Guacira Lopes. *Gênero, sexualidade e educação*: uma perspectiva pós-estruturalista. Petrópolis: Vozes, 1997.

LOURO, Guacira Lopes. Pedagogias da sexualidade. In: LOURO, Guacira Lopes (Org.). *O corpo educado*: pedagogias da sexualidade. Belo Horizonte: Autêntica, 1999. p. 7-34.

MEIRELES, Gabriela Silveira. *Tecnologia da formação docente no currículo dos blogs sobre alfabetização criados por professoras-alfabetizadoras*: saberes divulgados, relações de poder acionadas e sujeitos demandados. 2017. Tese (Doutorado em Educação) – Programa de Pós-Graduação em Educação, Universidade Federal de Minas Gerais, Belo Horizonte, 2017.

MEYER, Dagmar E. Gênero e educação: teoria e política. In: LOURO, Guacira Lopes; NECKEL, Jane Felipe; GOELLNER, Silvana Vilodre (Org.). *Corpo gênero e sexualidade*: um debate contemporâneo na educação. Petrópolis: Vozes, 2003. p. 9-27.

MEYER, Dagmar E. *Identidades traduzidas*: cultura e docência teuto-brasileiro-evangélico no Rio Grande do Sul. Santa Cruz do Sul; São Leopoldo: EDUNISC; Editora Sinodal, 2000.

MEYER, Dagmar E. Teorias e políticas de gênero: fragmentos históricos e desafios atuais. *Revista Brasileira de Enfermagem*, v. 57, n. 1, p. 13-18, jan.-fev. 2004.

MOTTA, Darci Aparecida Dias; FAVACHO, André Márcio Picanço. Do silêncio ao desconforto: a prática de educadoras da Educação Infantil diante da sexualidade das crianças. In: PARAÍSO, Marlucy Alves; CALDEIRA, Maria Carolina da Silva (Org.). *Pesquisas sobre currículos, gêneros e sexualidades*. Belo Horizonte: Mazza, 2018, p. 241-259.

NICHOLSON, Linda. Interpretando o gênero. *Revista Estudos Feministas*, Florianópolis, v. 8, n. 2, p. 9-41, 2000.

NIETZSCHE, Friedrich. *Sobre verdade e mentira no sentido extra-moral*. São Paulo: Hedra, 2007. 96 p.

PARAÍSO, Marlucy Alves. *Pesquisas sobre currículos e culturas*: temas, embates, problemas e possibilidades. Curitiba: CRV, 2010.

PINTO, José Marcelino de Rezende Pinto. O que explica a falta de professores nas escolas brasileiras? *Jornal de Políticas Educacionais*, n. 15, p. 3-12, jan.-jun. 2014. Disponível em: <http://www.jpe.ufpr.br/n15_1.pdf> Acesso: 6 out. 2017.

PUCCI, Renata Helena. *O ensino da língua inglesa na escola pública*: um olhar para os sentidos construídos por seus professores acerca de onde, para quem, porque e como ensinam. 2017. Tese (Doutorado em Educação) – Programa de Pós-Graduação em Educação, Universidade Metodista de Piracicaba, Piracicaba, 2017.

SCOTT, Joan W. Gênero uma categoria útil de análise histórica. *Educação & Realidade*, Porto Alegre, v. 20, n. 2, p. 71-99, jul.-dez. 1995.

TRAVERSINI, Clarice Salete. O desencaixe como forma de existência da escola contemporânea. In: SARAIVA, Karla; MARCELLO, Fabiana de Amorim (Org.). *Estudos Culturais e Educação*: desafios atuais. 1. ed. Canoas: Editora da Ulbra, 2012, v. 1, p. 173-186.

UNISINOS - Universidade do Vale do Rio dos Sinos. Disponível em: <http://www.redalyc.org/pdf/938/93832099004.pdf>. Acesso em: 1 set. 2017.

VEIGA-NETO, Alfredo. Cultura e currículo. *Contrapontos*, Itajaí, ano 2, n. 4, jan.-abr. 2002, Disponível em: <http://www6.univali.br/seer/index.php/rc/article/view/133>. Acesso em: 28 maio 2017.

VILLAS, Sara; NONATO, Symaira. *Juventude e projetos de futuro*. Belo Horizonte: Editora UFMG, 2014.

XAVIER, Maria Luisa. *Os incluídos na escola*: o disciplinamento nos processos emancipatórios. 2003, 269 f. Tese (Doutorado em Educação) – Programa de Pós-Graduação em Educação, Faculdade de Educação, Universidade Federal do Rio Grande do Sul, Porto Alegre, 2003.

ZERO HORA. Desconexão entre escola e realidade. *Jornal Zero Hora*, Porto Alegre, ano 52, n. 18180, p. 7-8, jul. 2015.

9

Manifesto Beyoncé no currículo: a força da música e o brilho erótico do corpo que dança[1]

Thiago Ranniery

> Este texto foi escrito ao som de Beyoncé. Ouvidas na sequência sugerida nas notas de rodapé, as músicas formam uma playlist que sintetiza meus argumentos. Pode deixar tocá-las enquanto lê ou dança, tanto faz.

Manifesto. Como uma declaração formal que transmite intenções e ideias políticas, conhecemos, e em especial na educação, um tanto deles. Não foi, de todo, sem razão que tive dúvida em começar com o uso desse termo. Tentava me desvencilhar de uma leitura excessivamente cânone que esperava que o conteúdo deste capítulo girasse em torno de alguma proposição política. Entretanto, quanto mais avançava na escrita, mais me assegurava que era de manifesto que se tratava. Manifesto aparecia menos como um gênero político-literário anunciativo de alguma proposição política e mais "no sentido de algo palpável, evidente, flagrante, inegável [que] não pode mais se esconder nem ficar apenas latente" (AZEVEDO, 2016 p. 46). Quando recorro à composição *Manifesto Beyoncé*, aludo ao sentido duplo de manifesto para o qual aponta Azevedo (2012, p. 48), de que "passa a significar não somente o

[1] Este é texto é um desdobramento da minha tese de doutorado desenvolvida no Programa de Pós-Graduação em Educação da Universidade do Estado do Rio de Janeiro (RANNIERY, 2016), que contou com bolsa do CNPq (2013-2014) e bolsa de Doutorado Nota 10 da Faperj (2015). Suas formulações foram ainda produzidas dentro do âmbito do projeto de pesquisa *Currículo, ontologia e formas de vida: o vírus como figura de poder*, que conta com financiamento da FAPERJ e bolsa de Pós-Doutorado Júnior do CNPq.

que pode se tornar 'visível' pela tradução em palavras, mas também o que serve para carregar os sentimentos, ideias, impulsos [...], aquilo que não pode mais permanecer oculto e dissimulado em sua natureza". Não se trata exatamente de um chamado à luta, mas de explicitação, de aparecimento, de emergência à luz.

É interessante que as performances,[2] das quais me sirvo neste artigo, ocorram em plena luz do dia. À época do desfile oficial de Sete de Setembro, organizado pela Secretaria de Estado da Educação de Sergipe, dezenas de meninos "gays" surgem fervorosamente dançantes, nas corporações musicais de suas escolas. Desde março, meses antes de enfrentarem a Avenida Barão de Maruim, umas das principais da cidade de Aracaju, palco do desfile, envolvem-se em ensaios regulares nas quadras escolares. É difícil descrever a impressão que me causou aqueles meninos arremessando barras e escalando sobre asfalto enquanto o locutor anunciava para o palanque das autoridades locais que o que se dançava ali era a "mais autêntica cultura sergipana" preservada pelas escolas. Tudo ao som de *Crazy in love* de Beyoncé.[3] Durante o ano, organizados em grupos de danças, alçavam o centro de eventos escolares, como olimpíadas, feiras culturais e festas para datas comemorativas, ao apresentarem versões das contagiantes coreografias da cantora. Marcelo e seus amigos, por exemplo, compunham um grupo reconhecido pelas performances, ansiosamente aguardadas e disputadas entre professores nos trabalhos escolares que pediam paródias.

Rebolados, quebradas de quadris, desafios da gravidade, piruetas, passos rápidos e sensuais da dança de rua, cruzadas de perna como no *jazz* e o jogo de barras como na *pole dance* são incrivelmente justapostos ao som da banda marcial, com seus trompetes, surdos e bumbos. Esses são alguns dos movimentos para chegar chamando atenção por onde se passa, porque são diamantes perfeitos, na convocação do refrão de *Flawless* – música de Beyoncé considerada uma espécie de hino feminista contemporâneo.[4] *Não dá para confiar em que não sabe dançar né, Thiago?* – disparou Silas quando confessei minha inabilidade com os quadris, como que deixando revelar que a dança pode ser um remédio para o tédio, algo próximo ao que Campos (2018) mostra sobre a música e a festa como disparadores do movimento, no Capítulo 10 deste livro. Aqui, os problemas enfrentados por parte do pensamento curricular, no acirrado clima político em torno de gênero e sexualidade, aparecem logo em suas primeiras premissas. O que se pensava ser a sua própria tarefa, aquela de, ao operar com sexualidade e gênero como categorias analíticas,

---

[2] Uso o termo performance, inspirado em Bell (2007), para cobrir as coreografias, danças e apresentações realizadas em eventos escolares, me referindo ao aparato de encenação das experiências espetaculares que ocorrem nesses eventos, apontando para interface entre política e estética e com um nível de diferença do conceito de performatividade que recobre as condições de possibilidade para a emergência da performance.

[3] Conferir o clipe em: <https://www.youtube.com/watch?v=ViwtNLUqkMY>. Acesso em: jun. 2017.

[4] Conferir em: <https://www.youtube.com/watch?v=IyuUWOnS9BY>. Acesso em: jun. 2017.

apontar para a estreiteza normativa dos currículos, terminou, como argumentei em outro lugar (RANNIERY, 2017a), por se apegar a formulações que nos lançam aos tempos da estabilidade normativa e do apagamento da agência, cristalizando relações de poder e dependendo de uma mudança política mistificadora.

Essa atividade de reduzir qualquer manifestação a um megasistema conceitual – chamado, quase sempre, de "heteronormatividade" – pode ser creditada ao que Latour (2002) nomeou de criacionismo do pobre. Seu alicerce, entre "os dois polos da pobre existência e da pobre representação" (LATOUR, 2002, p. 81), se tornou, por vezes, a tarefa de configurar a pobreza do mundo dos currículos. Não tenho a intenção de ressuscitar a literatura da pesquisa em currículo ou as críticas que posso dirigir à apropriação de gênero e sexualidade no campo curricular – algo que já realizei em outro momento (RANNIERY, 2017a). A consequência inquietante, da qual quero partir, é como gênero e sexualidade têm qualificado "histórias humanistas da modernidade/globalização" (CHAKRABARTY, 2009, p. 207), de modo que se toma a vida de tanta gente como apenas um pequeno momento na límpida e objetiva normatividade; aquele momento subversivo que nada mais é do que um simples borrão. Movimento-me, neste texto, perguntando-me como o pensamento curricular pode explorar gênero e sexualidade no atual clima político que enfrentamos, sem, entretanto, cairmos na paranoia.

Se gênero e sexualidade são categorias ético-políticas, o uso que faço delas, não é tanto em busca de uma analítica cultural de como funcionam nos currículos. A utilização que faço de ambos é como um operador de perspectivas, categorias equívocas, na sugestão de Costa (2014), para "a partir de traduções politicamente motivadas e infiéis[,] pode[r]mos interconectar a pluralidade de mundos sem torná-los comensuráveis" (COSTA, 2014, p. 271). Gênero e sexualidade não são, nesse sentido, caminhos diretos para indicar para modos de existência "diferentes" ou "normais" em um currículo. Podem ser uma espécie de enxerto para colocar a diferença como um deslocamento constitutivo do currículo e suspender sua descrição como uma paisagem chapada; ou ainda sinalizarem para as diferentes perspectivas que nos atravessam, de modo que um currículo nunca é nem pode ser uma coisa em si mesmo. Minha escora é uma síntese oferecida por Haraway (2004) de que é "precisamente da 'alteridade' e da 'diferença' de que 'gênero' trata 'gramaticalmente', um fato que constitui o feminismo como uma política definida por seus campos de contestação e repetidas recusas das teorias dominadoras" (HARAWAY, 2004, p. 245). Parece-me cada vez mais necessário articular gênero e sexualidade menos como "coisa" a ser investigada e mais como perspectiva a ser desdobrada, a fim de recusar as teorias da estagnação normativa e realizar uma aposta na indeterminação radical.

A preocupação do pensamento curricular não necessita, assim, girar em torno de normas e sua eventual ruptura; muito menos se ater a formulações universalizantes de "homens" e "mulheres", "heterossexuais" e "homossexuais" que os currículos constituiriam. Embora faço eco ao que Silva (2018), em seu Capítulo 12 neste livro, chama de *modos de vida transviados*, defendo que é preciso mobilizar um léxico teórico mais sensível ao lugar do currículo na topologia da reinvenção tecnológica para explorar as "formulações emergentes da política de gênero" (HALBERSTAM, 2013, p. 7) a partir do "conjunto de novas relações entre cultura, visibilidade, valor comercial e queeridade" (HALBERSTAM, 2013, p. 6). Essas formulações se dão no quadro instável de paisagens globais, para escrever com Appadurai (2001), em que importa menos para onde se vai e mais os encontros inesperados que acontecem. Sugiro que enfrentamos no campo curricular uma tarefa conceitual inquietante à medida que, ainda que constituída nessa arena iridescente, as invocações sobre a autenticidade da diferença persistem como espectro da política. Meu ponto de partida é, a essa altura, simples: não me parece que o triunfo da normatividade seja o fim e o começo da história de um currículo ou a única história que se desenrola nele, muito menos que tais modos de vida possam ser capturados por noções opositoras ou combativas às normas de gênero, tais como resistência ou subversão.

Reúno, antes, elementos, um tanto intuitivos e tateantes, que mostram o currículo como campo aberto à experimentação ao transmutar a precariedade induzida a tantos modos de existência. Estou usando o vocabulário de Latour (2013) para sinalizar que modo de existência é um modo de transformação e produção da vida a partir da inscrição da alteridade constitutiva do mundo, ao lhe conferir uma capacidade de subsistência (e não de substância). Se não tenho dúvidas que a saída da estagnação passe pela alteridade, tenho todas as ressalvas de que passe pela constituição do outro como estando inteiramente do lado de fora dos currículos. Minha aproximação a esses meninos não é, desse modo, por meio do "corpo estranho", como o foi, certa vez, para Louro (2004), mas defendo que no marco de todo dia subjaz o traço de uma potência desconhecida. Escrevo, pois, sobre uma potência que recoloca a diferença como constitutiva da vida do currículo que, escorrendo em sua heteronímia, torna o currículo um "espaço de ficções móveis efervescentes" (MANALANSAN IV, 2005, p. 157). Mobilizo as performances *bafônicas* diante do perigo de enfrentar o currículo como um objeto pasteurizado, de lhe suprimir essa efervescência, que é, antes de tudo, sobre a produção de singularidade. Exploro, portanto, exercícios de modulação corporal maquinados entre mídia e tecnologia a fim de abordar como a ambivalência da diferença colonial nas paisagens globalizadas não conduz modos de existência a um lugar político previamente determinado – seja ele qual for –, mas, sim, abre o currículo a outras possibilidades mais excitantes.

Insisto na diferença colonial por recolocar as forças geopolíticas, não como plano estático sobre o qual o currículo funciona, mas, antes, como a produção da diferença "redefine-se nas formas globais de colonialismo, isto é, [na] rearticulação da colonialidade do poder e do novo colonialismo global" (MIGNOLO, 2005, p. 46). Essa investida dupla me permite situar a produção coreográfica para eventos escolares dentro daquilo que Povinelli (2006) denomina "modelo mais robusto de sexualidade", para examinar as relações distributivas entre vida e morte, prazer e desejo, economia e política. Por meio de quais formas esses enlaces de poder, currículo e cultura operam como produtores de inteligibilidade para a vida e, ainda sim, conservam ou dependem de imaginários coloniais de gênero e sexualidade? Essa pergunta funciona como uma espécie de guia para sinalizar as consequências políticas, também ambivalentes, que fazem do currículo uma maquinaria de produção da sobrevivência e uma rede para experimentação da existência. Todavia, em vez de respondê-la objetivamente, meu propósito é mais modesto. Contento-me em situar currículos nas conexões entre gênero, sexualidade e geopolítica da comunicação na esperança de prover "uma compreensão mais nuançada do trânsito e da viagem dos sistemas de concorrentes de desejo no quadro transnacional" (GOPINATH, 1998, p. 116). Recorro, pois, à diferença colonial não para traçar um mapa da dominação, mas para apontar a irredutível incomensurabilidade entre a percepção do tempo e do espaço. Quero, com esse movimento, indicar que a composição do currículo está sob contestação, apontando para o que a própria Povinelli (2001) chama de mundos sociais radicais, tornados, por vezes, pouco possíveis pelas convenções institucionalizadas do pensamento curricular sobre sexualidade e gênero.

FOI BAFO, BICHA!: O ESPETÁCULO COMO PLATAFORMA CORPORAL DE VIVIBILIDADE

Não estamos sozinhos em casa, atravessando encruzilhadas, ouçam a música, aqui, no meu coração – é difícil imaginar que esse pedido de *Listen* se trate apenas de um atavismo meloso da música *pop*[5] de Beyoncé.[6] E, se pode parecer sem propósito um pedido para ouvir as músicas, ao estilo do que Goldman (2003) conta, é porque julgo inevitável levantar questão similar à colocada pelo autor: se somos

[5] Qualquer definição sobre música pop é um desafio. Qualquer pretensão de defini-la se dá a partir de contingências. Shuker (1999, p. 7) coloca que "música *pop* é uma mistura de tradições, estilos e influências musicais", salientando que é um produto econômico que abrange muitos gêneros e estilos, o que torna difícil prover uma definição exata. Assumo, com base na sugestão de Barbero (1997), que gêneros musicais não são abordáveis em termos de definições definitivas, mas pela construção pragmática do seu reconhecimento em comunidades culturais.

[6] Conferir o clipe em: <https://www.youtube.com/watch?v=6MFjSOwIkH4>. Acesso em: jun. 2017.

capazes de levar a sério o que meninos "gays" estão fazendo não apenas sobre a "política de identidade", ou mesmo "gênero e sexualidade", mas também sobre currículo, certamente é mais fácil ouvi-los no que tem a dizer sobre "ser" e "tornar-se gay", do que sobre qualquer coisa que se chame de currículo. Entretanto, se esses modos de existência têm algo distintivo a oferecer, não pode ser inteiramente subsumido à crítica da naturalização ou do essencialismo de gênero de sexualidade que recobre parte significativa das análises em currículo. *Bicha, foi bafo* é, por sua vez, uma expressão usada para dimensionar o impacto das performances, seguidas de gritos públicos de *arrasou, viado*. É como se comportassem um corpo que se transforma em força ao afetar os outros.

O termo, que pode significar "problema, confusão, conflito, tumulto" (REIDEL, 2014, p. 85), aponta para algo além de embates diretos, quando "fazer bafo é mostrar que estão vivas" (REIDEL, 2014, p. 85). Com efeito, "dentro das economias transnacionais do desejo e consumo" (OCHOA, 2014, p. 239), a circulação global das músicas modula as vidas de meninos "gays" e formula performances para atenderem a densidade e a textura dos mundos sociais realizados pela sonoridade. Esse terreno configura-se em uma plataforma corporal na qual visibilidade e vivibilidade se imbricam e a distinção entre elas se enfraquece. Em outras palavras, a visibilidade não é sobre o romance bem-aventurado da dissidência. Em vez disso, visibilidade é sobre sobrevivência. É uma plataforma que diz sobre "como as pessoas imaginam possibilidades para a sua sobrevivência, particularmente quando estão em posições marginalizadas" (OCHOA, 2014, p. 239) e como, por sua vez, a sobrevivência depende de formas de mobilidade imaginária. A composição dessa vivibilidade é uma mistura de música e de dança para transmutar a exposição a vulnerabilidades engendradas por forças econômicas, geopolítica, culturais aos quais estão sujeitados em "oportunidades para projeções imaginárias que ultrapassam as condições materiais em que nos encontramos" (OCHOA, 2014, p. 211), cuja matéria tem uma dimensão fantástica.

O ar fabuloso é mesmo tecido segundo categorias de imensa popularidade no imaginário do *pop*: a sensualidade, a beleza, o deboche, com os quais os modos de existência migraram para viver não mais com a imagem, mas na imagem (BRASIL, 2010) – uma imagem feita de sexo, desejo e muito rebolado. Em contraste, muitos desses meninos residem em bairros pauperizados da cidade, oriundos de famílias que vivem sob a insegurança financeira ou em condições de pobreza. A força da música está em demandar um trabalho corporal de demonstrar a vitalidade, chamando a atenção para essa ambígua situação ontológica. Essa força instaura a sujeição diante da incerteza brutal de viver; uma sujeição, entretanto, que "consiste precisamente nessa dependência fundamental diante de um discurso que não temos escolhido, [e que] paradoxalmente, inicia e sustenta nossa potência" (BUTLER, 1997a, p. 12). *Dar o bafo* é uma espécie de configurador para habitar a vida, em que fazer-se vivo depende de "normas que determinariam quem é e quem não é humano [e que] nos chegam sob uma forma visual" (BUTLER, 2015a, p. 118). A indistinção entre visibilidade e vivibilidade emerge, em especial, de um enquadramento curricular produtor do "corpo gay" por meio de "uma forma exemplar de espetáculo" (OCHOA, 2014, p. 239) que "condiciona não apenas as relações entre participantes [e] plateias [...] mas também tem implicações para formações subjetivas" (OCHOA, 2014, p. 121).

É como espetáculo dançante do "corpo gay" que currículos produzem os elementos necessários para sobrevivência. Aliás, a possibilidade de elaborar performances permite que o currículo funcione como um lócus para a produção de uma "autoridade extralocal para conjurar um espaço contingente de ser e pertencer" (OCHOA, 2014, p. 239). Essas práticas conformam conexões experimentais da escola com as ruas ao fazerem dela esse espaço contingente e saírem, em termos imaginativos, das condições de sufocamento às quais estão expostos. Por enquadramento curricular, aponto para essa imantação do currículo na inscrição de um modo de existência através de uma imagética corporificada. De tal maneira, as performances não são uma simples apresentação nos eventos escolares, "mas se relaciona[m] com modos de vida" em que "estilo de vida e política estão imbricados" (ECHAVARREN, 1998, p. 10); constituem modos de viver, pois trata-se "de uma operação de poder não representável [...], cujo objetivo é delimitar o âmbito da própria representabilidade" (BUTLER, 2015a, p. 113). Se há um mecanismo de poder nessa incitação ao movimento que constitui a representação do "corpo gay", no qual "os meios de coerção tornam claramente visíveis aqueles sobre quem se aplicam" (FOUCAULT, 1997, p. 153), à medida que "esta delimitação faz parte de uma operação de poder que não aparece como uma figura de opressão" (BUTLER, 2015a, 113), a vida passa a depender das formas musicais e coreográficas postas em circulação.

Na sociedade da espetacularização de si, na qual "o espetáculo é o capital em tal grau de acumulação que se torna imagem" (DEBORD, 1997, p. 25), a imagem dançante do "corpo gay" se institui na vida menos como forma de mercadoria e mais "como gesto e pose, corpo e roupa" (LOPES, 2016, p. 16). Se essa modulação corporal, de poses e gestos coreografados para *dar close e arrasar na avenida*, retorna ao que parece óbvio – a beleza, a sensualidade –, regressa a partir de "um estilo secundário que mimetiza e satiriza" (ECHAVARREN, 1998, p. 85). Nessa repetição, que nunca é repetição do mesmo, o "corpo gay" torna-se "performativo, porque não é simplesmente um ser, mas um fazer" (MUÑOZ, 2011, p. 101); é um modo de fazer a inteligibilidade da vida por meio da estilização da carne, de "repetição estilizada de atos" (BUTLER, 2003, p. 200), ao se tornar um holograma para captação e inscrição ordinária dos fluxos globais midiáticos. "Gay" torna-se um corpo espetacular para se imaginar como circulando nas paisagens globalizadas, quando é subsumido pelas forças geopolíticas a um *lugar fora da rota*, na expressão Tsing (1993). As performances fornecem a visão de que viver é estar em um palco cujo repertório serve para contrastar como o quão medíocre suas vidas podem ser. Como Shohat e Stam (1994, p. 42) argumentaram, esses "sujeitos diaspóricos híbridos são confrontados com o desafio 'teatral' de se mover, por assim dizer, entre diversos modos performativos de forte contraste e mundos ideológicos", demonstrando o potencial ambivalente dessas paisagens.

Muito embora essa composição funcione como um sujeito-espécie do tipo que Foucault (2010) apontou, é como se "gay" tivesse pouca relação com fantasmas torturantes do armário e da correlata economia do desejo que aciona[7] – essa forma-fantasia colonial difundida a partir de *Stonewall*, como descreveu Bachetta (2002). "Gay" torna-se a agregação de práticas espetaculares generificadas que materializam um performativo corporal de inteligibilidade para a abertura imaginativa de possibilidades de vida na diferença colonial.

No *fim do mundo*, em "Buracaju", como descrevem a cidade que habitam, não necessariamente o *gesto gay* descrito por Motta e Favacho (2018), no Capítulo 11 deste livro, implica incômodo, desconforto, perturbação ou estranhamento, mas incorpora uma possibilidade que se projeta como parte do mundo ou ainda que faz do mundo outro. Como que correndo por fora, colocam em suspenso um sedutor modo de produção do conhecimento que não consegue analisar as condições de emergência de seus contextos sem os estabelecer como uma história universalizável. Em lugar, portanto, de ceder à tentação moral para julgar se a escola é transgressora ou moralista, crítica ou conservadora, a experiência da escolarização de meninos gays é recolocada menos como identidade a ser reconhecida e mais como um modo de existência, encarnado na dança e nas músicas, em suas conexões imanentes com um campo de dispositivos tecnológicos-comunicacionais e imagético-musicais circulantes nos currículos.

Nesse terreno irregular, currículos não podem escapar das criações e das fissuras. Em virtude desses modos de existência emergirem "situado[s] no coração de formas de consumo do capitalismo" (HALBERSTAM, 2013, p. 7), dessas vidas serem produzidas em meio a um conjunto de combinações nas quais não há um centro único irradiador, esses rearranjos insurgem a partir de um embaralhamento das fronteiras entre sexualidade, geopolítica e economia.

[7] Ainda que seja preciso registrar que as experimentações de desejo sequer haviam começado ou a manutenção de vínculos eróticos não era o centro de suas vidas, essa não é uma afirmação de que a interação erótica não é importante, mas um apontamento sobre como práticas sexuais não têm fundamento transcendental nem explicativo. Conforme explorei em outro momento (RANNIERY, 2017b), a política de reconhecimento engendrada pelos currículos para trajetórias escolares de meninos gays tem envolvido um deslocamento do desejo e da sexualidade para uma atualização de normas de gênero.

DANCE COMO SE FIZÉSSEMOS AMOR: O DELICADO TRABALHO DE SENTIR-SE VIVO

Sincronia, velocidade e agilidade compõem o jeito debochado, erótico e sensual, a versão feminina do malandro, como define a letra de *Diva*.[8] A emergência da figura da *diva* é um desses aparecimentos situado no enquadramento mais amplo do *sttileto*[9] corporal de meninos gays e o interesse com que assimilam a música e a dança ao corpo. A *diva* emerge como uma composição frenética e explosiva de dança, música e tecnologia. Garbin (1999, p. 1) chamou de "trilha sonora da vida cotidiana" essa sensação de que "hoje em dia raros são os ambientes nos quais não se ouça música de qualquer estilo, ou como pano de fundo, ou protagonizando algum evento". Essa trilha sonora não é apenas ornamental; também se enreda nos meandros dos currículos, de modo que, talvez, seja interessante escutá-la. Seus usos dão a ver mediadores tecnológicos, como o YouTube e o *site* letras do UOL,[10] por meio dos quais conforma-se o aparato de encenação corporal dessas vidas. Parafraseando Butler (2002), as músicas habitam corpos; os corpos carregam músicas – em seu agenciamento de letras, som, tecnologia, imagem e dança – como parte de seu sangue.

Dar o sangue é mesmo concebido como uma efetuação de *brilho* e *sensualidade*; os dispositivos por meio dos quais esses meninos se transformam em "disponíveis, desejáveis e perigosas" (OCHOA, 2014, p. 152). *Você brilhou! Foi top! Perfeito* – enunciações constantemente postadas em comentários nas redes sociais. O *brilho* ganha uma transmutação no uso do *glitter* nas roupas ou jogado na pele, mas não se esgota nesse exercício. *Brilho é uma coisa da alma* – explicou Marcelo. *Ah, meu amor, não adianta você se emperequetar toda de glitter, se você não tem talento. É seu coração que brilha no palco!* – continua ele. O *brilho* e a *sensualidade* são tão "partes" de si quanto qualquer outra coisa que se porte; compõem um modo de viver. A tarefa da *coreografia* é, por sua vez, permitir a emergência desse *brilho da alma. Mas como ninguém vê alma, neh? Ninguém vê dentro de você, então a gente tem que brilhar no palco mesmo!* – insiste Marcelo.

As quadras e os pátios oferecem-se como um palco para que as *divas* mostrem talentos coreográficos em um estilizado modo de dança com o qual demonstram personalidade, atitude e, por vezes, apelo erótico. Dançar configura "um tipo

[8] Conferir o clipe em: <https://www.youtube.com/watch?v=rNM5HW13_O8>. Acesso em: jun. 2017.

[9] Nome dado à dança construída a partir das músicas pop. Criado pela bailarina Dana Foglia, professora na Broadway Dance Center, esse estilo mescla hip hop, dança de rua, jazz e música pop, e se propagou ao unir a dança urbana ao salto alto, que já era utilizado em aulas de Jazz, além de deliberadamente inspirado nas cantoras como Beyoncé e Madonna.

[10] O site <www.letras.mus.br>, além de integrado ao YouTube, permite que o usuário tenha acesso às traduções das letras das músicas e assista aos vídeos legendados.

de atitude, afeto ou performance" (OCHOA, 2014, p. 222), envolvendo um denso *trabalho* de modulação do corpo. Um *trabalho* que redireciona a preocupação em torno da orquestração normativa dos currículos para aquilo que Veena Das (2007, p. 78) chamou de "delicado *trabalho* de criação do sujeito" – algo que, inspirado em Butler (2004a), pode-se chamar de delicado trabalho de tornar a vida vivível.

Meu destaque à palavra *trabalho* é proposital, pois as performances realizam como sexualidade e gênero são "necessário[s] para a reprodução da pessoa [...], necessário[s] para produzir as condições materiais da existência e da subsistência" (BUTLER; ATHANASIOU, 2013, p. 4). Um trabalho tênue e delicado de criação da existência que não é uma sonhadora transgressão contra a economia política da sexualidade; é a imantação da música em uma onda vitalista na qual a exposição do drama da sobrevivência, notou Povinelli (2011), integra práticas de prazer e diversão funcionando para criar laços sociais que não são inteiramente contidos. Posicionando-se dentro do domínio da relação entre globalização e diferença colonial, essa imantação não está simplesmente soterrada; realiza, pois, uma expansão da esfera desse delicado trabalho para incluir "a reprodução social de pessoas" (BUTLER, 2016, p. 240). A aparente "presunção da autonomia da esfera econômica, bem como sua primazia na determinação da realidade social e política" (BUTLER; ATHANASIOU, 2013) cede, aqui, lugar "à complexidade da economia global atual [e como] tem a ver com certas disjunturas fundamentais entre economia, cultura e política" (APPADURAI, 2001, p. 50). Nessas fissuras, as performances revelam "o problema da escala no contexto de conectividade e circulação que colocam as condições e comunicações globais" (BHABHA, 2013, p. 40), dando a ver "uma liminaridade interna contenciosa" (BHABHA, 2006, p. 122) dos enquadramentos curriculares para tecerem a imagem estilizada do "corpo gay".

Na proporção que a diferença colonial não pode se separar de sua localização, certo imaginário sobre as distopias do capital pode desprezar o que as *divas* estão realizando. Para Manalasan IV (1997), na maioria das vezes essas vidas são encurraladas em narrativas desenvolvimentistas sobre a assunção da globalização como libertadora da sexualidade. Tais cálculos se inspiram na separação entre local e global, convencidos da razão hierárquica do último sobre o primeiro. O uso das músicas nas performances, no entanto, realiza "ideias e práticas, corporificadas e localizadas, que denunciam e fustigam [...] divisões geopolíticas" (PEREIRA, 2015, p. 415), de modo que conformam "eventos implosivos que reduzem as pressões globais a diminutas arenas globalizadas, produzindo localidade, segundo novas formas globalizadas" (APPADURAI, 2001, p. 21). Essas inserções são, pois, tanto globalizadas quanto localizadas e "não nos leva[m] a passar do global para o local nem vice e versa[,] ocupa[m] o espaço ausente e ambivalente da conexão global" (BHABHA, 2013, p. 41). Se as performances "se projetam sobre representações ícones reconhecíveis" (BHABHA, 2013, p. 40), esses corpos "sambam", às vezes literalmente, sobre essa divisão, ao mesmo tempo que são constituídos por meio dela em diferentes escalas de tempo e espaço.

Trata-se de uma política de agenciamento da possibilidade de viver que passa da sobrevivência ao prazer e à experimentação da existência. A música de Beyoncé, as capas esvoaçantes de TNT compradas em armarinhos, as roupas de *lycra* coladas ao corpo customizadas com as próprias mãos, as coreografias ensaiadas diariamente em lugares improvisados das quadras ou salas escolares – essa instituição, por vezes, lançada para fora desses quadros contemporâneos de reinvenção da vida – também "perturba[m] [...] a distinção entre o sujeito sensível e objeto inanimado [...], coloca[m] a questão da morte [e] obriga[m] a interrogar-se sobre a vida, a verdade e a subjetividade" (PRECIADO, 2014, p. 87). Estabelecer conexões entre capitalismo, globalização, tecnologia e geopolítica é, desse modo, menos sobre o controle globalizante da vida, posto que é incompleto, se não imperfeito. É sobre, pois, as condições de viver exposto à morte social ou física para quem o futuro não é uma certeza, pois sabem bem o impacto que formas ignóbeis de obliteração da subsistência têm sobre suas vidas. Essa inscrição temporal dos modos de existência ocorre quando "as imagens do meio de comunicação entram rapidamente para os repertórios locais de ironia, ira, humor e resistência" (APPADURAI, 2001, p. 19). Currículos ligam gênero, sexualidade, fantasia, mídia, tecnologia e corpo; ligações nas quais a dança funciona como condição de existir nas fraturas das conexões globais. Ou, para torcer ligeiramente a sugestão de Filho e Maknamara (2018) no último capítulo deste livro, de que há uma falha em tudo, caso se deseje sentir possibilidades de viver em um currículo, talvez, viver não passe ou mesmo dependa de falhas, de torções e deslocamentos "que não são excessivamente otimistas, mas nem estão atolados nas críticas niilistas" (HALBERSTAM, 2011, p. 24).

Máquina de sensações é um termo usado por Rai (2009) que não só contrasta com a conhecida "máquina de ensinar" invocado por Giroux (2008), como também permite descrever as conexões em jogo na composição desse arquivo iridescente que o currículo assume. O termo é utilizado pelo autor para descrever o campo multidimensional de agenciamentos corporais midiáticos, salientando a circulação contagiosa de fluxos e efeitos não calculáveis, nunca atualizados totalmente e potencialmente ressonantes. Quero, com a expressão, sugerir que currículos podem funcionar como máquinas de produzir sensações de estar vivo, na proporção que "obsessivamente sampleiam a sexualidade e misturam irregularmente política de gênero em suas paisagens sonoras informatizadas" (LOZA, 2001, p. 351). Os efeitos são, sem dúvida, paradoxais. Como Loza (2001) reconhece, *o loop diva* é composto por fusões entre tecnologia, som e dança, que fundem homem e máquina. *Loop diva* é uma técnica, descreve a autora, na qual a voz "feminina" é eletronicamente erotizada e/ou o pico de um grito orgástico é exagerado e ambos são sonoramente emendados e reproduzidos até que ultrapassem as fronteiras de credibilidade em um clímax banhado pelo prazer.

Em resumo, o corpo da *diva* seria "uma máquina feminizada que rearticula e encapsula o pior dos estereótipos sexuais. Seus atributos anatomicamente exagerados tranquilizam o sujeito humanista liberal que não precisa ceder em todas as dualidades" (LOZA, 2001, p. 142). Um desses pares é aquele que "permite que homens heterossexuais gerenciem contemporaneamente as ameaças representadas pela tecnologia galopante e a sexualidade feminina desenfreada" (LOZA, 2001, p. 142). Estariam essas figuras emergentes dessas paisagens longe da subjetividade perturbadora, tematizada por Haraway (1991), e aliviando ansiedades por meio da regeneração das fronteiras de gênero? Há uma monolítica sensibilidade geopolítica nesse argumento, encurtando a largueza do horizonte sonoro ao realizar uma leitura que não abdica de pretensões universalizantes. Não somente, sugere Gopinath (2005, p. 12), a "heterossexualidade" é presumida como a única de nota sexual a tocar na partitura musical globalizada, há certo fracasso em reconhecê-la como estruturante de "como o capitalismo global impacta diferentemente *sites* locais [...] articulando formas de subjetividade, afeto, parentesco e comunidade que podem não ser visíveis ou audíveis dentro dos mapeamentos padronizados de globalização". Currículos compõem possibilidades de existência através dessas conexões, de modo que não é um quadro chapado que as precederia ou uma superfície sobre a qual essas forças simplesmente atuariam; é a própria rede de entrelaçamentos materializante desses corpos, que mistura o global, o histórico e o situado, reorganizando como podemos entender esses termos.

O corpo não é, pois, uma unidade delimitada e delimitável em termos de gênero e de sexualidade. Através de imagens, sons e músicas, dessa "sensação que estão a arrumar as vidas, a fabricar seus próprios personagens usando os materiais cinematográficos e sociais que dispõem" (APPADURAI, 2001, p 82), "corpos gays" estão longe de serem entidades estáveis e monolíticas. As músicas *pop* de Beyoncé formam aparatos de produção corporal, nódulos material-semióticos, para continuar a escrever com Haraway (1991), que constituem a vida e sua ação possíveis. O currículo emerge, por efeito, como uma tapeçaria ramificada para esses corpos virem à existência "dentro de uma materialidade semiótica compartilhada [...] em relacionamentos instrumentais ontologicamente múltiplos e desiguais" (HARAWAY, 2011, p. 46). As músicas, celulares, *sites* de compartilhamento de vídeos e de tradução de letras e redes sociais não se configuram em uma extensão que permitiria escapar para existir em outro lugar. Esses aparatos dobraram-se no e através do corpo como se múltiplos corpos coexistissem, de modo que esses corpos "gays" não são revelados ou silenciados, não são efeitos de um sistema fechado de poder, nem uma matéria passiva. "Corpos gays" – quaisquer corpos – são um conjunto heterogêneo, "um sistema técnico/vivo" (PRECIADO,

2013, p. 41) de uma rede cambiável e justaposta de relações que os currículos materializam constantemente.

O corpo deixa de ser aquilo em nome do qual se dá a luta. Não é o ponto de partida que os currículos deveriam liberar, mas o campo de trabalho sobre a existência. Não se trata de ter direito sobre o corpo, porque este sequer existe como uma instância a ser possuída, mas emerge como efeito enovelado de operações de linguagem e de sucessões de imagens que compõem um currículo. O aparato musical e tecnológico, a voz que canta, a imagem que aciona, o ritmo que faz dançar, "não 'descobre'[m] o corpo, antes o constitui fundamentalmente" (BUTLER, 1997b, p. 12). Em curso, a tessitura desses corpos aparece sob o nome daquilo que Mol (2002) descreveu *como* multiplicidade ontológica, que é da ordem do entrelaçamento de práticas que sugerem "que a ontologia não é dada na ordem das coisas, mas [...] em vez disso, as ontologias são trazidas a existência, sustentadas ou deixadas para desaparecer" (MOL, 2002, p. 6). Quando o corpo é tomado através desses múltiplos processos de enredamento, as questões mudam para como as pessoas mantêm a força de existir?, como "têm a ver com valorizar versões contrastantes da realidade"? (MOL, 2002, p. 3); com recolocar perguntas como: "Quais versões podem ser melhores para viver? [...] Como e para quem?" (MOL, 2002, p. 3). Essas perguntas podem lançar certa perspectiva de currículo, mediante a qual passa a se construir em termos de uma rede de sensações de estar vivo.

BRILHE COMO UM DIAMANTE: COMPONDO REDES DE SUPORTE

Compor uma *vida vivível* através do corpo erótico que dança é uma questão de vida e de morte para quem vive atolado não apenas no "fim no mundo", mas diante da iminência do próprio fim. Tornar-se espetacular é transmutar a urgência de estar vivo em um mundo concebido para que não se possa melhorar a vida e apenas oferecer aquilo que Berlant (2011, p. 96) caracterizou como morte lenta, "o desgaste físico de uma população de tal forma que aponta para sua deterioração como condinção definidora de sua experiência e existência história". As performances emergem desse desejo de permanecer à tona na vida de todos os dias. Diante delas, currículos são deslocados de categorias fundacionais abstratas, como a história, o conhecimento ou o sujeito e mesmo reconhecimento da identidade, para categorias mais palpáveis, como a vida e a morte não só de tanta gente no mundo, mas, sobretudo, do mundo de tanta gente.

Na performance da *Queen Bey*, no Dia da Consciência Negra, Ricardo apresentou com seu grupo de amigas a coreografia *Formation*,[11] com direito a capas, ventiladores e chuva papel picado. *Aprendi a ser gay dançando na escola e ouvindo Beyoncé! [...] Oh, viado, acho que eu não tinha nada para esconder! Tinha para aprender mesmo, sabe? [...] Aprender a ser viado para ser alguém com consciência nesse mundo. É por isso que eu escolhi Beyoncé para dia de hoje na escola. [...] As bichas vão dominar o mundo por demanda popular!* – disparou ele. Com o que Silas, completa, sem pestanejar, *Beyoncé foi minha melhor professora!*

Durante os meses que acompanhei os ensaios, na sala de uma casa com os móveis afastados ou em quadras escolares, a experiência de imantação da música é uma experiência de subjetivação, de coletividade e de conectividade. Henriques (2003) chamou de dominância sonora essa maneira pela qual a música toma uma forma visual e cria uma comunidade baseada no som. Essa criação é sobre como as relações de afeto, de materiais e de sentidos mobilizados pela música e pela dança dão forma à vida. Minha referência, aqui, são os ensaios realizados à noite nos ginásios após o horário escolar, pois permitem que se encontrem e formem grupos com vínculos duradouros de amizade com os intensos conflitos que a convivência acarreta. Alguns desses meninos têm trânsito aberto pelas dependências escolares, com Marcelo chegando a ficar com as chaves do portão, para quando precisasse ensaiar aos finais de semana e não havia responsável que pudesse abrir a escola. Estou pensando ainda nos grupos de WhatsApp, nos quais cobram dedicação, fofocam, trocam vídeos, fotos e sugestões de passos coreográficos e figurinos. Lembro os finais de semana costurando as roupas na casa de Silas, enquanto conferia se não faltavam nada com Eduardo, o professor de Educação Física da escola. Relembro das idas com a professora de Ciências, Viviane, aos armarinhos do centro da cidade para comprar material e das rifas organizadas na escola para que os grupos pudessem ter dinheiro para providenciar o material para as apresentações. Lembro-me da diretora Kátia separar tintas, glitter e cartolinas para *o grupo dos meninos*.

A preparação para os eventos escolares cria laços, realiza possibilidades de viverem juntos. A partilha de uma sensibilidade sonora, baseada na dança frenética, de movimentos rápidos, nas contorções de quadris e pernas, e nos ensaios, produz vínculos que atravessam a escola e a emaranham na vida. Há uma produtividade da música *pop* em constituir "uma comunidade sentimental transnacional" (QUIROGA, 2000, p. 151) diante das investidas que tentam subsumir suas vidas. Não estou me referindo apenas ao tipo de efeito de aqui e agora que as performances criam, mas ao conjunto de relações que as tornam possíveis, questionando o sentido de que instituições como a escola não forneceriam apoio necessário para sua realização. Modos de existência exigem o que Jackson (2014) chama de redes de suporte, emergindo de mundos sociais mais amplos, atualizando um conjunto duradouro de relações sociais, práticas de comunidade, trabalho e instituições, que

[11] Conferir o clipe em: <https://www.youtube.com/watch?v=WDZJPJV__bQ>. Acesso em: jun. 2017.

acabam por fazer parte da própria performance que realizam. Essa rede de suporte tecida através do currículo está incorporada, como que criptografada, nas performances, de tal modo que é parte dos enquadramentos curriculares que produzem as vidas de tantos meninos gays. As músicas constituem o suporte para os corpos habitarem o mundo quando são partilhadas nessa preparação cotidiana das performances para eventos escolares, reconfigurando currículos como uma rede de suporte para se moverem pelos brutais desinvestimentos sobre a vida.

Deslocar currículo para essa rede de suporte evita a poderosa fantasia colonial de que tudo não passaria de uma forma de dominância globalizada através da indução de formas de liberdade narcisista. Essa figura excepcional, crucial para as conformações de poder, é, na síntese de Gilroy (1997, p. 98-99), uma "articulação alternativa de liberdade que associa agência autônoma com desejo sexual [e] promove o exercício simbólico do poder no domínio especial que a sexualidade proporciona". Talvez, essa seja uma das problemáticas mais difíceis de enfrentar: como esses modos de existência se situam diante da demanda cantada em *Run the world* sobre quem manda neste mundo?[12] De minha parte, aponto que estão dilacerados em um terreno múltiplo de socialidade e complexas camadas de discursos, imagens e materiais, que os precedem e os excedem, emergem e estão inseridos nas rotinas, hábitos, experiências e solidariedades da vida ordinária. Esses modos de vida "não funda[m] a si mesmo[s], ou seja, [suas] condições de surgimento jamais poderão ser totalmente explicadas" (BUTLER, 2015b, p. 31). Nenhuma das performances existe fora de uma rede de relações que as expropriam de pertencerem ao domínio da autonomia individual. Subsumi-los a uma forma heroica para criticá-los analiticamente pressupõe que há uma "capacidade de representar e regular a ambivalência como algo fatidicamente objetivo" (BHABHA, 2013, p. 37). Essa pressuposição apaga o que as performances "acaba[m] por produzir, em seus interstícios, uma agência de reafirmação [...] e transformação" (BHABHA, 2013, p. 37), que não se traduz em uma posição individualizada de inconformidade ao que quer que seja.

O povo só olha o glamour, sabe? O dia, a fechação, mas eu sempre agradeço a todo mundo, aos bailarinos, aos professores, a diretora porque eles são muito importantes para isso existir. Eu chego a emocionar pela importância deles na minha vida! – soltou-me, certa vez, Ricardo. Dificilmente, Marcelo, Silas e Ricardo permitem subestimar os efeitos de uma agência que não está no caráter extraordinário ou combativo – nem professores, nem gestores escolares sentiam que algo de subversivo estava em curso –, mas na escuta das músicas, na costura das roupas, nos ensaios diários. Ao prepararem o terreno da sua condição de existente, esses modos de existência transformam o trabalho político em algo distinto do que se espera.

[12] Disponível em: <https://www.youtube.com/watch?v=VBmMU_iwe6U>. Acesso em: jun. 2017.

> É o seguinte, mona, você e eu resolvemos ir estudar, mas muitas de nós, resolveu só ser viado na vida. [...] No palco, é como se a gente se sentisse vivo, como se a gente fosse alguém no mundo! [...] E assim, se não fosse minha escola abrir essa oportunidade para a gente brilhar, mostrar nossos talentos, a gente não seria ninguém na vida. [...] Me apresentar todo ano no desfile da escola é isso para mim. Eu nem me imagino deixando a escola, sabe? Então, eu venho todo ano ensaiar o grupo, porque temos um nome, né? (Silas).

A declaração de Silas, que mesmo após a conclusão do Ensino Médio ainda compunha o grupo que se apresentava no desfile de Sete de Setembro, é indicativa de que suas vidas não se tornam possíveis apenas por sórdidos interesses das normas postas em funcionamento pelos currículos. Essas vidas são tecidas em uma série de arranjos sobre como podem imaginar sua situação de vivibilidade através da escola. Trata-se de uma tessitura que, longe de revelar o funcionamento dos mecanismos normativos, aponta o que acontece ao currículo quando é habitado por um desejo de viver, o que acontece à ideia de currículo quando corpos dançam na escola. Viver através das performances apresentadas em eventos escolares é um trabalho delicado, posto que experimental de "imaginar a nós mesmos e outros de outra forma; [de] estabelecer o possível em excesso do real" (BUTLER, 2004b, p. 29), recolocando o currículo como um "modo de possibilidade" que "não é um fim, mas uma abertura" (MUÑOZ, 2011, p. 49) ao demonstrá-lo como uma rede de suporte por estar enredado em histórias pessoais e deslocamentos cotidianos.

O CURRÍCULO ENTRE A REDE DE SOBREVIVÊNCIA E A EXPERIMENTAÇÃO DA EXISTÊNCIA

Na proporção que a axiomática global destrói vidas, a força da música e o brilho erótico do corpo que dança permitem reconhecer as economias da diferença colonial sem subsumir os espaços de desejo e trabalho corporal da *vida vivível* a uma sensação de inelutabilidade. Esse cenário tão instável quanto iridescente da sexualidade e do gênero nas paisagens globais nos desloca da necessidade de uma política curricular capaz de nos salvar das pressões contemporâneas e devolve uma perspectiva de currículo como uma trama, um emaranhado de laços, no qual as vidas se constituem por compartilharem experiências de deslocamento, antes que de unidade, de representação ou articulação. O que surge nessa paisagem são corpos, comunidades e práticas que desnaturalizam a universalização da identidade "gay" e sua escolarização fantasiada dentro de um imaginário sexual colonial.

As manifestações de Beyoncé no currículo suspendem, por efeito, determinados clichês do pensamento curricular, pois, simultaneamente, convertem currículos em estratégias de sobrevivência e experimentações de existência. Podem ser a realização de outro espaço e tempo curricular, como, por exemplo, nos eventos escolares que tomam a rua; de outra relação interpessoal, como ocorre durante os ensaios e com a participação de professores na preparação das performances; ou simplesmente outro regime de habitar a escola em nosso tempo presente. De qualquer modo, tumultuam as nossas categorias ao abrir o currículo através de uma agência liminar imanente a suas linhas de produção.

Como forma de sobrevivência, as performances fazem do currículo um campo de segurança para quem a experiência de viver em laços sociais precarizados é, geralmente, insegura e hostil. Como experimento de existência, fraturam certa ideia de currículo ao eleger a música *pop* e a dança – e não o conhecimento a ser ensinado e (às vezes) aprendido ou a identidade a ser reconhecida, por exemplo –, como elementos por meio dos quais currículos suportam a vida. Meu temor, hoje, é que a história desses modos de existência seja varrida do pensamento curricular pelo tipo de suspensão que coloca.

O salto criativo que nos oferecem não se esgota em demonstrar como normas conformam um campo estreito para vida – o que pode, por vezes, ser outro modo de ontologizar a sujeição e de lhes roubar a carteira política. Oferecem a possibilidade de recolocar o currículo diante da expansiva paisagem do trabalho da *vida vivível* e, assim, estranhar nosso pensamento ao criar uma oportunidade para uma percepção ligeiramente diferente dos problemas e situações que nos mobilizam. Mesmo diante de restrições, é potente dispor da nossa perspicácia intelectual em torno de como os currículos carregam consigo um arquivo composto de transformações improváveis das condições de estar vivo.

Manifestar Beyoncé é, portanto, sobre essa trama, chamada currículo, que "jamais aquieta o murmúrio de multiplicidade não teológica e não hierárquica que é o mundo" (HARAWAY, 2011, p. 38). É uma aposta na emergência da vida, em trazê-la à tona para não sucumbir, como quem diz: sim, nós estamos vivos!

Referências

APPADURAI, Arjun. *La modernidad desbordada* Buenos Aires: FCE, 2001.

AZEVEDO, Beatriz. *Antropofogia – Palimpsesto selvagem*. São Paulo: Cosac & Naify, 2016.

BACHETTA, Paola. Rescalling Transtional "Queerdom": Lesbian and "Lesbian" Identitary-positionalites in Delhi in the 1980s. *Antipode*, v. 34, n. 5, p. 947-73, 2002.

BARBERO, Jesus Martin. *Dos meios às mediações*. Rio de Janeiro: Editora UFRJ, 1997.

BELL, Vikki. *Culture and performance*. Nova York: Berg, 2007.

BERLANT, Lauren. *Cruel Optimism*. Durham: Duke University Press, 2011.

BHABHA, Homi. *Nuevas Minorías, nuevos derechos*. Madrid: Século XXI, 2013.

BHABHA, Homi. *O local da cultura*. Belo Horizonte: Editora da UFMG, 2006.

BRASIL André. Formas de vida na imagem: da indeterminação à inconstância. *Revista FAMECOS*, Porto Alegre, v. 17, p. 190-198, 2010.

BUTLER, Judith. Como os corpos se tornam matéria. *Revista Estudos Feministas*, Florianópolis, v. 10, n. 1, p. 155-167, 2002.

BUTLER, Judith. Meramente cultural. *Idéias*, Campinas, v. 7, n. 2, p. 227-248, jul.-dez. 2016.

BUTLER, Judith. *Precarious Life*. Nova York: Verso, 2004a.

BUTLER, Judith. *Undoing Gender*. Nova York: Routledge: 2004b.

BUTLER, Judith. *Problemas de gênero*. Rio de Janeiro: Nova Fronteira, 2003.

BUTLER, Judith. *Quadros de guerra*. Rio de Janeiro: Civilização Brasileira, 2015a.

BUTLER, Judith. *Relatar a si mesmo*. Belo Horizonte: Autêntica, 2015b.

BUTLER, Judith. *The Physic Life of Power*. Stanford: Stanford University Press, 1997a.

BUTLER, Judith. *Excitable Speech*. Nova York: Routledge, 1997b.

BUTLER, Judith; ATHANASIOU, Athena. *Dispossession*. Cambridge: Polity Press, 2013.

CAMPOS, Camila Amorim. Currículo com música e festa: encontrando saídas às normas que generificam e impedem de dançar no embalo das sensações do corpo. In: PARAÍSO, Marlucy; CALDEIRA, Maria Carolina da Silva (Org.). *Pesquisas sobre currículos, gêneros e sexualidades*. Belo Horizonte: Mazza, 2018, p. 219-239.

CHAKRABARTY, Dipesh. The Climate of History: Four Theses. *Critical Inquiry*, Chicago, n. 35, p. 197-222, 2009.

COSTA, Claudia. Equivocação, tradução e interseccionalidade performativa: observações sobre ética e prática feministas descoloniais. In: BIDASECA, Karina *et al.* (Org.). *Legados, genealogías y memorias poscoloniales en América Latina*. Buenos Aires: Ediciones Godot, 2014. p. 275-307.

DAS, Veena. *Life and Words*. Berkeley: University of California Press, 2007.

DEBORD, Guy. *A sociedade do espetáculo*. Rio de Janeiro: Contraponto, 1997.

ECHAVARREN, Roberto. *Arte Androgino*. Buenos Aires: Colihue, 1998.

FILHO, Evanilson Gurgel de Carvalho; MAKNAMARA, Marlécio. Falhas e rupturas de gênero e de sexualidade nos currículos: por onde passa a luz? In: PARAÍSO, Marlucy;

CALDEIRA, Maria Carolina da Silva (Org.). *Pesquisas sobre currículos, gêneros e sexualidades*. Belo Horizonte: Mazza, 2018, p. 345-363.
FOUCAULT, Michel. *História da sexualidade I*: a vontade de saber. Rio de Janeiro: Graal, 2010.
FOUCAULT, Michel. *Vigiar e punir*. Petrópolis: Vozes, 1997.
GARBIN, Elisabete. Na trilha sonora da vida. *Jornal NH*, Novo Hamburgo, RS, v. 11, p. 1, 11 set. 1999. Disponível em: <http://www.ufrgs.br/neccso>. Acesso em: abr. 2013.
GILROY, Paul. After the Love has Gone: Biopolitics and Ethnopoetics in the Black Public Sphere. McROBBIE, Angela (Ed.). *Back to Reality?*: Social Experience and Cultural Studies. Manchester: Manchester University Press, 1997. p. 83-115.
GIROUX, Henry. Praticando estudos culturais nas faculdades de educação. In: SILVA, Tomaz Tadeu (Org.). *Alienígenas na sala de aula*. Petrópolis: Vozes, 2008. p. 85-103.
GOLDMAN, Marcio. Os tambores dos mortos e os tambores dos vivos: etnografia, antropologia e política em Ilhéus, Bahia. *Revista de Antropologia*, v. 46, n. 2, p. 445-476, 2003.
GOPINATH, Gayatri. Homo Economics: Queer Sexualities in a Transnational Frame. In: GEORGE, Rosemary (Ed.). *Burning Down the House*. Boulder: Westview Press, 1998.
GOPINATH, Gayatri. *Impossible Desires*. Durham: Duke University Press, 2005.
HALBERSTAM, Jack. *Gaga Feminism*. Boston: Bacon Press, 2013.
HALBERSTAM, Jack. *The Queer Art of Failure*. Durham: Duke University Press, 2011.
HARAWAY, Donna. A partilha do sofrimento: relações instrumentais entre animais de laboratório e sua gente. *Horizontes Antropológicos*, Porto Alegre, v. 17, n. 35, p. 27-64, jan.-jun. 2011.
HARAWAY, Donna J. Gênero para um dicionário marxista: a política sexual de uma palavra. *Cadernos Pagu*, Campinas, n. 22, p. 201-246, jan.-jul. 2004.
HARAWAY, Donna J. *Simians, CybOrg and Women*: the Reinvention of Nature. Nova York: Routledge, 1991.
HENRIQUES, Julian. Sonic Dominance and the Reggae Sound System Session. BULL, Michael; BACK, Les (Ed.). *The Auditory Culture Reader*. Oxford: Berg, 2003. p. 451-479.
JACKSON, Shanon. *Social Works*. Nova York: Routledge, 2014.
LATOUR, Bruno. *An Inquiry into Modes of Existence*. Cambridge: Harvard University Press, 2013.
LATOUR, Bruno. *Reflexão sobre o culto moderno dos deuses fe(i)tiches*. Bauru: EdUSFC, 2002.
LOPES, Denilson. Afetos, estudos queer e artifício na América Latina. *E-Compós*, v. 19, p. 1-16, 2016.
LOURO, Guacira Lopes. *Um corpo estranho*: ensaios sobre sexualidade e teoria queer. Belo Horizonte: Autêntica: 2004.
LOZA, Suzana. Sampling (Hetero)Sexuality: Diva-Ness and Discipline in Electronic Dance Music. *Popular Music*, v. 20, n. 3, Número Especial, p. 349-357, out.-dez. 2001.
MANALANSAN IV, Martin. In the Shadows of Stonewall: Examining Gay Transnational Politics and the Diasporic Dilemma. In: LOWE, Lisa; LLOYD, David (Ed.). *The Politics of Culture in the Capital*. Durham: Duke University Press, 1997. p. 485-505.
MANALANSAN IV, Martin. Migrancy, Modernity, Mobility: Quotidian Struggles and Queer Diasporic Intimacy. In: LUIBHEID, Eithne; CANTII Jr., Lionel. *Queer Migra-*

tions. Minneapolis: University of Minesota Press, 2005. p. 146-160.
MIGNOLO, Walter. A colonialidade de cabo a rabo: o hemisfério ocidental no horizonte conceitual da modernidade. In: LANDER, Edgardo (Org.). *A colonialidade do saber*: eurocentrismo e ciências sociais. Buenos Aires: CLASCO, 2005. p. 33-49.
MOL, Annemarie. *The Body Multiple*. Durham: Duke University Press, 2002.
MOTTA, Darci Aparecida Dias; FAVACHO, André Márcio Picanço. Do silêncio ao desconforto: a prática de educadoras da Educação Infantil diante da sexualidade das crianças. In: PARAÍSO, Marlucy Alves; CALDEIRA, Maria Carolina da Silva (Org.). *Pesquisas sobre currículos, gêneros e sexualidades*. Belo Horizonte: Mazza, 2018, p. 241-259.
MUÑOZ, José E. *Cruising Utopia*. New York: New York University Press, 2011.
OCHOA, Marcia. *Queen for a day*. Durham: Duke University Press, 2014.
PEREIRA, Pedro Paulo Gomes. Queer decolonial: quando as teorias viajam. *Contemporânea*, São Carlos, v. 5, p. 411-441, 2015.
POVINELLI, Elizabeth. *Empire of Love*. Durham: University Press, 2006.
POVINELLI, Elizabeth. Radical Worlds: The Anthropology of Incommensurability and Inconceivability. *Annual Review Anthropology*, n. 30, p. 319-334, 2001.
POVINELLI, Elizabeth. The Part That Has No Part: Enjoyment, Law, and Loss. *GLQ: A Journal of Lesbian and Gay Studies*, v. 17, n. 2-3, p. 287-308, 2011.
PRECIADO, Beatriz. *Manifesto contrassexual*. São Paulo: n-1 Edições, 2014.
PRECIADO, Beatriz. *Testo Junky*. New York: The Feminist Press, 2013.
QUIROGA, José. *Tropics of Desire*. New York: New York University Press, 2000.
RAI, Amit. *Untimely Bollywood*. Nova York: Oxford University Press, 2009.
RANNIERY, Thiago. *Corpos feitos de plástico, pó e glitter*: currículos para dicções heterogêneas e visibilidades improváveis. 2016, 423 f. Tese (Doutorado em Educação) – Universidade do Estado do Rio de Janeiro, Rio de Janeiro, 2016.
RANNIERY, Thiago. No balanço da "teoria queer" em educação: silêncios, tensões e desafios. *Sexualid, Salud y Sociedad*, Rio de Janeiro, v. 1, n. 25, p. 19-48, 2017a.
RANNIERY, Thiago. Currículo, normatividade e políticas de reconhecimento a partir de trajetórias escolares de "meninos gays". *Education Policy Analysis Archives*, Arizona, v. 25, p. 1-32, 2017b.
REIDEL, Marina. *A pedagogia de salto alto*: histórias de professoras transexuais e travestis na Educação Brasileira. 2014. Dissertação (Mestrado em Educação) – Universidade Federal do Rio Grande do Sul, Porto Alegre, 2014.
SHOHAT, Ella; STAM, Robert. *Unthinking Eurocentrism*. Londres: Routledge, 1994.
SHUKER, Roy. *Vocabulário de Música Pop*. São Paulo: Hedra, 1999.
SILVA, João Paulo Lorena. Crianças *queer* no currículo escolar: demandando visibilidade e bagunçando as normas de gênero. In: PARAÍSO, Marlucy; CALDEIRA, Maria Carolina da Silva (Org.). *Pesquisas sobre currículos, gêneros e sexualidades*. Belo Horizonte: Mazza, 2018, p. 261-278.
TSING, Anna. *In the Realm of the Diamond Queen*. Princeton: Princeton University Press, 1993.

10

Currículo com música e festa: encontrando saídas às normas que generificam e impedem de dançar no embalo das sensações do corpo

Camila Amorim Campos

"A festa junina já está aí!" "Precisamos nos organizar para nos reunirmos e decidirmos as apresentações". "Lembra que tem que ter ligação com o tema do projeto Ecologia Integral?" "Gente, é muita coisa para organizarmos. Vamos começar isso logo!" "Precisamos começar os ensaios". "Vamos definir as músicas hoje?" "Pelo menos a data já temos". "Vamos fazer uma blusa para o pessoal do anexo usar?" "Será que vamos conseguir fazer tudo isso?" "Tomara que fique tudo lindo!" "Temos que avisar com antecedência a data para os pais providenciarem as roupas". "Ai! Já não vejo a hora da festa passar".

Essas são algumas falas de seis professoras que participam da pesquisa que dá base para este capítulo. Trata-se de uma investigação que busca analisar as normalizações e as desestabilizações *no currículo com música* nos três primeiros anos do Ensino Fundamental.[1] Essas falas eram proferidas com frequência em diferentes momentos na escola, muito antes de iniciar os preparativos para a festa junina.

---

[1] A pesquisa de mestrado, ainda em andamento, que subsidia este texto investiga as músicas que se fazem presentes no currículo dos três primeiros anos do Ensino Fundamental de uma escola da Rede Municipal de Belo Horizonte para, assim, analisar o que essas músicas fazem no currículo e o que o currículo faz com essas músicas. A escola pesquisada é um anexo com seis salas, sendo duas para cada ano, e está localizada em uma região de classe média de Belo Horizonte. As crianças que frequentam a escola são em sua maioria de classe média.

A festa junina ocorre todos os anos na escola investigada e recebe dedicação, entusiasmo e muito trabalho por parte das professoras. Incluída já no início do ano no calendário escolar, é planejada por professores/professoras da escola sempre tentando inseri-la no tema do projeto em estudo de cada ano.[2] Nesse sentido, várias atividades são realizadas na escola para que as crianças entendam do que se trata e para que a festa junina possa ter sentido para elas. Assim, as professoras do 1º, 2º e 3º anos do Ensino Fundamental, acompanhadas pelas coordenadoras, juntam-se e fazem acordos para que o tema da festa seja trabalhado nos "teatros", nas histórias contadas, em reflexões depois do relaxamento[3] e para que elas também tenham influência na escolha das músicas. Preocupadas em escolher o que chamam de "músicas boas", as professoras as definem[4] para serem apresentadas pelas crianças dos três primeiros anos do Ensino Fundamental. No ano de realização da pesquisa, as músicas escolhidas foram: *Vida Boa* (interpretada pela dupla Victor e Léo); *Um Dia Perfeito* (interpretada pelo grupo Falamansa) e *Menina do Céu* (interpretada pelo grupo Menina do Céu).

A preocupação para que nada dê errado na festa junina evidencia não só a preocupação na escolha das músicas como também todo um trabalho feito no currículo para que meninos e meninas lembrem-se do seu gênero e como cada um/a deve vestir seus corpos de modo considerado "adequado". Dessa maneira, é notório como às crianças é ensinado desde muito cedo o que é "de menino" e o que é "de menina", ou seja, como marcas de gênero atravessam uma festa escolar ensinando determinados modos de ser. É evidente também que, em meio a todos esses ensinamentos, escapes são forjados pelas crianças. O argumento aqui desenvolvido, portanto, é o de que a festa, na escola, é um lugar de encontro que possibilita os corpos desejar e alegrar. Mesmo diante de inúmeras tentativas de ordenar e normalizar esses corpos, sobretudo no que se refere ao lugar ocupado pelo gênero no currículo com música e festa, a festa é um disparador que tira o currículo do lugar dos ordenamentos e o faz movimentar.

O currículo é "um texto que forma e produz modos de agir e conduzir" (PARAÍSO, 2007, p. 93). Trata-se de "uma linguagem, na qual as palavras usadas para nomear as coisas, os sujeitos e o mundo são produzidas em relações de poder e têm efeitos sobre aquilo que nomeia" (PARAÍSO, 2007, p. 93-94). Isso significa que o currículo "está centralmente envolvido naquilo que somos, naquilo que nos tornamos, naquilo que nos tornaremos" (SILVA, 2010, p. 27). Um currículo que "nos

---

[2] Em 2017, o tema trabalhado pela escola foi "Ecologia Integral".

[3] O "relaxamento" é previsto no currículo da escola e ocorre diariamente após o recreio, com o intuito de acalmar as crianças para retornarem às salas. As crianças escutam uma música para relaxar e vão fazendo os gestos de acordo com o que coordenadora faz ou instrui.

[4] As letras dessas três músicas se encontram em anexo.

produz" (SILVA, 2010, p. 27), que "quer 'um sujeito', que lhe permita reconhecer-se nele" (CORAZZA, 2001, p. 15), de acordo com as normas de gênero, é "um importante espaço na nossa sociedade em que [...] práticas produtivas de gênero marcam sua presença" (PARAÍSO, 2006, p. 14). No entanto, currículo é também "território de multiplicidades de todos os tipos, de disseminação de saberes diversos, de encontros 'variados', de composições 'caóticas', de disseminações 'perigosas', de contágios incontroláveis, de acontecimentos 'insuspeitos'" (PARAÍSO, 2010, p. 588). O currículo, como sugere Paraíso (2018, p. 24) no primeiro capítulo deste livro, "deve ser território para hospedar as diferenças, afirmar a vida e multiplicar os encontros que nos fazem desejar e expandir". É "território de possibilidades" (PARAÍSO, 2009, 2010 e 2010a).

O currículo com música de que trata este capítulo, portanto, se entrelaça com as relações de gênero para normalizar corpos; apesar de essas normas de gênero serem também bagunçadas no currículo investigado. Gênero é aqui compreendido como "uma relação entre sujeitos socialmente constituídos" (BUTLER, 2010, p. 29) na qual algumas normas vão sendo reiteradas. Normas que produzem, regulam, ensinam e naturalizam corpos no currículo com música da escola. Os corpos que escapam, burlam ou desmontam as normas são considerados como seres distintos, anormais, estranhos, inadequados, um perigo. Eles precisam ser rapidamente corrigidos, enquadrados no seu gênero e, assim, ocupar o seu "devido lugar". É isso que mostro a seguir.

SOBRE CADA UM OCUPAR O SEU LUGAR

O corpo, constituído por gestos, sensações, falas, posturas, por aquilo que é dito sobre ele, é "também a roupa e os acessórios que o adornam, as intervenções que nele se operam, a imagem que dele se produz, as máquinas que nele se acoplam, os sentidos que nele se exibem, a educação de seus gestos..." (GOELLNER, 2003, p. 28). Ou seja, o corpo é "produto e efeito de relações de poder" (MEYER, 2005, p. 16). Segundo Carvalhar (2009, p. 66) "observá-los e corrigi-los tem sido [...] central nas práticas pedagógicas ao longo dos séculos". Na escola aqui investigada os corpos das crianças são minuciosamente controlados, inclusive durante os preparativos para as festas. Na festa junina, controlam-se o vestir e o movimentar de modo generificado. Assim, demanda-se que os corpos precisam estar "lindos para a festa junina". "As meninas com aqueles vestidos mais lindos e os meninos de paletó". Os corpos precisam de muitos ensaios para "estarem perfeitos na apresentação".

No currículo investigado, nos mais diferentes momentos, exige-se que as crianças ocupem o lugar que pertence ao seu gênero, que elas controlem seus corpos e dancem conforme se é esperado para o seu gênero. Isso é operacionalizado por um mecanismo de poder que atua de modo a "[...] anular os efeitos das repartições indecisas, o desaparecimento descontrolado dos indivíduos, sua circulação difusa, sua coagulação inutilizável e perigosa", visando uma "[...] melhor economia do tempo e dos gestos" (FOUCAULT, 1987, p. 123-26).

"Atentos", "em sintonia", "alinhados", "preparados", "ensaiados", são algumas prescrições feitas para as crianças regularem seus corpos. É isso que fará com que consigam "fazer bonito no dia" da festa junina. Ensina-se por meio das práticas do atentar, sintonizar, alinhar, preparar, que se deve estar alertas aos movimentos feitos pela professora, com os ouvidos antenados ao ritmo da música para que assim não se descompasse o currículo com música e festa. Ademais, no currículo recriminam-se as crianças paradas; crianças que não acompanham o movimento. Contudo, o movimento dos corpos é generificado e minuciosamente controlado. Qualquer escape é motivo para correção imediata, como pode ser visto no episódio a seguir.

> **Episódio 1:**
> Hoje é o primeiro ensaio para a festa junina. Quando chegamos à quadra para o ensaio a professora diz que a música será "Menina do Céu"[5] e organiza as crianças em duas fileiras – meninas de frente para meninos. As crianças não se manifestam e continuam ouvindo a professora. Professora:
> — "Oh! Vocês têm que prestar atenção nos passos para fazer certinho. São dois passos para cada lado e depois como se fossem matar uma barata. Os meninos com a mão para trás e olhando para a frente e as meninas balançando o vestido sempre movimentando o corpo. Não quero ninguém parado aqui. Não é assim que meninos e meninas dançam? Quero todo mundo dançando a música toda".
> A professora coloca a música e ensaiam essa primeira parte. Luiz fica parado e a professora pergunta se ele quer trocar de fila. Luiz arregala os olhos e rapidamente coloca suas mãos para trás e acompanha os colegas.
> *(Diário de Campo, 3º ano, 16 de maio de 2017)*

No ensaio da festa junina é ensinado às crianças, desde o primeiro dia, o lugar de meninos e meninas. Sempre em ordem e dançando, as meninas devem estar à frente dos meninos balançando seus vestidos. Já os meninos, com as mãos para trás e cabeça erguida olhando para a frente. Assim, ao mesmo tempo que as crianças são reguladas para estar o tempo todo balançando seus corpos e ocupando seus devidos lugares, o currículo demanda também outras atitudes generificadas. Luiz, por exemplo, ao sofrer ameaça de ser colocado na fila das meninas por estar parado, preocupa-se rapidamente em acompanhar os colegas e coloca as mãos para trás. Para Luiz, parecia ser inadmissível ir para a fila das meninas. A normatização de gênero ganha tanta força no currículo, que Luiz durante todo o ensaio preocupou-se em acompanhar os passos conforme se mandava que os meninos fizessem.

---

[5] Disponível em: <https://www.letras.mus.br/menina-do-ceu/700529>. Acesso em: jul. 2017.

A heteronormatividade opera no currículo constituindo os corpos. Luiz, por exemplo, parece ter aprendido que é um menino e, por isso, não deve estar na fila de meninas. Essas demarcações heteronormativas estabelecidas culturalmente são reafirmadas no currículo e incidem de maneiras distintas de acordo com o gênero. É como se o fato de Luiz ser colocado na fila das meninas por não estar dançando fosse indicativo de alguma homossexualidade. Desse modo, a homossexualidade é traduzida de modo a reafirmar estereótipos de gênero, pois homens gays são relacionados a códigos sociais do feminino.

Assim, gênero e sexualidade estão intimamente conectados e a masculinidade exigida representa uma oposição à sexualidade desviante: a homossexualidade. Esses discursos produzidos em nossa cultura acabam normatizando um padrão do que é ser homem e mulher, a partir da qual as diferentes formas de viver a feminilidade e a masculinidade são avaliadas, medidas e hierarquizadas (SALES, 2010). Ainda que os passos determinados para meninos e meninas sejam controlados diferentemente de acordo com as normas de gênero, tanto as meninas quanto os meninos têm seus modos de ser descritos, analisados e julgados.

A norma, que não se define "absolutamente como uma lei natural, mas pelo papel de exigência e de coerção que ela é capaz de exercer em relação aos domínios a que se aplica" (FOUCAULT, 2002, p. 62), se faz fortemente presente no currículo investigado. Em relação às normas de gênero, pode-se afirmar que "uma noção singular de gênero e sexualidade vem sustentando currículos e práticas" (LOURO, 2003, p. 43). Trata-se de discursos que controlam as crianças, que produzem "corpos que importam" (BUTLER, 2010a, p. 170) e não podem ser confundidos. Além disso, cabe lembrar que corpos masculinos e femininos não têm sido percebidos e valorizados da mesma maneira, pois "há uma tendência a hierarquizá-los, a partir de suas diferenciações mais visíveis e invisíveis" (FELIPE; GUIZZO, 2003 p. 124). No próximo tópico, aponto algumas demandas feitas aos corpos de meninas e meninos para que ajam de acordo com seu gênero.

CONFLITOS À VISTA NO CURRÍCULO COM MÚSICA: MENINAS PRECISAM REBOLAR E OS MENINOS PRECISAM SER CAVALHEIROS

No currículo com música investigado, rotineiramente ensina-se às meninas a esperar e ser devagar, pacientes, passivas, calmas, a escutarem e a não mexerem demasiado o corpo. Escuta-se ordens como: "Mariana, você precisa ter mais calma e aguardar o seu momento". "Júlia, você está querendo aparecer demais! Sossega esse corpo aí!" "Eu acho que deve ter um bicho na cadeira da Beatriz porque ela não para desde que chegou". "A Iara vai ficar sem recreio para aprender a escutar". "Pra que essa agitação toda Bianca? Calma aí". "Cleide, os movimentos são devagar". "A Ana deve estar com algum problema porque não para de falar um minuto". "Na escola é lugar de dançar desse jeito, Jaíza? Pode parar com essa rebolação".

Contudo, de repente, em um ensaio de festa, as meninas são convocadas a se comportarem de modo oposto às demandas que lhes são feitas cotidianamente no currículo investigado. São convocadas a assumir momentaneamente o lugar daquela que se move e rebola. É o que pode ser visto no episódio narrado a seguir:

> **Episódio 2**
> Termina o recreio e descemos para a quadra para ensaiar.
> Começa o ensaio com a música "Vida Boa".[6] A professora de Educação Física chama a atenção das crianças:
> — Começou a música é para todo mundo dançar. As meninas ó (como se estivesse balançando o vestido) e os meninos dançam com os braços para trás, pelo amor de Deus!
> A coordenadora completa:
> — Rebola meninas, pra ficar bonitinho! As meninas estão muito devagar... rebola aí, balança esse vestido. E os meninos mãos para trás.
> Enquanto dançam, Miguel faz o arrocha.[7] A coordenadora vê e diz:
> — Isso! Tá bonitinho. Vai meninos... igual ao Miguel. Os meninos dançam o arrocha.
> Marina os imita e a coordenadora a corrige:
> — Me ajuda aí né?! Conserta esse corpo. Menina é rebolando e balançando o vestido!
> Marina para e continua o ensaio balançando seu vestido e num disfarçado rebolado. A coordenadora a elogia:
> — Isso! Agora está bonitinha!
> Marina sorri e continua o ensaio.
> *(Diário de Campo, 2º ano, 28 de junho de 2017)*

Uma série de mecanismos de poder atuam no currículo produzindo meninas e meninos de modo relacional e diferenciado. As meninas precisam ser menina de vestido e que rebola. As meninas precisam "ser mulher". E "ser mulher", no currículo investigado, é tudo o que um menino não deve ser: estar trajada com vestido rodado, colares, brincos, maquiada, batom, ser comportada, simpática e que rebola. Por meio dessa prática, os corpos das meninas vão sendo classificados e diferenciados do que é ser um corpo de menino. Afinal, no currículo com música um corpo deve ser menino ou menina.

---

[6] Disponível em: <https://www.letras.mus.br/victor-leo/797049>. Acesso em: jul. 2017.

[7] O arrocha é um ritmo originário da Bahia e muito presente hoje nas coreografias e shows de músicas sertanejas. O arrocha é feito colocando-se uma das mãos fechada sobre a testa e balançando o quadril. Na escola, a diferença está no fato de Miguel colocar a mão sobre a testa e movimentar seu corpo somente de um lado para o outro.

No entanto, apesar de uma série de investimentos no currículo com música para formar corpos adequados de meninas e de meninos, há, ainda assim, conflitos. As meninas que muitas vezes são repreendidas em outros momentos, como no recreio, por exemplo, por estarem rebolando, nos ensaios são motivadas a rebolar enquanto dançam. Quando não rebolam são recriminadas e consideradas "muito devagar". Apesar de o currículo com música demandar que a menina seja devagar e difícil, no *currículo com música e festa* o fato de ela não rebolar é motivo para ser classificada como "muito devagar", ou seja, é o modo como o corpo de uma menina não deve estar, afinal, ela tem que rebolar, ser atirada naquele momento. Talvez isso cause estranhamento nas meninas pelo fato de terem seus corpos, a todo momento, regulados na escola.

Além disso, é demandado que os corpos das meninas mostrem rejeição a qualquer tipo de masculinidade. Assim, como reflexo dessa produção, Marina dançar o arrocha igual aos meninos é motivo de conserto do seu corpo porque desestabiliza a normalidade. O corpo menina é produzido como um corpo que não deve dançar o arrocha. Ela precisa seguir a norma, rebolar e balançar o vestido para ficar "bonitinha", ela precisa ser "menina de verdade" (PARAÍSO, 2010). Mas o próprio currículo com música tem conflitos para definir o que é mesmo adequado para a "menina de verdade". Dançar o arrocha, que em outros momentos é inaceitável tanto para meninos como para meninas, na festa é somente autorizado para os meninos.

Já com relação aos meninos, a vigilância recai sobre a sua postura que deve se parecer com tudo que é considerado masculino. Há uma preocupação para que se vistam como meninos caipiras de botina, camisa xadrez, bigode. É como se, além de se fantasiarem de caipiras, também se fantasiassem de homens; como se já trabalhassem ali uma prévia do másculo, pois já consideram que "[...] quem é homem desenvolve, na puberdade, caracteres sexuais secundários como massa muscular, ombros largos, pelos no corpo e no rosto, voz grave" (REIS, 2011, p. 60). Apesar das vestes rudes, é demandado dos meninos que sejam cordiais com as meninas; é demandado que sejam cavalheiros. Os mesmos meninos que no currículo com música vi inúmeras vezes demandado que fossem rudes, másculos, machos, meninos de verdade, na festa precisavam ser cavalheiros. Ser cavalheiro na festa, para além de formar par com as meninas, é ser gentil, cortês, ir atrás, esperar por elas, ajoelhar-se e estender uma das mãos às meninas. Nesse momento eles precisam se comportar de maneira delicada com elas. Eles precisam corresponder ao que se espera de um menino-gentil ou de um homem-cavalheiro. Afinal tanto o menino-gentil como o homem-cavalheiro precisam ser dignos, nobres, ter boas atitudes, boas intenções, bons sentimentos e jamais destratar uma dama ou menina.

Entretanto, estabelece-se um conflito entre o que se produz como menino e menina no *currículo com música* durante todo o ano letivo e o que se produz como menino e menina no *currículo com música e festa*, pois em um momento demanda-se que eles sejam rudes, em outros, que sejam delicados. Como ser delicado em muitos momentos pode ser confundido com ser homossexual, já que características mais sensíveis e delicadas, segundo as normas de gênero, muitas vezes são ligadas ao considerado feminino, no currículo com música investigado ensina-se a jamais ter atitudes que possam colocar sua masculinidade à prova. Em pesquisa realizada por Reis (2011), por exemplo, expressar a afetividade é uma das características utilizadas para definir "quem é bicha ou bichinha" no currículo dos anos iniciais do Ensino Fundamental por ela investigado. No entanto, para uma festa tradicional funcionar na escola, mesmo que momentaneamente, os meninos precisam ser delicados e gentis com as meninas. O currículo investigado põe assim em conflito seus ensinamentos. Ele não consegue seguir, todo o tempo, seus ensinamentos "ao pé da letra". Até mesmo porque, como tão bem mostrou Corazza (2001, p. 12), em se tratando de currículo "esse ao pé da letra não existe".

Assim, o *currículo com música*, no qual as normas de gênero são a todo instante vigiadas, reiteradas, demanda das crianças comportamentos distintos. Comportamentos que podem se fazer presentes no currículo com música, somente quando é demandado. Afinal, o *currículo com música* por meio de práticas cotidianas divide, hierarquiza e ensina a ser meninas e meninos.

As normas de gênero são reiteradas no currículo em diversos momentos. Outro exemplo acontece quando, no decorrer da música, canta-se "Moro num lugar/ numa casinha inocente do sertão/ de fogo baixo aceso no fogão/ fogão à lenha ai ai..." e a professora lá da frente grita: "Meninas, fogão! Correm todas para o fogão". Educadas também para os afazeres domésticos, as meninas já parecem entender que o fogão é realmente de responsabilidade delas. Elas imaginam um fogão ali e ficam ao redor dele, enquanto os meninos ocupam-se das "vaquinha leiteira/ um burro bão..." (Diário de Campo, 28/06/2017). Ademais, as atividades domésticas "que é discursivamente atribuído como ajuda para eles, é imputado como uma obrigação às mulheres" (AGUIAR, 2017, p. 64). Vemos assim, como a menina é "produzida, moldada e 'fabricada' em diferentes práticas discursivas, em relações heterogêneas de poder-saber" (PARAÍSO, 2006, p. 101). A "menina de verdade" é aquela que "trabalha [...], ela segue regras [...], ela é boa, bem comportada, não racional" (WALKERDINE, 1999, p. 77-78); ela se dedica aos afazeres domésticos.

A associação das mulheres a certos tipos de trabalho domésticos vem sendo estabelecida historicamente. Em diferentes sociedades, "seu trabalho era da ordem do doméstico" (PERROT, 2008, p. 109) e isso foi estabelecendo uma continuidade histórica, como já foi mostrado pelos estudos das mulheres, pelos estudos de gênero e pelos diferentes feminismos. Voltadas para o privado, para o cuidado, as mulheres foram educadas sabendo que não podiam "estragar-se a nenhum talento em prejuízo de seus deveres, já que sua vida, embora menos laboriosa, deve ser mais assídua a suas tarefas corriqueiras" (CORAZZA, 2004, p. 284), ou seja, uma educação que coloca "as mulheres fora da racionalidade" (WALKERDINE, 2007, p. 9). Em síntese, embora muitas mudanças tenham ocorrido atualmente, "o entendimento da mulher como situada no interior" continua sendo "produzido em diferentes práticas discursivas" (PARAÍSO, 2007, p. 141). Ele é produzido também no currículo com música aqui investigado.

Percebe-se, ainda, que é demandado que os meninos afastem-se ao máximo dos afazeres domésticos e do modo de ser atribuído à menina. Dessa maneira, a responsabilidade dos meninos recai sobre trabalhos externos: cuidar das vaquinhas, do burro, do quintal, da plantação. Demarcadas e naturalizadas as funções, ensina-se no currículo com música modos de ser menino e menina culturalmente constituídos e socialmente construídos. Assim, "por meio dessa separação prescrita, gostos e hábitos comuns são produzidos, pela convivência cotidiana e, ao mesmo tempo, naturalizados como próprios a cada corpo" (REIS, 2011, p. 56).

No currículo investigado, os corpos são minuciosamente observados. São, a todo instante, classificados, avaliados, vigiados, controlados, constituídos de acordo com seu gênero. Embora haja conflitos nos seus ensinamentos, as crianças mostram estar atentas ao que o *currículo com música* vem ensinando e ao que o currículo com música e festa vem demandando. No entanto, elas acabam por resistir ao que lhes é ordenado em alguns momentos.

DE REPENTE DANÇAR É COISA DE MENINA? RESISTÊNCIA, ESCAPES E ENFRENTAMENTOS NO CURRÍCULO COM MÚSICA E FESTA

A regulação dos corpos é constante no currículo com música e acontece de maneira diferente para meninos e meninas. O currículo com música, que durante tanto tempo lutou por corpos parados, sem movimentos, obedientes, quietos, fixos, parece ter ensinado também, em algum momento, que dançar é coisa de menina. No currículo investigado, cotidianamente, há escapes e enfrentamentos dos meninos para resistir tanto ao que lhes é ensinado sobre as músicas quanto sobre as danças permitidas.

É por isso que são constantes as tentativas de correção dos meninos, tais como: "O Rafael deve estar achando que está no bloco de carnaval, só pode!" "Mateus, para com essa dança agora". "Eu queria saber quem te falou que agora é hora de cantar e dançar, Lucas?" "Marcos, é para relaxar e não para dançar". "O Felipe já deve ter acabado porque está ali dançando". "Que batuque é esse, Marcelo? Você está na aula de música?" "Luiz, já parou com isso aí? Deixa pra você dançar e cantar na sua casa". "Agora, aula de português é para dançar?" "É para prestar atenção e não para cantar e dançar, Jorge". "Augusto, eu deixei dançar? Vocês me pediram para pegar livro!"

Os meninos, que tanto produzem escapes no currículo com música, na festa também resistem a fazer o que lhes é ordenado. Isso ocorre, por exemplo, quando algumas crianças dizem que não querem dançar porque acham que isso não é "coisa de menino". Isso pode ser evidenciado no episódio a seguir:

> **Episódio 3**
> Descemos para o ensaio. Muitas crianças assentam na escada da quadra. A coordenadora assustada pergunta por que estão sentados ali. Com exceção de Júlia que irá viajar, Luiz, Thiago e João respondem que não querem dançar. A coordenadora insiste e eles dizem que não. A coordenadora diz estar muito triste com eles e eles parecem não se importar. Sento junto com eles e pergunto por que não irão dançar. Luiz diz que não gosta de dançar, só gosta de cantar e completa:
> - "Dançar é coisa de menina e não coisa de menino". Thiago e João concordam. Douglas ainda acrescenta: "Credo". Odeio dançar. Pergunto a ele por que e ele responde que não gosta de nada que é de menina. Pergunto a Luiz, então, o que ele gosta de cantar. Thiago responde:
> — *Let it go!*
> Luiz: "Ah ó. Eu não sou menina não. Gosto da Aline Barros".
> A professora grita que já que não irão dançar também não vão brincar e os chama para sentar dentro da quadra.
> *(Diário de Campo, 1º ano, 18 de maio de 2017)*

Em uma preparação para uma festa, muda-se a lógica cotidiana do currículo com música, e os meninos que tanto são chamados a atenção por dançar e/ou cantar, são convocados a dançar, a se mover, a sair do lugar. Quando os meninos são chamados a isso, no ritmo imposto a eles, há resistência e a justificativa é que dançar é atividade de menina. Nesse momento, os meninos também fazem uma distinção entre o que é de menino e o que é de menina. Para eles, cantar é de menino e dançar, de menina.

Luiz, Thiago e João não agem de acordo com o que era esperado deles pelo currículo com música e festa. Por mais que na escola haja uma sede incessante por corpos quietos, parados, em ordem, em que só os gestos do relaxamento são autorizados, aquele era o momento de escutar e cantar outras músicas, momento de dançar, de movimentar os corpos para além do relaxamento. No entanto, os meninos atendem às normas de gênero que o currículo com música lhes ensina e dizem que dançar não é uma atividade masculina. Essa norma também era ensinada na escola em momentos diferentes daqueles dos ensaios para a festa junina. Então, podemos perguntar: Teriam aprendido os meninos o que tanto lhes foi ensinado em outros momentos naquele currículo? É apenas uma estratégia para fazerem o que querem ou para não fazerem aquilo que não querem?

Não foram raras as vezes que os meninos foram chamados a atenção pelo fato de estarem dançando e de se atribuir a atividade de dançar às meninas. Em um dia de observação, por exemplo, as crianças aguardavam em filas para o relaxamento. Nesse dia, em especial, estavam todos sem recreio devido ao que foi chamado de mau comportamento. Keven dançava balançando seu corpo. A coordenadora chega e chama sua atenção: "Que bonito! Está igual uma mocinha". Os colegas começam a rir e Keven para imediatamente (Diário de Campo, 4 de maio de 2017).

A heteronormatividade[8] tem força de regulação tão grande que faz com que as crianças parem imediatamente o que estão fazendo quando são ameaçadas ou chamadas pelo gênero oposto. Talvez nem entendam, mas sabem que isso é algo estranho, que as tornam motivo de deboche pelos demais colegas. É a norma que condiciona corpos no currículo investigado e atua "produzindo a inteligibilidade da vida, [que] precedem corpos, de tal modo que são interpelados a reproduzi-las para tornarem-se reconhecíveis como sujeitos" (OLIVEIRA, 2016, p. 59) pertencentes ao seu grupo. A norma é uma relação de poder que produz corpos adequados, regulados, generificados.

O currículo com música ensinou aos meninos, em determinados momentos, que "dançar é coisa de menina". No momento seguinte, eles repetem o que lhes foi ensinado porque lhes ajuda a justificar sua recusa a dançar um tipo de música que não querem, em um momento em que também não querem dançar. Os ensinamentos do currículo entram em conflito e algumas crianças parecem perceber e usar isso para fazer o que querem ou para não fazer o que não desejam.

Nesse mesmo dia, nos dois primeiros horários da aula, assistimos ao filme Frozen*: uma aventura congelante*, da Walt Disney. As professoras precisavam de uma reunião conjunta e não encontraram outra forma a não ser juntar as turmas no pátio e colocar um filme. Antes de começar a sessão, uma das professoras chega até mim e diz estar preocupada "porque esse filme é mais para menina!" Por isso, imaginou que os meninos não fossem querer assistir. O filme inicia e as crianças não falam nada a esse respeito. Eu e as duas auxiliares ficamos assistindo com as turmas. No entanto, quando começa a tocar a faixa principal do filme, *Let it go*, Luiz faz alguns movimentos com seu corpo. Uma das auxiliares diz para ele: "Está linda, Elsa!" Luiz para e a encara. Os colegas que estavam próximos ficam rindo e chamando Luiz de Elsa, e ele ameaça contar para a coordenadora. Talvez para evitar uma punição comumente dada às crianças, não ir à aula de Educação Física, eles param (Diário de Campo, 18/05/2017).

Luiz não suporta ser chamado de Elsa nem ser elogiado como "linda". Para seus colegas isso é motivo de zoação.[9] Talvez naquele momento Luiz quisesse se

---

[8] Esse conceito é aqui compreendido como "a obsessão com a sexualidade normalizante, através de discursos que descrevem a situação homossexual como desviante" (BRITZMAN, 1996, p. 79).

[9] A zoação é uma técnica de regulação da sexualidade usada também para jovens, como mostram Sales e Paraíso (2013).

expressar, permitir que seu corpo falasse, mas ao escapar do que era esperado para aquele momento, ele é chamado de Elsa, de linda. Pela sua reação, ser chamado assim parece ter soado como uma ofensa. Além disso, foi motivo para arrancar risos de seus colegas, mostrando que aqueles que agem como Luiz são considerados "atravessadores ilegais de territórios, como migrantes clandestinos que escapam do lugar onde deveriam permanecer" (LOURO, 2004, p. 87). São "tratados como infratores e devem sofrer penalidades. Acabam por ser punidos, de alguma forma, ou na melhor das hipóteses, tornam-se alvo de correção" (LOURO, 2004, p. 87).

No currículo, diferentes instrumentos são utilizados para generificar os corpos e para definir meninos e meninas. A auxiliar da escola usa um deles ao chamar Luiz de Elsa e linda. Luiz, ao parar e encarar a auxiliar, mostra que entendeu a crítica que lhe foi lançada. Não obstante, seus colegas, ao rirem, também mostram que entenderam e reforçam ao fazerem chacota chamando Luiz de Elsa.

As crianças mostram estar atentas às demandas do currículo e acabam por se confundir aos ensinamentos desse currículo. Ser menino no currículo com música e festa é também entender que esse é o momento em que todas as crianças podem e devem dançar de acordo com o que foi pensado para um determinado gênero. Não precisam e nem devem "parar o corpo e movimentar só o cérebro" (Diário de Campo, 25 de maio de 2017) como é exigido dentro de sala de aula. Assim, o *currículo com música e festa*, atravessado por diversos discursos, "compara, diferencia, hierarquiza, homogeneíza, exclui. Em uma palavra, ela normaliza" (FOUCAULT, 1987, p. 153). Normaliza e produz corpos generificados. Afinal, "o corpo só existe porque os discursos o denominam dessa forma" (CALDEIRA, 2016, p. 174). Contudo, as crianças mostram no "grande dia" da festa que o currículo é mesmo "território incontrolável", como vem afirmando Paraíso (2016).

NO CURRÍCULO COM MÚSICA E FESTA TUDO DANÇA!

"Se soltem". "Balancem os corpos". "Mostrem o remelexo. "Prestem atenção no ritmo da música para acompanharem". "Se ficarem na dúvida, olhem para o colega da frente". "Observem o chão marcando onde vocês devem ficar". "Marquem o colega que está do lado para não fazerem confusão na hora de se posicionarem. "Venham bem bonitos". "Pelo amor de Deus, não atrasem! Tem o horário certinho no convite. Avisem os papais e mamães de vocês que não podem atrasar e de preferência chegar 15 minutos antes" (Diário de Campo, 30 de junho de 2017). Esses foram os pedidos feitos às crianças um dia antes da festa junina. Os corpos precisavam estar sincronizados para entrarem em cena no currículo. As normas tinham que ser vividas. As regras tinham que ser seguidas à risca. Afinal, as festas escolares se constituem "em modos pelos quais os corpos são postos em movimentos pelo currículo" (OLIVEIRA, 2016, p. 126).

No entanto, diante de tantas demandas, normalizações, ordenamentos, divisões e raciocínios generificados em momentos distintos, as crianças, no "*grande dia*", no "*dia tão esperado*", no "*dia de festa*", mostram que outros modos de vida nesse currículo são possíveis. Elas nos mostram, esgotadas de fixidez, que "tudo vaza" (DELEUZE; GUATTARI, 1996), já que as crianças sempre encontram "uma saída" (ZOURABICHVILI, 2004, p. 30) das formas que deturpam os desejos e impedem de dançar no embalo das sensações sentidas pelo corpo.

O corpo, que é também "a experiência da liberdade e de seus limites" (JÓDAR; GÓMEZ, 2002, p. 37), no dia da festa junina se solta e entra no ritmo da música. No currículo com música e festa, o corpo se deixa atravessar pelos embalos dos movimentos, se deixa contagiar pelo "clima" da festa e, claro, faz o currículo com música, que busca enquadrar e ordenar, simplesmente dançar. Afinal, por que não se pode ter um currículo dançante? Por que só as crianças têm que estar a todo momento dançando? Não poderia o currículo com a música também dançar? As crianças mostram que sim. As crianças fazem o currículo com a música, seus ordenamentos e prescrições, se perder nas suas regras e dançar.

O "*dia tão esperado*" chegou e junto com ele uma quadra enfeitada com balões e bandeirinhas coloridas desde a entrada. A festa ia se completando com a chegada das crianças: meninas maquiadas, de tranças e cabelos amarrados e com seus vestidos rodados, alguns longos, outros curtos; meninos com seus paletós, bigodes, camisa xadrez, botinas. As crianças chegam com seus/suas convidados/as (Diário de Campo, 1º de julho de 2017). O currículo com música, que durante tanto tempo parecia querer parar, impedir o movimento, acalmar, possibilita movimentar, sair do lugar, alegrar, contagiar e dançar. Mesmo no dia da festa, fica evidente como nos ensaios os corpos eram separados e hierarquizados de acordo com as normas de gênero. Como mostra Meireles (2018, p. 159), no Capítulo 7 deste livro, ao reforçar as diferenças entre os gêneros, criam-se "modos padronizados de vestir, de ser e de se comportar para cada um dos gêneros". No entanto, no currículo com música e festa, as normas parecem difíceis demais de serem garantidas no momento da apresentação. O currículo com a música que normaliza se abre para os escapes porque parece impossível naquele momento garantir o ordenamento e o controle.

No microfone, a diretora anuncia que iniciarão as apresentações dos três primeiros anos do Ensino Fundamental. Agitadas, as crianças se organizam em uma sala, onde já havia sido combinado. Insegura de qualquer deslize por parte das crianças, a professora entra e fica junto com elas (Diário de Campo, 1º de julho de 2017). Em uma das apresentações, os três primeiros anos dançam e cantam juntos a música *Folia do Bem-Querer*.[10] Ensaiados para se abraçarem no refrão com seus respectivos pares, as crianças se misturam cantando "Abrace com ternura o bem-querer do seu amor" e abraçando o/a colega que está mais próximo. A professora tenta organizar para que se abracem formando pares menino/menina, mas elas parecem insistir em abraçar outros/as crianças. Elas não abraçam os/as colegas indicados/as pela professora. O refrão se repete e mais uma vez vê-se meninos abraçando meninos e meninas abraçando meninas. O currículo ordenador das normas de gênero *dança* pelo menos momentaneamente. A professora não insiste mais; parece desistir, se entregar. Ela também abraça quem está ao seu lado (Diário de Campo, 1º de julho de 2017).

Vê-se naquele momento que, claramente, a festa e o contágio que ela produz implodem os controles do currículo. As crianças desacomodam o currículo com a música. Mostram que, mesmo ensaiadas, outros modos de estar e fazer são possíveis. Fica evidente que há uma "incompatibilidade da infância contemporânea com as estratégias disciplinares" (CARVALHAR, 2009, p. 125) do currículo com a música investigado. Diante de um currículo que divide, exclui, impõe, seleciona meninos para formar par com meninas, as crianças convidam o currículo com a música a entrar em seus embalos, construir outros possíveis, a fazer festa.

O currículo com música na festa vê atropeladas as normas tão desejadas e percebe que as crianças vivenciam o currículo de diferentes modos. Cansadas de saberem quem eram seus pares, elas lançam-se a outros, trocam pares, escapam da fixidez de que menino tem que dançar com menina, ultrapassam as fronteiras de gênero que insistem em serem demarcadas. Abrem-se espaços para novas experiências. Claramente para as crianças não importa se estão dançando com meninos e/ou meninas, e, sim, as experiências que estão sendo vividas. Elas fazem vacilar os ordenamentos do currículo com música. As crianças se permitem dançar sem limites, sem tom e som das normas de gênero e dos ordenamentos do currículo com música investigado.

Assim, o currículo com música entra em sintonia com os desejos[11] das crianças e baila na festa junina. Na apresentação do 2º ano, Marina faz o arrocha junto com os meninos. Nos ensaios ela havia sido interrompida, cortada, de dançar o arrocha, tido como "passo para os meninos". No entanto, Marina parece se libertar das afinações do currículo no dia da apresentação e faz o arrocha. Ela convida o currículo a dançar perigosamente, a traçar possíveis, "a produzir alegrias" (PARAÍ-

[10] Disponível em: <https://www.youtube.com/watch?v=gTmIfeYBZw4>. Acesso em: jul. 2017.

[11] Como explicita Paraíso (2009), trabalhando com a noção de desejo de Deleuze e Guattari, desejo é "fábrica, potência, alegria". Desejo que "é fundamental para aprender, para pensar, criar, construir, enfrentar os poderes, as dificuldades da vida, movimentar, deixar passar algo, produzir alegrias, viver" (PARAÍSO, 2009, p. 278).

SO, 2009). Assim, movida pelo desejo de dançar o arrocha, Marina contagia outras meninas, que também o dançam. Não obstante, a professora que dançava com as crianças acaba também dançando o arrocha. O currículo com música, que em tantos momentos na escola investigada cobrava "o voltar aos eixos", parece fascinado e contagiado pela alegria da festa e evidencia que, de fato, "um currículo pode ser *um lugar privilegiado de contágio do desejo*" (PARAÍSO, 2009, p. 286).

O currículo com música na festa *é atraído* e se torna irresistível às vivências das crianças e da professora. Possibilita às *crianças ocupar a quadra com intensidade, fazer seus corpos mexerem*. Os corpos se soltam, movimentam o que está em fuga, reinventam e criam no currículo. Os corpos escapam da mesmice e da vida morna, rasa e sem graça que emerge de um currículo que interdita outros possíveis. Desfaz a sua vontade de corpos generificados, *de meninas dançando com meninos, de meninas rebolando e meninos dançando o arrocha*, e permite que os corpos sejam dança, fluidez.

Marina contamina com a necessidade de fazer o currículo com música explodir com vida. Naquele momento, corpos generificados no currículo experimentam outras possibilidades de se movimentar. Marina mostra que não precisa deixar de dançar o arrocha para ser menina. Na mesma direção, as crianças, ao abraçarem quem está ao lado, mostram que os pares não precisam ser de meninos e meninas para exprimir afetos.

No "dia perfeito, pra fazer tudo direito"[12] as crianças apresentam formas de ser e estar inéditas no currículo com música investigado. Elas mostram que é possível criar estratégias e produzir outros modos de estar e de fazer. Além disso, mostram que o corpo significa! Comunica! Grita! Contesta! Subverte! Mostram que o corpo pode sempre mais do que determina o currículo com música. Isso porque o corpo não é "uma unidade delimitada e delimitável em termos de gênero e de sexualidade", como destaca Ranniery (2018, p. 210) no Capítulo 9 deste livro. Assim, no dia da festa, o currículo com música investigado forçadamente se abre para ver que interromper as normas, as regulações e os ordenamentos pode ser, de fato, uma festa!

[12] Trecho da música que foi apresentada pelas crianças do 1º ano.

Referências

AGUIAR, Jessica Sapore de. *Existo Porque Resisto*: Práticas de re-existência de jovens mulheres aprendizes frente às assimetrias de gênero. 2017, 140 f. Dissertação (Mestrado em Educação) – Programa de Pós-Graduação em Educação: Conhecimento e Inclusão Social. Universidade Federal de Minas Gerais, Belo Horizonte, 2017.

BRITZMAN, Deborah. O que é esta coisa chamada amor: identidade homossexual, educação e currículo. *Educação & Realidade*, Porto Alegre, v. 21, n. 1, p. 71-96, jan.-jun. 1996.

BUTLER, Judith. Corpos que pesam: sobre os limites discursivos do "sexo". In: LOURO, Guacira Lopes (Org.). *O corpo educado*: *pedagogias da sexualidade*. 3. ed. Belo Horizonte: Autêntica, 2010a. p. 151-172.

BUTLER, Judith. *Problemas de gênero*: feminismo e subversão da identidade. 3. ed. Rio de Janeiro: Civilização Brasileira, 2010b.

CALDEIRA, Maria Carolina da. *Dispositivos da infantilidade e da antecipação da alfabetização no currículo do 1º ano do Ensino Fundamental*: conflitos, encontros, acordos e disputas na formação das crianças de seis anos. 2016, 264 f. Tese (Doutorado em Educação) – Programa de Pós-Graduação em Educação: Conhecimento e Inclusão Social. Universidade Federal de Minas Gerais, Belo Horizonte, 2016.

CARVALHAR, Danielle Lameirinhas. *Identidades generificadas no currículo da educação infantil*: entre princesas, heróis e sapos. 2009, 148 f. Dissertação (Mestrado em Educação) – Programa de Pós-Graduação em Educação, Faculdade de Educação, Universidade Federal de Minas Gerais, Belo Horizonte, 2009.

CORAZZA, Sandra. *O que quer um currículo?* Pesquisas pós-críticas em Educação. 3. ed. Petrópolis: Vozes, 2001.

CORAZZA, Sandra. *História da Infância sem fim*. 2. ed. Ijuí: Ed. Unijuí, 2004.

DELEUZE, Gilles; GUATTARI, Félix. *Mil Platôs 3*: capitalismo e esquizofrenia. Tradução de Aurélio Guerra Neto, Ana Lúcia de Oliveira, Lúcia Cláudia Leão e Suely Rolnik. São Paulo: Editora 34, 1996.

DELEUZE, Gilles. Michel Foucault. In: DELEUZE, Gilles. *Conversações*. São Paulo: Editora 34, 2013.

FELIPE, Jane; GUIZZO, Bianca Salazar. Erotização dos corpos infantis na sociedade de consumo. *Pro-Posições*, Campinas, v. 14, n. 3, p. 119-129, 2003.

FOUCAULT, Michel. *Vigiar e punir*. Petrópolis: Vozes, 1987.

FOUCAULT, Michel. *Os anormais*. São Paulo: Martins Fontes, 2002.

FOUCAULT, Michel. *A arqueologia do saber*. 7. ed. Rio de Janeiro: Forense Universitária, 2005.

FOUCAULT, Michel. *Microfísica do poder*. 3. ed. Rio de Janeiro: Paz e Terra, 2015.

GOELLNER, Silvana Vilodre. A produção cultural do corpo. In: LOURO, Guacira Lopes *et al.* (Org.). *Corpo, gênero e sexualidade*: um debate contemporâneo na educação. Petrópolis: Vozes, 2003. p. 28-40.

JÓDAR, Francisco Rico; GÓMEZ, Lucia Sánchez. Devir-criança: experimentar e explorar outra educação. *Educação & Realidade*, Porto Alegre, v. 27, n. 2, p. 31-46, 2002.

LOURO, Guacira Lopes. Currículo, gênero e sexualidade: o "normal", o "diferente" e o "excêntrico". In: LOURO, Guacira Lopes *et al.* (Org.). *Corpo, gênero e sexualidade*: um debate contemporâneo em educação. Petrópolis: Vozes, 2003. p. 41-52.

LOURO, Guacira Lopes. *Um corpo estranho*. Ensaios sobre sexualidade e teoria queer. Belo Horizonte: Autêntica, 2004.

MACHADO, Roberto. Por uma genealogia do poder. In: FOUCAULT, Michel. *Microfísica do poder*. 3. ed. Rio de Janeiro: Paz e Terra, 2015.

MEIRELES, Gabriela Silveira. Gênero no currículo de *blogs* sobre alfabetização de professoras alfabetizadoras: tecnologias da diferenciação e da heterossexualização normalizando condutas. In: PARAÍSO, Marlucy; CALDEIRA, Maria Carolina da Silva (Org.). *Pesquisas sobre currículos, gêneros e sexualidades*. Belo Horizonte: Mazza, 2018, p. 153-173.

MEYER, Dagmar E. Gênero e educação: teoria e política. In: LOURO, Guacira Lopes *et al.* (Org.). *Corpo, gênero e sexualidade*: um debate contemporâneo na educação. Petrópolis: Vozes, 2003. p. 9-27.

PARAÍSO, Marlucy Alves. Currículo e Diferença. In: PARAÍSO, Marlucy Alves (Org.). *Pesquisas sobre currículos e culturas*: temas, embates, problemas e possibilidades. Curitiba: CRV, 2010b. p. 15-30.

PARAÍSO, Marlucy Alves. Política da subjetividade docente no currículo da mídia educativa brasileira. *Educação e Sociedade*, Campinas, v. 27, n. 94, p. 91-115, 2006.

PARAÍSO, Marlucy Alves. *Currículo e Mídia Educativa Brasileira*: poder, saber e subjetivação. Chapecó: Argos, 2007.

PARAÍSO, Marlucy Alves. Currículo, desejo e experiência. *Educação & Realidade*, Porto Alegre, v. 34, 2009. p. 277-293.

PARAÍSO, Marlucy Alves. O currículo entre a busca por "bom desempenho" e a garantia das diferenças. In: DALBEN, Ângela; DINIZ, Júlio; LEAL, Leiva; SANTOS, Lucíola (Org.). *Convergências e tensões no campo da formação e do trabalho docente*: currículo, ensino de educação física; ensino de geografia; ensino de história; escola, família e comunidade. Belo Horizonte: Autêntica, 2010a. p. 132-152.

PARAÍSO, Marlucy Alves. Fazer do caos uma estrela dançarina no currículo: invenção política *com* gênero e sexualidade em tempos do *slogan* "ideologia de gênero". In: PARAÍSO, Marlucy Alves; CALDEIRA, Maria Carolina da Silva (Org.). *Pesquisas sobre currículos, gêneros e sexualidades*. Belo Horizonte: Mazza, 2018, p. 23-52.

PERROT, Michelle. *Minha história das mulheres*. São Paulo: Contexto, 2008.

RANNIERY, Thiago. *Corpos feitos de plástico, pó e glitter*: currículos para dicções heterogêneas e visibilidades improváveis. 2016, 423 f. Tese (Doutorado em Educação) – Programa de Pós-Graduação em Educação. Universidade do Estado do Rio de Janeiro, Rio de Janeiro, 2016.

RANNIERY, Thiago. Manifesto Beyoncé no currículo: a força da música e o brilho erótico do corpo que dança. In: PARAÍSO, Marlucy Alves; CALDEIRA, Maria Carolina da Silva (Org.). *Pesquisas sobre currículos, gêneros e sexualidades*. Belo Horizonte: Mazza, 2018, p. 199-218.

REIS, Cristina D'Ávila. *Currículo escolar e gênero*: a constituição generificada de corpos e posições de sujeito meninos-alunos. 2011. Dissertação (Mestrado em Educação) – Faculdade de Educação, Universidade Federal de Minas Gerais, Belo Horizonte, 2011.

SALES, Shirlei Rezende. *Orkut.com.escol@*: currículos e ciborguização juvenil. 2010. Tese (Doutorado em Educação) – Faculdade de Educação, Universidade Federal de Minas Gerais, Belo Horizonte, 2010.

SALES, Shirlei; PARAÍSO, Marlucy Alves. O jovem macho e a jovem difícil: governo da sexualidade no currículo. *Educação & Realidade*, Porto Alegre, v. 38, p. 603-625, 2013.

SCOTT, Joan. Gênero: uma categoria útil de análise histórica. *Educação & Realidade*, Porto Alegre, v. 20, n. 2, p. 71-100, 1995.

SILVA, Tomaz Tadeu da. *O currículo como fetiche*: a poética e a política do texto curricular. Belo Horizonte: Autêntica, 2010.

WALKERDINE, Valerie. A cultura popular e a erotização das garotinhas. *Educação & Realidade*, Porto Alegre, v. 24, n. 2, p. 75-88, jul.-dez. 1999.

WALKERDINE, Valerie. Ciência, razão e a mente feminina. *Educação & Realidade*, Porto Alegre, v. 32, n. 1, p. 7-24, jan.-jun. 2007.

ZOURABICHVILI, François. *O vocabulário de Deleuze*. Rio Janeiro: Sinergia, 2004.

ANEXOS

Vida Boa (Victor e Léo)

Moro num lugar
Numa casinha inocente do sertão
De fogo baixo aceso no fogão
Fogão à lenha ai ai
Tenho tudo aqui
Umas vaquinha leiteira
Um burro bão
Uma baixada ribeira
E um violão e umas galinha ai ai
Tenho no quintal uns pés de fruta e de flor
E no meu peito por amor
Plantei alguém (plantei alguém)
Que vida boa ô ô ô
Que vida boa
Sapo caiu na lagoa
Sou eu no caminho do meu sertão
Que vida boa ô ô ô
Que vida boa
Sapo caiu na lagoa
Sou eu no caminho do meu sertão
Vez e outra vou
Na venda do vilarejo pra comprar
Sal grosso, cravo e outras coisa que faltar
Marvada pinga ai ai
Pego o meu burrão
Faço na estrada a poeira levantar
Qualquer tristeza que for não vai passar
Do mata-burro ai ai
Galopando vou
Depois da curva tem alguém
Que chamo sempre de meu bem
A me esperar (a me esperar)
Que vida boa ô ô ô
Que vida boa
Sapo caiu na lagoa

Sou eu no caminho do meu sertão
Que vida boa ô ô ô
Que vida boa
Sapo caiu na lagoa
Sou eu no caminho do meu sertão

Um Dia Perfeito (Falamansa)

Hoje, a felicidade bate
em minha porta
Hoje, a alegria é de quem vai
e depois volta
Hoje é o dia perfeito
pra fazer tudo direito
O dia perfeito
Se eu não pensar assim
Quem vai pensar por mim?
Se a tua fase é ruim
Ela chegou ao fim
E toda hora é hora e lugar é lugar
Tem que ser agora pra recomeçar
E pra nossa história nunca terminar
Vem comigo agora,
a vida melhorar
E se você vier
Traz a tua fé
Pois é a tua fé
Que move montanhas
Tamanha
Pode acreditar,
pode acreditar, é!
Pode acreditar,
pode acreditar, fé!
Pode acreditar,
pode acreditar, é
Pode acreditar,
pode acreditar,
é só acreditar,
Pode acreditar,
pode acreditar, é!

pode acreditar,
pode acreditar, fé!
pode acreditar,
pode acreditar,
é só acreditar.

Menina do Céu (Menina do Céu)

É o sonho de todo menino essa menina
caiu do céu pra encantar
Te percebo a todo momento o teu cheiro vem junto ao vento
e toca fundo o meu sentimento
Veio de mansinho e leve essa menina
caiu do céu pra encantar
menina tão bela e tão solta
por meio de ti um anjo canta
Desde a primeira vez que te vi,
menina do céu
eu quis estar junto a ti (2x)
junto a ti...
junto a ti...
É o sonho de todo menino essa menina
caiu do céu pra encantar
Te percebo a todo momento o teu cheiro vem junto ao vento
e toca fundo o meu sentimento
Veio de mansinho e leve essa menina
caiu do céu pra encantar
menina tão bela e tão solta
por meio de ti um anjo canta
Desde a primeira vez que te vi,
menina do céu
eu quis estar junto a ti (2x)
menina tão bela e tão solta
por meio de ti um anjo canta
Menina do céu, menina da terra
Menina de todo lugar (2x)
Menina do sol e do luar...
Desde a primeira vez que te vi,
menina do céu
eu quis estar junto a ti (4x)

11

Do silêncio ao desconforto: a prática de educadoras da Educação Infantil diante da sexualidade das crianças

Darci Aparecida Dias Motta
André Márcio Picanço Favacho

INTRODUÇÃO

Este artigo é resultado de uma pesquisa de mestrado[1] que teve como mote o incômodo, a preocupação e a ansiedade de professoras de Educação Infantil diante de crianças cujos gestos não se conformam aos estereótipos de gênero.

Na preparação para o campo, buscamos embasamento teórico na obra de Michel Foucault para identificar os saberes e as práticas mobilizados por professoras da Educação Infantil quando se ocupavam em saber se crianças de 4 e 5 anos eram ou seriam gays. Também procuramos entender como se constituiu o discurso sobre a sexualidade, segundo o qual a verdade sobre nós está no nosso sexo: "No fundo do sexo, a verdade" (FOUCAULT, 2012a, p. 84). Ademais, era importante localizar a homossexualidade dentro desse *dispositivo de sexualidade.*

No entanto, a análise do discurso empreendida sobre as entrevistas realizadas não nos permitiu identificar um discurso sobre a criança "gay". Mas alguns elementos foram recorrentes nas entrevistas, explicitando um conjunto de práticas muito específico para lidar com a sexualidade dos pequenos, cuja

---

[1] Dissertação de mestrado defendida em 30 de junho de 2017, no PPGE FaE/UFMG, sob o título *Do silêncio ao desconforto: a prática de educadoras da Educação Infantil frente à sexualidade das crianças.*

dinâmica pode ser resumida em três movimentos, os quais denominamos: a) "o silêncio que discursa"; b) "a reação pedagógica das professoras"; e c) "o desconforto com o 'gesto gay'".

Para apresentar esse argumento, este artigo vai se dividir em quatro partes, além desta introdução: os principais conceitos foucaultianos utilizados, a metodologia, os resultados e algumas considerações a título de conclusão.

PODER, DISCURSO, SEXUALIDADE E HOMOSSEXUALIDADE EM FOUCAULT

Ao empreender uma análise do poder, Foucault adota como "precauções de método": 1) apreender o poder em suas extremidades, lá onde ele se torna capilar; 2) estudar o poder no interior das práticas reais e efetivas, admitindo que o poder circula em rede; 3) não tomar o poder como "a dominação de um indivíduo sobre os outros [...] o poder transita pelos indivíduos, não se aplica a eles" (FOUCAULT, 1999, p. 35); 4) analisar os "mecanismos infinitesimais, [...] e depois ver como [...] foram e são investidos, colonizados, utilizados, inflectidos, transformados, deslocados, estendidos, etc. por mecanismos cada vez mais gerais e por formas de dominação global" (FOUCAULT, 1999, p. 36); 5) reconhecer que o poder fomenta "métodos de observação, técnicas de registro, procedimentos de investigação e de pesquisa, [...] aparelhos de verificação" (FOUCAULT, 1999, p. 40); o poder se exerce pelo saber.

O poder só pode ser assim analisado porque, na Modernidade, as correlações de força passaram da guerra para o governo político dos homens, o que possibilitou a instauração de uma forma de dominação muito específica, com "mecanismos de poder extremamente novos, provavelmente irredutíveis à representação do direito" (FOUCAULT, 1999, p. 86). Um tipo de poder que toma a vida do homem como objeto a ser governado e que funciona pela técnica, pela normalização e pelo controle, e não mais pelo direito, pela lei e pelo castigo.

Para Foucault (1988), esse tipo de poder normalizador é tributário do poder pastoral, uma arte de governar as pessoas advinda das instituições eclesiásticas, que tem como características: a promessa de salvação individual no outro mundo; a exigência de um pastor que não apenas comanda, mas que deve também estar preparado para se sacrificar pela vida e pela salvação do rebanho; a necessidade de alguém que cuide não apenas da comunidade como um todo, mas de cada indivíduo em particular, durante toda a sua vida; não poder ser exercido sem o conhecimento da mente das pessoas, sem perscrutar suas almas, sem fazer-lhes revelar os seus segredos mais íntimos, sem um saber da consciência e sem a capacidade de dirigi-la.

Esse poder pastoral se expandiu para todo o corpo social e, no século XVII, alguns desses princípios foram reatualizados, de maneira que ele passa a se apresentar politicamente com os seguintes contornos: promessa de salvação neste mundo mesmo, por meio da saúde, bem-estar, segurança da população etc.; multiplicação de objetivos e agentes (Estado, mas também empreendimentos privados, instituições filantrópicas, família, medicina); fomento de maior conhecimento sobre o homem, um conhecimento "globalizado e quantitativo, concernente à população; [conhecimento] analítico, concernente ao indivíduo" (FOUCAULT, 2013, p. 282).

O poder político moderno, portanto, induz à produção de um modo de governar concomitantemente individual e totalizante. Em outras palavras, induz a uma tática de governo que consiste em "modos de ação mais ou menos refletidos e calculados [...] destinados a agir sobre as possibilidades de ação dos outros indivíduos" (FOUCAULT, 2013, p. 288), mas também um exercício de poder sobre as populações a partir de verdades geralmente validadas por uma disciplina. Nesse segundo aspecto, a criação de instituições seguras, especializadas, construídas e organizadas de maneira bastante semelhante (manicômios, presídios e escolas, por exemplo) possibilitou manter essa forma de governo sobre os grandes grupos de indivíduos (os loucos, os prisioneiros e as crianças, por exemplo). Assim, "em vez de um poder pastoral e um poder político, mais ou menos ligados um ao outro, mais ou menos rivais, havia uma 'tática' individualizante que caracterizava uma série de poderes: da família, da medicina, da psiquiatria, da educação e dos empregadores" (FOUCAULT, 2013, p. 282). Como se deu, contudo, o processo de adequação dos princípios do poder pastoral aos objetivos do poder normalizador que se instaura no século XIX?

De acordo com Foucault (1979), uma "arte de governar" já vinha sendo gestada na Europa desde o século XVI, o que implicou o aparecimento de inúmeras artes de governo: governo das crianças, da família, dos negócios e do Estado. Essa multiplicidade exigiu atenção a um fenômeno ou categoria até então inexistente: a população. Quando as pessoas deixaram de formar uma massa flutuante e começaram a se fixar nos lugares, passou a ser necessário governar o conjunto de coisas e homens que formavam os territórios (FOUCAULT, 1979). No final do século XVIII, os princípios do poder pastoral atendiam bem ao objetivo de governar a população e foram aliados à produção de saberes sobre ela (geografia, estatística, economia política, biologia, medicina e pedagogia), regimes de verdade para reger a vida, posicionar os indivíduos em espaços sociais e classificá-los. Poder que se exerce por inclusão, arrecadação, formulação de saberes, análise dos elementos, distribuição, que esquadrinha, individualiza, vigia e fabrica, que "se multiplica a partir de seus próprios efeitos" (FOUCAULT, 2010b, p. 42).

Nessa maquinaria, a sexualidade se constitui como um dispositivo fundamental, pois os discursos produzidos sobre ela possibilitavam uma ingerência tanto na vida das pessoas como na vida da espécie. Nessa perspectiva, a sexualidade como a conhecemos hoje deve ser tomada como discurso "inventado" ou construído em determinadas condições históricas e sociais, que coloca em jogo verdades (provisórias) sobre o objeto de que fala, suscitando lutas e conformando sujeitos e práticas. Em outras palavras, as "coisas" ganham "corpo", se tornam objeto quando entram na ordem do discurso, quando passam a ser problematizadas para responder a urgências de determinado tempo histórico. Assim, o discurso não é um simples ato de fala, um conjunto de frases e proposições ou um conjunto de signos. Discursos são "[...] práticas que formam sistematicamente os objetos de que falam" (FOUCAULT, 2010a, p. 55).

Nesse sentido, o que eram apenas práticas sexuais entre seres humanos passam a integrar o dispositivo de sexualidade, de modo que "[...] o sexo se torna uma questão de 'polícia'" (FOUCAULT, 1988, p. 26-27). Passa-se a governar não só os sujeitos mas também a população, por meio do controle da taxa de natalidade, da idade do casamento, dos nascimentos, da vida sexual, entre outros aspectos. Adota-se "um discurso onde a conduta sexual da população é tomada, ao mesmo tempo, como objeto de análise e alvo de intervenção [...]. Através da economia política da população forma-se toda uma teia de observações sobre o sexo" (FOUCAULT, 1988, p. 29).

O poder investe sobre o sexo a partir de, pelo menos, "quatro grandes conjuntos estratégicos" (FOUCAULT, 1988, p. 99): 1) histerização do corpo da mulher; 2) pedagogização do sexo da criança; 3) socialização de condutas de procriação; controle externo da procriação; 4) psiquiatrização do prazer perverso. As figuras que, respectivamente, "se esboçam como objetos privilegiados de saber, alvos e pontos de fixação dos empreendimentos de saber [são]: a mulher histérica, a criança masturbadora, o casal malthusiano,[2] o adulto perverso" (FOUCAULT, 1988, p. 100). Para Foucault (1988, p. 40-41), a chamada "gentalha diferente" são as "vítimas escandalosas e perigosas presas de um estranho mal que traz também o nome de 'vício' e, às vezes, de 'delito'. [...] Incontável família dos perversos que se avizinha dos delinquentes e se aparenta com os loucos", enfim, são os "anormais".

Nesse processo, as crianças se tornam um alvo importante do dispositivo de sexualidade. Numa clara patologização da masturbação infantil, instaura-se uma forte campanha de combate à sexualidade das crianças, que visava menos à (impossível) contenção da masturbação infantil do que à constituição de "um novo corpo familiar" (FOUCAULT, 2010b, p. 213). Para isso, o espaço familiar foi reorganizado para que a criança tivesse contato com o menor número de empregados possível e pudesse ser constantemente vigiada. O dispositivo da sexualidade exigia, portanto, que o corpo de um dos pais envolvesse constantemente o corpo da criança. Assim, ao fim do século XVIII, a família-célula, "com seu espaço corporal, com

[2] O casal que utiliza formas artificiais de controle da natalidade.

seu espaço afetivo, seu espaço sexual, que é inteiramente saturado pelas relações diretas pais-filhos" (FOUCAULT, 2010b, p. 216), substitui a família relacional, instaurando o modelo de família nuclear que hoje conhecemos.

A masturbação infantil foi imediatamente relacionada a doenças e, por isso, o controle familiar precisou de um governo externo, exercido pela Medicina, que desempenhou o papel de normalização da sexualidade infantil e familiar. Essa maquinaria médico-familiar teve como principal função instituir o princípio do "normal e o anormal na ordem sexual" (FOUCAULT, 2010b, p. 221).

Essa vigilância sobre a infância autoriza a reivindicação social de uma educação estatal, ou controlada pelo Estado, deflagrada pelo menos na França e na Alemanha do século XIX, para ajudar a família nessa tarefa. Assim, a escola passava a ser também um lugar institucional importante para a educação sexual das crianças. Acontece que, ao mesmo tempo que a escola seguia seu trabalho, ela recebia um conjunto generalizado de demandas comportamentais e científicas sobre a sexualidade em geral. A Psiquiatria, a Medicina, o Direito, entre outras ciências, forneciam para as escolas uma série de questões sobre a sexualidade a serem consideradas na educação das crianças. E isso nunca parou, se prolongando até os dias de hoje.

É dentro dessa história da sexualidade descrita por Foucault, é nesse contexto de psiquiatrização (da anormalidade, da perversão, da aberração sexual, da degenerescência), de jurisdição e de escolarização que emerge a figura do homossexual.

O homossexual aparece na obra de Foucault em dois momentos: *História da loucura*, publicada em 1961, e *A vontade de saber*, publicada em 1976. Na primeira, tal emergência se dá no século XVII; na segunda, no século XIX.

Para Eribon (2008), na *História da Loucura*, Foucault fala "sobre a invenção concomitante, no século XVII, dos personagens do 'louco' e do 'homossexual'" (ERIBON, 2008, p. 322). Nessa obra, segundo o autor, Foucault demonstra que todos aqueles que transgrediam as normas burguesas eram internados juntos – "Grande Encarceramento" –, não havendo distinção. Todos esses presos ("loucos" e "proscritos") foram considerados figuras da "desrazão", aqueles que não "podem mais ou não devem mais fazer parte da sociedade" (FOUCAULT, 1962 *apud* ERIBON, 2008, p. 324). Assim, no século XVII, a homossexualidade é rejeitada "para além das fronteiras da exclusão, percebida como uma patologia social antes de ser, dois séculos depois, descrita como uma patologia mental ou uma perversão do desejo ou do instinto" (ERIBON, 2008, p. 329).

Em *História da sexualidade I: a vontade de saber*, Foucault (1988) explica como a classe burguesa ofereceu seu corpo para o saber médico, possibilitando o aparecimento de uma "ciência sexual" que patologizou as condutas consideradas fora da norma. É nessa época, no século XIX, que o homossexual emerge como uma figura subjetiva que portava certas características, certos gestos, modos e comportamentos. Diz Foucault:

> O homossexual do século XIX tornou-se uma personagem: um passado, uma história, uma infância, um caráter, uma forma de vida; também é morfologia, com uma anatomia indiscreta e, talvez, uma fisiologia misteriosa. Nada daquilo que ele é, no fim das contas, escapa à sua sexualidade. Ela está presente nele todo; subjacente a todas as suas condutas, já que ela é o princípio insidioso e infinitamente ativo das mesmas; inscrita sem pudor na sua face e no seu corpo já que é um segredo que se trai sempre. É-lhe consubstancial, não tanto como pecado habitual porém como natureza singular [...]. (FOUCAULT, 1988, p. 43)

A separação entre razão e desrazão ocorrida no século XVII reservou à homossexualidade o lado dos irracionais ou o lado de sexualidades irracionais. A separação entre o "normal" e o "anormal" do século XIX a colocou do lado das perversões sexuais.

No século XIX, sob o estigma da anormalidade, a partir de mecanismos, técnicas, discursos, estratégias, saberes e instituições, o que antes eram apenas práticas sexuais entre pessoas do mesmo sexo ganha um nome (*homossexualismo*)[3] e, consequentemente, um personagem (o homossexual), o que suscitou muitas lutas e disputas no decorrer do século XX.

Sousa Filho (2009) aponta que o processo de normalização a que a sociedade se viu submetida justificava a busca da causa da homossexualidade, uma preocupação ainda escandalosamente atual. Também esclarece que, na maioria dos países onde havia sanções penais à homossexualidade, a descriminalização só ocorreu na segunda metade do século XX. Assim, "é recente a crítica teórica e o combate político ao preconceito em torno da homossexualidade" (SOUSA FILHO, 2009, p. 5).

A formulação crítica que se opunha "ao discurso até então dominante [...] que apontava o caráter patológico, marginal e desviante da homossexualidade" (SOUSA FILHO, 2009, p. 5) se inicia a partir dos anos 1950, apoiada na Antropologia e na História. Essa luta ganha força com a chegada, nas últimas décadas do século XX, dos estudos críticos, realizados numa perspectiva histórico-antropológica (ou *construcionista*). Esses estudos são resultantes "da entrada em cena dos movimentos feministas, da contracultura e do movimento gay. Em diferentes países, o movimento gay transforma o homossexual [...] em um *sujeito de desejo* e em *sujeito político*" (SOUSA FILHO, 2009, p. 10, grifos do autor).

Aqui, valeria uma discussão sobre os estudos feministas e os estudos gays e lésbicos para esclarecer essa transformação do homossexual em sujeito político. Mas, em razão do espaço deste texto, limitamo-nos a dizer que esses estudos interroga-

---

[3] A palavra *homossexualismo* foi cunhada em fins do século XIX e trazia com ela toda a carga opressora contra os homossexuais. Constou da lista de doenças mentais da Associação dos Psiquiatras Americanos até 1973 e da lista de doenças da Organização Mundial da Saúde até 1991. Sua substituição pela palavra *homossexualidade*, com a concordância dos militantes do movimento LGBT, tem um sentido político.

ram a visão essencialista de sujeito cunhada e consolidada pela modernidade, assim como a existência de uma identidade fixa, afirmando que elas são múltiplas, plurais, dependentes do marcador social que está em jogo. Eles criaram possibilidades para novas práticas e intervenções não só no campo da cultura e dos comportamentos mas também nas políticas. Por outro lado, valeria a pena também analisar as críticas a esses estudos, sobretudo quanto à possibilidade de, à revelia de suas intenções, reforçarem o dispositivo de sexualidade, na medida em que, sob certo ponto de vista, parecem não interrogar a vontade de verdade sobre a nossa sexualidade.

METODOLOGIA

Ainda que não tivéssemos a intenção deliberada de realizar um estudo pós-crítico, utilizamos muitos dos princípios sugeridos por Dagmar Meyer e Marlucy Paraíso (2012): distanciamento das explicações totalizantes; análise da realidade, considerando o contexto, para identificar os regimes de verdade; abandono da noção de sujeito transcendental e essencial; indissociabilidade entre abordagem teórica e metodologia.

Tomados esses cuidados, realizamos entrevistas semiestruturadas com 10 professoras que atuam na Educação Infantil. Posteriormente, essas entrevistas foram submetidas a uma análise do discurso de inspiração foucaultiana, na tentativa de identificar as relações de poder e saber presentes nos combates cotidianos, o que estava posto no jogo de saber/poder, que saberes e práticas eram acionados pelas professoras.

Para caracterizar as professoras, realizamos dois movimentos. O primeiro foi buscar quem eram elas nas conversas informais e nos dados das entrevistas: mulheres simples, que contribuem com as despesas da casa, enfrentam dupla (ou tripla) jornada de trabalho, tendo boa parte de seu tempo consumido pelas tarefas domésticas. Também identificamos que são religiosas e têm pouca atuação na cena pública (talvez a grande experiência social das professoras seja a escola com suas crianças). Além disso, em seu trabalho diário, não cometem nenhum desrespeito, cumprem sua função docente da melhor forma possível. Em relação à formação, verificamos que nenhuma delas teve acesso a estudos sobre gênero e sexualidade na graduação. Talvez por isso mantenham uma concepção essencialista de gênero (noção muito bem discutida por Meireles no Capítulo 7 deste livro), embora acionem o discurso da diversidade, do respeito às diferenças.

O segundo movimento para caracterizar as professoras entrevistadas foi realizado com base na noção de experiência docente, cuja constituição, segundo Favacho (2014), envolve "regimes de verdade" que incidem sobre o professor e que vêm não apenas do Estado, mas também das "universidades, [dos] sindicados, [das] entidades de pesquisa em educação ou de defesa da educação, além de editoras e movimentos sociais" (FAVACHO, 2014, p. 52). Para essa discussão, o autor parte de quatro pressupostos: 1) historicamente, a docência conheceu três experiências: a religiosa, a médica e a militante; 2) a docência tem por base o eixo corpo/disciplina; 3) a docência é plural porque transita por cinco territórios (ou regiões): da família, da criação dos filhos, da verdade pedagógica, das relações de amizade e/ou do contexto social do aluno e das relações jurídicas; 4) o sujeito da docência estabelece uma relação com as "verdades" que compõem sua prática.

Essas práticas mostram um vasto conjunto/repertório de problemas, temas, objetos, teorias, estratégias, discursos, táticas, princípios, forças etc., elementos que produzem os jogos de verdade e de poder e que constituem as formas possíveis de subjetividades. A prática pode ser entendida como "a racionalidade ou regularidade que organiza o que os homens fazem [...], que têm um caráter sistemático (saber, poder, ética) e geral (recorrente), e que, por isso, constituem uma 'experiência' ou um 'pensamento'" (CASTRO, 2009, p. 338).

Após realizar uma análise do discurso das entrevistas, ou seja, ao tentar explicitar os saberes e poderes que estavam em jogo, identificamos que as professoras entrevistadas, no exercício da docência, especificamente no que tange à sexualidade das crianças, misturam elementos da experiência sacerdotal, médica e militante; submetem os corpos das crianças (e os seus) a determinadas verdades; transitam pelos territórios da família, da criação dos filhos, da verdade pedagógica, do contexto social do aluno e das relações jurídicas. E, nesse complexo jogo entre poder, saber e ética, realizam uma prática muito específica para lidar com a sexualidade das crianças; prática constituída por elementos morais, religiosos, acadêmicos e das suas condições efetivas de vida. É o que veremos a seguir.

O QUE PRATICAM AS PROFESSORAS?

As professoras, quando interrogadas sobre uma suposta homossexualidade na infância, não teceram um discurso sobre a criança "gay". Foram, no geral, evasivas, cuidadosas e reticentes. Mas, ao analisar as entrevistas, percebemos que alguns elementos eram recorrentemente mais problematizados e interrogados por elas, sendo os mesmos que as interrogavam e mobilizavam na sua prática na educação da sexualidade dos pequenos. Como dito, esses elementos explicitaram um conjunto de práticas muito específico, cuja dinâmica pode ser resumida nos seguintes movimentos: 1) as professoras não apresentam as questões de gênero e sexualidade para as crianças nem sob forma de conteúdo nem sob forma de debate formativo ou ilustrativo, e a isso chamamos "o silêncio que discursa"; 2) quando aparecem as curiosidades infantis sobre o sexo ou quando as crianças manifestam afetos entre elas, as professoras ficam alertas e lançam mão de procedimentos pedagógicos, movimento que nomeamos "a reação pedagógica das professoras"; 3) por fim, quando as crianças demonstram que "gostam" do mesmo sexo ou não se comportam conforme o seu sexo biológico, as professoras realmente se veem desconcertadas, reagindo com o que chamamos "o desconforto com o 'gesto gay'".

O SILÊNCIO QUE DISCURSA

> O próprio mutismo, aquilo que se recusa dizer ou que se proíbe mencionar, a discrição exigida entre certos locutores não constitui propriamente o limite absoluto do discurso, ou seja, a outra face de que estaria além de uma fronteira rigorosa mas, sobretudo, os elementos que funcionam ao lado de (com e em relação a) coisas ditas nas estratégias de conjunto. Não se deve fazer divisão binária entre o que se diz e o que não se diz; é preciso tentar determinar as diferentes maneiras de não dizer, como são distribuídos os que podem e os que não podem falar, que tipo de discurso é autorizado ou que forma de discrição é exigida a uns e outros. Não existe um só, mas muitos silêncios e são parte integrante das estratégias que apóiam [sic] e atravessam os discursos. (FOUCAULT, 1988, p. 30)

Como dito, as entrevistas deram visibilidade e dizibilidade a uma prática muito peculiar das professoras, cujo primeiro movimento é o de ignorar a sexualidade das crianças, como se o silêncio em torno do assunto pudesse apagar as inexoráveis marcas da sexualidade presentes nos corpos infantis. De fato, as professoras parecem tomar a criança como um ser inacabado e demonstram considerar que ela não necessita dessa discussão nessa fase da vida.

Para além disso, elas parecem ignorar que, assim como os adultos, as crianças também estão subjetivadas pelo discurso da sexualidade, ou seja, elas também participam das "coisas" ditas e praticadas socialmente sobre gênero e sexualidade. Elas não são passivas ao que acontece; tais "coisas" se inscrevem em seus corpos e as constituem como sujeitos desta atualidade. Essa subjetivação pode ser vista quando elas demonstram que sabem muito bem o que a sociedade estabelece como adequado para cada gênero. Afinal, como afirma Paraíso (2018, p. 24), no Capítulo 1 deste livro, "[...] gênero são os processos por meio dos quais nos tornamos homens e mulheres em meio a relações de poder [...]. Trata-se de uma produção que se dá por meio de normas instituídas, divulgadas, citadas e repetidas de diferentes modos em diferentes espaços". Portanto, mesmo em silêncio, ou melhor, mesmo sem intenção, as professoras educam as crianças nessas temáticas. Pouco adianta não tocarem no assunto, pois as crianças trazem suas trajetórias e suas histórias para dentro da escola.

Outra questão a ser considerada é que a infância não é tomada por elas como um discurso, inventado em determinado tempo histórico, sob certas condições, para responder a urgências de um tempo, assim como o é a loucura, a sexualidade e a homossexualidade. Como seria possível vigiar a sexualidade das crianças se a infância não tivesse sido "inventada"? Foi no século XVIII que a infância entra definitivamente em cena, para, no século XIX, compor, juntamente com outros discursos poderosos (psicanálise, anormalidade, sexualidade, medicina clínica, pedagogia, onanismo), a sociedade normalizadora descrita por Foucault (2010b).

Nesse sentido, coisas que naturalizamos não foram, desde sempre, isso que nós conhecemos hoje. Desse ponto de vista, é evidente que, sob a tutela da Ciência, várias "verdades" passaram a incidir sobre os corpos das crianças, permitindo (ou exigindo) uma vigilância constante sobre ele; os adultos foram convocados, a partir do século XVIII, a espionar esse corpo, a partir de então sexuado, que trazia a virtualidade das perversões (FOUCAULT, 2010b).

Pelas entrevistas, foi possível perceber que algumas professoras desconsideram essa inserção da criança na cultura e essa dimensão discursiva da infância; a ideia de "inocência" ainda é evidente para algumas delas, aparecendo em frases como "Criança ainda... eu acho tão inocente, entendeu?" ou "A criança é tão, tão pura, né?" Obviamente, o fato de as professoras ignorarem esses dois aspectos (da cultura e do discurso) tem como consequência práticas pedagógicas que desconsideram os interesses, necessidades e desejos das crianças e a especificidade desse tempo da vida. Práticas que tomam a criança como ser inacabado, em processo permanente de preparação para a "adultice" que a habita.

Essa posição é corroborada pela escola, que não propicia discussões sobre gênero e sexualidade, como se elas não fossem necessárias na Educação Infantil. Ou seja, a discussão sobre gênero e sexualidade não acontece de forma sistematizada nas escolas, a não ser que apareça "alguma demanda".

O silêncio também se apresentou quando perguntamos se a responsabilidade pelas discussões sobre gênero e sexualidade era da família ou da escola. Elas responderam que ambos devem fazê-la, mas apenas se houver curiosidade da criança. Seja por receio dos pais, por precaução, por falta de formação ou por causa dos próprios valores morais, o fato é que as professoras evitam afirmar uma posição clara a respeito das questões ligadas à sexualidade das crianças.

Mas o limite da escola se abre e se fecha conforme os interesses. Historicamente, quando se decidiu que trataria da sexualidade das crianças, a instituição concordou e praticou isso. Porém, quando se tratou de libertar a criança de determinada sexualidade (a heteronormativa), a escola diz que, nesse caso, se trata de uma competência individual, mesmo que se trate de uma criança. E, caso esse argumento não seja bom o suficiente, lança-se mão da prerrogativa da família em tratar do assunto, isto é, o assunto é, sim, da escola, mas é preciso evitar "entra[r] muito no lado da família". E o lado da família é, na verdade, o lado da religião, uma vez que o argumento central é sempre voltado para suas convicções morais (religiosas).

O jogo de silêncio que se estabelece é bem costurado, de maneira que seus argumentos são legítimos e factíveis. Nota-se que o silêncio é produzido por um desencontro de responsabilidades. Pelas falas das professoras, nunca se consegue encontrar quem, afinal, deve oferecer educação sexual para as crianças. O desencontro se alimenta de um fio sem nó, sem fim, escorregadio, transferível, de maneira que, ao mesmo tempo, ninguém e todos podem praticar tal educação; a única certeza é que ninguém pode concluí-la ou finalizá-la. Mas em que consistiria essa ação desencontrada, sem sujeito específico e sem finalidade?

Em termos foucaultianos, tratar-se-ia de uma mistura entre dois dispositivos: o dispositivo de aliança e o dispositivo de sexualidade. Na *História da sexualidade I*, Foucault mostra a inter-relação entre esses dispositivos. Enquanto o dispositivo de aliança quer assegurar que as relações sexuais entre homens e mulheres, vistas como algo normal (em contraposição às relações extraconjugais e homossexuais, consideradas anormais), se mantenham, em razão dos compromissos sociais e econômicos, o dispositivo de sexualidade quer assegurar o controle e o prazer do corpo do outro. Nossa aposta é que a fusão desses dois dispositivos gera um Acordo entre pais, professoras e crianças.

Os pais, de maneira direta ou silenciosa, proíbem os professores de tocar nesse assunto, acenando que, se o fizeram, as professoras estarão extrapolando seus limites e violando o direito e a individualidade da família e, no limite, conduzindo seus filhos a uma sexualidade "errada". Contraditoriamente, ficam irritados quando as professoras comunicam a eles que seus filhos tiveram algum contato físico íntimo com colegas do mesmo sexo e, não raras vezes, as ameaçam por suposto julgamento sexual de seus filhos. Por meio desse procedimento, parece que os pais querem garantir duas coisas: uma, que a escola saiba definir o que é certo ou errado, normal ou anormal em matéria de sexualidade, sabendo controlar os prazeres das crianças, e, outra, se houver qualquer coisa "errada" com seus filhos, que fiquem (todos) em silêncio, o tempo irá resolver.

As professoras (incluem-se aqui os diretores, coordenadores etc.), por sua vez, dizem temer as questões judiciais que os pais podem impetrar contra elas, reafirmando que a sexualidade das crianças é uma questão da família. Porém, entre elas, na sala dos professores, nos intervalos, discutem com razoável frequência a sexualidade dos pequenos, checam entre si se essa ou aquela conduta de certas crianças é apenas uma questão da idade ou se é algo mais sério. Querem, na verdade, saber se há ou não, ali, alguma prática sexual sobre a qual possam investir alguma autoridade. No fundo, querem garantir que não serão acusadas de negligência. Por meio dessas conversas informais, querem garantir se tudo vai bem (ou mal) com a sexualidade das crianças.

As crianças também cumprem a sua função nesse Acordo. Elas sabem denunciar as outras crianças que apresentam comportamentos sexuais diferentes. Caso a professora não tome providências, a criança irá dizer em casa o que passa na escola. Mesmo que a professora intervenha, os pais poderão saber o que se passa. As crianças serão também capazes de dizer em voz alta em classe: "Tia, ele tá pegando a bonequinha, pode?", isto é, que um coleguinha está fazendo alguma coisa que não deveria. Por outro lado, elas saberão também guardar silêncio; mais do que isso, elas saberão trocar seus afetos com os colegas de mesmo sexo, mesmo sob pena de enfrentar uma "polícia do sexo" (FOUCAULT, 1988, p. 28).

Por meio desse Acordo, pais, professoras e crianças policiam o sexo de maneira a coibir os prazeres que dele pode ser retirado. Por meio desse Acordo, o silêncio começa a falar, é posto em discurso, ou seja, o silêncio logo mostra que ele não é a ausência de fala, mas o excesso de táticas sobre o corpo das crianças. Para Foucault (1988, p. 30), "não se deve fazer divisão binária entre o que se diz e o que não se diz; é preciso tentar determinar as diferentes maneiras de não dizer".

Independente da idade (crianças ou adultos), independente do *status* (professoras ou domésticas), independente da formação, a sexualidade não perde ninguém de vista. A rigor, o segredo do sexo não existe; pelo contrário, o silêncio discursa e, portanto, há abundância de discursos e de sujeitos dispostos a fazê-lo falar.

A REAÇÃO PEDAGÓGICA DAS PROFESSORAS QUANDO A SEXUALIDADE TRANSBORDA

À revelia dos medos, receios, limites e valores das professoras, os corpos infantis estão na escola com as marcas culturais e biológicas de sua faixa etária e com as marcas específicas de cada criança. Elas tiram suas roupas perto de qualquer pessoa, utilizam o banheiro sem pudores, se masturbam, abraçam e beijam adultos e crianças quando têm vontade, pedem colo quando necessitam de aconchego, batem umas nas outras quando são contrariadas, observam e tocam os corpos dos colegas. Os corpos das crianças "pavoneiam"[4] pela escola. Embora sejam parte importante do Acordo, as crianças o destravam ou desbloqueiam; com suas ações, elas põem a sexualidade para funcionar plenamente no interior das escolas, interpelando os adultos.

---

[4] "Gestos diretos, discursos sem vergonha, transgressões visíveis, anatomias mostradas e facilmente misturadas, crianças astutas vagando, sem incômodo nem escândalo: os corpos 'pavoneavam'". Essa frase é de Foucault (1988, p. 9), usada para caracterizar como a hipótese repressiva (a qual Foucault rechaça) conceberia o comportamento dos corpos antes de serem "reprimidos" a partir do século XVII.

Se, no procedimento anterior, as professoras se esquivavam de falar de sexualidade com as crianças, agora não têm saída, têm que agir. Assim, lançam mão de procedimentos pedagógicos, ou seja, ações para fins de governo do outro, com vistas a mudar, aperfeiçoar, melhorar os comportamentos das crianças, nesse caso, em relação à sexualidade.

Concretamente, o primeiro procedimento pedagógico consiste em colocar aquelas crianças que só brincam com o sexo oposto para trabalhar e brincar com um grupo de crianças do mesmo sexo. Sob o argumento de "dar oportunidade", isto é, de ofertar o encontro entre as crianças do mesmo sexo, as professoras, deliberada e arbitrariamente, realizam esses reagrupamentos, numa clara suposição de que a criança tem outras preferências sexuais. Nesse procedimento (pedagógico), o argumento de que é a família que deve educar vai por água abaixo, pois a professora, dada sua autoridade, educa firmemente pelas suas convicções. Tanto é verdade que não percebemos nenhuma preocupação em misturar meninos e meninas quando eles preferem ficar com seus pares. Parece-nos que os grupos só de meninas e só de meninos são destinados, por um lado, a checar a sexualidade das crianças e, por outro, a ensiná-las, junto com seus pares, o que é ser homem e o que é ser mulher. Com isso, infelizmente, perde-se a "oportunidade" de ensinar às crianças a convivência saudável e igualitária com o sexo oposto.

O segundo procedimento pedagógico utilizado são as perguntas feitas às crianças em situações apresentadas por elas mesmas, como questões sobre beijos na boca, sobre a cor rosa, o uso de cabelos compridos para homens. As perguntas servem para que as professoras mostrem que não são preconceituosas, que não estão falando mal da criança ou sendo grosseiras com elas. São perguntas orientadas pela coordenação da escola, portanto, um procedimento oficial. Mas as professoras utilizam modelos convencionais sobre o beijo e o sobre o cabelo comprido; são sutis, mas não deixam de marcar posição. Isso reforça a denúncia de Louro (2016) de que a escola colabora para a naturalização de determinado tipo de família e da heterossexualidade.

Um terceiro procedimento pedagógico é o da observação e da conversa individual com a criança e/ou com a família, destinado especialmente à descoberta do que se passa no interior das casas. A grande maioria das entrevistadas desconfia que, quando uma criança age em descompasso com a "normalidade", ela pode estar sofrendo algum abuso sexual ou presenciando "o que não deve" dentro de casa ou na vizinhança. Por essa razão, tendem a orientar a família sobre o comportamento da criança (e/ou responsabilizá-la por ele), mas também a querer saber se o que se passa com a criança é algo dela ou ela está reproduzindo atitudes que presenciou fora da escola.

Portanto, as conclusões que as professoras tiram desse procedimento de observar o comportamento das crianças e de conversar individualmente é que a criança reproduz o que vê e aprende em casa. Elas poderiam concluir (mas não o fizeram) que as suas suspeitas em relação à sexualidade das crianças quase nunca se comprovam;

que, geralmente, o comportamento das crianças não se traduz em uma "homossexualidade", posto que meninos podem ser carinhosos com meninos porque só têm irmãos meninos e que uma menina pode gostar de meninos por só ter irmão e não irmã. Enfim, são apenas crianças vivendo suas vidas e expressando sentimentos.

Por fim, o quarto procedimento pedagógico são os aconselhamentos ou preocupações. As professoras disseram que sua maior preocupação não é outra senão com o preconceito que a criança pode sofrer caso vier a ser gay quando crescer. Sem dúvida alguma, essa preocupação é compreensível, mas o fato de essas professoras se comoverem com a situação dessas crianças não retira delas o claro incômodo com o "gesto gay". Entre todas as coisas, o desconforto com o gesto gay é o nó da questão. O que estamos chamando de "gesto gay" é a decisão de algumas crianças em assumir e afirmar, no próprio corpo, gestos e práticas consideradas do sexo oposto.

O DESCONFORTO COM O "GESTO GAY"

As orientações do Estado, as premissas dos movimentos sociais e as posições das famílias em relação às questões de gênero e sexualidade exigem que as professoras assumam posições muitas vezes conflitantes com as suas próprias convicções morais e religiosas, suas próprias dúvidas e incertezas, o que as deixa numa situação bastante desconfortável. Elas não podem dizer que são contra a vivência da sexualidade e da homossexualidade, mas também não podem dizer que são a favor.

A coisa se complica quando algumas crianças decidem praticar o que estamos chamando aqui de "gesto gay", ou seja, meninos que fazem das blusas cabelos compridos, que dançam insinuantemente, que imaginam/imitam andar pela escola com sapatos de saltos altos, que usam adereços para cabelo e batons, que usam as roupas de princesa do baú da imaginação.[5] Isso logo se transforma em um "caso" na escola e, para a maioria das professoras, em um enorme desafio.

Como vimos, as professoras dispensam bastante energia (trabalho pedagógico) para lidar com as questões da sexualidade das crianças, mas tal dispêndio não se dá da mesma forma quando se trata do "gesto gay". Na medida em que a conversa ia ganhando tônus, percebemos que as professoras faziam uma distinção. Foi na afirmação de Albuquerque Júnior (2011) de que havia, no discurso

---

[5] O baú da imaginação é uma atividade realizada em muitas instituições de Educação Infantil do município de Contagem, MG, que consiste em disponibilizar fantasias, roupas e adereços para as crianças (geralmente dentro de baús), permitindo a elas vestir e usar o que desejarem. O objetivo é promover a interação entre as crianças e delas com a professora, bem como desenvolver a imaginação e a criatividade delas.

sobre a homossexualidade, uma distinção entre condição homossexual e atos homossexuais, que pudemos nomear a divisão que as professoras faziam. Comumente, a condição ou tendência homossexual é passível de tolerância, mas os atos homossexuais nunca foram socialmente aprovados.

Nossa dedução é que a preocupação das professoras com o "gesto gay" está fundamentada nessa antiga percepção cristã de que ser gay não é, em si, um problema; pelo contrário, é uma condição humana e merece respeito. Contudo, os atos homossexuais são passíveis de reprovação e, por isso, elas se desconcertam diante do "gesto gay". Mas o que está em jogo quando as professoras afirmam que não sabem o que fazer diante do "gesto gay"?

Como todos nós, elas estão vivendo o tempo presente, um tempo de travessia do antigo discurso de horror ao homossexual para um discurso que permitiria às pessoas viverem aberta e livremente sua sexualidade. Nessa transição, há um padecimento que é social: vergonha e culpa por pressentir que a homossexualidade ronda nossas vidas; a qualquer momento um amigo, um filho, um sobrinho pode se "assumir" gay. E ser gay na nossa sociedade é ser "alguém que teria uma sexualidade a ser esclarecida, investigada, por ele próprio e pelos outros, pois não coincide em relação a uma pretensa normalidade sexual (que seria também normalidade psíquica, moral, social) (SOUZA FILHO, 2009, p. 104).

E Foucault (2012b, p. 82) também nos ajuda ao lembrar que "continuamos a pensar que algumas [práticas] insultam a 'verdade': um homem 'passivo', uma mulher 'viril', pessoas do mesmo sexo que se amam. [...] estamos sempre prontos a acreditar que há nelas algo como um 'erro'". Talvez por isso nos sentimos tão desconfortáveis com as manifestações públicas de afeto entre gays. Talvez por isso permanecemos tão incomodados ante a constatação de uma possível homossexualidade num corpo infantil. Com as professoras não acontece de outra maneira.

O QUE CONCLUIR?

Partimos do pressuposto de que os saberes e poderes do discurso da sexualidade incidem sobre os corpos e as almas das crianças também e de que, desde muito pequenas, elas sabem o que é ser homem e o que é ser mulher, se ocupam (mas também desdenham) da forma considerada normal de ser homem ou mulher.

Com efeito, as professoras acionam discursos humanistas, religiosos e morais para lidar com essas situações que elas pensam ser capazes de solucionar. Para além de todos os movimentos que possam realizar, elas medem os riscos para não serem acusadas de negligência nem de extrapolarem sua atividade docente; afinal, como elas mesmas dizem, sexualidade é assunto de família.

As famílias tentam, em vão, ter o domínio sobre a sexualidade das suas crianças, proibindo as professoras, pelo mencionado Acordo, de tocarem nesse assunto, de conduzirem seus filhos a uma sexualidade "errada"; tentam impor a elas o silêncio. Ocorre que o silêncio discursa e o discurso da sexualidade não perde ninguém de vista.

Inventamos a sexualidade, a homossexualidade e a infância e, mesmo com todas as discussões, disputas e lutas travadas ao longo dos últimos 150 anos, ainda avaliamos as crianças em termos de normalidade, ainda é nessa lógica que nos relacionamos com os corpos infantis do século XXI.[6]

Apesar da recorrência de enunciados que remetem ao discurso do respeito à diversidade e à diferença, nas falas das professoras o que acontece é outra coisa, ou seja, sub-repticiamente, calam-se sobre a sexualidade das crianças, mesmo com a eloquência do silêncio; reagem pedagogicamente quando a sexualidade aparece; desconsertam-se perante o "gesto gay".

As práticas cotidianas das professoras podem ser atos de resistências ou de conformação aos discursos; é difícil dizer exatamente o que elas são. No que diz respeito ao "gesto gay", a única coisa que se pode afirmar é que elas travam com elas mesmas uma batalha ética, pois a homossexualidade as assombra; a qualquer momento, elas podem descobrir a homossexualidade muito mais perto do que imaginam.

Infelizmente, a sexualidade das crianças impõe às professoras viverem em um redemoinho nauseante a fim de saber quem será ou não gay. Infelizmente, elas são tomadas por coisas tão pequenas de uma vida comum e tudo que fazem é transformar certas percepções do real, por vezes tão míopes e opacas, em grandes verdades na lida com a sexualidade das crianças.

De maneira geral, as professoras da Educação Infantil se ocupam em saber se as crianças estão preservadas dos malefícios de uma sexualidade "errada", "precoce" ou "aflorada". Defesa da infância? Possivelmente. Mas, também, vontade de poder: poder pastoral que se preocupa com cada criança e com todas, que deseja salvá-las do abuso sexual dos adultos, do sofrimento oriundo da homofobia, da devastação de uma sexualidade desenfreada. Com isso, não dizemos que as professoras estão erradas, mas que estão conformadas pela construção histórica da experiência docente. Afinal, a escola foi criada para atender a um projeto civilizatório higienista e os indivíduos que levam esse projeto adiante sabem muito bem quais verdades tentam sujeitá-los. Sabem quais são as "anomalias" presentes no cotidiano das escolas e que, evidentemente, mudam (às vezes rapidamente) conforme mudam as verdades que tentam nos submeter.

---

[6] No Capítulo 12 deste livro, Silva (2018) traz uma interessante discussão sobre o efeito da presença de corpos infantis considerados abjetos na escola, confirmando a insistência, principalmente dos adultos, em normalizá-los, mas também as rupturas, as linhas de fuga, os devires que eles provocam.

Se pudermos compreender que a educação só existe para resolver o que fazer com a infância (DENELON, 2015), talvez possamos pensar na historicidade da educação, na historicidade da infância, na historicidade da experiência docente para, então, começarmos a pensar outra educação e, paralelamente, realizarmos um movimento ético que minimamente se contraponha ao que fizemos de nós no que se refere à sexualidade das crianças na escola. Assim, uma

> política da infância na escola seria não dar voz às crianças, fazê-las falar com a nossa voz, mas darmos ouvidos àquilo que elas estão dizendo. [...] Na maioria das vezes, preferimos não ouvir, para não ver ruir o castelo de cartas das nossas instituições; mas as falas estão ali, ressoando, ressoando... (GALLO, 2010, p. 120 *apud* RESENDE, 2015, p. 138).

E – nós diríamos – os gestos também!

Referências

ALBUQUERQUE JÚNIOR, Durval Muniz de. A pastoral do silêncio: Michel Foucault e a dialética revelar e silenciar no discurso cristão. *Bagoas – Estudos gays: gêneros e sexualidades*, Natal, v. 5, n. 6, p. 69-89, 2011.

CASTRO, Edgardo. *Vocabulário de Foucault*: um percurso pelos seus temas, conceitos e autores. Tradução de Ingrid Muller Xavier. Belo Horizonte: Autêntica, 2009.

DENELON, Márcio. A infância capturada: escola, governo e disciplina. In: RESENDE, Haroldo de. *Michel Foucault: o governo da infância*. Belo Horizonte: Autêntica, 2015

ERIBON, Didier. *Reflexões sobre a questão gay*. Tradução de Procópio Abreu. Rio de Janeiro: Companhia de Freud, 2008.

FAVACHO, André Márcio Picanço. A problematização moral da docência. *Educação em Perspectiva*, Viçosa, v. 5, n. 1, p. 48-71, jan.-jun. 2014.

FOUCAULT, Michel. *A arqueologia do saber*. 7. ed. Tradução de Luiz Felipe Baeta Neves. Rio de Janeiro: Forense Universitária, 2010a.

FOUCAULT, Michel. A governamentalidade. In: FOUCAULT, Michel. *Microfísica do poder*. Tradução e organização de Roberto Machado. Rio de Janeiro: Graal, 1979.

FOUCAULT, Michel. *Em defesa da sociedade* – Curso do Collège de France (1975-1976). Tradução de Maria Ermantina Galvão. São Paulo: Martins Fontes, 1999.

FOUCAULT, Michel. O sujeito e o poder. In: DREYFUS, Hubert L.; RABINOW, Paul. *Michel Foucault*: uma trajetória filosófica - para além do estruturalismo e da hermenêutica. Tradução de Vera Portocarrero e Gilda Gomes Carneiro. 2. ed. rev. Rio de janeiro: Forense Universitária, 2013.

FOUCAULT, Michel. O verdadeiro sexo. In: FOUCAULT, Michel. *Ditos e Escritos V*. Rio de Janeiro: Forense Universitária, 2012a.

FOUCAULT, Michel. *Os anormais* – Curso do Collège de France (1974-1975). Tradução de Eduardo Brandão. São Paulo: WMF Martins Fontes, 2010b.

FOUCAULT, Michel. Sexualidade e poder. In: FOUCAULT, Michel. *Ditos e Escritos V*. Rio de Janeiro: Forense Universitária, 2012b.

FOUCAULT, Michel. *História da sexualidade I*: a vontade de saber. Rio de Janeiro: Graal, 1988.

LOURO, Guacira Lopes. Pedagogias da sexualidade. In: LOURO, Guacira Lopes (Org.). *O corpo educado*: pedagogias da sexualidade. 3. ed. Belo Horizonte: Autêntica, 2016.

MEIRELES, Gabriela Silveira. Gênero no currículo de *blogs* sobre alfabetização de professoras alfabetizadoras: tecnologias da diferenciação e da heterossexualização normalizando condutas. In: PARAÍSO, Marlucy Alves; CALDEIRA, Maria Carolina da Silva (Org.). *Pesquisas sobre currículos, gêneros e sexualidades*. Belo Horizonte: Mazza, 2018. p. 153-173.

MEYER, Dagmar E.; PARAÍSO, Marlucy Alves. Metodologias de pesquisas pós-críticas ou Sobre como fazemos nossas investigações. Apresentação. In: MEYER, Dagmar E.; PARAÍSO, Marlucy Alves (Org.). *Metodologias de pesquisas pós-críticas em educação*. Belo Horizonte: Mazza, 2012.

PARAÍSO, Marlucy Alves. Fazer do caos uma estrela dançarina no currículo: invenção política *com* gênero e sexualidade em tempos do *slogan* "ideologia de gênero". In: PARAÍSO, Marlucy Alves; CALDEIRA, Maria Carolina da Silva (Org.). *Pesquisas sobre currículos, gêneros e sexualidades.* Belo Horizonte: Mazza, 2018, p. 23-52.

RESENDE, Haroldo de. A infância sob o olhar da Pedagogia: traços da escolarização na Modernidade. In: RESENDE, Haroldo de. *Michel Foucault*: o governo da infância. Belo Horizonte: Autêntica, 2015.

SILVA, João Paulo de Lorena. Crianças *queer* no currículo escolar: demandando visibilidade e bagunçando as normas de gênero. In: PARAÍSO, Marlucy Alves; CALDEIRA, Maria Carolina da Silva (Org.). *Pesquisas sobre currículos, gêneros e sexualidades.* Belo Horizonte: Mazza, 2018, p. 261-278.

SOUSA FILHO, Alípio de. Teorias sobre a gênese da homossexualidade: ideologia, preconceito e fraude. In: JUNQUEIRA, Rogério Diniz. *Diversidade sexual na educação*: problematizações sobre a homofobia nas escolas. Brasília: Ministério da Educação, Secretaria de Educação Continuada, Alfabetização e Diversidade; UNESCO, 2009. Disponível em: <http://unesdoc.unesco.org/images/0018/001871/187191por.pdf>. Acesso em: 13 mar. 2017.

12

Crianças *queer* no currículo escolar: demandando visibilidade e bagunçando as normas de gênero

João Paulo de Lorena Silva

O que podem corpos infantis transviados no currículo escolar? Bagunçar as normas? Embaralhar os códigos? Desfazer o gênero? Que efeitos pode produzir em um currículo um corpo infantil desordenado, afrontoso, bicha, sapatão e viado? Durante muito tempo, desde a sua invenção moderna, o corpo infantil foi pensado sob o signo da atemporalidade, ingenuidade e dependência.[1] Essas significações atribuídas aos infantis foram naturalizadas de tal modo que pais, mães, educadores e educadoras foram impedidos de problematizar os discursos que os produzem desse modo. Discursos que, no interior de um sistema estratégico imbricado em relações de poder, acabaram por produzir um modo de pensar a infância marcado pelo universal, natural e a-histórico, impedindo-nos de olhar para a emergência de infâncias outras, infâncias transviadas, estranhas, bichas, sapatonas, transgêneras ou, como sugere Preciado (2013), "infâncias *queer*". Essas infâncias estão nas casas, ruas, escolas e parques, pedindo para serem vistas com um outro olhar, mais receptivo, com mais hospitalidade e amorosidade.[2] Este capítulo instala-se nos territórios movediços do currículo escolar para mostrar como os corpos infantis, resistindo aos diferentes mecanismos de poder, rebelam-se, contestam e bagunçam as normas que os querem produzir e governar, ao mesmo tempo que inventam diferentes modos para se mostrarem e para serem reconhecidos em sua própria diferença.

---

[1] Ver sobre isso Ariès (1981).

[2] Sobre o tema da amorosidade em um currículo ver Paraíso (2014).

Para isso, aspirando tornar inteligíveis os movimentos de resistência em um currículo escolar dos anos iniciais do Ensino Fundamental, este texto desenvolve o argumento de que *modos de vida transviados* têm sido forjados na infância escolar, bagunçando as normas de gênero, transgredindo o currículo, se mostrando e apontando para outros possíveis. Mostra que, em razão do caráter minoritário desses modos de vida, os infantis-*queer* são capazes de efetuar no currículo um "devir-criativo" que permite a construção de novas formas de relação e um "devir-transviado" que afeta e contagia as crianças, contaminando o currículo e disseminando outros possíveis. Nisso reside uma possibilidade de resistência importante, que consiste na recusa das formas impostas de subjetividade para meninos e meninas e na construção de outros modos de estar e viver as infâncias no currículo.

A pesquisa que subsidiou este texto foi desenvolvida em uma escola estadual de Belo Horizonte, com turmas dos anos iniciais do Ensino Fundamental, por meio de uma composição metodológica entre elementos da etnografia educacional pós-moderna, tais como observação das aulas com registro em Diário de Campo, entrevistas semiestruturadas com as professoras e supervisoras pedagógicas, rodas lúdicas de conversa com os/as estudantes e análise *queer* das informações produzidas em campo. O referencial teórico utilizado tem como aporte as teorias curriculares pós-críticas (CORAZZA, 2000; PARAÍSO, 2004; 2005; SILVA, 2013) e opera com conceitos advindos dos estudos *queer* e das filosofias da diferença.

Movimentando-se nas arenas do pensamento pós-crítico e *queer*, este artigo opera com um conceito ampliado de currículo, entendendo-o não somente como "elenco de disciplinas e de conteúdos", "arranjo sistemático de matérias", mas como o conjunto de aprendizagens oportunizadas no ambiente escolar (SANTOS; PARAÍSO, 1996). Como "território [...] de disseminação de saberes diversos, de encontros 'variados', de composições 'caóticas', de disseminações 'perigosas', de contágios 'incontroláveis', de acontecimentos 'insuspeitados'" (PARAÍSO, 2010, p. 15). Corrobora, portanto, com a compreensão de Paraíso (2016) de que também, em um currículo, "é sempre possível dizer basta; é sempre possível enfrentar os intoleráveis; é sempre possível liberar a vida" (PARAÍSO, 2016, p. 405). Afinal, "não há currículo que não expresse ou não viva uma vida" (CORAZZA, 2012, p. 2). E mesmo que essa vida seja atravessada pelos signos do medo e da abjeção, ela insiste, resiste, movimenta-se, protesta, bagunça, cria, inventa e vaza por todos os lados, numa grande luta para que seja vista e possa viver suas diferenças sem referentes.

Em consonância com Preciado (2005), que denuncia as armadilhas e os perigos de se fazer do *queer* uma nova identidade, entendo, ao operar com a ideia de uma infância *queer* vivenciada e disseminada pelos/as infantis que escapam às normas de gênero, que há um modo de vida *queer* que atravessa a infância, uma certa disposição ética, que se aproxima muito mais daquilo que Foucault ([1984] 2010, p. 288) chama de "estética da existência", do que de uma nova categoria identitária que viria a fixar um determinado sujeito em uma posição qualquer. Dessa maneira, o que está em jogo nesses modos de vida é "principalmente um esforço para afirmar a sua liberdade e para dar à sua própria vida uma certa forma na qual [é] possível se reconhecer, ser reconhecido pelos outros (FOUCAULT, [1984] 2010, p. 290) e fazer da própria existência uma obra de arte. Existência essa que, atravessada pelo poder, luta de todas as formas para, em um processo de artesania-de-si-mesmo, escapar do intolerável, das normas que querem produzir as *mesmidades* e estancar os movimentos incontroláveis da diferença.

Butler (2015) afirma que as marcas de gênero qualificam os corpos como humanos; "o bebê se humaniza no momento que a pergunta 'menino ou menina?' é respondida" (BUTLER, 2015, p. 193). Nesse sentido, "as imagens corporais que não se encaixam em nenhum desses gêneros [ou que borram as suas fronteiras] ficam fora do humano, constituem a rigor o domínio do desumanizado e do abjeto, em contraposição ao qual o próprio humano se estabelece" (BUTLER, 2015, p. 193-94). Por isso, desde a mais tenra idade, "nossos corpos são educados através de processos e pedagogias distintas: na família, na escola, nos ambientes e situações por onde transitamos e que vão nos atravessando enquanto experiência" (LEITE, 2016, p. 155). Educa-se os corpos para garantir sua coerência às normas de gênero e, em última instância, produzi-lo como inteligível ao próprio domínio do que é considerado humano (BUTLER, 2015). Esses processos, contudo, são marcados pela instabilidade e contingência. Isso porque "o corpo não é passivo. As marcas que nele operam instituindo acessos ou recusas também podem ser aquelas através das quais novos caminhos são abertos" (LEITE, 2016, p. 156). E são esses caminhos, forjados pelos movimentos de resistência dos corpos infantis *queer*, que explorarei no tópico a seguir.

"JÁ QUE É PRA TOMBAR, TOMBEI!": CRIANÇAS *QUEER* E A INSURGÊNCIA DE UM MODO DE VIDA *QUEER* NO CURRÍCULO ESCOLAR

No currículo da escola pesquisada, Gabriel, Douglas e Rodolfo, alunos do 5º ano,[3] são vistos pelas professoras e pela supervisão pedagógica como corpos-meninos "afeminados, escandalosos, que falam demais, às vezes dengosos e excessivamente delicados" (trecho do Diário de Campo, agosto de 2016). Para Juliana, colega de turma, "eles só andam juntos e só brincam com as meninas no intervalo.

[3] As crianças dessa turma têm entre 10 e 11 anos de idade.

Por isso alguns meninos zoam eles de mulherzinha, bichinha, essas coisas" (fragmento de conversa informal, outubro de 2016). Caio, também aluno do 5º ano, por outro lado, diz que "é muito errado esse *bullying*[4] que algumas pessoas da sala fazem com os meninos, cada um tem um jeito de ser, se a pessoa tem um instinto de menina, deixa ele!". Ao ser questionado sobre o que significa ter um instinto de menina, responde: "Ah, sei lá! É essas coisas de homem querer ser mulher, brincar de boneca, casinha, andar rebolando. Eu acho que isso é um instinto, sabe? Ser... como é mesmo? Homossexual!", conclui em tom reflexivo (roda lúdica de conversa, outubro de 2016).

Também algumas meninas têm os seus corpos desidentificados dos padrões de normalidade instituídos pelas normas de gênero e sexualidade, na escola investigada. Embora considerando que, como observou Carvalhar (2010, p. 31), "as fronteiras da sexualidade [sejam] vigiadas de formas diferentes para os meninos e para as meninas, sendo mais incisivas quando se trata da heterossexualidade masculina", divulga-se, no currículo investigado, que há um modo correto e adequado de ser menina: "meninas são mais delicadas", "têm o caderno mais organizado", "são mais carinhosas", "escutam mais que os meninos", "são mais prestativas", "prestam mais atenção às aulas", "durante o recreio, geralmente, são mais controladas", "brincam mais com as outras meninas", "gostam de brincar de boneca e de casinha" (fragmentos de dizeres das crianças nas rodas lúdicas de conversa, novembro de 2016).

Luíza e Laiane, por não corresponderem a algumas dessas expectativas, são nomeadas como "Maria homem" e "Maria sapatão" por alguns meninos. "Eu já fui chamada de Maria homem, Maria sapatão, essas coisas todas. Antigamente, tipo no 2º ano, eu ligava mais e batia em quem me chamava disso. Agora eu não tô ligando. Todo mundo pode brincar do que quiser e é livre pra ser o que quiser", conta Laiane, lembrando um pouco do seu percurso escolar (fragmento de conversa informal, novembro de 2016). Luíza, por sua vez, conta que sofreu muito preconceito: "Uma vez um menino chegou pra mim e disse assim: além de macaca, você é sapatão! E todo mundo riu de mim na hora. Chorei muito e contei pra professora. Mas ela não fez nada com ele" (roda lúdica de conversa, novembro de 2016).

Há, no currículo, uma espécie de *estranhamento, incômodo, perturbação*, ruídos produzidos pelas crianças que, seja pelos seus modos de falar, andar, gesticular, dançar, sentar ou até mesmo pelas suas companhias, brincadeiras, desejos e sonhos, escapam às normas, experimentando possibilidades outras de habitar

---

[4] A ideia de *bullying* é acionada pelas crianças do 5º ano todas as vezes que querem nomear alguma situação de violência entre pares da mesma faixa etária. De acordo com a professora da turma, "um trabalho sobre *bullying* na escola foi feito no primeiro semestre do ano letivo, com o objetivo de conscientizar sobre essa temática" (Conversa informal com a professora, novembro de 2016).

o gênero. Louro explica que se "a instabilidade é perturbadora, mais ainda nos parecerá a existência daqueles sujeitos que ousam assumi-la abertamente, ao escolherem a mobilidade e a posição de trânsito como o seu 'lugar'" (LOURO, 2003, p. 49). Esses sujeitos, ao assumirem uma posição marcada como abjeta, poluente e contestatória, desestabilizam a ordem discursiva de gênero e sexualidade, bagunçam as suas normas e evidenciam, em uma espécie de *devir-transviado* e *criativo* que "os corpos não são mais dóceis" (PRECIADO, 2011, p. 15). No currículo investigado, como veremos no episódio a seguir, isso fica evidente quando algumas crianças, apesar das violências que sofrem, dado o caráter abjeto de seus corpos, cavam possibilidades de "sobrevivência *queer*" (CORNEJO, 2015, p. 133), resistindo às tentativas de normalização sobre elas investidas.

Episódio 1: O grupo da tombação[5] e a amizade *queer* como possibilidade de resistência e reconhecimento da diferença

> Durante o intervalo, Gabriel, Douglas, Laiane, Rodolfo e Luíza formam um círculo e partilham o lanche, enquanto conversam sobre divas do pop e funk. Gabriel me pergunta se tenho alguma cantora preferida. Respondo que tenho várias, mas Lady Gaga[6] é uma das que mais gosto. As crianças parecem adorá-la e logo começam a falar sobre suas divas musicais. Luíza, então, diz: "A minha preferida é a Beyoncé"[7](as crianças riem). Gabriel fala que gosta da Karol Conka. Todas as crianças se empolgam e começam a falar sobre ela. Pergunto o porquê. Gabriel e Laiane respondem rindo: "Ah, porque nós somos o grupo da tombação!" Todos/as riem e parecem concordar. Rodolfo começa a cantar "Já que é pra tombar, tombei... Bang, bang!"[8], e logo todos/as estão cantando juntos, enquanto Gabriel, de pé, faz a coreografia da música. Seu corpo parece contagiado pelo ritmo do rap e, em algumas partes da música, ele rebola até o chão. Algumas crianças vão se aproximando timidamente, mas logo o improviso da música e o ritmo produzido, mesmo sem instrumento algum, começam a contagiar os corpos dos/as que se aproximam. O sinal toca e as crianças continuam cantando, enquanto a coordenadora grita ao microfone para que organizem as filas e retornem à sala de aula. Acompanho o grupo e percebo que, mesmo na fila, alguns ainda continuam a cantar baixinho, sob o efeito de um encontro inesperado. (trecho do Diário de Campo, outubro de 2016)

[5] "Tombação" é uma gíria bastante utilizada na cena *queer* brasileira. A expressão se popularizou em 2014, quando a rapper brasileira Karol Conka lançou o single "Tombei". De acordo com o Dicionário da língua gay, o termo significa "arrasar", "chegar arrasando". Disponível em: <http://www.doistercos.com.br/dicionario-da-lingua-gay>. Acesso em: 18 maio 2017.

[6] Lady Gaga é uma cantora, compositora, produtora musical, instrumentista, dançarina e atriz norte-americana. Mais informações em: <http://www.ladygagabrasil.com.br/lady-gaga/biografia>. Acesso em: 18 maio 2017.

[7] Beyoncé é uma cantora, compositora, produtora musical e atriz norte-americana de música R&B e pop. A cantora é considerada a mulher do século no mundo pop. Mais informações em: <http://beyoncebrasil.com/beyonce/biografia>. Acesso em: 18 maio 2017.

[8] Letra disponível em: <https://www.letras.mus.br/karol-conka/tombei>. Acesso em: 18 maio 2017.

A sobrevivência de uma criança *queer* às normas de gênero demanda muito de sua criatividade e resistência. Na escola pesquisada, Gabriel, Rodolfo e Douglas, que são chamados por algumas crianças de "bichinhas" e "mulherzinhas", e considerados "homossexuais" pelas professoras e supervisão pedagógica, assim como Luíza e Laiane, lidas como "Maria homem" e "Maria sapatão", por gostarem de esportes considerados masculinos e andarem sempre com os "meninos -alunos-bichinhas", quase sempre estão juntos/as durante o intervalo. Apesar de fazerem parte da mesma turma, durante as aulas, a professora costuma mantê-los/as separados/as no mapa da sala de aula. Questionada sobre o motivo dessa separação, responde: "É que se eu deixar eles juntos é muita conversa. Não param de cochichar um com o outro. Acho que eles têm uma má influência sobre eles mesmos, sabe?" (professora Rita em conversa informal, agosto de 2016). Pergunto sobre o que seria essa "má influência" e ela diz: "Eu acho que esse jeito mais feminino, afeminado do Douglas veio muito da amizade que ele tem com o Gabriel. Eu não tenho nenhum preconceito, mas acho que existe muito modismo hoje em dia. Daqui a pouco todo mundo vira gay. Essas coisas vão se ensinando também, né? Principalmente nessa fase, tem muito a questão da influência do grupo" (professora Rita em conversa informal, agosto de 2016).

É interessante destacar que, embora Douglas e Rodolfo também sejam nomeados como "homossexuais" pelas professoras, Gabriel é visto por elas como sendo aquele que influenciou negativamente os demais, o "mais escandaloso" e, nas palavras de Renata, supervisora da turma, um menino "mal-educado e desbocado" (supervisora Renata em conversa informal, agosto de 2016). Gabriel é um menino negro, alto, corpo franzino e tem 11 anos de idade. Mora em uma comunidade localizada em um morro próximo à escola. Apesar da idade mais elevada em relação à maioria da turma, ainda está no 5º ano porque, de acordo com ele, sua família precisou se mudar por diversas vezes, o que atrasou a sua vida escolar. Em uma das muitas conversas que tivemos, ele me contou que está na escola pesquisada desde os 7 anos de idade e que, mesmo gostando de estudar e dos seus amigos/as, seu percurso foi atravessado por muitas dores e violências, efeitos diretos de seu modo de existir dissidente e lido como perturbador à normatividade de gênero e sexualidade. Ao acessar algumas dessas lembranças, desabafa: "Lembro que até o 3º ano era tudo tranquilo. Depois, no 3º ano, alguns meninos começaram a me bater e me chamar de gayzinho, mulherzinha, viado, essas coisas" (fragmento de entrevista audiogravada, novembro de 2016). Além das ofensas homofóbicas, Gabriel relata que alguns meninos também o chamavam de "macaco" e que, certa vez, no dia em que a escola comemorava o dia da Consciência Negra, um colega de turma chegou para ele e, na frente de todos/as, "deu parabéns pelo dia dos negros", fazendo com que alguns colegas rissem dele no momento, situação que o deixou constrangido e envergonhado (fragmento de entrevista audiogravada, novembro de 2016).

As escolas costumam ser, geralmente, um espaço social bastante perverso para crianças que performatizam em seus corpos dissidências de gênero e sexualidade. Elas "são cruéis não somente por nomear o indivíduo, mas por classificá-lo antes mesmo que ele tenha conhecimento sobre as redes de significados que se operam em sua classificação" (CAETANO; SILVA JUNIOR; GOULART; 2016, p. 127). Ademais, outros marcadores sociais da diferença, como classe social, raça, religião e localização geográfica, interseccionam-se discursivamente no cotidiano dessas crianças, produzindo os seus corpos como inteligíveis e/ou abjetos. Gabriel, nesse sentido, ao ser nomeado como "mulherzinha", "bichinha" e "macaco" pelos seus colegas e ser visto com maior repulsa e incômodo pelas suas professoras, evidencia que a produção de um determinado tipo de sujeito não se dá de modo isolado (o homossexual, o negro, a mulher), mas agencia diferentes discursos e práticas. Nesse sentido, pode-se dizer que há na experiência de ocupar um lugar abjeto uma hierarquia produzida pelo poder (NOGUEIRA, 2017). Diferente dos/das seus/suas amigos/as brancos/as, Gabriel é lido como mais abjeto e nocivo aos padrões de gênero, sexualidade, raça e classe produzidos e divulgados no currículo investigado.

O conceito de abjeção, frequentemente usado pelos/as teóricos/as *queer*, sobretudo por Judith Butler, tem origem na psicanálise, mas foi ressignificado e apropriado por feministas como Julia Kristeva e antropólogas como Mary Douglas (MISKOLCI, 2013; COHEN, 2000). O abjeto pode ser entendido como "algo pelo que alguém sente horror ou repulsa como se fosse poluidor ou impuro, a ponto de ser o contato com isso temido como contaminador e nauseante" (MISKOLCI, 2013, p. 43). O que faz de alguém um corpo abjeto, entretanto, não é a ausência de limpeza ou saúde, "mas é aquilo que perturba uma identidade, uma ordem, um sistema. Aquilo que não respeita os limites, os lugares, as regras" (KRISTEVA, 2006, p. 11). Ao me aproximar, como pesquisador, da história de Gabriel e do grupo da tombação, por diversas vezes, precisei engolir o choro. Em outros momentos, principalmente nas entrevistas, quando o via encher os olhos de lágrimas, era possível ver no seu rosto a dor de tantos e tantas de nós (porque eu também fui uma criança *queer*), que vivenciamos de modo precário a infância simplesmente por sermos quem somos. Entretanto, nem tudo na vida de uma criança *queer* é dor e sofrimento e, mesmo nos solos mais arenosos de um currículo que "tem fome" de corpos normalizados, a vida resiste! E resiste nos encontros... e nas boas amizades que podem surgir a partir deles. Isso porque um currículo também é território de encontros que possibilitam cavar saídas.

É no 3º ano, período em que Gabriel começa a ser vítima de uma série de violências por não corresponder ao que se espera de um menino, que sua história se encontra com a de Douglas, Rodolfo, Laiane e Luíza, crianças que, como ele, também sofriam os efeitos de não corresponderem às normas de gênero e sexualidade. Há, nesse encontro, uma espécie de agenciamento, em que "os corpos se penetram, se misturam, se transmitem afetos" (DELEUZE; PARNET, 1998, p. 84) e "a diferença se desenrola como movimento criador" (PARAÍSO, 2010, p. 27), capaz de resistir aos "poderes estabelecidos [que] têm necessidade de nossas tristezas para fazer de nós escravos" (DELEUZE; PARNET, 1998, p. 75). A resistência, nesse sentido, pode ser entendida como "movimento com que um só homem, um grupo, uma minoria ou todo um povo diz: 'Não obedeço mais', e joga na cara de um poder que ele considera injusto o risco de sua vida" (FOUCAULT, [1979] 2010, p. 77). Dessa maneira, "a zona de consistência do poder deve ser entendida muito mais do lado do sujeito, considerado como campo de possibilidade, campo de ação para uma multidão de condutas a inventar" (PELBART, 2014, p. 258). Afinal, o que está em jogo nessas relações é a constituição de "modos de existência, segundo regras facultativas, capazes de resistir ao poder bem como se furtar ao saber, mesmo se o saber tenta penetrá-los e o poder tenta apropriar-se deles" (DELEUZE, 2013, p. 120).

Nesse contexto, a amizade pode ser considerada uma importante *estratégia de resistência*, uma "possibilidade de utilizar o espaço aberto pela perda de vínculos orgânicos, de experimentar a multiplicidade de formas de vida possíveis" (ORTEGA, 1999, p. 158). Desse modo, como não pensar o grupo da tombação, buscando inspiração em Foucault (1981), como território de criação de um *modo de vida transviado*, que encontra na "amizade *queer*" (CORNEJO, 2015), uma possibilidade de "recusa desse tipo de individualidade que nos foi imposta a vários séculos" (FOUCAULT, 1995, p. 239) pelo poder, sujeitando os corpos infantis a rígidos processos generificados de normalização e controle? Um modo de vida, para Foucault (1981), é efeito de um trabalho sobre nós mesmos, que nos leva "a inventar – e não descobrir – uma maneira de ser ainda improvável" (FOUCAULT, 1981, p. 3). Nesse sentido, "não há um novo modo de existência que não seja fruto de uma mutação subjetiva, de uma ruptura com as significações dominantes" (PELBART, 2014, p. 261), com os poderes estabelecidos que nos querem ver tristes e mortos.

Gabriel conta que o que mais ele gosta de sua amizade com o grupo da tombação é a partilha diária de histórias, experiências e dificuldades: "A gente conversa sobre tudo, *crush*,[9] problemas, namoro (risos). [...] Quando eu virei amigo dos meninos, desde o 3º ano, foi muito bom, porque a gente passou a ser amigo mesmo, sabe? Daquele que protege um ao outro. Tipo, uma vez um menino chamou o Rodolfo de mulherzinha e a gente se juntou pra defender ele. O menino ficou com medo e parou" (roda de conversa audiogravada, dezembro de 2016). Com seus amigos/as *queer*, Gabriel descobriu que "a amizade é algo a ser aprendido" (CORNEJO, 2015, p. 140) e que "um modo de vida pode ser partilhado por indivíduos

---

[9] *Crush* é uma gíria em inglês bastante utilizada em redes sociais como Facebook, Instagram e WhatsApp, que significa alguém por quem você tem uma "queda", alguém por quem você está apaixonado. Disponível em: <http://www.qualeagiria.com.br/giria/crush>. Acesso em: 18 maio 2017.

de idade, estatuto e atividade sociais diferentes. Pode dar lugar a relações intensas que não se parecem com nenhuma daquelas que são institucionalizadas [...], pode dar lugar a uma cultura e a uma ética" (FOUCAULT, 1981, p. 3). Com o grupo da tombação ele experimentou, talvez pela primeira vez, que "há sempre [...] alguma coisa no corpo social, nas classes, nos grupos, nos próprios indivíduos que escapa, de uma certa maneira, às relações de poder" (FOUCAULT, [1977] 2006, p. 244) e que, como mostra Paraíso (2018), no primeiro capítulo deste livro, mesmo em um currículo atravessado por normas regulatórias que buscam a fixidez e a estabilidade, há vidas que se movem possibilitando o emergir do novo. São esses escapes, e as possibilidades produzidas por eles, que analisarei no tópico a seguir.

BAGUNÇANDO AS NORMAS DE GÊNERO: OS ESCAPES E AS DESESTABILIZAÇÕES NO CURRÍCULO ESCOLAR

Há no currículo investigado uma espécie de insubmissão, de recusa aos modos de ser menino e de ser menina produzidos pelas normas de gênero e sexualidade, de *força* que conduz a "movimentos que possibilitam deixar de ser [...], fluxo que nos faz cair na linha de fuga de um devir" (PARAÍSO, 2015, p. 50). Um modo de vida *queer* é sempre um devir, pois cresce como grama no entre, no meio, rompendo com as formas-masculino-e-feminino, fazendo o sistema gênero fugir, "vazar como se fura um cano" (DELEUZE; PARNET, 1998, p. 49). Nesse sentido, as crianças transviadas inventam para si um modo de vida menor, que nunca existe pronto, mas "só se constitui sobre linhas de fuga que são tanto maneiras de avançar quanto de atacar" (DELEUZE; PARNET, 1998, p. 56). Uma minoria, para Deleuze (2013), "pode ser mais numerosa que uma maioria. O que define a maioria é um modelo ao qual é preciso estar conforme [...], ao passo que uma minoria não tem modelo, é um devir, um processo" (DELEUZE, 2013, p. 218). Nisso reside sua força de desestabilização e perturbação, capaz de sacudir o currículo, fazê-lo vibrar, resistir aos seus jogos de poder. Isso porque "os códigos institucionais não podem validar essas relações das intensidades múltiplas, das cores variadas, dos movimentos imperceptíveis, das formas que se modificam. Essas relações instauram um curto-circuito" no currículo, e "introduzem o amor onde deveria haver a lei, a regra ou o hábito" (FOUCAULT, 1981, p. 2), a amizade onde deveria haver o interdito e a censura.

Dito isso, pode-se perguntar: Que efeitos podem produzir no currículo escolar os *modos de vida transviados* inventados e disseminados pelo grupo da tombação? O que essas crianças estão demandando? Por que a existência delas como um grupo desestabiliza o currículo de tal modo que a professora tenta, em um esforço incessante, separá-las, até mesmo no mapa da sala de aula? Para responder a essas questões, traço agora, em uma espécie de mapa, o desenho de alguns movimentos do grupo da tombação no currículo investigado. Um mapa, para Deleuze e Guattari (2011, p. 30) é sempre aberto, "conectável em todas as suas dimensões, desmontável, reversível, suscetível de receber modificações constantemente".

Episódio 2: "Eu só tô provando pra ver como fica": performatividade de gênero e experimentação do corpo

> Sala de aula do 5º ano. Durante a aula de Arte, a professora pede que escolham algumas cores de tinta *guache* e selecionem os materiais que utilizarão para a confecção dos acessórios que serão produzidos no trabalho sobre cultura indígena. Pede, também, que disponham as carteiras em círculo e coloca no centro da sala, sobre o piso, uma grande caixa cheia de materiais. Enquanto as crianças escolhem as tintas e outros materiais, Gabriel pega um pedaço de TNT vermelho e enrola o seu corpo como se fosse um vestido. Laiane o ajuda, enquanto outras crianças que estão próximas riem e se divertem. A professora, quando percebe, intervém pedindo que Gabriel "guarde o TNT na caixa, se não for utilizá-lo para o trabalho". Gabriel anda como se estivesse desfilando, vira para a professora e diz: "Eu só tô provando pra ver como fica". Rafael fala de longe: "Mas isso é coisa de mulher". Gabriel parece não se importar e continua desfilando. Sua expressão é de alegria e descontração. A professora puxa o TNT dele, tirando-o do seu corpo e colocando sobre a sua mesa. "Pronto, agora ninguém mais vai usar esse TNT!", afirma em voz alta e com expressão irritada. Gabriel endurece o rosto e vai até a caixa procurar as tintas. Aproximo-me dele e escuto quando desabafa para Laiane: "A gente não pode fazer nada que essa professora reclama!" (fragmento de Diário de Campo, setembro de 2016)

A experimentação do corpo e de outras possibilidades de habitar o gênero atravessa o currículo investigado de diferentes modos. Se por gênero entendermos "não simplesmente aquilo que alguém tem ou uma descrição estática daquilo que alguém é", e sim "uma das normas pelas quais o 'alguém' simplesmente se torna viável [...], aquilo que qualifica um corpo para a vida no interior do domínio da inteligibilidade cultural" (BUTLER, 2016, p. 154-55), logo o que entra em jogo é a própria *passabilidade* ou *reconhecimento* de um determinado corpo como pertencendo ao domínio do humano. Desse modo, quando Gabriel produz para o seu corpo um vestido vermelho, deixando fluir a sua imaginação e o desejo de experimentar uma outra possibilidade de existência, ele desvela o caráter performativo do gênero. É como se dissesse por meio de sua performance que não há nada de *dado* ou de *natural* naquilo que consideramos o *ser* menino ou menina, que o gênero pode ser como uma roupa que vestimos, um acessório que flutua sobre o nosso corpo, desprovido de toda e qualquer essencialidade.

O gesto de Gabriel assusta a professora, perturba a normatividade de gênero e explicita o jogo ficcional pelo qual somos constituídos homens e mulheres.

Ao caminhar como se estivesse desfilando, assumindo uma postura lida culturalmente como feminina, Gabriel rasga o tecido (hetero)normativo que institui, classifica, divide, delimita e vigia o lugar do masculino e do feminino no currículo. Sua professora, cumprindo o papel de "polícia do gênero" (PRECIADO, 2013), se põe à espreita e, como em um salto de gato, arranca dele o vestido. Gabriel protesta. O seu rosto, ao assumir outra feição, denuncia a sua insatisfação. Suas palavras de desabafo com Laiane são também as palavras de milhares de crianças que, descontentes com a lógica de um currículo heteronormativo, exclamam cansadas: "A gente não pode fazer nada que essa professora reclama!"

E por não poderem fazer nada sob os olhares vigilantes das professoras, Gabriel e o grupo da tombação precisaram cavar, no currículo pesquisado, diferentes estratégias para serem vistos e reconhecidos em sua diferença. A primeira delas, e uma das mais evidentes, foi a formação de um grupo. No grupo, "a solidariedade que floresce, nas relações de amizade, compõe laços essenciais de ruptura e resistência aos modos de subjetividade e relacionamentos dominantes" (GOMES; SILVA JUNIOR, 2010, p. 73), que são engendrados pelas normas de gênero. As crianças *queer* que formam o grupo da tombação, ao contrário do que a palavra *grupo* pode sugerir, não constituem uma *homogeneidade*. Existem, no interior deles/as, diferenças étnico-raciais (Gabriel e Luíza são crianças negras, enquanto as outras são brancas), de gênero, de idade e de liderança. Gabriel, por exemplo, é visto como "o mais comunicativo do grupo, o mais... sei lá, essa pessoa que chega chegando e todo mundo se diverte" (fragmento de conversa informal com Laiane, julho de 2016). Por ser o mais comunicativo, o que "chega chegando", na visão das professoras e da supervisão pedagógica, ele é o líder que influencia os/as demais. Entre as crianças, não há essa visão de liderança. Douglas diz que "todo mundo tem um jeito diferente, mesmo possuindo gostos parecidos. Não há isso de um mandar nos outros" (fragmento de conversa informal, setembro de 2016). São essas diferenças, dentro da própria diferença, que, ao juntaram-se, bagunçam as normas, produzindo o inesperado.

Bagunçam as normas na medida em que produzem cruzamentos, traçam mestiçagens, borram as fronteiras que separam e hierarquizam meninos e meninas. Bagunçam as normas porque, ao reivindicarem serem vistos e reconhecidos em sua própria diferença, não almejam o lugar do centro, constituído como lócus de inteligibilidade, mas escolhem habitar a margem, o excêntrico (LOURO, 2003), a periferia. Até mesmo o lugar onde se encontram para a "tombação", ou seja, para performarem os seus modos transviados de existir, é indicativo de que essas crianças precisaram inventar um espaço *outro* para sobreviverem às diversas violências investidas contra elas. O recreio, desse modo, aparece no currículo investigado como um lugar privilegiado para o encontro, para as conversas que são proibidas, interditadas e vigiadas sob os olhares das professoras. Enquanto na sala estão separados por um mapa, no recreio estão juntos. Enquanto na sala estão mais imunes aos olhares da heteronormatividade, no recreio podem misturar-se, movimentarem-se de outro modo, existirem de uma outra forma.

Episódio 3: "Ainda bem que não estavam fazendo nada demais": banheiro e vigilância no currículo escolar

> Durante o recreio, Gabriel, Rodolfo e Douglas entram com Laiane e Luíza no banheiro das meninas. Rafael, colega de turma do 5º ano, percebe o movimento e vai chamar a supervisora Renata, que, imediatamente, corre para ver o que está acontecendo. Ao entrar no banheiro, encontra Douglas com um estojo de maquiagem passando batom e maquiando o rosto dos demais. A supervisora tem um choque e pede que todos lavem o rosto, ameaçando-os/as de uma suspensão. Avisa para Douglas que chamará a sua família para uma conversa sobre *sua* postura na escola: "Onde já se viu menino trazer kit de maquiagem para a aula? E ainda entrarem no banheiro das meninas..." Douglas começa a chorar com a possibilidade de chamarem a sua família e implora: "Por favor, não diga nada ao meu pai. A gente só entrou no banheiro porque tem espelho". Após o ocorrido, converso com Renata e ela, com expressão tensa, comenta: "Ainda bem que não estavam fazendo nada demais!" (fragmento de Diário de Campo, outubro de 2016)

Depois do ocorrido no banheiro das meninas, as supervisoras pedagógicas, que costumam caminhar pelo pátio durante o recreio, começaram a prestar mais atenção ao grupo, intensificando a vigilância. De acordo com Foucault ([1975] 2014), o que garante o funcionamento automático do poder é um estado consciente e permanente de visibilidade, fazendo com que a vigilância seja constante em seus efeitos, ainda que descontínua em sua ação. Desse modo, não somente no espaço da sala de aula, onde os corpos infantis são distribuídos e organizados por meio de um procedimento de poder, o mapa, mas também no pátio, durante o recreio, torna-se necessário um olhar de sentinela: "Ah, a gente tem que ficar de olho, né? Não é de hoje que esses meninos aprontam. Douglas sempre vinha maquiado pra escola. Aí chamei ele, disse que menino não usa maquiagem e que ia conversar com a família dele. Ele parou por um tempo", explica Renata. Pergunto: "Por que meninos não podem usar maquiagem?", na tentativa de problematizar o seu raciocínio. A supervisora responde: "Na verdade pode, eu não tenho preconceito, mas na escola tem normas, e, ainda, pode um menino bater nele por conta disso. Ele pode sofrer alguma discriminação dos colegas por ser homossexual" (supervisora Renata em conversa informal, outubro de 2016).

Chama a atenção, conversando com a profissional da escola, a convicção de que Douglas, Gabriel e Rodolfo são homossexuais, simplesmente por performarem suas masculinidades de modo distinto das demais crianças da turma. Essa classificação docente de uma suposta homossexualidade na infância e a preocupação com a discriminação social e com o estigma do preconceito, também são analisados por Motta e Favacho (2018), no décimo primeiro capítulo deste livro. No meu campo de pesquisa, entretanto, essa atenção pedagógica se manifestava de modo distinto entre meninos e meninas. Laiane e Luíza, por exemplo, apesar de serem nomeadas como "Maria homem" e "Maria sapatão" por alguns meninos-alunos, não são lidas como lésbicas pelas professoras e supervisoras pedagógicas.

> As meninas eu acho que é mais uma fase. Isso de ser mais masculina. De gostar de brincar de bola, brincar com os meninos. O medo que dá é a influência. Porque, assim, uma coisa é você crescer e escolher o que vai ser. Outra coisa é isso de ensinar para as crianças que é normal ser gay. A escola tem que ensinar o certo. Depois que crescer cada um faz o que quiser da sua vida. (fragmento de entrevista audiogravada com a Professora Rita, dezembro de 2016)

> Luíza e Laiane são muito influenciadas, principalmente por Gabriel. Não acho que elas sejam lésbicas, não! Sobre os meninos a gente já percebe porque menino quando já de pequeno tem um instinto feminino, não dá outra. Mas claro que a gente pode ir podando, educando. Se ele quiser ser isso depois, já com seus 16, 17 anos. Aí é outra história. (fragmento de entrevista audiogravada com a Supervisora Renata)

É interessante notar que, apesar de as profissionais da escola pesquisada não associarem as expressões de gênero das meninas a uma possível lesbianidade, há uma espécie de medo de que elas sejam influenciadas pelos meninos. A atribuição de uma certa *passividade* às meninas em relação aos meninos é uma marca de gênero que aparece no modo como a equipe pedagógica da escola vê as crianças do grupo da tombação. Isso, possivelmente, faz com que identifiquem em Gabriel uma liderança em relação aos/às demais, o que não foi percebido durante a experiência de pesquisa em campo. As evidências apontam muito mais para uma horizontalidade nas relações entre as crianças ou uma liderança compartilhada do que uma liderança de um sobre os outros. Em alguns momentos, como se evidencia a seguir, são as meninas que tomam a frente e saem em defesa dos meninos.

> Enquanto estão se preparando para a aula de Educação Física, Eduardo passa por Rodolfo e, em tom de sarcasmo, exclama: "Hummm... olha a calça dela, toda apertadinha". Luíza, que estava conversando com Rodolfo, empurra Eduardo e pergunta se foi ele que comprou a calça. A professora intervém e encaminha os três para a coordenação. (fragmento de Diário de Campo, julho de 2016)

> Em uma atividade na aula de Língua Portuguesa, a professora divide a turma em dois grupos. Os meninos devem ficar à direita e as meninas à esquerda. Explica que a atividade consiste em um jogo de perguntas sobre acentuação e que o grupo que acertar mais palavras vai ganhar um brinde. Gabriel pergunta se pode ficar com as meninas que, de acordo com ele, "são mais inteligentes". Alguns meninos começam a rir e Otávio o chama de "mulherzinha". Uma confusão se instaura na turma e a professora pede silêncio. Luíza, Laiane e Carolina saem em defesa de

> Gabriel, dizendo que Otávio que provocou o tumulto. A professora concorda e diz para Gabriel que ele deve ficar onde está, com os outros meninos. (fragmento de Diário de Campo, novembro de 2016)

Considerando que as relações de poder são múltiplas, funcionando como "uma rede de relações de alto e baixo, mas também até um certo ponto de baixo para cima e lateralmente" (FOUCAULT, [1975] 2014, p. 174), foi possível perceber, no currículo investigado, que posições como liderança, passividade e determinação circulavam no grupo, sendo assumidas pelas crianças em diferentes momentos. Com relação ao que podem fazer meninos e meninas, elementos que fazem as profissionais da escola pesquisada diferenciarem e classificarem os meninos como *homossexuais* e as meninas como estando *vivenciando uma fase*, também foi possível perceber que entre os 26 alunos/as do 5º ano, para além do grupo da tombação, existem rastros de resistência e transgressão cavados por outras crianças. Essas crianças, na relação cotidiana com o grupo da tombação, posicionavam-se e manifestavam solidariedade e apoio. Nas rodas lúdicas de conversa com esses/as infantis, alguns dizeres evidenciam que os corpos escapam, isto é, "encontram possibilidades outras que não os aparentemente rígidos marcos dos diversos sistemas de regulação" (LIMA; NOGUEIRA, 2016, p. 13). Vejamos alguns deles:

> **Danilo:** Pra mim, meninos e meninas são coisas diferentes. Mas cada um tem o seu jeito. Tipo, se uma menina gosta de futebol e gosta de vestir mais masculina, ela continua sendo uma menina.
>
> **Pérola:** Se o menino gosta de passar batom, se o menino gosta de vestir vestido, de calçar sapato de salto, essas coisas... deixa! Ele não precisa ligar pra o que as pessoas falam, ele tem que ligar pra o que ele acha. As pessoas têm que cuidar da vida delas, não da vida do menino. Ele pode fazer o que quiser.
>
> **Rafael:** Olha, pra mim, preconceito é um negócio, tipo, com palavreado, mais bosta. Bosta, bosta, bosta. Porque pode ser o Gabriel comparado a mim, chega um cara preconceituoso e vai achar que eu sou melhor por causa da cor ou porque tenho um outro jeito, sei lá... Pra mim é bosta! Não sabe! Ainda não tem cérebro formado!
> *(fragmentos de rodas lúdicas de conversa, dezembro de 2016)*

Em um dos grupos entrevistados nas rodas lúdicas de conversa, Eduardo e Gabriel, por estarem próximos na sequência da lista de presença da turma,[10] ficaram

---

[10] Todos os/as alunos/as do 5º ano foram entrevistados por meio de rodas lúdicas de conversas, um dos procedimentos metodológicos utilizados por mim durante a pesquisa. Foram divididos em grupos de cinco, de acordo com a ordem da lista de presença e conduzidos até uma sala da escola que era utilizada para as atividades com vídeo. O procedimento consistiu em um jogo lúdico, inventado por mim, no qual as crianças imaginavam que estavam participando de um programa de televisão muito famoso. Elas seriam entrevistadas com cartões com palavras-chave que deveriam conduzir a roda de conversa.

juntos. Eduardo, que sempre chamava Gabriel de "mulherzinha" e "bichinha" e era um dos que puxavam o coro de agressões contra o grupo da tombação, ouvia atentamente os depoimentos e opiniões dos outros quatro colegas. Gabriel comentou de suas superações, mas também partilhou de suas dificuldades e sofrimentos em relação ao que chamou de "brincadeiras ofensivas" dos colegas da sala. As outras crianças comentavam e corroboravam a visão de Gabriel. Eduardo parecia concentrado e, quando chegou a sua vez, assumiu uma outra posição, defendendo que "o preconceito é algo muito errado mesmo. Concordo com vocês que todos temos que ser respeitados" (fragmento de roda lúdica de conversa, dezembro de 2016). Sua fala, longe de ser uma mera dissimulação por estar na presença do colega que ofendera tantas vezes, mostra que, em um currículo, como na vida, há sempre uma saída, há sempre a possibilidade de ser afetado de alguma forma e se sensibilizar, abrindo-se para a novidade e para a diferença. Isso porque, é sempre possível cavar "um encontro ou uma conexão capaz de reativar forças, ativar devires e produzir alegrias" (PARAÍSO, 2015, p. 50).

O encontro com o outro, nesse sentido, torna-se horizonte possível de liberação da vida, movimento que "impulsiona à relação, inclui, multiplica, soma, aproxima e abraça a diferença" (PARAÍSO, 2014, p. 11). Foram nos encontros cultivados e partilhados diariamente pelo grupo da tombação que, provavelmente, crianças *queer* como Gabriel, Douglas, Laiane, Luíza e Rodolfo encontraram forças para sobreviver às inúmeras violências perpetradas pelas normas de gênero e sexualidade, dando testemunho de que mesmo sendo o currículo um espaço de normalização e controle dos corpos, ele também é "território onde as forças podem 'deformar' as formas" (PARAÍSO, 2015, p. 50). Isso porque, em um currículo também é possível mobilizar forças de criação, desejos, sonhos, esperanças, que têm a ver com a "construção de uma cultura porvir que, por sua vez, será efeito da relação" (PARAÍSO, 2014, p. 14), dos agenciamentos, dos encontros e possibilidades de re-existência cavados para fazer a diferença proliferar. Afinal, como demonstra Ranniery (2018), no nono capítulo deste livro, em um currículo, território atravessado por relações de alteridade, é sempre possível experimentar modos inusitados de existência.

Escutando as crianças *queer*, conhecendo um pouco de suas histórias, fantasias, sonhos, medos, desejos e aflições, resta-nos perguntar: O que seria de um currículo se, em vez de trabalhar para normalizar, controlar, separar e hierarquizar, desse vazão à diferença, sem medo de se deixar contagiar pelas *forças* que irrompem as *formas* e *bagunçam* os códigos instituídos? E se, em vez de punir, vigiar e controlar os corpos dos infantis que escampam às normas de gênero e sexualidade, os educadores e educadoras pudessem se inspirar nessas expressões de dissidência para o próprio educar? Se, como afirmou Miskolci (2013, p. 67), "o processo de aprendizado pode ser de ressignificação do estranho, do anormal como veículo de mudança social e abertura para o futuro", não é demasiadamente utópico sonhar com um currículo *outro*, construído com a mesma irreverência, criatividade, transgressão e alegria do grupo da tombação.

Referências

ARIÈS, Philippe. *História social da criança e da família*. Rio de Janeiro: LTC, 1981.

BUTLER, Judith. Corpos que pesam: sobre os limites discursivos do "sexo". In: LOURO, Guacira Lopes (Org.). *O corpo educado*: pedagogias da sexualidade. 3. ed. Belo Horizonte: Autêntica, 2016.

BUTLER, Judith. *Problemas de gênero*: feminismo e subversão da identidade. 8. ed. Rio de Janeiro: Civilização Brasileira, 2015.

CAETANO, Marcio; SILVA JUNIOR, Paulo Melgaço da; GOULART, Treyce Ellen Silva. "Eu me sentia assim, meio excluído": performances hegemônicas e as dissidências na escola. In: MESSERDER, Suely; CASTRO, Mary Garcia; MOUTINHO, Laura (Org.). *Enlaçando Sexualidades*: uma tessitura interdisciplinar no reino das sexualidades e das relações de gênero. Salvador: EDUFBA, 2016. p. 127-156.

CARVALHAR, Danielle Lameirinhas. Currículo da Educação Infantil: sexualidade e heteronormatividade na produção de identidades. In: PARAÍSO, Marlucy Alves (Org.). *Pesquisas sobre Currículos e Culturas*: temas, embates, problemas e possibilidades. Curitiba: Editora CRV, 2010. p. 31-52.

COHEN, Jeffrey Jerome. A cultura dos monstros: sete teses. In: SILVA, Tomaz Tadeu da (Org.) *Pedagogia dos monstros*: os prazeres e os perigos da confusão de fronteiras. Belo Horizonte: Autêntica, 2000. p. 25-60.

CORAZZA, Sandra M. O drama do Currículo: pesquisa e vitalismo da criação. In: IX SEMINÁRIO DE PESQUISA EM EDUCAÇÃO NA REGIÃO SUL, GT Educação e Arte, 9., 2012, Caxias do Sul. *Anais*... Caxias do Sul: ANPEd, 2012. Disponível em: <http://www.ucs.br/tplAnped2011/eventos/anpedsul2012>. Acesso em: 8 mar. 2017.

CORAZZA, Sandra M. O que faz gaguejar a linguagem da escola. In: CANDAU, V. (Org.). *Linguagens, espaços e tempos no ensinar e aprender*. Rio de Janeiro: DP&A, 2000. p. 89-103.

CORNEJO, Giancarlo. Por uma pedagogia queer da amizade. *Áskesis*, São Carlos, v. 4, n. 1, p. 130-142, jan.-jun. 2015.

DELEUZE, Gilles. *Conversações*. 3. ed. São Paulo: Editora 34, 2013.

DELEUZE, Gilles; GUATTARI, Félix. *Mil Platôs 2*: capitalismo e esquizofrenia. 2. ed. São Paulo: Editora 34, 2011.

DELEUZE, Gilles; PARNET, Claire. *Diálogos*. São Paulo: Escuta, 1998.

FOUCAULT, Michel. (1977). Poderes e estratégias. In: FOUCAULT, Michel. *Estratégia, Poder-Saber*. 2. ed. Rio de Janeiro: Forense Universitária, 2006. p. 241-252. [Coleção Ditos e Escritos IV].

FOUCAULT, Michel. (1979). É inútil revoltar-se? In: FOUCAULT, M. *Ética, sexualidade, política*. 2. ed. Rio de Janeiro: Forense Universitária, 2010. [Coleção Ditos e Escritos V].

FOUCAULT, Michel. (1984). Uma estética da existência. In: FOUCAULT, M. *Ética, sexualidade, política.* 2. ed. Rio de Janeiro: Forense Universitária, 2010. [Coleção Ditos e Escritos V].

FOUCAULT, Michel. Da amizade como modo de vida. Entrevista de Michel Foucault a R. de Ceccaty, J. Danet e J. le Bitoux. *Gai Pied*, n. 25, p. 38-39, abr. 1981. Disponível em: <http://portalgens.com.br/portal/images/stories/pdf/amizade.pdf>. Acesso em: 5 mar. 2017.

FOUCAULT, Michel. Michel Foucault entrevistado por Hubert L. Dreyfus e Paul Rabinow. In: RABINOW, P.; DREYFUS, H. (Org.). *Michel Foucault, uma trajetória filosófica*: para além do estruturalismo e da hermenêutica. Rio de Janeiro: Forense Universitária, 1995. p. 253-278.

FOUCAULT, Michel. *Vigiar e punir*. 42. ed. Petrópolis: Vozes, [1975] 2014.

GOMES, Lívia Godinho Nery; SILVA JUNIOR, Nelson da. Amizade e experimentação política: solidariedade e resistência entre amigos nas classes populares. *Arquivos Brasileiros de Psicologia*, Rio de Janeiro, v. 62, n. 1, p. 72-83, 2010.

KRISTEVA, Julia. *Poderes de la perversión*: ensayo sobre Louis-Ferdinand Céline. 6. ed. Madrid: Siglo XXI editores, 2006.

LEITE, Fernanda Capibaribe. Corpos em cena e trânsito: sujeitos em devir na filmografia de Cláudia Priscilla. In: COLLING, Leandro (Org.). *Dissidências sexuais e de gênero.* Salvador: EdUFBA, 2016. p. 153-175.

LIMA, Carlos Henrique Lucas; NOGUEIRA, Gilmaro (Org.). *Um corpo possível*: ensaios sobre abjeção e existência cultural. Rio de Janeiro: Luminária Academia, 2016. p. 13-18 [Apresentação].

LOURO, Guacira Lopes. Currículo, gênero e sexualidade: o "normal", o "diferente" e o "excêntrico". In: LOURO, G. L. *et al.* (Org.). *Corpo, gênero e sexualidade*: um debate contemporâneo em educação. Petrópolis: Vozes, 2003. p. 41-52.

MISKOLCI, Richard. *Teoria Queer: um aprendizado pelas diferenças.* 2. ed. Belo Horizonte: Autêntica, 2013. [Cadernos da Diversidade].

MOTTA, Darci Aparecida Dias; FAVACHO, André Márcio Picanço. Do silêncio ao desconforto: a prática de educadoras da Educação Infantil diante da sexualidade das crianças. In: PARAÍSO, Marlucy Alves; CALDEIRA, Maria Carolina da Silva (Org.). *Pesquisas sobre currículos, gêneros e sexualidades.* Belo Horizonte: Mazza, 2018, p. 241-259.

NOGUEIRA, Conceição. *Interseccionalidade e psicologia feminista.* Salvador: Editora Devires, 2017.

ORTEGA, Francisco. *Amizade e estética da existência em Foucault.* Rio de Janeiro: Graal, 1999.

PARAÍSO, Marlucy Alves. A ciranda do currículo com gênero, poder e resistência. *Currículo sem Fronteiras*, Pelotas, v. 16, n. 3, p. 388-415, set.-dez. 2016.

PARAÍSO, Marlucy Alves. Currículo e Diferença. In: PARAÍSO, Marlucy Alves (Org.). *Pesquisas sobre currículos e culturas*: temas, embates, problemas e possibilidades. Curitiba: Editora CRV, 2010. p. 15-29.

PARAÍSO, Marlucy Alves. Currículo, Cultura e Diferença: "Gabriel e eu" ou "o amor é o signo". In: XI COLÓQUIO SOBRE QUESTÕES CURRICULARES, VII COLÓ-

QUIO LUSO BRASILEIRO DE CURRÍCULO E I COLÓQUIO LUSO-AFRO-BRASILEIRO SOBRE QUESTÕES CURRICULARES, Braga, set. 2014. *Mesa-Redonda "Currículo e Cultura"*. Braga, Portugal, 2014.

PARAÍSO, Marlucy Alves. Currículo-mapa: linhas e traçados das pesquisas pós-críticas sobre currículo no Brasil. *Educação & Realidade*, Porto Alegre, v. 30, n. 1, p. 67-82, jan.-jun. 2005.

PARAÍSO, Marlucy Alves. Pesquisas pós-críticas em educação no Brasil: esboço de um mapa. *Cadernos de Pesquisa*, São Paulo, v. 34, n. 122, p. 283-303, maio-ago. 2004.

PARAÍSO, Marlucy Alves. Um currículo entre formas e forças. *Educação*, v. 38, n. 1, p. 49-58, jan.-abr. 2015.

PARAÍSO, Marlucy. Fazer do caos uma estrela dançarina no currículo: invenção política *com* gênero e sexualidade em tempos do *slogan* "ideologia de gênero". In: PARAÍSO, Marlucy; CALDEIRA, Maria Carolina da Silva (Org.). *Pesquisas sobre currículos, gêneros e sexualidades*. Belo Horizonte: Mazza, 2018, p. 23-52.

PELBART, P. Por uma arte de instaurar modos de existência que não existem. In: BIENAL DE ARTE DE SÃO PAULO. *Como pensar coisas que não existem*. Livro 31ª Bienal de Arte de São Paulo. São Paulo, 2014. p. 250-256.

PRECIADO, Beatriz. Devenir bollo-lobo o como hacerse un cuerpo queer a partir de *El pensamiento heterosexual*. In: CÓRDOBA, David; SÁEZ, Javier; VIDARTE, Paco. *Teoría Queer*: políticas bolleras, maricas, trans, mestizas. Barcelona: Editorial Egales, 2005.

PRECIADO, Paul B. *Qui défend l'enfant queer? Libération*. 2013. Disponível em: <http://www.liberation.fr/societe/2013/01/14/qui-defend-l-enfant-queer_873947>. Acesso em: 5 mar. 2017.

PRECIADO, Paul. B. Multidões queer: notas para uma política dos "anormais". *Revista Estudos Feministas*, Florianópolis, v. 19, n. 1, p. 11-20, jan.-abr. 2011.

RANNIERY, Thiago. Manifesto Beyoncé no currículo: a força da música e o brilho erótico do corpo que dança. In: PARAÍSO, Marlucy Alves; CALDEIRA, Maria Carolina da Silva (Org.). *Pesquisas sobre currículos, gêneros e sexualidades*. Belo Horizonte: Mazza, 2018, p. 199-218.

SANTOS, Lucíola L. P.; PARAÍSO, Marlucy Alves. Dicionário crítico da educação: currículo. *Presença Pedagógica*, Belo Horizonte, v. 2, n. 7, p. 82-84, jan.-fev. 1996.

SILVA, Tomaz Tadeu da. *Documentos de identidade*: uma introdução às teorias de currículo. 3. ed. Belo Horizonte: Autêntica, 2013.

13

"Aquele tesão repentino por si mesma": currículo da nudez autoexposta na produção de sexualidades e gênero na sociedade contemporânea interconectada[1]

Luíza Cristina Silva Silva
Shirlei Rezende Sales

Um nude
É tua alma crua
E pegando fogo para si mesma

É querer ver e ser
O tesão estilhaçado
De todos os beijos que ainda
Não foram roubados

É brincar com as cores
Sem filtro ou com filtro
Nas formas da tua pele

É fazer pose
Pra ajudar a autoestima
É deixar para lá essa história de "barriguinha"

E, meu bem, não é nunca
Uma questão de ser aceita pelos outros
Mas a constatação do amor
Que se criou pela **fruta**
De sermos nós mesmas

Adna Rahmeier[2] [Publicação no grupo "somente as libidinosas"[3] no *Facebook*]

A poesia acima explicita os afetos, os sentidos e o prazer de fotografar-se nua para uma publicação na rede social *Facebook*. Os ditos da poesia expressam alguns modos de vivência da sexualidade, gênero e corpo na sociedade contemporânea interconectada. As sensações mostradas se voltam para expressar as maneiras e os motivos de realizar o autorretrato nu. No Brasil, a prática é popularmente conhecida pelo nome em inglês *nude selfie*, e é ainda mais difundida pelo imperativo "manda *nudes*".

Essa prática de capturar a própria nudez se tornou popular muito em decorrência da popularização do *smartphone*. Hoje, para ter acesso aos inúmeros aplicativos eletrônicos, por exemplo, é necessário ter um "celular inteligente" (SIBILIA, 2016, p. 21). Esse artefato digital se tornou um "equipamento básico de quase toda a população mundial" a partir da primeira década do século XXI (SIBILIA, 2016, p. 21). Ou seja, é relativamente recente a possibilidade de acessar aplicativos, redes sociais, *e-mails* em tempo praticamente integral e isso ocasionou mudanças nas relações de sexualidade e gênero.

A proliferação de autorretratos na cibercultura ocorre principalmente porque o *smartphone* tem acoplado ao seu sistema operacional a câmera fotográfica digital. De acordo com Sibilia (2016), para além dessa câmera já existente, surgiu por volta de 2013 no Brasil a câmera fotográfica frontal. Desse modo, surge outra possibilidade de captura de imagens: a fotografia de si mesmo, o *selfie*. Com o *selfie* é possível fazer vídeos e fotos de forma imediata e publicar nas redes sociais no mesmo instante. Essa proliferação de fotos, vídeos e autorretratos na cibercultura abarcam também o corpo e a sexualidade, o que envolve o *nude selfie*.

Nesse sentido, o *nude selfie* contribui para que o corpo, a sexualidade e a nudez passem a integrar a rede mundial de computadores e outros artefatos digitais (*smartphone*s, *tablets*, *ipads*). Milhares de usuários/as enviam autorretratos nus para grupos secretos no *Facebook*, nos grupos específicos de *nude selfie* no *WhatsApp*, em mensagens privadas nas redes sociais digitais, vídeos instantâneos no *Snapchat* e por inúmeras outras possibilidades. Essa multiplicidade de corpos nus exibidos nas redes sociais digitais são indicadores culturais das relações de poder contemporâneas e das formas de fabricar modos de vivência da sexualidade e do gênero de maneira amalgamada com as tecnologias digitais. Uma outra análise sobre essas questões pode ser vista no Capítulo 14 deste livro, em que Ribeiro e Fonseca (2018) discutem o que nomearam como "*tecnologia da lesbiandade*" no currículo de um *site* de relacionamentos.

---

[1] Este capítulo é proveniente da pesquisa de mestrado desenvolvida no Programa de Pós-Graduação em Educação da Universidade Federal de Minas Gerais na linha de pesquisa Currículos, Culturas e Diferença, com financiamento de bolsa concedida pelo CNPq (2016-2018).

[2] Este é o único nome verdadeiro das usuárias das redes sociais divulgado neste artigo a pedido da autora da poesia.

[3] Por questões éticas, os nomes dos grupos pesquisados são fictícios.

Diante desse cenário, as forças produtivas do corpo, sexualidade, gênero e nudez no ciberespaço são analisadas neste capítulo. Para isso, discutimos essas produções e fabricações de modos de existência no que nomeamos de "currículo da nudez". Esse currículo está em consonância com a perspectiva que Paraíso (2018, p. 24) desenvolve no primeiro capítulo deste livro, de que o currículo deve "afirmar a vida e multiplicar os encontros que nos fazem desejar e expandir". Nesse viés, o objetivo da pesquisa que subsidia este capítulo é analisar os modos de atuação do currículo da nudez autoexposta no ciberespaço, na produção de relações de sexualidades e gênero. Com base nesse objetivo analítico, argumentamos que o currículo da nudez constitui a posição *fruta-de-sermos-nós-mesmas*, que transgride os imperativos morais e produz prazer, autoestima e política, a partir do autorretrato nu.

Para a realização desta pesquisa, criamos um caminho próprio de investigação. Partimos da perspectiva teórica e metodológica pós-crítica e utilizamos a netnografia como metodologia de trabalho. De acordo com Sales (2012), a netnografia utiliza conceitos da etnografia, mas é uma metodologia aplicada à observação participante no ciberespaço. "A netnografia é uma abordagem da pesquisa *online* de observação participante" (KOZINETS, 2014, p. 72) que considera as especificidades das tecnologias digitais e das características sociais e culturais do ciberespaço. Amaral *et al.* (2008) explicam que a netnografia também é conhecida como "etnografia virtual" e, embora derivada da etnografia, não é mera transposição do método etnográfico para internet. Esse método de pesquisa surge da inserção do/a pesquisador/a num universo de relações na grande rede digital "para a observação e investigação de práticas culturais e de comunicação" (AMARAL *et al.*, 2008, p. 4).Dessa maneira, construímos a investigação netnográfica pela captura de imagens, poesias, publicações nas redes sociais, pinturas, *gifs*, quadrinhos que despertaram intensidades e afetos sobre a nudez, *nude selfie*, sexualidade, corpo e relações de gênero produzidas no decorrer da pesquisa de campo.

Nesta investigação, o currículo da nudez foi pesquisado por meio da netnografia de três grupos secretos na rede social *Facebook* e um grupo no *WhatsApp*. O maior deles soma 10 mil usuárias de todo o Brasil. Os grupos secretos existem com intuito principal de trocar, publicar e brincar com autorretratos nus apenas entre mulheres cis[4] e pessoas trans.[5] Realizamos também entrevistas

---

[4] Cis é a abreviação do termo cisgênera, que são pessoas que foram designadas com um gênero ao nascer e se identificam com esse gênero. A cisgeneridade, segundo Viviane V. (2015), é uma matriz normativa que as pessoas são compelidas a performatizar para sobreviver.

[5] Trans são pessoas que não se identificam com o gênero ao qual foram designadas ao nascer. Para Viviane V. (2015), "trans" são identidades de gênero inconformes em relação às identidades cisgêneras naturalizadas.

online com algumas participantes da pesquisa para complementar e aprofundar as análises. Neste capítulo, utilizamos as informações originadas das observações de dois dos quatro grupos pesquisados, para os quais criamos nomes fictícios: "Somente libidinosas", no *Facebook*, e "Libertárias", no *WhatsApp*. O currículo da nudez pesquisado se constitui dos discursos que circulam sobre autorretrato nu, sexualidade e gênero no ciberespaço, ou seja, publicações no *Facebook*, notícias e imagens capturadas durante os 4 meses de observações dos grupos mencionados acima.

O currículo da nudez é composto por um conjunto maquínico que está em consonância com a noção de Sandra Corazza e Tomaz Tadeu (2003), que compreendem que o currículo é constituído por regimes de verdade, ordens discursivas, constituição dos sujeitos e relações de poder. O currículo na perspectiva pós-crítica está "para além de uma mera listagem de conteúdo a ser trabalhado em sala de aula", como mostram Filho e Maknamara (2018, p. 349) no último capítulo deste livro, bem como Meireles (2018, Capítulo 7), Ribeiro e Fonseca (2018, Capítulo 14) e Carneiro (2018, Capítulo 15). Nesse sentido, currículo é compreendido como um artefato cultural que produz "um discurso que, ao corporificar narrativas particulares sobre o indivíduo e a sociedade, nos constitui como sujeitos" (SILVA, 1996, p. 165).

Assim, os componentes constitutivos do currículo da nudez são as batalhas discursivas, os processos de constituição dos sujeitos, os regimes de verdade, as relações de poder, sexualidade e gênero. Neste trabalho, a verdade é compreendida como uma "ficção, invenção, criação" (CORAZZA; TADEU, 2003, p. 35). Pretendemos criar, em vez de "descobrir, revelar, desvelar" (CORAZZA; TADEU, 2003, p. 35), os modos de atuação do currículo da nudez autoexposta na produção de relações de sexualidades e gênero na contemporaneidade. Isso porque, na perspectiva aqui adotada, "não há nenhuma verdade a ser descoberta ou revelada porque a única verdade é aquela que nós criamos" (CORAZZA; TADEU, 2003, p. 40). Dessa maneira, não há essência ou substância verdadeira no currículo da nudez, mas, sim, uma relação produtiva de invenção e criação.

Um dos componentes desse currículo é o poder, que para Michel Foucault é compreendido como uma relação de forças. Além disso, ele não tem um lugar preciso, mas age sobre um campo de possibilidades e ações. Para Foucault (2014, p. 121), "o poder é uma ação de uns sobre os outros", não é uma propriedade de classe, é mais uma estratégia. Dessa maneira, o poder se exerce em relação de força, não é um atributo de ninguém em particular, mas, sim, uma relação que produz verdades no jogo discursivo. Nessa perspectiva, o discurso para Foucault (2011, p. 56) abarca as "práticas que formam sistematicamente os objetos que falam". A analítica com o conceito do discurso opera com os ditos, conhecimentos e práticas que produzem o currículo da nudez. O discurso, no currículo da nudez, fabrica modos de vivenciar, conhecer e compreender as relações de gênero, corpo, nudez e sexualidade.

Outro componente analítico é o conceito de sexualidade (FOUCAULT, 2014b) que perpassará todo este capítulo, entendendo-se esta como um dispositivo histórico. A sexualidade é compreendida como uma rede de prazeres e trocas sexuais discursivamente produzidas que direciona as formas de sentir e compreender as relações. É também uma rede de "estimulação dos corpos". É "a intensificação dos prazeres, a incitação ao discurso, a formação dos conhecimentos" (FOUCAULT, 2014b, p. 115). O dispositivo da sexualidade, a partir do século XIX na Europa, passa a inventar "tipos sexuais", passa a decidir "o que era normal ou patológico" e a hierarquizar essas tipificações de atos e condutas a respeito do sexo (LOURO, 2009, p. 88). Busca-se tenazmente "conhecer, explicar, identificar e também classificar, dividir, regrar e disciplinar a sexualidade" (LOURO, 2009, p. 88).

Correlato à sexualidade, temos o conceito de gênero. Para Guacira Lopes Louro (2009, p. 91), "temos de reconhecer que sexualidade e gênero estão profundamente articulados". Esse conceito também faz parte das engrenagens analíticas do presente capítulo. Gênero, para Butler (2013), é um processo, uma construção sem origem e nem fim, um constante vir a ser que se faz por uma reiteração repetida de atos: "um conjunto de atos repetidos no interior de uma estrutura reguladora altamente rígida, a qual se cristaliza no tempo para produzir a aparência de uma substância, de uma classe natural do ser" (BUTLER, 2013, p. 59). As reiterações de atos fazem com que "os vários atos de gênero" criem "a ideia de gênero" (BUTLER, 2013, p. 199). Dessa maneira, o que é autorizado como realidade do gênero não passa de uma fabricação. O "gênero verdadeiro é uma fantasia instituída e inscrita na superfície dos corpos" (BUTLER, 2013, p. 195) e não é, a princípio, nem verdadeiro nem falso, mas, sim, um efeito discursivo que também apresenta uma força de recriação das verdades autorizadas. Gênero, por fim, é "o mecanismo pelo qual as noções de masculino e feminino são produzidas e naturalizadas, mas [...] pode muito bem ser o aparato através do qual esses termos podem ser desconstruídos e desnaturalizados" (BUTLER, 2014, p. 253).

Desse modo, o currículo da nudez é fabricado por ditos sobre corpo, nudez, feminismo, assimetrias de gênero, violência e práticas sexuais que circulam nas redes sociais digitais. O currículo analisado ensina maneiras de viver a nudez com os artifícios tecnológicos contemporâneos, disponibilizando formas diferentes de sentir prazer. Assim como faz circular ditos de autoestima, trazendo para a trama discursiva do currículo a beleza dos corpos a serem admirados a cada autorretrato, o currículo da nudez faz circular também ditos da potência do corpo nu como um ato político de reivindicação social.

A POSIÇÃO DE SUJEITO *FRUTA-DE-SERMOS-NÓS-MESMAS* E A TRANSGRESSÃO DOS IMPERATIVOS MORAIS NO CURRÍCULO DA NUDEZ

A poesia-nude do início deste capítulo apresenta a posição de sujeito *fruta-de-sermos-nós-mesmas* acionada no currículo da nudez a partir da prática de fotografar-se nua. Posições de sujeito são "posições discursivas" que produzem o sujeito "na mesma operação que lhes atribuem um lugar discursivo" (LARROSA, 2002, p. 66). Para Foucault, elas são um "lugar determinado e vazio que pode ser efetivamente ocupado por indivíduos diferentes" (FOUCAULT, 2005, p. 107). Desse modo, a posição de sujeito não é permanente e, sim, é disponibilizada discursivamente, mas os sujeitos podem ou não ocupá-la, dependendo das correlações de forças estabelecidas nos discursos (LEAL, 2017). Neste capítulo discutimos a posição *fruta-de-sermos-nós-mesmas*, a qual tem como características a vaidade e a admiração pela beleza do corpo nu por meio do autorretrato capturado e compartilhado na rede. Os ditos abaixo corroboram a compreensão das marcas constitutivas dessa posição de sujeito:

> Aquele tesão repentino por si mesma. Aquele dia que você acorda se sentindo uma deusa, mulher, poderosa. Nada melhor que um nude para comemorar. [Entrevista Maya,[6] 19 anos – 06/02/2017]

> A gente se fotografar dá uma massageada na autoestima, né!? To tão apaixonada comigo nessa foto. Namorado na festa da empresa, filhote dormindo. Resolvi me namorar um pouco. To aqui me redescobrindo mulher, me aceitando como sou, e sentindo o sangue ferver nas veias, agora sem CULPA. [Publicação no grupo "Somente libidinosas"[7] no *Facebook* – 05/11/2016]

Os ditos afirmam o "tesão repentino por si mesma", "nada melhor do que um *nude* para comemorar" e "to tão apaixonada comigo nessa foto". A partir disso é possível observar que os ditos que circulam no currículo da nudez produzem a posição de sujeito *fruta-de-sermos-nós-mesmas*. Esse lugar discursivo aponta para a produção de sentimentos de "paixão" e "tesão" por si mesma. No currículo da nudez, os sujeitos elaboram exercícios sobre si que transformam seus corpos em frutas que podem ser apreciadas, celebradas, contempladas, admiradas pelo autorretrato nu. Nesse currículo, a verdade de si produzida é a do amor pelo próprio corpo e da delícia de "ser" uma "fruta saborosa".

---

[6] Os nomes das participantes dos grupos são fictícios.

[7] Como dito anteriormente, os nomes dos grupos são fictícios.

A paixão, a excitação e o ato de namorar a si mesma constituem relações produtivas de sexualidade no currículo da nudez, pois essas são práticas nas quais os indivíduos são "levados a voltar a atenção para si mesmos, a decifrar-se, a reconhecer-se e a assumir-se como sujeitos de desejo", atribuindo uma "experiência de si próprio como sujeito de uma 'sexualidade'" (FOUCAULT, 2017, p. 189). Percebe-se, nesse currículo, a produção de modos de sentir prazer e modos de produzir relações de sexualidade que incluem admirar o corpo nu fotografado pelo *smartphone* e publicado no ciberespaço. No currículo da nudez, a ação de namorar a si a partir do *nude selfie* é uma prática produtiva da sexualidade.

Para isso, a posição *fruta-de-sermos-nós-mesmas* tem como marcas a autoestima, a vaidade e o prazer de tirar fotografias do próprio corpo nu. A publicação fala ainda de "redescobrir-se mulher" e a entrevistada Maya aciona os ditos: "deusa, mulher, poderosa", divulgando discursos generificados, ou seja, formas de ser e estar no mundo na contingência histórica das relações de gênero. Nessa mesma linha, Silva (2018), no Capítulo 12 deste livro, discute como os corpos são educados, de modo a tentar garantir uma coerência com as normas de gênero, em um processo instável e contingente. A contingência histórica mostra a "materialidade fictícia" (BUTLER, 1998) do gênero, em que não existe um "sujeito essencial ou pré-dado situado por detrás de suas ações" (ROSE, 2001, p. 173). Gênero é o efeito discursivo que incide no corpo e nos modos de existência dos sujeitos de maneira constante. Para Butler (2013, p. 59), "mulher é um termo em processo", uma construção "que não se pode dizer com acerto que tenha uma origem ou um fim". Nesse sentido, o currículo da nudez aciona a noção processual do gênero, o "sentir-se mulher" é alterado com a prática do *nude selfie*. Isso porque o "redescobrir-se mulher" encontra-se produzido com as marcas constitutivas da *fruta-de-sermos-nós-mesmas*. Assim, outros modos de ser mulher são divulgados. São mulheres vaidosas e cheias de estima por si mesmas que saboreiam seus corpos a partir da produção do autorretrato via *smartphone*.

Além desses aspectos, na publicação no grupo do *Facebook* a palavra "CULPA" vem em destaque. Para Foucault (2017, p. 62), a noção de culpa está relacionada com o acionamento de técnicas de poder que incidem na "consciência" para produzir uma verdade sobre os sujeitos e os seus atos. A culpa está relacionada à "verdade obtida pelo exame de consciência" no controle da "tentação". A culpa pode ser acionada como uma técnica de poder quando as prescrições da moral não são seguidas pelo sujeito. A moral, para o autor, é "um conjunto de valores e de regras de conduta que são propostas aos indivíduos e aos grupos por meio de diversos aparelhos prescritivos" (FOUCAULT, 2017, p. 205). Castro (2009) explica que, para Foucault, existia também a "moralidade de comportamentos", que são os comportamentos morais dos indivíduos à medida que se adaptam ou não às regras e aos valores que lhes são propostos.

A culpa é uma técnica de poder que tem como estratégia a produção da verdade do sujeito sobre si próprio, atrelando à sua consciência dicotomias morais entre condutas normais e condutas desviantes. Assim, na publicação, diz: "me aceitando como sou [...] agora sem CULPA". Rompem-se os imperativos morais que significam o autorretato nu como uma conduta desviante. Desse modo, o currículo da nudez produz as relações de sexualidade de outro modo, possibilitando o prazer sem culpa, isto é, sem dicotomias entre o normal e o desviante, de modo a acionar outro campo de ação possível das relações de poder: a *fruta-de-sermos-nós-mesmas*. Os discursos do currículo da nudez que produzem a posição de sujeito *fruta-de-sermos-nós-mesmas* precisam interditar os imperativos morais da culpa para que essa posição de sujeito seja acionada.

> Acho que a gente aprende desde cedo que temos que nos cobrir, ser mulher recatada, que a pepeca é feia, e que a nudez é feia e errada. Depois que eu comecei a tirar nudes eu acho que comecei a ver o nu como algo natural, nada de aberração como minha mãe me ensinou. Pelo menos pra mim [a prática do *nude selfie*] me ensinou a me amar mais. [Entrevista de Letícia, 22 anos – 02/02/2017]

Assim como fala Letícia, geralmente as prescrições da instituição familiar em relação às mulheres são: cobrir o corpo, associar a nudez à feiura, ao erro, e "ser" uma "mulher recatada". O corpo, para Butler (2013, p. 198), "não é um 'ser', mas uma fronteira variável, uma superfície cuja permeabilidade é politicamente regulada". Isso indica que o corpo é uma materialidade constituída por discursos sobre o modo como os sujeitos devem proceder e que ações devem realizar com seu próprio corpo. A entrevistada explicita que cobrir o corpo é algo que se aprende, de maneira que é uma verdade acionada, no caso de Letícia, pela instituição família, que disponibiliza modos de ser e agir da "mulher recatada". Ela fala que esse modo de ser também aciona ditos de "que a pepeca é feia, e que a nudez é feia e errada" – e com "pepeca" está se referindo aos órgãos de intensidade de prazer (PRECIADO, 2014) reconhecidos como sexuais. Parece que os imperativos morais, acoplados a outros dispositivos de poder contemporâneos, ainda disponibilizam modos de existência da "mulher recatada" como conduta moral correta e permitida, além de trazerem ditos de feiura e aberração para o corpo e para a nudez.

No entanto, há outro campo discursivo que incita a prática do *nude selfie* e possibilita modos de vida que transgridem o imperativo moral. No currículo analisado, interdita-se a nomeação da feiura e do erro em relação à exibição do corpo e isso possibilita a produção da posição de sujeito *fruta-de-sermos-nós-mesmas*. Essa posição demarca a possibilidade da nudez como algo diferente da aberração. Nas palavras de Letícia, como "algo natural" e que produz amor pelo seu corpo. Esses ditos, no que tange à naturalização da prática da nudez, estão em consonância com o que Sibilia

(2015, p. 172) afirma: "parece que se mostrar sem roupa está na moda". Transgride-se o imperativo moral que prescreve o corpo da mulher nu como um erro, por meio da posição de sujeito *fruta-de-sermos-nós-mesmas* e da divulgação da nudez autoexposta como algo cotidiano. Sendo assim, o currículo da nudez aciona mecanismos de poder que incitam maneiras de viver a sexualidade marcadas pelo amor ao corpo, sedução e vivência das sensações e prazeres corporais por meio do autorretrato nu.

Isso indica que, no currículo da nudez, ocorre um entrecruzamento de ditos de vaidade, de normalidade da prática do *nude selfie* e de prazer por si com ditos dos imperativos morais que acionam a vergonha do corpo, a insegurança e a não exibição da nudez. Por consequência, o currículo da nudez pode apresentar modos de produção de sujeitos que abarcam esses dois campos discursivos, produzindo modos múltiplos e não lineares de vivenciar a nudez e a sexualidade. Dessa maneira, nas relações produtivas de poder desse currículo, os discursos dos imperativos morais são interditados pela posição *fruta-de-sermos-nós-mesmas*, ainda que esse discurso seja produtivo nas relações de poder do currículo da nudez. A seguir, um exemplo desse entrecruzamento discursivo.

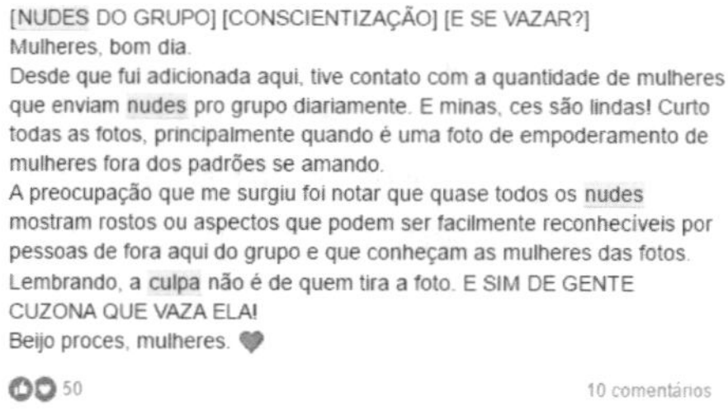
[NUDES DO GRUPO] [CONSCIENTIZAÇÃO] [E SE VAZAR?]
Mulheres, bom dia.
Desde que fui adicionada aqui, tive contato com a quantidade de mulheres que enviam nudes pro grupo diariamente. E minas, ces são lindas! Curto todas as fotos, principalmente quando é uma foto de empoderamento de mulheres fora dos padrões se amando.
A preocupação que me surgiu foi notar que quase todos os nudes mostram rostos ou aspectos que podem ser facilmente reconhecíveis por pessoas de fora aqui do grupo e que conheçam as mulheres das fotos.
Lembrando, a culpa não é de quem tira a foto. E SIM DE GENTE CUZONA QUE VAZA ELA!
Beijo proces, mulheres.
50
10 comentários

Figura 1. Captura de Tela – Publicação da Rhana no grupo "Somente libidinosas" no *Facebook* [20/10/2016])

> Não me importo de vazar o nude. Nunca fiz de meu corpo uma instituição sagrada. Posto é na timeline mesmo. [Comentário de Giulia sobre o post acima – grupo "Somente libidinosas" no *Facebook* – 21/10/2016][8]

A publicação (Figura 1) mostra a preocupação da Rhana com os casos que estavam ocorrendo de vazamento de autorretratos nus publicados no grupo. Nas palavras centrais da publicação está "conscientização", possibilitando a compreensão de que a Rhana está acionando técnicas de segurança que englobem não mostrar o "rosto" e "aspectos que podem ser facilmente reconhecíveis" no *nude selfie*. Ela pressupõe que o vazamento de autorretatos nus seja uma preocupação das demais

[8] O comentário foi transcrito porque estava com marcas gráficas pouco legíveis.

participantes do grupo e, assim, a publicação vem no sentido de lembrar as técnicas de segurança que circulam na cibercultura.[9] No entanto, nem todas as participantes do grupo se preocupam em tornar a nudez pública, é o caso de Giulia. Ela comenta que não se preocupa com o vazamento de *nude selfie*, que não faz de seu corpo uma "instituição sagrada" e que publica a sua nudez na "timeline[10] mesmo".

Rhana parece acionar ditos que explicitam a analítica do entrecruzamento discursivo. Desse modo, ela aciona os elogios às mulheres do grupo, "curto todas as fotos"; e também ditos de autoestima e vaidade com "mulheres fora do padrão se amando". Os ditos produtivos da *fruta-de-sermos-nós-mesmas* parecem estar nos elogios à beleza das mulheres do grupo e também nos ditos de autoestima e vaidade. Na mesma publicação, opera-se de modo diverso. Acionam-se também as técnicas de segurança e "preocupação" com a possibilidade de vazamento das fotos nuas. Os vazamentos de fotos são atos de violência e crime,[11] em que pessoas divulgam *nude selfies* alheios, de maneira não autorizada, fazendo com que a foto viralize[12] no ciberespaço. Diante dos vazamentos que ocorreram no grupo, Rhana se propõe a "conscientizar" as participantes do grupo sobre as técnicas de segurança. Desse modo, fabrica-se a "conscientização" sobre o modo correto e seguro de realizar o autorretrato nu para que as demais participantes do grupo construam um entendimento de si, do seu corpo, da nudez e dos efeitos que esses elementos produzem na sociedade. As técnicas de segurança da publicação divulgam os autorretatos nus em que aparecem o "rosto" e "aspectos que podem ser facilmente reconhecíveis" como uma conduta perigosa, que pode ocasionar atos de violência.

Ao final da publicação, Rhana ressalta que "a culpa não é de quem tira a foto". No entanto, o alerta dos perigos de fotografar-se nua sem seguir as prescrições das técnicas de segurança pode produzir culpa e medo diante do eventual vazamento. Nesse caso, uma das prescrições é de que os autorretratos nus não devam sair do grupo do *Facebook*.

Na direção oposta, Giulia interdita as técnicas de segurança e aciona a posição de sujeito *fruta-de-sermos-nós-mesmas*. Isso porque ela não se importa de tornar a sua nudez pública, rompendo com a prescrição moral que diz que a nudez das mulheres não pode ser exibida. Ela faz esse comentário na publicação da Rhana para mostrar que o vazamento de autorretratos nus não é uma preocupação para

[9] Não mostrar rosto, tatuagem e características identificáveis; tirar as informações de localização e data da foto, horário e tipo de dispositivo; usar aplicativos confiáveis para envio; colocar senhas para acessar as fotos no computador e *smartphone*. Disponível em: <http://www.huffpostbrasil.com/coding-rights/manda-nudes-guia-sensual-de-seguranca-digital_a_21685152>. Acesso em: 4 jul. 2017.

[10] Na tradução, linha do tempo do *Facebook*.

[11] Foi aprovado, no Brasil, no dia 21 de fevereiro de 2017, o projeto "Lei Maria da Penha Virtual", Lei 5.555/13, que cria mecanismos punitivos para condutas violentas contra mulheres na internet. Disponível em: <http://www.huffpostbrasil.com/2017/02/20/camara-vota-lei-de-protecao-as-mulheres-em-ambientes-digitais_a_21717946>. Acesso em: 18 maio 2017.

[12] Termo próprio da cibercultura, em que tornar viral significa espalhar e divulgar ampla e rapidamente.

todas as mulheres do grupo. E ainda diz: "Nunca fiz de meu corpo uma instituição sagrada". Assim, Giulia rompe com as prescrições morais que, por meio de diversas técnicas, tentaram sacralizar o seu corpo. E, para reafirmar o posicionamento, diz que publica o autorretrato nu na própria linha do tempo do *Facebook*.[13]

Esse ato de ruptura com as prescrições morais é uma marca constitutiva da posição de sujeito *fruta-de-sermos-nós-mesmas*, fabricada nos ditos sobre o corpo, gênero e sexualidade no currículo da nudez. Nesse sentido, no próximo tópico, as *frutas-de-sermos-nós-mesmas* utilizam o potencial de escandalizar que a nudez suscita para atribuir visibilidade e atenção social para as reivindicações "estético -políticas". Elas contestam as normas de gênero e sexualidade e produzem ditos de amor e beleza em relação ao corpo nu para além do padrão estético normativo.

A *FRUTA-DE-SERMOS-NÓS-MESMAS* E O CORPO POLÍTICO NO CURRÍCULO DA NUDEZ

Figura 2. Autorretrato – publicação no grupo de *WhatsApp* "Libertárias" [02/01/2017]

Como mostra a Figura 2, uma participante do grupo "Libertárias" utiliza o corpo para escrever palavras de contestação. Ela se autofotografou com os dizeres: "somos + que buceta" e "respeita as mina porra". A participante do grupo escreve no seu próprio corpo "somos", mostrando que os ditos englobam a coletividade das "minas", ou seja, os ditos "somos" e "minas" se referem às reivindicações "estético-políticas" constituídas em grupo, numa coletividade que constrói pautas políticas em conjunto. Por se referir às "minas", é possível que ela esteja contestando as implicações sociais vivenciadas pelas normas de gênero que afetam os modos de vida das "minas".

[13] Essa rede social tem uma política que não permite imagens de nudez na linha do tempo de forma pública, assim, é provável que o *nude selfie* postado seja rapidamente apagado pelas/os administradoras/es.

Essa contestação das normas sociais é uma das especificidades do currículo da nudez, que ensina modos de existência que denunciam e contestam as relações assimétricas de poder. Os ditos de contestação escritos pela "mina" em seu corpo estão em consonância com o discurso feminista do final dos anos de 1960 e começo dos anos de 1970, que tem início na Europa e Estados Unidos (SCAVONE, 2010). Tal discurso desse contexto histórico, geográfico e social formulava críticas aos "mecanismos de controle do corpo e da sexualidade" e, desse modo, "busca(va) subverter as relações de gênero que perpassa(va)m o conjunto das relações sociais" (SCANOVE, 2010, p. 48). Assim, em semelhança com esse discurso feminista, no currículo da nudez questionam-se os mecanismos de controle do corpo.

Na Figura 2, a participante do grupo expressa a possibilidade de mostrar o corpo da forma que quiser e com os ditos que desejar. Assim, no currículo da nudez contesta-se o "olhar pornificador" (SIBILIA, 2015, p. 181), ou seja, a perspectiva que torna pornográfica a exibição de nudez ou seminudez dos corpos femininos. Nesse caso, a *fruta-de-sermos-nós-mesmas* torna a sua nudez uma "bandeira estético-política" (SIBILIA, 2015, p. 183) que contesta assimetrias de poder e promove ditos do discurso feminista. Para Sibilia (2016, p. 271), "vem ocorrendo uma certa politização da própria nudez, com reivindicações democratizantes do direito de se exibir sem roupas". No currículo da nudez, divulgam-se outras formas de ver e viver a nudez corporal, nesse caso, tornando a nudez uma bandeira política.

Nesse sentido, a Figura 2 apresenta ditos que buscam subverter as relações assimétricas de gênero com "somos + que buceta". Ao dizer que as "mina" são mais do que os "órgãos de intensidade do prazer" (PRECIADO, 2014, p. 31) reconhecidos socialmente como sexuais, desestabiliza-se o discurso machista. Esse discurso utiliza técnicas de dominação, ou seja, mecanismos táticos do poder na "condução de condutas" (FOUCAULT, 2008) que objetivam os sujeitos para determinados fins. Nesse caso, no currículo da nudez denuncia-se a técnica de dominação do discurso machista, que objetiva os corpos das mulheres apenas para a prática sexual. Ao tornar inteligível essa técnica de dominação do discurso machista, o currículo da nudez desestabiliza as relações de poder que subjugam e oprimem as mulheres. Para Louro (2009, p. 86), "quanto menos for notada ou quanto mais for invisível uma relação de poder mais ela será eficiente", assim, o currículo da nudez torna visível a técnica de dominação que objetifica os corpos das mulheres apenas para a prática sexual. Ao promover essa visibilização, o currículo da nudez contesta e fragiliza a dominação vigente.

Analisando nessa perspectiva, na Figura 2 há o imperativo "respeita as mina porra" escrito na parte abdominal do corpo. O imperativo parece fazer referência à música "Respeita",[14] da cantora Ana Cañas, cujos versos apresentam essa mesma

---

[14] Disponível em: <https://www.vagalume.com.br/ana-canas/respeita.html>. Acesso em: 6 jun. 2017.

exigência de respeito às mulheres. A ordem de "respeita" vem no sentido de chamar a atenção para a necessidade de legitimar a existência das "mina". Esse imperativo também diz sobre as violências as quais os corpos femininos vivenciam na sociedade contemporânea. Butler (2015) explica que, de acordo com a norma de inteligibilidade social, existem corpos que importam, ou seja, corpos que obtêm legitimidade e, em contraste, existem corpos que são considerados como menos importantes pela sociedade. A autora mostra que os corpos compreendidos como menos importantes vivenciam um conjunto de práticas violentas. No caso da Figura 2, as vidas menos importantes são as das "minas". Se a sociedade machista considera o corpo das "minas" como menos importantes, apenas "bucetas", o currículo da nudez nega isso. O currículo analisado contesta relações sexuais não consensuais, relações conjugais violentas e relações assimétricas de poder entre os gêneros, exigindo, de modo imperativo, o respeito.

A seguir, um relato de uma artista que pinta mulheres a partir do autorretrato nu que elas publicam de si mesmas:

Acho muito importante eu, enquanto mulher, pintar outras mulheres que subverteram o nu, tranformaram o ato de se autofotografarem ou serem fotografadas não apenas para mostrar um belo corpo, mas para mostrar seu corpo do jeito que ele é e se aceitar, se amar com ele - um ato político.

Figura 3. Publicação no grupo do *Facebook* "Somente libidinosas" [08/11/2016]

A publicação acima mostra os ditos da artista, que fala da sua experiência como pintora de retratar mulheres a partir do autorretrato que elas mesmas tiraram. Para a artista, a questão importante é a "subversão" da nudez, ou seja, o corpo como "um ato político". Para Foucault (2014b, p. 117), o corpo é um componente de "valorização como objeto de saber e como elemento nas relações de poder". O discurso produz o corpo em seus contextos possíveis de inteligibilidade social. Dessa maneira, "o poder penetrou no corpo, encontra-se exposto no próprio corpo" (FOUCAULT, 2011, p. 146). Portanto, a produção discursiva do corpo ocorre em meio às disputas das relações de poder estabelecidas.

Nos ditos analisados, divulga-se a transformação da publicação do autorretrato nu "não apenas para mostrar um belo corpo", mas, sim, para "mostrar seu corpo do jeito que ele é". Nesse sentido, no currículo da nudez produz-se o corpo como um ato político que rompe com os padrões normativos da beleza. Essa publicação mostra uma das marcas do currículo da nudez, que é a contestação das normas sociais estabelecidas. Nesse caso, especificamente sobre o corpo e a beleza, mostrando, assim, que o currículo é um "território contestado" (SILVA, 1998). Desse modo, o currículo da nudez produz um campo de lutas discursivas que redefinem e questionam as normas sociais vigentes.

Nesse currículo, questionam-se as normas sociais que são suscitadas pela afirmação de que a exibição do corpo em autorretratos nus e fotografias não podem limitar-se ao fato de "mostrar um belo corpo". Além disso, a publicação fala do corpo como "um ato político" e aciona o verbo "subversão". A ação do currículo da nudez, a partir da discursividade do corpo subversivo e político, está em consonância com a "reivindicação pela autocracia do corpo" dos movimentos feministas de 1970 (NOVAES, 2011, p. 483). Assim, o currículo da nudez, ao acionar o discurso do corpo subversivo e político, está questionando "mecanismos de controle dos corpos" (SCAVONE, 2010, p. 48) e contestando as normas de corpo da sociedade contemporânea.

Os questionamentos das normas sociais são suscitados pelo currículo da nudez a partir das relações de poder e saber estabelecidas. Esse currículo produz o saber que afirma que o corpo, ao ser fotografado, pode transgredir prescrições sociais e culturais. Assim, a cada autorretrato nu, a norma social pode ser contestada. Desse modo, esse currículo divulga saberes que compreendem a existência de um conjunto de práticas normativas em ação na maneira como os corpos são exibidos nos autorretratos nus. Quando o *nude* divulga o corpo como um ato político é a indicação de que a norma social da fotografia apenas para "mostrar um belo corpo" foi rejeitada, explicitando a possibilidade de transgredir os padrões vigentes.

O corpo e a nudez como um ato político e subversivo nos autorretratos também podem desestabilizar normas sociais de gênero, porque "a construção da feminilidade, nos discursos hegemônicos, está intimamente ligada a rituais de preocupação estética" (COACCI; SANTOS, 2017, p. 434). Ao exibir o corpo nu para "se aceitar, se amar com ele", está sendo provocada uma fissura no conjunto de práticas normativas dos padrões estéticos que incide no modo de vida das mulheres de forma a reiterar determinados tipos de corpo como belos. Para Butler (2013), a subversão está intrinsecamente relacionada ao contexto histórico e cultural em que emerge. Nesse viés teórico, a subversão "precisa, então, sempre ser reinventada, reatualizada de acordo com os novos contornos da norma, que também se atualiza a cada instante" (COACCI; SANTOS, 2017, p. 438). Sendo assim, no currículo da nudez, a produção dos corpos subversivos e políticos está de acordo com a micropolítica das relações em que o autorretato nu incide. Isso indica que, para produzir o corpo como um ato político e subversivo, é necessário acionar a posição de sujeito *fruta-de-sermos-nós-mesmas* e "aceitar" e "amar" o corpo da forma como ele se apresenta nos autorretratos, sem a necessidade de corresponder aos padrões sociais do corpo belo.

Tal fenômeno contribui na compreensão de que o currículo da nudez fabrica a posição de sujeito *fruta-de-sermos-nós-mesmas*, pois aciona ditos de "se amar" com o corpo "do jeito que ele é". E os sujeitos são interpelados pelo discurso a ocuparem uma posição de um tipo particular (ROSE, 2001). No caso, a rede discursiva do currículo da nudez fabrica sujeitos que amam seus corpos e que comemoram a fruta saborosa que eles podem ser a partir do autorretrato nu. A *fruta-de-sermos-nós-mesmas* sente prazer e amor com o corpo fotografado, que não necessariamente segue as prescrições sociais e culturais do "belo corpo".

Na Figura 3, a autora da publicação se identifica, "eu, enquanto mulher", e mostra, assim, um modo de ser e de agir, demandado pelo currículo da nudez, que precisa identificar-se a partir do gênero. Para Butler (2013), gênero é um sistema de convenções sociais que se produz performativamente, ou seja, pela repetição incessante de "atos, gestos e atuações" que são "*performativos*, no sentido de que a essência ou identidade que [...] pretendem expressar são fabricações" (BUTLER, 2013, p. 195). Desse modo, para a autora, não há uma verdade "essencial" sobre os gêneros dos sujeitos e, sim, fabricações que se passam por naturais por meio do discurso e outros aparatos sociais. Isso indica que a verdade sobre si que a publicação parece expressar pelo gênero não é exatamente verdadeira nem falsa, "mas somente produzida como efeitos da verdade de um discurso" (BUTLER, 2013, p. 195). Assim, a reafirmação de gênero através do "eu, enquanto mulher" é uma fabricação do modo de ser e de agir divulgado pelo currículo da nudez.

Nesse sentido, apresentamos a seguir um cartaz do movimento feminista da Argentina de nome Insurrectas, publicado no grupo "Somente Libidinosas" no *Facebook*.

Figura 4. "Este corpo é meu", imagem publicada no grupo "Somente libidinosas" [10/11/2016]

O cartaz apresenta um corpo nu desenhado com os ditos "Este corpo é meu: não se toca, não se viola, não se mata". O corpo nu em desenho parece indicar um dos modos de ação política contemporâneos: corpos nus que apresentam palavras escritas sobre política e bandeiras de luta social. Esse cartaz indica que a exibição do corpo nu para reivindicações políticas é uma estratégia utilizada por alguns movimentos feministas. Sobre essa estratégia de exibição do corpo nu, Sibilia (2015,

p. 176) explica que "a nudez é tão chamativa que atrai todas as atenções". A autora propõe que a atração dos olhares para a nudez está na potencialidade que a nudez tem para "escandalizar". Se a nudez ainda "escandaliza" é porque existe uma "moralidade cristã" que aciona técnicas de pudor em relação às imagens contendo nudez.

No entanto, apesar de a nudez ainda "escandalizar", a autora aponta para uma mudança na exibição do corpo e da nudez na sociedade contemporânea. "Nas últimas décadas, têm-se ampliado enormemente os limites do que se considera válido mostrar no espaço público, particularmente no que se refere à sexualidade e, em especial, à nudez dos corpos femininos" (SIBILIA, 2015, p. 172). No caso da Figura 4, o cartaz mostra um modo de ação contemporâneo que utiliza o corpo nu para potencializar e visibilizar as reivindicações políticas. Desse modo, o currículo analisado é produzido também por estratégias políticas de exibição do nu com palavras de luta.

Nessa compreensão, a exibição dos corpos nus produz visibilidade às bandeiras políticas que, no caso da Figura 4, tem como objetivo reivindicar questões sobre gênero, sexualidade, corpo e normas sociais. Esse fenômeno de publicação da nudez mostra que mulheres se exibem nuas como uma estratégia de poder pelas transformações políticas que almejam. Essas mulheres usam a estratégia de poder de visibilização do corpo nu e utilizam o potencial de escândalo que a nudez ainda provoca na sociedade para conquistar a atenção para as lutas políticas. Assim, o currículo da nudez cria modos de ser que contestam as normas sociais vigentes e inscrevem as contestações e reivindicações políticas no corpo nu.

CONSIDERAÇÕES FINAIS

O currículo da nudez aqui analisado produz diferentes modos de ser e de existir. Esse currículo, ao fabricar esses modos de ver, compreender e significar o mundo, produz discursos, relações de poder, saber e verdade. Nesse processo, o currículo da nudez constitui a posição *fruta-de-sermos-nós-mesmas*, que transgride os imperativos morais e produz prazer, autoestima e política a partir do autorretrato nu.

As marcas características dessa posição de sujeito são a autoestima, a vaidade e o prazer de tirar fotografias do próprio corpo nu. Os modos de existência da *fruta-de-sermos-nós-mesmas* estão em intensa ligação com a produção de relações de sexualidade e de gênero. Assim, no currículo da nudez a produção de relações de sexualidade inclui admirar o corpo e namorar a si mesma a partir do autorretrato nu. Como também, as relações produtivas de gênero encontram-se produzidas com as marcas constitutivas da *fruta-de-sermos-nós-mesmas*, ou seja, outros modos de ser mulher são divulgados: mulheres vaidosas e cheias de estima por si mesmas, que saboreiam seus corpos a partir do autorretrato publicado no ciberespaço.

Outra característica é a transgressão do imperativo moral que prescreve a nudez corporal das mulheres como um erro. Essa transgressão consiste na interdição da associação da feiura e do erro em relação à exibição do corpo nu. Sendo assim, a *fruta-de-sermos-nós-mesmas* tem como marca a nudez autoexposta como algo cotidiano, o amor pelo corpo, a sedução e a forma de externalizar sensações e prazeres corporais a partir do autorretrato nu.

Essas frutas-de-sermos-nós-mesmas contestam as normas de gênero e de sexualidade e produzem ditos de amor e beleza em relação ao corpo nu para além do padrão estético normativo. Essa posição de sujeito tem a marca de questionar as relações sexuais não consensuais, relações conjugais violentas e relações assimétricas de poder entre os gêneros. Essas contestações produzem reivindicações "estético-políticas" que questionam assimetrias de poder, promovem ditos do discurso feminista e exibem o corpo nu com palavras de luta para a transformação social.

Portanto, a *fruta-de-sermos-nós-mesmas* transforma a si mesma, umas às outras e o mundo a partir de práticas de contestação e criação estético-política. Ela afirma a própria existência a partir da luta contra mecanismos que tentam subtrair, dividir e enfraquecer a vida e divulgam modos de existência na potência da força criativa do corpo, sexualidade e gênero. Tal fruta parece ter o que Mia Couto (2011, p. 65) nomeou de "épico sabor da afronta e da clandestinidade". Finalizamos este capítulo sob inspiração das possibilidades frutíferas aqui discutidas e das palavras do escritor moçambicano: "compete-nos desarmadilhar o mundo para que ele seja mais nosso e mais solidário. Todos[as] queremos um mundo novo, um mundo que tenha tudo de novo e muito pouco de mundo" (COUTO, 2011, p. 95).

Referências

AMARAL, Adriana; NATAL, Geórgia; VIANA, Lucina. Netnografia como aporte metodológico da pesquisa em comunicação digital. *Sessões do Imaginário*, Porto Alegre, n. 20, p. 34-40, 2008. Disponível em: <http://revistaseletronicas.pucrs.br/ojs/index.php/famecos/article/view/4829/3687>. Acesso em: 30 de jul. 2017.

BUTLER, Judith. Corpos que Importam. *SapereAude*, Belo Horizonte, v. 6, n. 11, p. 12-16, jan-jun. 2015.

BUTLER, Judith. *Fundamentos contingentes*: o feminismo e a questão do "pós-modernismo". *Cadernos Pagu*, Campinas, n. 11, p. 11-42, 1998.

BUTLER, Judith. *Problemas de gênero*: feminismo e subversão de identidade. 5. ed. Rio de Janeiro: Civilização Brasileira, 2013.

BUTLER, Judith. Regulações de gênero. *Cadernos Pagu*, Campinas, v. 42, p. 249-274, jan-jun. 2014.

CARNEIRO, Gláucia. Corpo em trânsito e desterritorializações de gênero no currículo da cidade com a arte. In: PARAÍSO, Marlucy Alves; CALDEIRA, Maria Carolina da Silva (Org.). *Pesquisas sobre currículos, gêneros e sexualidades*. Belo Horizonte: Mazza, 2018, p. 345-363.

CASTRO, Edgardo. *Vocabulário de Foucault*: um percurso pelos seus temas, conceitos e autores. Belo Horizonte: Autêntica. 2009.

COACCI, Thiago; SANTOS, Leonel Cardoso dos. "Você é feia pra caralho": um ensaio obre gênero, beleza e feiura. *Revista Periódicus*, v. 1, n. 7, p. 423-439, 2017.

COUTO, Mia. *E se Obama fosse Africano?* São Paulo: Companhia das Letras, 2011.

FILHO, Evanilson Gurgel de Carvalho; MAKNAMARA, Marlécio. Falhas e rupturas de gênero e de sexualidade nos currículos: por onde passa a luz? In: PARAÍSO, Marlucy Alves; CALDEIRA, Maria Carolina da Silva (Org.). *Pesquisas sobre currículos, gêneros e sexualidades*. Belo Horizonte: Mazza, 2018, p. 345-363.

FOUCAULT, Michel. *Arqueologia do saber*. 6. ed. Rio de Janeiro: Forense Universitária, 2005.

FOUCAULT, Michel. *História da sexualidade I*: a vontade de saber. São Paulo: Edição Paz e Terra, 2014b.

FOUCAULT, Michel. *Microfísica do poder*. São Paulo: Edições Graal, 2011.

FOUCAULT, Michel. O sujeito e o poder. In: FOUCAULT, Michel. *Ditos e Escritos IX*: genealogia da ética, subjetividade e sexualidade. Rio de Janeiro: Forense Universitária, 2014. p. 118-141.

FOUCAULT, Michel. O uso dos prazeres e as técnicas de si. In: FOUCAULT, Michel. *Ditos e Escritos V*: ética, sexualidade, política. 3. ed. Rio de Janeiro: Forense Universitária, 2017.

FOUCAULT, Michel. *Segurança, território e população*. São Paulo: Martins Fontes, 2008.

FOUCAULT, Michel. Sexualidade e poder. In: FOUCAULT, Michel. *Ditos e Escritos V*:

ética, sexualidade, política. 3. ed. Rio de Janeiro: Forense Universitária, 2017.
GREEN, Bill; BIGUM, Chris. Alienígenas na sala de aula. In: SILVA, Tomaz Tadeu da (Org.). *Alienígenas na sala de aula*: uma introdução aos estudos em educação. 2. ed. Petrópolis: Vozes, 1998. p. 208-248.
KOZINETS, Robert. *Netnografia*: realizando pesquisa etnográfica online. Porto Alegre: Penso, 2014.
LARROSA, Jorge. Tecnologias do Eu e Educação. In: SILVA, Tomaz Tadeu da (Org.). *O sujeito da educação*: estudos foucaultianos. 5. ed. Petrópolis: Vozes, 2002.
LEAL, Rafaela. *Dispositivo de inovação no Ensino Superior*: produção do docentisinovatus e do discipulusiacto. 2017, 135 f. Dissertação (Mestrado em Educação) – Pós-Graduação em Educação: Conhecimento e Inclusão Social, Universidade Federal de Minas Gerais, Belo Horizonte, 2017.
LOURO, Guacira Lopes. Heteronormatividade e homofobia. In: JUNQUEIRA, Rogério Diniz (Org.). *Diversidade sexual na educação*: problematizações sobre homofobia nas escolas. v. 32. Brasília: Ministério da Educação; UNESCO, 2009. p. 85-93.
MEIRELES, Gabriela Silveira. Gênero no currículo de *blogs* sobre alfabetização de professoras alfabetizadoras: tecnologias da diferenciação e da heterossexualização normalizando condutas. In: PARAÍSO, Marlucy Alves; CALDEIRA, Maria Carolina da Silva (Org.). *Pesquisas sobre currículos, gêneros e sexualidades.* Belo Horizonte: Mazza, 2018, p. 153-173.
NOVAES, Joana de Vilhena. Beleza e Feiura: corpo feminino e regulação social. In: PRIORE, Mary Del; AMANTINO, Márcia. *A história do corpo no Brasil.* São Paulo: Editora Unesp, 2011.
PARAÍSO, Marlucy. *Currículo e mídia educativa brasileira*: poder, saber e subjetivação. Chapecó: Argos, 2007.
PARAÍSO, Marlucy. Fazer do caos uma estrela dançarina no currículo: invenção política *com* gênero e sexualidade em tempos do *slogan* "ideologia de gênero". In: PARAÍSO, Marlucy Alves; CALDEIRA, Maria Carolina da Silva (Org.). *Pesquisas sobre currículos, gêneros e sexualidades.* Belo Horizonte: Mazza, 2018. p. 23-52.
PRECIADO, Paul B. *Manifesto contrassexual*: práticas subversivas de identidade sexual. São Paulo: n-1 Edições, 2014.
RIBEIRO, Vândiner; FONSECA, Ivana Alice Teixeira. No currículo de um *site* de relacionamento mulheres que desejam mulheres criam um modo de vida fora do armário e dentro dele. In: PARAÍSO, Marlucy Alves; CALDEIRA, Maria Carolina da Silva (Org.). *Pesquisas sobre currículos, gêneros e sexualidades.* Belo Horizonte: Mazza, 2018, p. 299-325.
ROSE, Nikolas. Inventando nossos eus. In: SILVA, Tomaz Tadeu da. *Nunca fomos humanos*: nos rastros do sujeito. Belo Horizonte: Autêntica, 2001. p. 137-205.
SALES, Shirlei Rezende. Etnografia+netnografia+análise do discurso: articulações metodológicas para pesquisar em educação. In: MEYER, Dagmar E.; PARAÍSO, Marlucy (Org.). *Metodologia de pesquisa pós-crítica em educação.* Belo Horizonte: Mazza, 2012. p. 111-133.
SCAVONE, Lucila. Nosso corpo nos pertence? Discursos feministas do corpo. *Revista*

Gênero, Niterói, v. 10, n. 2, p. 47-62, set. 2010.

SIBILIA, Paula. A nudez autoexposta na rede: deslocamentos da obscenidade e da beleza? *Cadernos Pagu*, Campinas, n. 44, p. 171-198, jan.-jun. 2015.

SIBILIA, Paula. *O show do eu*: a intimidade como espetáculo. 2. ed. Rio de Janeiro: Contraponto, 2016.

SILVA, João Paulo de Lorena. Crianças *queer* no currículo escolar: demandando visibilidade e bagunçando as normas de gênero. In: PARAÍSO, Marlucy Alves; CALDEIRA, Maria Carolina da Silva (Org.). *Pesquisas sobre currículos, gêneros e sexualidades*. Belo Horizonte: Mazza, 2018, p. 261-278.

SILVA, Tomaz Tadeu da. Currículo e identidade social: território contestado. In: SILVA, Tomaz Tadeu da. *Alienígenas na sala de aula*. 2. ed. Petrópolis: Vozes, 1998.

SILVA, Tomaz Tadeu da. *Identidades terminais*: as transformações na política da pedagogia e na pedagogia da política. Petrópolis: Vozes, 1996.

TADEU, Tomaz; CORAZZA, Sandra. *Composições*. Belo Horizonte: Autêntica, 2003.

VERGUEIRO, Viviane. *Por inflexões decoloniais de corpos e identidades de gênero inconformes*: uma análise autoetnográfica da cisgeneridade como normatividade. 2015, 243 f. Dissertação (Mestrado em Cultura e Sociedade) – Pós-Graduação Multidisciplinar em Cultura e Sociedade, Universidade Federal da Bahia, Salvador, 2015.

14

No currículo de um *site* de relacionamento: mulheres que desejam mulheres criam um modo de vida fora do armário e dentro dele

Vândiner Ribeiro
Ivana Alice Teixeira Fonseca

> Ela sabia o que era o desejo – embora não soubesse que sabia. Era assim: ficava faminta, mas não de comida, era um gosto meio doloroso que subia do baixo-ventre e arrepiava o bico dos seios e os braços vazios sem abraço. (LISPECTOR, 1995, p. 50)

O desejo é o que move este texto, o desejo é o que move o currículo aqui analisado, o desejo é o que move os corpos que se encontram nesse currículo. O desejo move a vida! Assim como Lispector descreve Macabéa, protagonista de *A Hora da Estrela*, vimos no currículo do *site* de relacionamento[1] analisado muitos corpos que sabem o que é desejo, embora, talvez, não saibam que sabem. Ali nos interessa analisar modos de viver, formas de entender o mundo, jeitos de enxergar a si e as outras pessoas, modos de lidar com o corpo e os seus desejos. Nesse espaço, normas são divulgadas, posições de sujeito são demandadas.

Foi no espaço do *site* que um dia as autoras da pesquisa aqui apresentada se encontraram, se desejaram e, por se sentirem interpeladas com o que lá viram e viveram, hoje assumem como objeto de análise a criação de *modos de vida* no cur-

[1] O *site* não será identificado ao longo do texto por questões éticas.

rículo do *site*. Como nos ensinaram as teorias pós-críticas, o sujeito é produzido por diferentes práticas discursivas que não estão fechadas nos muros e conteúdos escolares. Logo, o *site* é aqui compreendido como um currículo no qual são produzidos processos de subjetivação, significações sobre o mundo e modos de vida.

Mesmo sabendo que "a noção de modos de vida é o contrário de uma vida regulada, sufocada por mecanismos de controle, de assujeitamento excessivo" (FIGUEIREDO, 2010, p. 296), assumimos que, apesar de encontrarmos muito de aprisionamento e fixidez nas lições do currículo, ainda assim insistimos em enxergar o desejo e o próprio encontro vivido entre mulheres como escape às normas heterossexuais, como fissura no assujeitamento, como deslize ao instituído.

As possibilidades de criação de um modo de vida estão sendo produzidas pelas mulheres que desejam mulheres em um espaço virtual. Vale destacar que o virtual não descorporifica os sujeitos, ao contrário, como a pesquisa mostra, os coloca em evidência com seus prazeres, limitações, provocações, aprisionamentos e rupturas. O corpo em evidência no espaço virtual está, porém, supostamente protegido, abrigado, escondido e, por isso, pode ser outro, inventando um modo de vida. O virtual talvez seja "um lugar onde eu teria um corpo sem corpo, um corpo que seria belo, límpido, transparente, luminoso, veloz, colossal na sua potência, infinito na sua duração, solto, invisível, protegido, sempre transfigurado [...] um corpo incorporal" (FOUCAULT, 2013, p. 8). Esse corpo é o corpo da utopia. As utopias não apagam o corpo "elas nascem do próprio corpo e, em seguida, talvez retornem contra ele" (FOUCAULT, 2013, p. 11). As utopias fabricam o corpo, o corpo utópico: aquele "incompreensível, corpo penetrável e opaco, aberto e fechado" (FOUCAULT, 2013, p. 10) que, aqui, se apresenta e se esconde virtualmente pelas telas dos computadores, *smartphones*, *tablets*.

O virtual supostamente retira o corpo de cena, mas o aprisiona quando uma pessoa escolhe outra pelo gênero, quando fotos são disponibilizadas, quando características físicas são eleitas. Os corpos são compreendidos "fabricações manufaturadas e sustentadas por signos corpóreos e outros meios discursivos" (BUTLER, 2017, p. 194). Normas regulatórias do sexo/gênero/sexualidade materializam, de maneira performativa, os corpos expostos e os corpos demandados no currículo em análise. Há nesse currículo virtual uma falsa ideia de que se está com a proteção do privado, já que não há contato físico. No entanto, a "disseminação das relações mediadas criou uma nova realidade social e subjetiva, borrando fronteiras entre público e privado, pessoal e político, que se revelam inextricavelmente associados" (BELEDI; MISKOLCI, 2015, p. 7).

O argumento que desenvolvemos é o de que o currículo do *site* investigado, ao mesmo tempo que rompe com o instituído, criando outros modos de vida *dentro do armário e fora dele*, divulga e reitera normas formatadas sobre o corpo, sobre os relacionamentos, sobre a lesbiandade. Esses modos de vida são criados a partir de formas variadas de compreender o sexo e a sexualidade, com a explicitação dos desejos por pessoas do mesmo sexo. Por meio da análise do discurso, de inspiração foucaultiana, o currículo investigado[2] evidencia a linha tênue entre a heteronormatividade e o desejo entre mulheres.

No currículo em análise há a reiteração constante de marcas corporais e comportamentos que normalizam os corpos, contudo, essas mesmas marcas são, por vezes, utilizadas como estratégias de fuga. Por meio do que nomeamos como *tecnologia da lesbiandade* busca-se conformar um modo de ser mulher que deseja mulher, demanda-se o apagamento social da lesbiandade e disponibiliza-se a possibilidade de viver o desejo. Essa tecnologia coloca em funcionamento no currículo a *técnica da tatuagem* e a *técnica da máscara*. A *técnica da tatuagem* imprime no corpo marcas, desejos e comportamentos que caracterizam a mulher como lésbica. Ensina-se que a *tatuagem*, ou seja, os modos de ser lésbica, são imprescindíveis no relacionamento entre mulheres, mesmo quando as marcas impressas no corpo são utilizadas para manter a lesbiandade no sigilo. A tatuagem preza pela permanência e fixidez. A *técnica da máscara*, por sua vez, traz como ensinamento a dissimulação das marcas impressas pela lesbiandade. Essas, por regra, aparecem apenas no espaço privado, pois em espaço público devem ficar sob proteção (da máscara), que garante uma "personagem" que anda livremente, sem ser reconhecida. A *técnica da máscara* é fluida, se molda em função do contexto, é transitória.

O corpo que está sendo demandado no currículo do *site* é "um grande ator utópico, quando se trata de máscaras, da maquiagem[3] e da tatuagem" (FOUCAULT, 2013, p. 12). A *tecnologia da lesbiandade*, por meio de suas técnicas, ensina modos de ser e de viver às mulheres que ali estão, contudo, como em todo currículo, o que se ensina é aprendido de diferentes formas, pois nos constituímos de diferentes maneiras por meio de processos de subjetivação. Esses processos "dizem respeito aos modos como as pessoas são compreendidas e se compreendem como sujeitos de determinados tipos, ou seja, como o sujeito é percebido e percebe a si mesmo" (RIBEIRO, 2013, p. 21). A subjetivação é, dessa maneira, a "formação de uma relação definida de si consigo" (FOUCAULT, 2010, p. 90).

Assim, as mulheres sujeitos desta pesquisa são subjetivadas de diferentes maneiras pelas demandas dessa tecnologia, que ensina que "mascarar-se, maquiar-se, tatuar-se não é, exatamente, como se poderia imaginar, adquirir outro corpo [...], é sem dúvida algo muito diferente, é fazer com que o corpo entre em comunicação com poderes secretos e forças invisíveis" (FOUCAULT, 2013, p. 12).

[2] Apresentamos neste texto o recorte de uma pesquisa que teve início em setembro de 2016 e ainda está em andamento. Serão apresentadas as análises empreendidas em aproximadamente mil perfis das usuárias de um site de relacionamento. Os perfis foram selecionados seguindo três critérios: 1) mulheres que buscam mulheres; 2) de todas as regiões do Brasil; 3) entre 18-50 anos.

[3] Como a pesquisa está em andamento, a técnica da maquiagem não será apresentada neste texto.

A *TÉCNICA DA TATUAGEM*: UMA TENTATIVA DE IMPRIMIR NO CORPO UM MODO DE SER

> Ando tão à flor da pele
> Meu desejo se confunde com a vontade de não ser
> (BALEIRO, 1997)

Na pele habita a dor, a cor, o frio, o calor. Na pele o corpo sente, expressa, exibe e esconde prazeres e vontades. Na pele também habitam marcas desejadas, indesejadas, naturais, artificiais, de um grupo, do indivíduo. A vida que é levada "à flor da pele", como marca, tatuada, imóvel e em movimento, muitas vezes se "confunde com a vontade de não ser", com a vontade de ser outrx, de ser várixs. Na pele, "à flor da pele" se expressam formas de ser e de estar no mundo, feito tatuagem.

Sobre a pele, sobre o corpo, sobre o desejo que esse corpo carrega estão em funcionamento processos de subjetivação que modificam os "limites que nos sujeitam, para nos reconstruir com outras experiências, com outra delimitação" (DOMÈNECH; TIRADO, GÓMEZ; 2001, p. 130) por meio de práticas educativas veiculadas no currículo em análise. Dessa maneira, as mulheres que ali estão, por meio da subjetivação, produzem modos de vida. Um modo de vida pode "dar lugar a relações intensas que não assemelhariam a nenhuma daquelas que são institucionalizadas, [...] dar lugar a uma cultura" (FOUCAULT, 2005a, p. 984). Regras de conduta são demandadas quando a *técnica da tatuagem*, identificada no currículo, regula práticas e modos de reconhecimento de uma sexualidade fixa – ou seja, lésbica. Ao mesmo tempo que a *técnica da tatuagem* demanda a fixidez de certas marcas, ela ensina sobre o transformar-se, produzindo posições de sujeito não mais assujeitadas pela heterossexualidade. Logo cria-se uma arte da existência.[4]

O currículo está, nesse sentido, sendo compreendido como um local de subjetivação, ou seja, estamos deslocando "a ênfase do sujeito para a subjetivação, [...] pensando no sujeito [...] não como a origem transcendental do pensamento e da ação, mas como uma montagem, como uma verdadeira invenção" (CORAZZA, TADEU, 2003, p. 53). Logo, as práticas nele empreendidas vão "nos constituindo como sujeitos de determinado tipo, com certas características, com certos modos de ser e de viver ao ocupar determinadas posições de sujeito que são disponibilizadas nos discursos" (RIBEIRO, 2013, p. 51). Essas posições que aqui fomos nomeando – *tatuagem-mulher* e *tatuagem-lésbica-masculina* –, apesar

---

[4] A arte da existência é compreendida aqui "como as práticas racionais e voluntárias pelas quais os homens [e mulheres] não apenas determinam para si mesmos regras de conduta, como também buscam transformar-se. Modificar-se em seu ser singular, e fazer de sua vida uma obra que seja portadora de certos valores estéticos e que corresponda a certos critérios de estilo" (FOUCAULT, 2004, p. 198-199).

de parecerem por vezes imutáveis, cravadas na pele, são reversíveis, contingentes e instáveis. "São esses posicionamentos, essas posições discursivas, as que literalmente constroem o sujeito, na mesma operação em que lhe atribuem um lugar discursivo" (LARROSA, 2002, p. 66).

Essa construção do sujeito acionada pela *técnica da tatuagem* está em ação tanto na organização do *site*, no seu funcionamento, como também no perfil das suas usuárias. Sobre a organização do *site*, vimos essa técnica sendo operada quando, já na primeira página, ele disponibiliza duas escolhas. A primeira é: sou um homem ou sou uma mulher. A segunda escolha é se a pessoa está à procura de uma mulher ou à procura de um homem. Tanto a primeira como a segunda escolha podem ser feitas apenas uma vez para cada perfil, ou seja, o *site* não permite, por exemplo, que a pessoa marque que está à procura de homens e mulheres ao mesmo tempo.[5] O *site* também não permite que o perfil seja preenchido se a pessoa não fizer, antes, as duas escolhas mencionadas, criando uma tatuagem. A primeira escolha implica, portanto, a autodeterminação do ser homem ou mulher. A segunda direciona para uma definição fixa sobre o desejo homossexual ou heterossexual: mulheres-mulheres; homens-homens; homens-mulheres.

O currículo do *site* ignora outras possibilidades de ser e de desejar. Impõe uma "regulação binária da sexualidade, que suprime a multiplicidade subversiva de uma sexualidade que rompe as hegemonias heterossexual, reprodutiva e médico-jurídica" (BUTLER, 2017, p. 47). O termo "regulação" parece sugerir a "institucionalização do processo pelo qual as pessoas são tornadas normais" (BUTLER, 2014, p. 251). A *técnica da tatuagem* toma a normalização como estratégia para fixar no corpo a "heterossexualização do desejo [que] requer e institui a produção de oposições discriminadas e assimétricas entre 'feminino' e 'masculino', em que estes são atributos expressivos de 'macho' e 'fêmea'" (BUTLER, 2017, p. 44). Essa normalização e regulação binária do sexo também estão inscritas em algumas descrições dos perfis das usuárias como este: *"Sou uma mulher com interesses semelhantes aos homens"*.[6]

A enunciação da usuária reitera que interesses são produzidos biologicamente, de modo que ela assume *interesses semelhantes aos homens*. O discurso biológico é também demarcado no perfil dela quando apresenta gostos socialmente vinculados ao masculino, como: "*assisto futebol*"; leio livros "*com muita estatística*"; "*eu gosto de séries policiais, gosto de filmes eróticos ou mesmo os pornôs*". Por meio de um conjunto de regras de conduta, ela parece justificar biologicamente seu desejo por mulheres ao manter a heterossexualização, mesmo que em uma relação homossexual.

---

[5] Foi solicitado ao site, por meio de um e-mail, esclarecimento sobre as possibilidades de marcar homens e mulheres ao mesmo tempo. Em resposta, o site informou que só era possível marcar uma opção.

[6] Para facilitar a identificação dos excertos retirados do site, estes aparecerão em itálico e entre aspas.

As lições do currículo mostram sua versatilidade no uso do discurso biológico ao demandar das usuárias do *site* uma posição de sujeito *tatuagem-mulher*. A principal característica dessa posição é tatuar no corpo marcas *femininas* que, *a priori*, são baseadas em um conjunto de parâmetros biológicos. De modo geral, esses parâmetros são produzidos em diversas práticas e são comumente reconhecidos e reforçados pelo discurso biológico, como o timbre da voz, a ausência ou a redução de pelos no rosto e em algumas regiões corporais, as dosagens dos hormônios sexuais, a presença de mamas, de útero e de vagina.

A posição de sujeito *tatuagem-mulher* traz na materialidade do corpo um padrão heteronormativo, mantido mesmo nas relações lesbianas, quando identificamos essa posição sendo assumida em enunciações do tipo: *"Aprecio mulheres* ***femininas, com curvas, charmosas, perfumadas, sensuais*** *e ativas". "Sorry,* ***não curto mulheres masculinizadas****". Quero uma mulher "que seja* ***romântica, que goste de se cuidar,*** *[...] e o principal,* ***que não seja vulgar****. E* ***FEMININAS****". "Procuro uma mulher [...]* ***meiga, carinhosa, romântica*** *[...]"*. Essas enunciações destacam comportamentos e marcas produzidas culturalmente que são, usualmente, associadas ao sexo feminino. A naturalização funciona, dessa maneira, como uma estratégia da *técnica da tatuagem* que governa os sujeitos, ou seja, conduz a conduta (FOUCAULT, 2010), com o objetivo de fixar no corpo um jeito de ser mulher, independente da sexualidade.

Desconsidera-se assim que alguns padrões de movimento como a forma de andar, de gesticular, de sentar e até mesmo na maneira de lidar com objetos, são construídos, por exemplo, no processo de desenvolvimento da criança e dx adolescente. Esses padrões vão sendo aprendidos e estruturados e, na fase adulta, já estão incorporados, sendo, portanto, muitas vezes difíceis de serem modificados. Mais que isso, há um apelo à naturalização do que foi incorporado e, quando não o foi, recebe reforços nos mais diversos espaços, como no *site* WikiHow,[7] que se autoidentifica como "um projeto de escrita colaborativa que pretende produzir o maior manual do mundo". Em um desses manuais se ensina como ser mais feminina a partir do jeito de andar, apresentando o conteúdo a ser *tatuado* no corpo: "Saiba como andar de um jeito mais feminino. Procure basear o seu andar mais nos quadris do que nos ombros, dando passos mais suaves em vez de passos pesados e bruscos. [...] Para ser verdadeiramente feminina, você deve andar como se estivesse deslizando graciosamente" (WIKIHOW, 2017, s.p.).

Na mesma direção, as brincadeiras ensinadas de formas diferentes para meninos e meninas, moldam comportamentos que vão se tornando parte do corpo, da maneira de agir, e, definem desde muito cedo, alguns padrões motores que

[7] Afirma-se no *site* que o manual "gigantesco provê informações gratuitas, livres de preconceitos e precisas sobre todos os assuntos imagináveis" (2017, s.p.). Disponível em: <https://pt.wikihow.com/wikiHow:-Sobre-o-wikiHow>. Acesso em: 15 jul. 2017.

podem permanecer por toda a vida e que são naturalizados, desprezando os jogos de poder aí inscritos. Brincadeiras destinadas às meninas, sobretudo as que não exigem força, confronto, que reforçam a delicadeza, a sutileza e a contenção de movimentos, refletem um modo de ser mulher não só nos padrões motores como também na personalidade da mulher adulta. Essas brincadeiras fixam no corpo o comportamento feminino esperado das meninas e das mulheres. Logo, quem foge a esse padrão não seria desejada por várias usuárias do *site*, pois poderiam ser consideradas masculinizadas. Assim, tanto o currículo analisado como outros, investem na inscrição da *tatuagem-mulher* produzindo e prescrevendo sentidos por meio da fabricação de marcas legitimadas por conhecimentos eleitos, arbitrariamente, por uma sociedade machista, como a exigência de que toda mulher seja *feminina, sensual, não vulgar, meiga, carinhosa* e, claro, *romântica*. No Capítulo 15 deste livro, Carneiro (2018) também afirma que as normas de gênero e sexualidade, apesar de mostrarem rupturas, ainda exercem muito poder, reiterando seu caráter arbitrário por meio de forças sociopolíticas, culturais, religiosas e morais.

A *tatuagem-mulher* disponibilizada no currículo do *site*, que se vale da definição biológica do sexo e reitera a existência de algo natural, incontestável e irreversível, utiliza de uma lógica quase causal. O que é determinado pela natureza é, por si mesmo, incontestável e irreversível, como se o que está destinado biologicamente não pudesse ser alterado nunca, nem mesmo pelo desejo. No entanto, o corpo não está fixo, o corpo é plástico, muda com o tempo, muda em função do ambiente, das vontades. Logo, a diferença que supostamente existe entre o sexo masculino e o feminino não é da "ordem natural das coisas, mas de jogos de poder que criam os significados validados no interior dos sistemas simbólicos da linguagem e da cultura forjada em atos de fala e enunciados linguísticos" (COSTA, 2008, p. 491). Ao contrário, do ponto de vista biológico, inclusive, o sexo não está encarcerado em características binárias macho-fêmea (FAUSTO-STERLING, 2000). A naturalização do significado enfrenta conflitos, encontra fendas nos discursos, resiste à fixidez criando outras formas e compreensão sobre a vida. Xs intersexuais e xs transgêneros, por exemplo, revelam a fragilidade do natural, rompem com o binarismo entre os sexos e colocam em tela a plasticidade dos corpos, da vida, do desejo.

O currículo do *site*, no entanto, ignora tal plasticidade, atuando no apagamento de mecanismos de escape à heteronormatividade. Desse modo, ensina-se uma heterossexualidade compulsória que normaliza condutas e desejos. Logo, as mulheres que buscam mulheres devem apagar do seu corpo, do seu modo de vestir, do seu modo de andar as supostas marcas que identificariam a lesbiandade. A *tatuagem-mulher* reafirma que existe apenas uma forma de ser mulher e que a heterossexualidade continua sendo entendida como a única possibilidade de desejo pública. A reiteração da definição biológica do sexo estabelece, de acordo com a lógica heteronormativa, que há uma coerência contínua entre o sexo, o gênero e o desejo sexual. O sexo seria, portanto, natural/biológico e o gênero construído/social. O desejo sexual seria resultante da combinação entre sexo e gênero (BUTLER, 2017). Seguindo essa coerência, a mulher deveria ser feminina, mãe, sensual, hétero etc. Logo, a *tatuagem-mulher* vive um conflito, pois, das mulheres que falamos, todas desejam mulheres. Diante disso, nos perfis analisados o que percebemos é que essa coerência contínua é desmentida, mostrando que a relação entre sexo, gênero e desejo divulgada pelo discurso heteronormativo apresenta fissuras, já que ela se dá de outras maneiras, embora mantenham parcialmente a lógica heteronormativa, como se pode ver nas enunciações: "*quero só mulheres* ***FEMININAS**** *e* ***realmente lésbicas***" (grifo da usuária). "*Sou* ***feminina*** *e procuro mulher* ***feminina*** *para* ***NAMORO***" (grifo da usuária). Há, portanto, incoerência e descontinuidade na suposta sequência, uma vez que estabelece um padrão de causa e efeito entre os modos de ser mulher (sexo) e de ser feminina (gênero) já esperado dentro da lógica heteronormativa, mas rompe quando se trata do desejo (sexualidade) direcionado para outra mulher, feminina, "realmente" lésbica e para namoro.

Assim, os escapes às lições do currículo em análise evidenciam a fragilidade da ideia metafísica de "crença na existência de um 'eu' unificado e coerente, fixo e permanente, de um 'eu' que é a origem e a causa da ação" (CORAZZA; TADEU, 2003, p. 42). A descontinuidade da coerência entre sexo, gênero e sexualidade observada em alguns perfis do *site*, mesmo que de maneira muito sutil, rompe com representações fixas da feminilidade que circulam na sociedade definindo um modo de ser lésbica, sobretudo, caracterizado por mulheres masculinas. As marcas dessas mulheres masculinas estariam tatuadas na forma de andar, de falar, de vestir, de sentar. Assim como a *tatuagem-mulher* pode ser marcada por parâmetros biológicos, a *tatuagem-lésbica-masculina* pressupõe alterações biológicas que definem, ao nascer, o modo de ser lésbica e que trazem consigo similaridades com marcas tipicamente associadas aos homens. Contudo, quem carrega a *tatuagem-lésbica-masculina* no corpo é pouco desejada pela maioria das usuárias.

O discurso biológico sustenta que as lésbicas já nasceram assim e que, exatamente por isso, desde muito cedo, já gostam de brincadeiras de meninos, de roupas de meninos, andam como os meninos. Ser lésbica, portanto, não seria uma escolha, e sim uma *orientação*. Essa simplificação biológica é inclusive utilizada pelo discurso religioso e de movimentos de lésbicas, gays, bissexuais, transgêneros, *queer* e intersexuais (LGBTQI) quando estes defendem o *aceitar/tolerar* as pessoas como são (SOUZA FILHO, 2009). Distanciando dessa simplificação, acreditamos que o que leva nós, humanxs, a materializarmos o desejo em ato sexual não é uma determinação genética, biológica. O que nos excita, nos seduz, nos faz desejar, pode ser um modo de olhar, um gesto, um jeito de pensar e compreender o mundo e não o órgão sexual que cada umx de nós carrega. Somos seres desejantes, produzidos discursiva e culturalmente. Entretanto, o currículo do *site* recorrentemente destaca a homossexualidade como fatalidade biológica, associando o desejo a uma fixidez lésbica. Nessa lógica, se nasceu lésbica pode desejar apenas mulheres lésbicas, como aparece nesses excertos: *"***RECADO: CURIOSAS, BI, HOMENS OU CASAIS, NEM PERCAM TEMPO", "Só mulheres, não responderei a Bi e Homens".*

Há dentro dessa ideia, inclusive, a reiterada tentativa de se provar que algumas características cerebrais são tipicamente diferentes entre homens e mulheres e são influenciadas pela sexualidade. Em um trabalho publicado em 2008, os pesquisadores concluíram que o cérebro das mulheres homossexuais se parecia com o dos homens heterossexuais e que o cérebro dos homens homossexuais se parecia com o das mulheres heterossexuais (SAVIC; LINDSTRÖM, 2008). Em entrevista para a BBC-Brasil,[8] um dos pesquisadores afirmou que: "Não há mais argumentos, se você é gay é porque você nasceu gay" (BBC-BRASIL.COM, 2008, s.p.). Em outro *site* de notícias,[9] uma jornalista divulga os resultados do estudo de Savic e Lindström da seguinte maneira: "[...] um estudo feito na Suécia [...] revelou as provas mais sólidas, até hoje, de que a sexualidade não é uma opção, mas uma característica biológica" (GLOBO.COM, 2008, s.p.). A partir de trabalhos como este, a escolha ou o desejo passa a ser um dado puramente biológico e, portanto, referida como *orientação sexual* e não como *opção sexual.*

Esse discurso biológico pode, segundo Sousa Filho (2009), atender ao propósito de estender à homossexualidade um *status* de normalidade, de uma "sexualidade natural", o que tornaria a homossexualidade muito mais fácil de ser explicada e aceita. Essa seria uma forma de legitimar/perdoar a homossexualidade, já que "determinados pela natureza de seus cérebros, provados que 'são' homossexuais não por desejo, escolha, gays e lésbicas passariam a ser perdoados de seus 'vícios', 'pecados', 'anomalias' etc." (SOUSA FILHO, 2009, p. 63). Nesse sentido, o discurso religioso encontra no discurso biológico uma maneira de manter todxs salvxs e sob seus olhos, independentemente de sua sexualidade. Assim sendo, não tem sido incomuns manifestações do tipo: "A Igreja Metodista Central Unida de Toledo, Ohio, [...] lançou o slogan "Ser gay é uma dádiva de Deus" (HOMOFOBIABASTA!, 2017).[10] Ou ainda, como na fala do Papa Francisco quando ele afirma que "homossexuais não devem ser discriminados. Eles devem ser respeitados, acompanhados pastoralmente" (GLOBO.COM,

[8] Disponível em: <http://www.bbc.com/portuguese/reporterbbc/story/2008/06/080617_cerebroshomossexuais_fp.shtm>. Acesso em: 4 jul. 2017.

[9] Disponível em: <http://g1.globo.com/Noticias/Ciencia/0,,MUL602802-5603,00-HOMEM+GAY+-TEM+CEREBRO+FEMININO+COMPROVA+ESTUDO.html>. Acesso em: 4 jul 2017.

[10] Disponível em: <https://homofobiabasta.wordpress.com/verdadeiras-igrejas-sao-contra-a-homossexualidade-mito>. Acesso em: 16 jul. 2017.

2016, s.p.).[11] Manter o sujeito por perto, torná-lo conhecido, pastorá-lo é estratégia importante nas relações de poder. Desse modo, "forças, práticas e relações que tentam transformar – ou operam para transformar" (ROSE, 2001, p. 143) estão em funcionamento governando xs homossexuais.

A estratégia da rigidez da sexualidade acionada pela *técnica da tatuagem* por meio dos discursos biológico, religioso e do movimento LGBTQI pode ser compreendida como uma "domesticação política do desejo" (SOUSA FILHO, 2009, p. 64), como uma forma dxs LGBTQI "institucionalizar[em] direitos, mas terão de admitir que, como sujeitos, não o são por desejo, por (liberdade de) escolha, por preferência, opção, mas por fatores biológicos (genéticos ou fisiológicos) ou condicionamentos psicológicos" (SOUSA FILHO, 2009, p. 64).

Diante da força da explicação biológica do desejo/sexualidade, não é sem razão que encontramos no currículo do *site* enunciações que repetem a compreensão de uma separação biológica entre homossexuais e heterossexuais, como no caso de uma usuária que escreve: *"Ainda insisto no amor, embora reaja mal a mulheres com psique masculina de conquista. Quero algo mais sério"*. A *psique masculina* estaria associada ao senso comum de que homens levam o relacionamento com menos seriedade. Logo, a mulher que assuma a *tatuagem-lésbica-masculina* pensaria, agiria e teria um cérebro como o de homens e não seria desejada, vale repetir, exatamente por se parecer com um homem.

Dessa maneira, a *tatuagem-mulher*, disponibilizada no currículo, garante outra possibilidade de ser lésbica além da posição *tatuagem-lésbica-masculina* que se associa a representação atestada nas pesquisas que mencionamos. Porém, mesmo ocorrendo rupturas, a *técnica da tatuagem* procura conter os escapes investindo em modos de ser lésbica fixos, amarrados, controlados, o que nos leva a crer que "no mundo gay e lésbico também pode haver uma certa 'polícia da identidade'. Como se, enquanto lésbica, não serei nunca senão lésbica, não terão sonhos senão lésbicos, não terei fantasias senão com mulheres" (PRECIADO; BUTLER, 2008, s.p.). Nessa direção, a *técnica da tatuagem* mostrou-se atuando fortemente no aprisionamento dos desejos produzindo uma *posição fixa* que investe, sobremaneira, em um modo de ser lésbica que garante o direcionamento do desejo a quem assumiu a *tatuagem-mulher*, ou seja, com marcas que apagam a representação masculina da lesbiandade.

Diante disso, como os discursos são "uma série de segmentos descontínuos, cuja função tática não é uniforme nem estável, entre o discurso dominante e o dominado" (FOUCAULT, 2006, p. 111), nem sempre tatuar no corpo, cravar na pele um modo de ser e de viver é o aprendizado mais bem acolhido no currí-

[11] Disponível em: <http://g1.globo.com/mundo/noticia/2016/06/papa-diz-que-igreja-deve-pedir-perdao-a-gays-por-tratamento-no-passado.html>. Acesso em: 16 jul. 2017.

culo. Fixar não é a única opção disponibilizada nele, pois a possibilidade de ora estar de um jeito, ora de outro, mostra o currículo em análise como um "território de composições e experimentações; território em que jogamos parte significativa dos jogos de nossas vidas" (PARAÍSO, 2006, p. 11). Esses jogos permitem, nesse sentido, que se assumam personagens variadas por meio, por exemplo, do uso de máscaras que nos conferem infinitas possibilidades de existir.

A *TÉCNICA DA MÁSCARA*: CRIAÇÃO DE PERSONAGENS PARA SER VÁRIAS

> Tira a máscara que cobre o seu rosto
> Se mostre e eu descubro se eu gosto
> do seu verdadeiro jeito de ser.
> (PITTY, 2003)

Oculte-se, fantasie-se, camufle-se. Esconda "seu verdadeiro jeito de ser". Essas são lições que muitas mulheres que desejam mulheres aprenderam no currículo do *site* analisado. Por meio da *técnica da máscara* demanda-se que elas assumam personagens que escondam seus rostos, que encubram as marcas dos seus corpos e que escondam os seus desejos. Contudo, essa técnica mostra incoerências, pois faz o público e o privado entrarem em choque e se confundirem no espaço cibernético. Ao mesmo tempo que ensina que mascarar-se pode ser uma opção para se viver com mais liberdade, ensina que perfis com fotos são muito mais visitados e, assim, a chance de encontrar uma *namorada, amante, companhia* será muito maior.

O ato de mascarar-se tem como centralidade o transformar-se, mesmo que temporariamente, em algo que não se é, uma personagem. Logo, tem um caráter enganoso. A *técnica da máscara* traz como ensinamento a dissimulação das marcas impressas pela lesbiandade. Dessa maneira, a máscara pode ser retirada no espaço privado, pois em espaço público funciona como proteção que garante a invenção de uma personagem que anda livremente, sem ser reconhecida.

No currículo do *site* a máscara não é um mero adereço, ela faz parte da criação de um modo de vida e acaba por transformar quem a usa. A *técnica da máscara* utiliza o mecanismo do disfarce como importante para seu funcionamento. Esse mecanismo tem como principal característica a construção de corpos *normais*, pois sem a máscara esses corpos são desviantes. Assim, demanda-se o uso de máscaras que, na maioria das vezes, transfigura e solicita corpos nomeadamente femininos, que funcionam perfeitamente no apagamento de supostas marcas lésbicas. Outro mecanismo utilizado é o da discrição, pois assim não se chama atenção. Destacamos que a discrição é uma lição repetidamente ensinada no currículo e que justifica o uso da máscara.

A *técnica da máscara* por meio da regulação dos corpos e desejos reafirma o quanto as posições de sujeito por ela demandadas são fluidas, pois a cada máscara colocada uma nova personagem pode entrar em cena. A que primeiro trazemos ao palco é a posição de sujeito *personagem-feminina*. Ela é disponibilizada no currículo quando as usuárias do *site* se descrevem ou quando descrevem o seu tipo preferido, como nestes excertos: sou *"Muito feminina, vaidosa, fogosa, responsável e, sobretudo **discreta**"*. Quero *"Uma mulher feminina, que saiba amar e receber amor"*. Quero *"Mulher **discreta** e carinhosa"*. Quero *"mulheres acima dos 30 anos, que trabalhem, **femininas**, inteligentes, determinadas, sem frescuras [...]"* (grifos nossos). Como se pode ver, o mecanismo da discrição é acionado várias vezes para garantir uma suposta feminilidade.

Isso não significa, no entanto, cravar na pele, como tatuagem, um modo de ser feminina, mas usar uma máscara feminina que a torna discreta e não mostre a sua sexualidade, seus desejos. O *ser feminina* pode funcionar como uma possibilidade temporária de esconder supostas marcas masculinizantes. Assim, é necessário saber quais trajes, acessórios e gestos transformam, determinam e compõem a personagem-feminina.

A *técnica da máscara* aciona o discurso biológico para forjar o que é *de* homem e o que é *de* mulher. Esse discurso atua nos mais diversos espaços/instituições – na mídia, na religião, na família, na escola – ditando o que comprar, como ser mãe e esposa, que profissões assumir, etc. Como exemplo de outros espaços, o *site* WikiHow (2017, s.p.) ensina que, para "adotar um visual mais feminino", as mulheres devem "agi[r] com graça e feminilidade e usa[r] as palavras certas". Afirma também que "[...] muitas mulheres se sentem mais femininas quando fazem movimentos suaves, ao invés de se mexerem com força e bruscamente". A religião também ensina à mulher que ela deve aceitar que as opiniões do marido prevaleçam e, portanto, "ter boa vontade em ceder seus desejos individuais em prol do casal" (IGREJA UNIVERSAL, 2016, s.p.).[12] A Escola de Princesas[13] oferece aulas sobre a identidade de princesa. Em meio às lições, aprende-se sobre o bom funcionamento doméstico, que o "matrimônio supera a realização profissional" e sobre a "estética da princesa", colocando que "o nosso caráter externo irá nos revelar" (ESCOLA DE PRINCESAS, 2017, s.p.).

Em contrapartida, outros ensinamentos presentes no currículo do *site* analisado rompem com a *técnica da máscara* que demanda uma *personagem-feminina*. Uma mulher feminina pode desejar outra que não seja, como aparece no perfil de uma usuária: *"Eu **feminina** procuro mulher solteira com bom humor, **não tão femi-***

---

[12] Disponível em: <https://www.universal.org/noticias/o-verdadeiro-papel-da-mulher-35359>. Acesso em: 25 jul. 2017.

[13] Disponível em: <http://escoladeprincesas.net/ws>. Acesso em: 25 jul. 2017.

nina, *mas* ***podendo ser masculina,*** *trabalhadora e* ***assumida.*** *Tenho curso superior, sou loira, branca, olhos verdes, 1,70 de altura, gordinha,* ***cheirosa*** *e* ***limpa.***" A usuária *permite* que sua pretendente não use uma máscara que encubra marcas "*masculinas*" e, ainda, exige que seja "*assumida*". Ela, talvez, de máscara, permite tatuagens.

A tatuagem no corpo da mulher que assume marcas supostamente masculinas reitera, muitas vezes, o discurso heteronormativo, usualmente, vinculado à relação lésbica que mantém um suposto padrão – mulher feminina com mulher masculina. Uma assumiria o papel do homem da relação. A *tatuagem-lésbica-masculina* ou mesmo uma máscara masculina pode funcionar ainda como uma estratégia de identificação do desejo. Em uma sociedade heteronormativa como mulheres ditas femininas poderiam mostrar seu desejo por outras mulheres? Um olhar, um gesto, pode não significar o que se deseja, diferente em uma paquera entre homem e mulher – já que esta está posta e legitimada. No *site*, no entanto, basta clicar na opção *mulher busca mulher* para que o desejo contribua com a produção de uma estética da existência, ou seja, produz uma "problematização, que põe em dúvida aquilo mesmo que nós somos hoje, ou o que gostaríamos de ser" (FIGUEIREDO, 2010, p. 293).

Contudo, as forças discursivas que investem nos processos de subjetivação tentam apagar aquilo que gostaríamos de ser e insistem em manter determinadas características na relação entre pessoas do mesmo sexo. Assim sendo, retomamos, em tempo, a descrição da usuária que se nomeia limpa para trazermos o discurso da promiscuidade, que, não raras vezes, é associado à homossexualidade. A necessidade de se autonomear limpa pode estar associada aos discursos heterossexuais e médicos que circulavam nos anos de 1960 e 1970 nos Estados Unidos, e que se estenderam por todo mundo, quando foi criada "uma subcultura que tinha como base de identidade homossexual a relação sexual descomedida" (TOLEDO; TEIXEIRA FILHO, 2012, p. 77). Ser gay/lésbica estaria associado ao comportamento sexual de alto risco, a parceiros múltiplos e à clandestinidade (ROTELLO, 1998).

Desse modo, "mesmo que tenha sido parte de uma subcultura a vivenciar essas relações libertinas, no senso comum essa visão parece ter sido estendida a todos os chamados desviantes da época, inclusive as lésbicas" (TOLEDO; TEIXEIRA FILHO, 2012, p. 78), como aparece na fala da usuária. Vê-se assim um conjunto de verdades sendo colocado em funcionamento. A verdade sobre como deve ser uma relação homossexual é "produzida em conexão com o poder, como uma construção discursiva, como um efeito de articulação poder-saber" (PARAÍSO, 2007, p. 5) que ganha força quanto mais é reiterado, produzindo regimes de verdade, ou seja, os discursos passam a circular como verdadeiros (FOUCAULT, 2007).

Podemos dizer que uma cadeia discursiva encontra estratégias na associação entre discursos de campos diferentes para normalizar a sexualidade. Dificilmente um discurso estará atuando sozinho e menos ainda circulará restritamente. As práticas educativas aqui analisadas são, com certeza, corroboradas por outras que circulam em outros espaços, outros currículos. Para regular homossexuais é preciso regular de forma intensiva xs heterossexuais. Logo, se há uma intenção da usuária mencionada de se afastar do discurso da promiscuidade, da *sujeira*, é preciso que ela se aproxime de uma *pureza* associada à vida hétero.

Há ainda que se atentar que na normalização dos corpos heterossexuais, homens e mulheres são diferentemente enquadrados como ensina, mais uma vez, o *site* WikiHow (2017, s.p.) na lição de como uma mulher feminina deve ser: "procure sempre estar limpa e cheirosa [...] (como as *ladies* fazem)". Para isso, é "indispensável [...] exalar um perfume gostoso e discreto". Em contrapartida, ao homem ensina-se "a cuidar da aparência de forma mais masculina", ou seja: "tome banhos frequentes para ficar limpo, mas não a ponto de não deixar escapar *um pouquinho* do seu cheiro natural" (WIKIHOW, 2017, s.p.). Práticas de enquadramento, separação e identificação são disponibilizadas conformando corpos, delineando comportamentos, criando significações que colocam em xeque forças que entram permanentemente "em jogo, [e] que vão misturar-se à já existentes, numa dinâmica incessante de atração e repulsa" (DELEUZE, 2005, p. 105), produzindo infinitas formas de estar no mundo.

Na empreitada da cadeia discursiva de significar e normatizar modos de ser, a internet assume espaço privilegiado na contemporaneidade, pois ali os discursos se pulverizam com rapidez e sem fronteiras. Se as significações disponibilizadas sobre os modos de ser homem e mulher são constantes, não podemos desprezar que, nas relações de força, modos de ser lésbica também são divulgados. No *site* "The iBlogay (2017):[14] de A – Z: Conheça as gírias e termos do mundo lésbico", afirma-se a existência de um mundo lésbico, além de nomear as marcas tatuadas e mascaradas nas mulheres que se relacionam com mulheres. Uma "lésbica com visual feminino" é nomeada Lady, enquanto a Machinho designa uma lésbica "com visual masculino", ou a Dykona, a "mulher extremamente sapatão", ou ainda a Tomboy, a "lésbica com visual masculino". Tais designações fixam o corpo e os desejos. Butler diz que, "se eu exclamo, de punho no ar: 'Eu sou homossexual!', ou outra coisa qualquer, se a minha identidade é convertida numa coisa que afirmo, que devo defender, então há rigidez" (PRECIADO; BUTLER, 2008, s.p.). Nessa direção ela ainda questiona: "O que é esta necessidade de nos fixarmos de uma vez por todas?" (PRECIADO; BUTLER, 2008, s.p.). Seria uma sensação de abrigo? Talvez; já que se filiar a uma identidade pode significar ter cúmplices. Na identidade é possível se viver com certa segurança e também é possível se esconder na medida em que o *eu* é borrado com a unidade.

Diante disso, não há como negar que "concepções fixas de identidade sexual, contribuem para a normalização e a integração dos gays e das lésbicas na

---

[14] Disponível em: <https://iblogay.wordpress.com/2016/09/20/de-a-z-conheca-as-girias-e-termos-do-mundo-lesbico>. Acesso em: 10 jun. 2017.

cultura heterossexual dominante, favorecendo políticas familiares, tais como a reivindicação do direito ao casamento, à adoção e à transmissão do patrimônio" (PRECIADO, 2011, p. 17). Mas, na contramão da ideia de fixar identidades, a Teoria *Queer*[15] traz a discussão "contra esse essencialismo e essa normalização da identidade homossexual que as minorias gays, lésbicas, transexuais e transgêneros" (PRECIADO, 2011, p. 17) têm, por vezes, reafirmado. Nessa perspectiva, o *queer* não está "preocupado com definição, fixidez ou estabilidade, mas [...] [com o] transitivo, múltiplo e avesso à assimilação" (SALIH, 2015, p. 19).

Esconder ou apagar marcas pode não significar simplesmente, nesse sentido, distanciar-se da definição, da fixidez. Quando uma usuária do *site* escreve que busca *"alguém, livre, leve, independente, [...]* ***sem estereótipos****"*, por exemplo, pode estar reafirmando que prefere quem assuma a personagem-feminina, que passa desapercebida, mas que assumiu, mesmo que transitoriamente, outra definição. Ser *livre* associada ao camuflar-se pode parecer contraditório, mas entendemos que o uso da máscara pode funcionar positivamente na medida em que ela permite, exatamente por sua função de criar uma personagem, de ocultar uma identidade, dar a liberdade de se viver a sexualidade, o desejo que não é vivido sem o uso dela. Se a "sexualidade faz parte de nossas condutas. [Se] Ela faz parte da liberdade no qual nós gozamos o mundo. [Se] A sexualidade é qualquer coisa que nós criamos nós mesmos – ela é nossa própria criação, bem mais que uma descoberta de um aspecto secreto de nosso desejo" (FOUCAULT, 2005b, p. 358). Logo, ser livre usando a máscara é também criar um modo de vida!

Assim, o currículo do *site*, como qualquer outro, que é sempre pensado, planejado e formulado para "modificar alguma coisa em alguém" (CORAZZA, TADEU, 2003, p. 38), imprimindo transformações de maior ou menor duração, mostra que o que se ensina, pode ser apropriado de maneiras inimagináveis. Dessa maneira, a verdade sobre a relação de desejo entre mulheres "é ao mesmo tempo reforçada e reconduzida por toda uma espessura de práticas" (FOUCAULT, 2005c, p. 17) que escapam às normalizações mesmo quando o sujeito que o currículo quer modificar passa "por um processo de determinação de características, de invenção de um sujeito tornado conhecido, para melhor se governar"[16] (RIBEIRO, 2013, p. 50).

[15] A Teoria *Queer* surgiu de teorias feministas, pós-estruturalistas e psicanalíticas (SALIH, 2015) e foi utilizada pela primeira vez por Teresa de Lauretis, em fevereiro de 1990 (MISKOLCI, 2007, p. 2). O termo *queer*, no entanto, é mais antigo e, por muito tempo foi utilizado como xingamento, de maneira pejorativa, que designava gays, lésbicas, transgêneros, travestis como anormais, pervertidxs, desviadxs (MISKOLCI, 2007). A apropriação desse termo por teóricxs de gênero representa uma "crítica às práticas sociais normalizadoras" (MISKOLCI, 2007. p. 2).

[16] Governo é compreendido, aqui, como "todos aqueles programas e estratégias mais ou menos racionalizados para a conduta da conduta" (ROSE, 1997, p. 30).

Mesmo que haja escapes, o currículo não para de investir em estratégias de governo. Para se governar uma determinada população, alguns mecanismos são acionados, como por exemplo, "identificar certas características e processos próprios dela, fazer com que seus traços se tornem observáveis, dizíveis, escrevíveis" (ROSE, 1999, p. 37). Não é sem razão que o currículo incentiva o *falar de si*, o autonarrar-se. Atendendo à demanda do autonarrar-se, muitas usuárias se descrevem: Sou: "*Tranquila, **muito discreta**, carinhosa, interessante, somente questão de ponto de vista*"; "*Percebo-me uma pessoa tranquila, **discreta, muito discreta***". A "autonarrativa é um implemento linguístico construído pelas pessoas, em relações para sustentar, reforçar ou impedir uma diversidade de ações [...]. [...] são sistemas simbólicos utilizados para propósitos sociais tais como justificação, crítica e solidificação social" (GERGEN; GERGEN, 1988, p. 20-21). Aqui, a autonarrativa funciona como, sobretudo, justificação e solidificação social, na medida em que, como reafirma uma usuária do *site*: "***Discrição** é fundamental*". Essa conduta discreta, autonarrada, é lição que se repete insistentemente no currículo analisado, pois a *técnica da máscara* requer, muitas vezes, que o desejo não apareça em público. O mecanismo da discrição solicita que se use uma máscara que invisibiliza, de maneira que as "relações/práticas homoeróticas entre mulheres, em sendo ditas, e também invisibilizadas, são cercadas de visões generalizadas ou deslegitimantes que permitem a criação de estigmas e estereótipos sobre elas" (TOLEDO; TEIXEIRA FILHO, 2012, p. 68).

A discrição *versus* suposta indiscrição retoma a discussão entre o público e o privado que reafirmam o *continuum* entre um suposto virtual-discreto e um real-indiscreto. Como solicitar discrição em um *site* de acesso livre, no qual se expõem fotos, descrição de gostos, desejos e ansiedades? Colocar e retirar as máscaras se torna uma ação infinita nesse contexto. A máscara que mantém a discrição atua, fortemente, como um mecanismo de governo, pois para se governar é estratégico enfatizar certos traços dos sujeitos (ROSE, 1999). Aqui, a conduta desejada é a de uma mulher discreta, de preferência invisível. Mas, como o discurso comporta a multiplicidade do narrar-se, encontramos perfis que exigem discrição, porém, ao mesmo tempo, a mulher exibe seu corpo de frente e de costas usando biquíni e, ainda anuncia: "*Obs: só responderei perfis COM foto e de garotas femininas...* " (grifo da usuária). Essa enunciação pode ser entendida como o resultado da "capacidade para uma multiplicidade de formas narrativas" (GERGEN; GERGEN, 1988, p. 35).

O investimento na produção de corpos invisíveis, que se escondem por trás da máscara, tenta conter a significação da mulher que deseja mulher em uma personagem feminina-discreta. O corpo contido, fiscalizado, guardado, responde a demandas do tipo: "*Zelo por relacionar-me com MULHERES de caráter ilibado, [...] habilidosas o bastante para serem delicadas, elegantes e discretas*". Ao narrar os desejos há também todo um investimento na "'construção de pessoas'. As pessoas funcionam, aqui, como uma forma inescapavelmente heterogênea, como arranjos cujas capacidades são fabricadas e transformadas por meio de conexões e ligações nas quais elas são apreendidas em locais e espaços particulares" (ROSE, 2001, p. 166), porém variados.

A discrição atende a uma demanda da normalidade, já que esta é constituída por "signos de pertença a um corpo social homogêneo" (PORTOCARRERO, 2004, p. 136). Assumir a personagem feminina-discreta é assumir algo importante na normalização, ou seja, "homogeneizar as multiplicidades" (PORTOCARRERO, 2004, p. 136) que têm como objetivo controlar anormalidades. Essa personagem tem características que a fazem desaparecer na multiplicidade, ela torna a mulher homossexual invisível. Essa personagem se afasta, com isso, da marginalização, da violência, do ser anormal. Ela se afasta de uma das figuras que constituem o domínio da anomalia, nomeada por Foucault (2002, p. 69) de "monstro humano" – aquele que constitui "em sua existência mesma e em sua forma, não apenas uma violação das leis da sociedade, mas uma violação das leis da natureza".

De forma sutil, o uso da máscara permite que as mulheres, em público, pareçam todas *iguais*. A discrição mantém os desejos no privado, por isso, não raras vezes, se vê nos perfis a busca por uma *amiga* – leia-se namorada, companheira, amante, como se pode ver nas seguintes descrições: *"[...] Procura* ***amiga****, para brincadeiras a três". "Sou uma mulher de 40 anos, pós-graduada, já estável, busco uma '****amiga****' para conhecer melhor, uma pessoa na minha faixa etária, independente e livre"* (grifo da usuária). Podemos dizer que há aqui uma transfiguração, "a via pela qual o homem [e a mulher] foge[m] às codificações, cria a si próprio, podendo então se falar de mais uma forma de dimensão estética da vida" (VIESENTEINER, 2011, p. 189). Inventa-se um outro modo de mostrar-se sem ser vista.

A *personagem-amiga* entra em cena com uma máscara que a permite transitar no espaço público sem mostrar seus desejos, assim como a *feminina-discreta*, mas a nova personagem não reprime totalmente seus desejos, pois terá a companhia da *amiga* em público. Nesse caso, a transfiguração se torna conteúdo útil a ser aprendido, pois ela pode ser "a via mais adequada para experimentar criativamente a vida" (VIESENTEINER, 2011, p. 192), já que "aquele[a] que transfigura, desprende-se; aquele[a] que parodia e ri, não se converte na vítima ressentida da vida, no indigno daquilo que acontece" (VIESENTEINER, 2011, p. 193). A personagem-amiga deixa a mulher escondida por trás da heterossexualidade compulsória, pois o que mais seria, senão amizade, duas mulheres sempre juntas?

Desse modo, a *técnica da máscara* lança mão da transfiguração como um mecanismo que investe em não *sair do armário*. Essa parece ser a maneira de reinventar a vida, ainda que ela não permita viver sem se esconder. O armário funciona como um "dispositivo de regulação da vida de gays e lésbicas que concerne, também, aos heterossexuais e seus privilégios de visibilidade e hegemonia de valores" (SEDGWICK, 2007, p. 19). Nessa direção a máscara da personagem feminina-discreta e da amiga funcionam como um "acesso criativo à vida"

(VIESENTEINER, 2011, p. 201) dentro do armário. A metáfora do armário, representada também por meio das máscaras, coloca em xeque "os pares segredo/revelação e privado/público" (SEDGWICK, 2007, p. 28), bem como o *assumir-se* e o *não se assumir*. "Viver no armário, e então sair dele, nunca são questões puramente herméticas. As geografias pessoais e políticas são, antes, as mais imponderáveis e convulsivas do segredo aberto" (SEDGWICK, 2007, p. 39).

A personagem-amiga vive, dessa maneira, o segredo aberto: os desejos são vividos pelas *amigas* quando todxs sabem, mas ninguém diz. Dizer seria o mesmo que assumir que se está fora da norma. A norma funciona no currículo como "regra de conduta, como lei informal, como princípio de conformidade" (FOUCAULT, 2002, p. 204). As usuárias do *site* aprendem, então, a reinventar seus modos de vida, utilizando a seu favor a camuflagem por meio da feminilidade, da discrição, da *amizade*. Por isso uma lição é destaque no currículo: "*cultivem uma vaidade femininamente acompanhada de **discrição***", como solicita uma usuária à sua possível pretendente.

Em nossa análise, mulheres que desejam mulheres, mesmo quando assumem certas personagens, fogem de alguma maneira ao padrão heteronormativo. Logo, a normalização dos seus corpos e mentes se torna alvo de regulação. A norma atua sobre "a irregularidade, a desordem, a esquisitice, a excentricidade, o desnivelamento, a discrepância" (FOUCAULT, 2002, p. 204). Diante disso, o currículo normaliza, por meio do mecanismo da camuflagem, estratégias que facilitam a vida em segredo, já que o *assumir-se* é ainda um grande desafio para as pessoas que desejam pessoas do mesmo sexo.

Percebemos, então, que a *técnica da máscara* parece ser libertadora na medida em que, com ela, nunca se *é*, sempre se *está*. A máscara significa viver a fluidez, a mobilidade, a adaptação. Ela permite que não se *confesse* a homossexualidade em uma sociedade em que a heterossexualidade é compulsória e tida como natural. Ao camuflar-se, a regulação da vida social, no que diz respeito às preferências sexuais, atua, fortemente, na reafirmação da heterossexualidade. Fica claro, então que, "um regime de visibilidade não se apresenta a sujeitos previamente concebidos, antes os engendra ou recria por meio da maleabilidade do próprio desejo em sua inserção cultural e material" (MISKOLCI, 2014, p. 72), regulando modos de pensar e agir.

Essa constante regulação da vida é burlada pela transfiguração, de modo que as mulheres investigadas criam estratégias para viver na intimidade o que não vivem em público, mesmo sabendo que terão que lidar com o encontro de dois *eus*. Esses *eus* vivem conflitantemente entre o sucumbir-se às normas e o romper com elas. Como isso é possível? Camuflando-se, personificando-se, mascarando-se. Vive-se o "encontro de duas estruturas referenciais consistentes, mas geralmente incompatíveis, [o que] causa um choque" (ANZALDÚA, 2005, p. 705) pessoal. O enfrentamento dessas estruturas, que não se dá no espaço público, será inevitável, entretanto, no espaço privado. "Extirpar de forma massiva qualquer pensamento dualista no indivíduo e na consciência coletiva representa o início de uma longa luta" (ANZALDÚA, 2005, p. 707) interna e externa entre os *eus*.

A liberdade mencionada parece enclausurada na máscara, contudo, sabe-se que a liberdade é "condição de existência do poder (ao mesmo tempo sua precondição, uma vez que é necessário que haja liberdade para que o poder se exerça, e também seu suporte permanente, uma vez que se ela se abstraísse inteiramente do poder que sobre ela se exerce, por isso mesmo desapareceria)" (DREYFUS; RABINOW, 1995, p. 244). Se o poder só existe onde há liberdade, é fundamental que os indivíduos estejam livres para fazer escolhas (ROSE, 1999), e, é exatamente por isso que a liberdade pode ser compreendida como "da ordem dos ensaios, das experiências, dos inventos, tentados pelos próprios sujeitos que, tomando a si mesmos como prova, inventarão seus próprios destinos" (SOUSA FILHO, 2017, s.p.). Essa liberdade que inventa seus próprios destinos, que é da ordem dos ensaios pode ser evidenciada na pesquisa de Silva e Sales (2018) apresentada no Capítulo 13 deste livro, quando as autoras investigam a atuação do currículo da nudez na produção de relações de sexualidade e gênero na cibercultura. O currículo da nudez possibilita o prazer sem culpa, prazer que coloca o corpo nu em evidência e que pode funcionar como resistência, como ato político, como possibilidade de modificação nas relações de poder que buscam aprisionar o corpo feminino.

No currículo do *site* de relacionamento o conflito entre os *eus* – aprisionado e livre – parece ser uma constante na medida em que não é possível dizer se a reiteração de alguns padrões funciona como reafirmação da heteronormatividade ou exatamente a resistência a ela, quando, por exemplo, se vê o discurso do amor romântico entre mulheres povoar as várias páginas do currículo em análise. O que parece estar em jogo é a tentativa de transformar a suposta negatividade do *apesar de*, do viver no armário, em positividade. Pode-se dizer que há uma fuga à normalização de uma identidade homossexual positivada e até cultuada na contemporaneidade: a *homossexualidade fora do armário*.

Não estamos aqui em defesa que homossexuais vivam mascaradxs, no armário, mas estamos atentando para uma estratégia de um modo de vida, que *apesar de*, não deixa de viver seus prazeres em uma sociedade homofóbica, criando, portanto, o que nomeamos de um *modo de vida no armário*. Vimos nas descrições de muitas usuárias algo que pode significar: usamos máscaras sim, mas não deixaremos de viver o que casais hétero vivem, mesmo que apenas no espaço privado. Sendo assim, elas escrevem: *"Busco uma mulher feminina, atraente, [...]* ***uma paixão, uma história de amor****, tudo vale a pena se a alma não é pequena"*; quero *"uma namorada, amante,* ***companheira, cúmplice****..."*; *"procuro* ***algo sério*** *sem medo de ser feliz... sim-*

*ples"; "Eu **sou muito romântica**, [...] me sinto carente, [...] estou esperando te conhecer e **viver uma linda história de amor**"*; busco *"Alguém para ser o **meu eterno amor!**"*.

Não se pode negar que nas sociedades ocidentais e também orientais, majoritariamente declaradas heterossexuais, *assumir-se* ou *sair do armário* pode ter como consequência a dificuldade de encontrar emprego, a exclusão da família e de outras instituições como a igreja, além da violência psicológica e física iminente. Dados fornecidos pelo Grupo Gay da Bahia (GGB)[17] mostram que, até o início do mês de maio de 2017, 117 pessoas foram assassinadas no Brasil em decorrência da homofobia, ou seja, um assassinato a cada 25 horas (CORREIOBRAZILIENSE, 2017). O não sair do armário pode, diante desses números, significar uma escolha por apenas viver.

Se, por um lado, na internet o mascarar-se, o manter-se no espaço privado traz possibilidades de encontro e de suposta segurança às usuárias do *site*, por outro lado, reforça a ideia "do espaço público como sinônimo de heterossexualidade" (MISKOLCI, 2009, p. 176). Mais que isso, o *site* mantém essas mulheres longe dos olhos da sociedade. Há uma *limpeza* que afasta o que é impuro, desviante e anormal dos espaços públicos. Logo, o currículo que aqui se afigura ensina como conter-se, como esconder-se e como não contaminar as demais pessoas. O ato de isolar o grupo é estratégia eficiente de governo no currículo analisado.

O currículo do *site* traz, também, aprendizados que mostram fissuras nas demandas da *técnica da máscara*, pois nele também se ensina que transfigurar-se pode ser um ato de rebeldia, de inconformidade, de resistência. Contudo, essa forma de transfiguração não rompe com todos os aprisionamentos disponibilizados nos conteúdos do currículo. Assim, encontramos aprendizados que colocam a *diversão e o desejo dentro do armário*. O armário assume, então, não apenas o local onde se esconde o impuro, mas onde também se *guarda* uma mistura de experimentação, descoberta e liberdade sexual, sem deixar de usar a máscara da discrição.

A forma como as mulheres se veem, como demonstram suas vontades e indicam necessidades mostra a fluidez do desejo. Algumas usuárias se apresentam como: *"Sou iniciante e busco descobertas. Quero liberdade com seriedade e discrição. [...] No mais, prazer e diversão"*. Quero: *"uma gostosona que tenha tesão"*. Sou: "*extrovertida e discreta*". Quero *"Saciar uma curiosidade, viver uma aventura"*. *"Sou morena, linda e fogosa. Não tenho experiências com mulheres, desejo experimentar com muito respeito e sigilo"*. Busco mulheres *"que não sejam preconceituosas, porém, sem muitas exposições revolucionárias"*.

O sigilo, a discrição, a exposição revolucionária colocam o desejo no armário, mas o prazer, a curiosidade, a aventura e o fogo se mantêm acesos. Os desejos que transbordam no armário estão, no entanto, sob o funcionamento de um re-

---

[17] Disponível em: <http://www.correiobraziliense.com.br/app/noticia/brasil/2017/05/17/internas_polbraeco,595532/a-cada-25-horas-uma-pessoa-lgbt-e-assassinada-no-brasil.shtml>. Acesso em: 15 jul. 2017.

gime de visibilidade que "traduz uma relação de poder sofisticada, pois não se baseia em proibições diretas, antes em formas indiretas, mas altamente eficientes, de gestão do que é visível e aceitável na vida cotidiana" (MISKOLCI, 2014, p. 62).

Assim sendo, o desejo, aquele que está dentro do armário, não se submete apenas a uma suposta ordem aceitável, pois ninguém nada vê, mas de muito sabe. A clausura do armário é, então, de alguma maneira subvertida à regulação, ao enquadramento, à normalização. O desejo que encontramos no currículo do *site* ensina, nesse momento, que ele é capaz de "passar estranhos fluxos que não se deixam armazenar numa ordem estabelecida. O desejo não 'quer' a revolução, ele é revolucionário por si mesmo, e como que involuntariamente, só por querer aquilo que quer" (DELEUZE, GUATTARI, 2010, p. 158-159). Com este olhar, o desejo só pode ser vontade de potência. Ele só pode significar a possibilidade de "extrair alguma coisa alegre e apaixonante do que acontece" (DELEUZE; PARNET, 1998, p. 79), no armário ou fora dele.

POR UM DESEJO SEM NOME...

> Liberdade é pouco. O que desejo ainda não tem nome. — Sou pois um brinquedo a quem dão corda e que terminada esta não encontrará vida própria, mais profunda. Procurar tranquilamente admitir que talvez só a encontre se for buscá-la nas fontes pequenas. Ou senão morrerei de sede. Talvez não tenha sido feita para as águas puras e largas, mas para as pequenas e de fácil acesso. E talvez meu desejo de outra fonte, essa ânsia que me dá ao rosto um ar de quem caça para se alimentar, talvez essa ânsia seja uma ideia - e nada mais. Porém - os raros instantes que às vezes consigo de suficiência, de vida cega, de alegria tão intensa e tão serena como o canto de um órgão - esses instantes não provam que sou capaz de satisfazer minha busca e que esta é sede de todo o meu ser e não apenas uma ideia? Além do mais, a ideia é a verdade! Grito-me. São raros os instantes. (LISPECTOR, 1980, p. 40)

O que seria a tal liberdade a que tanto buscamos? Como ter liberdade sem sair de um aprisionamento para cair em outro? A liberdade de que aqui falamos é a liberdade sem nome, é a que mata a sede. A que simplesmente pode ser vivida no armário ou fora dele. A que simplesmente curte a pele que se arrepia, o tesão que umedece, o corpo que treme com ou sem tatuagens e máscaras. Ninguém morre de sede com essa liberdade, porque ela, às cegas, não aprisiona o desejo no sexo e no gênero. O que se tem entre as pernas é pulsação sem nome. Não estamos falando aqui de uma liberdade revolucionária, pois "a revolução é o que está no domínio do possível, unicamente nos microactos. Esta forma de microrrevolução é possível" (PRECIADO; BUTLER, 2008, s.p.) e foi identificada no currículo analisado. Nele, vimos muitas lições, por meio das *técnicas da tatuagem* e da *máscara*, acionadas pela *tecnologia da lesbiandade*, apresentarem possibilidades de fuga ao enquadramento, mesmo quando pareciam encerradas nele. Modos de ser livre *apesar de* e *dentro do armário* mostraram como é possível reinventar representações que foram forjadas para determinar modos *corretos* de viver a sexualidade.

A invenção de um *modo de vida no armário* é por nós compreendida como uma microrrevolução ensinada no currículo do *site*. A presença das mulheres falando de si e de seus desejos, mostrando seus rostos e corpos, já nos parece uma forma de liberdade, ainda que tímida. Não assumir uma *identidade homossexual* é, exatamente, o que acreditamos ser livre. Nos é caro reiterar que a " vida resiste a esta ideia de identidade; [e que] é preciso dar espaço à ambiguidade" (PRECIADO; BUTLER, 2008, s.p.), pois, caso contrário, seria apenas criar outro modo de enquadramento. Não descartamos, obviamente, que "a identidade pode ser vital para confrontar uma situação de opressão, mas seria um erro utilizá-la para não confrontar a complexidade. Não se pode saturar a vida com a identidade" (PRECIADO; BUTLER, 2008, s.p.).

Acreditamos que o uso de tatuagens e máscaras em funcionamento no currículo que, muitas vezes, categoriza e enquadra, também funciona como forma de experimentação, de ruptura com o instituído, de invenção insubordinada à heteronormatividade. Nessa mesma direção, Filho e Maknamara (2018), no Capítulo 16 deste livro, mostram as possibilidades de vivenciarmos o prazer através de nossos corpos ao rompermos com os estereótipos de gênero, ao vermos possibilidades de desejo no currículo, mesmo quando parece impossível. No interior do currículo, processos de subjetivação são constituídos com o objetivo de produzir, estimular e administrar determinados modos de vida, o que acaba "moldando desejos, buscando maximizar as capacidades intelectuais" (ROSE, 1999, p. 34), mas também cria rebeldia, como a de se viver o prazer dentro do armário. Isso significa que as relações entre o poder e os modos de vida não estão "confinadas às relações de constrangimento ou repressão da liberdade do indivíduo" (ROSE, 1999, p. 34). Ao contrário, tentamos mostrar que, no currículo, as mulheres que desejam mulheres aprenderam sobre a possibilidade de reinventar a vida por meio de novas subjetivações.

Diante disso, advogamos por uma "política das multidões *queer* [que foge] dos efeitos normalizantes e disciplinares de toda formação identitária, de uma desontologização do sujeito da política das identidades: [pois,] não há uma base natural ("mulher", "gay" etc.) que possa legitimar a ação política" (PRECIADO, 2011, p. 18). Não nos interessa promover, portanto, um incentivo à saída do armário, pois ele próprio pode significar a criação de outra normalização. Interessa-nos, sim, afastar toda forma de caracterização que classifica a homossexualidade como anormal, monstruosa[18] e impura, como algo que, quando vivido, deve ser escondido, mascarado, apagado. Por isso, insistimos em dizer que não "existe diferença sexual, mas uma multidão de diferenças, uma transversalidade de relações de poder, uma diversidade de potências de vida" (PRECIADO, 2011, p. 18).

Andando na contramão da tentativa de entender o *site* como, unicamente, estratégico para conter sexualidades desviantes, o vimos também como instrumento de acesso ao prazer. Prazer esse que tem sido vivido apenas no privado por muitas mulheres, ou em um suposto privado, já que o virtual tem muito de público. O currículo se mostrou como espaço onde se caça para se alimentar – de prazer –, como espaço onde se encontra alegria intensa – como as autoras deste texto, hoje casadas, encontraram –, como espaço onde modos de vida são criados e recriados, mesmo que em raros instantes, como espaço onde há espaço para o desejo sem nome.

[18] "O monstro é o que combina o impossível com o proibido" (FOUCAULT, 2002, p. 70).

Referências

ANZALDÚA, Gloria. La conciencia de la mestiza: rumo a uma nova consciência. *Revista Estudos Feministas*, Florianópolis, v. 13, n. 3, p. 704-719, 2005.

BALEIRO, Zeca. Flor da Pele. Intérprete: Baleiro, Zeca. In: BALEIRO. *Por onde andará Stephen Fry?* Rio de Janeiro: MZA Music. 1997.

BBCBRASIL. *Estudo vê semelhança entre cérebro de gays e do sexo oposto*. jun. 2008. Disponível em: <http://www.bbc.com/portuguese/reporterbbc/story/2008/06/080617_cerebroshomossexuais_fp.shtml>. Acesso em: 4 jul. 2017.

BELEDI, Iara; MISKOLCI, Richard. Dossiê: percursos digitais: corpos, desejos, visibilidades. Apresentação. *Cadernos Pagu*, Campinas, n. 44, p. 7-11, 2015.

BUTLER, Judith. *Problemas de gênero*: feminismo e subversão da identidade. Tradução de Renato Aguiar. 13. ed. Rio de Janeiro: Civilização Brasileira, 2017.

BUTLER, Judith. Regulações de gênero. *Cadernos Pagu*, Campinas, v. 42, n. 42, p. 249-274, 2014.

CARNEIRO, Gláucia. Corpo em trânsito e desterritorializações de gênero no currículo da cidade com a arte. In: PARAÍSO, Marlucy Alves; CALDEIRA, Maria Carolina da Silva (Org.). *Pesquisas sobre currículos, gêneros e sexualidades*. Belo Horizonte: Mazza, 2018, p. 327-344.

CORAZZA, Sandra; TADEU, Tomaz. *Composições*. Belo Horizonte: Autêntica, 2003.

CORREIO BRAZILIENSE. *A cada 25 horas, uma pessoa LGBT é assassinada no Brasil, aponta ONG*. maio 2017. Disponível em: <http://www.correiobraziliense.com.br/app/noticia/brasil/2017/05/17/internas_polbraeco,595532/a-cada-25-horas-uma-pessoa-lgbt-e-assassinada-no-brasil.shtml>. Acesso em: 15 jul. 2017.

COSTA, Marisa Vorraber. *Currículo e pedagogia em tempos de proliferação da diferença*. In: XIV ENDIPE, 2008. p. 490-503.

DELEUZE, Gilles. *Foucault*. Tradução: Cláudia Sant'Anna Martins. São Paulo: Brasiliense, 2005.

DELEUZE, Gilles; GUATTARI, Félix. *O Anti-Édipo*. Capitalismo e Esquizofrenia. Tradução de Luiz B. L. Orlandi. Rio de Janeiro: Editora 34, 2010.

DELEUZE, Gilles; PARNET, Claire. *Diálogos*. Tradução de Heloísa Araújo Ribeiro. São Paulo: Escuta, 1998.

DOMÈNECH, Miguel; TIRADO, Francisco; GÓMEZ, Lucía. A dobra: psicologia e subjetivação. In: SILVA, Tomaz Tadeu da (Org.). *Nunca fomos humanos*: nos rastros do sujeito. Belo Horizonte: Autêntica, 2001. p. 111- 136.

DREYFUS, Hubert L.; RABINOW, Paul. *Michel Foucault, uma trajetória filosófica*. Rio de Janeiro: Editora Forense Universitária, 1995. p. 231-278.

ESCOLA DE PRINCESAS. A escola de princesas: todo sonho de menina é tornar-se uma princesa. [2017] Disponível em: <http://escoladeprincesas.net/ws/>. Acesso em: 25 jul. 2017.

FAUSTO-STERLING, Anne. The five sexes, revisited. *The Sciences*, p. 19-23, 2000.

FIGUEIREDO, Fernando. Padrão. Arte de viver, modos de vida e estética da existência em Michel Foucault. *Ítaca*, p. 290-299, 2010.

FILHO, Evanilson Gurgel de Carvalho; MAKNAMARA, Marlécio. Falhas e rupturas de gênero e de sexualidade nos currículos: por onde passa a luz? In: PARAÍSO, Marlucy Alves; CALDEIRA, Maria Carolina da Silva (Org.). *Pesquisas sobre currículos, gêneros e sexualidades.* Belo Horizonte: Mazza, 2018, p. 345-363.

FOUCAULT, Michel. "De l'amitié comme mode de vie". In: FOUCAULT, Michel. *Dits et Écrits II, 1976-1988.* Paris: Gallimard, 2005a. p. 982-987.

FOUCAULT, Michel. "Enfermement, psychiatrie, prison". In: FOUCAULT, Michel. *Dits et Écrits II, 1976-1988.* Paris: Gallimard, 2005b. p. 332-361.

FOUCAULT, Michel. *A ordem do discurso.* Tradução de Laura Fraga de Almeida Sampaio. 12. ed. São Paulo: Loyola, 2005c.

FOUCAULT, Michel. *Do governo dos vivos*: curso no Collège de France, 1979-1980 (excertos de Michael Foucault). Tradução de Nildo Avelino. Rio de Janeiro: Achiamé, 2010.

FOUCAULT, Michel. *História da sexualidade I*: a vontade de saber. Tradução de Maria Thereza da Costa. Rio de Janeiro: Graal, 2006.

FOUCAULT, Michel. *Microfísica do poder.* Tradução de Roberto Machado. 23. ed. Rio de Janeiro: Graal, 2007.

FOUCAULT, Michel. *O corpo utópico, as heterotopias.* Tradução de Salma Tannus Muchail. São Paulo: n-1 Edições, 2013.

FOUCAULT, Michel. O uso dos prazeres e as técnicas de si. In: FOUCAULT, Michel. *Ética, política, sexualidade.* Tradução de Elisa Monteiro e Inês Autran Dourado Barbosa. 2. ed. Rio de Janeiro: Forense Universitária, 2004. p. 198-199.

FOUCAULT, Michel. *Os anormais.* Tradução de Eduardo Brandão. São Paulo: Editora Martins Fontes, 2002.

GERGEN, Keneth. J.; GERGEN, Mary M. Narrative and the self as relationship. *Advances in Experimental and Social Psychology*, v. 21, p. 17-56, 1988.

GLOBO.COM. *Homem gay tem cérebro feminino, comprova estudo.* Marília Juste. 2008. Disponível em: <http://g1.globo.com/Noticias/Ciencia/0,,MUL602802-5603,00-HOMEM+GAY+TEM+CEREBRO+FEMININO+COMPROVA+ESTUDO.html>. Acesso em: 4 jul. 2017.

GLOBO.COM. *Papa diz que Igreja deve pedir perdão a gays por tratamento no passado.* 2016. Disponível em: <http://g1.globo.com/mundo/noticia/2016/06/papa-diz-que-igreja-deve-pedir-perdao-a-gays-por-tratamento-no-passado.html>. Acesso em: 16 jul. 2017.

HOMOFOBIABASTA! 2017. Disponível em: <https://homofobiabasta.wordpress.com/verdadeiras-igrejas-sao-contra-a-homossexualidade-mito/>. Acesso em: 16 jul. 2017.

IBLOGAY. *De A – Z*: Conheça as gírias e termos do mundo Lésbico! 2017. Disponível em: <https://iblogay.wordpress.com/2016/09/20/de-a-z-conheca-as-girias-e-termos-do-mundo-lesbico/>. Acesso em: 10 jun. 2017.

IGREJA UNIVERSAL. *O verdadeiro papel da mulher.* Janaína Medeiros. 2016. Disponível em: <https://www.universal.org/noticias/o-verdadeiro-papel-da-mulher-35359>. Acesso em: 25 jul. 2017.

LARROSA, Jorge. Tecnologias do Eu e educação. In: SILVA, T. T. (Org.). *O sujeito da educação*: estudos foucaultianos. 5. ed. Petrópolis: Vozes, 2002. p. 35-86.

LISPECTOR, Clarice. *A hora da estrela*. 23. ed. Rio de Janeiro: Francisco Alves, 1995.

LISPECTOR, Clarice. *Perto do coração selvagem*. 9. ed. Rio de Janeiro: Editora Nova Fronteira, 1980.

MISKOLCI, Richard. A teoria *queer* e a questão das diferenças: por uma analítica da normalização. In: CONGRESSO DE LEITURA DO BRASIL, 16., 2007, Campinas. *Anais*... Campinas, 2007.

MISKOLCI, Richard. Negociando visibilidades: segredo e desejo em relações homoeróticas masculinas criadas por mídias digitais. *Bagoas – Estudos gays, gêneros e sexualidades*, Natal, v. 8, n. 11, p. 51-78, 2014.

MISKOLCI, Richard. O armário ampliado. Notas sobre sociabilidade homoerótica na era da Internet. *Gênero*, v. 9, n. 2, p. 171-190, 2009.

PARAÍSO, Marlucy Alves. Currículo e aprendizagem: relações de gênero e raça na escola. In: SEMINÁRIO INTERNACIONAL FAZENDO GÊNERO, GÊNERO E PRECONCEITOS, 7., 2006, Florianópolis. *Anais*... Florianópolis: UFSC, 2006.

PARAÍSO, Marlucy Alves. *Currículo e mídia educativa brasileira*: poder, saber e subjetivação. Chapecó: Argos, 2007.

PITTY. Máscara. Intérprete: Pitty. In: PITTY. *Admirável chip novo*. Rio de Janeiro: Deck-Disk. 2003.

PORTOCARRERO, Vera. Normalização e invenção: um uso do pensamento de Michel Foucault. In: CALOMENI, T. C. B. (Org.). *Michel Foucault*: entre o murmúrio e a palavra. Rio de Janeiro: Faculdade de Direito de Campos, 2004. p. 133-167.

PRECIADO, Beatriz. Multidões *queer*: notas para uma política dos "anormais". *Estudos Feministas*, Florianópolis, v. 19, n. 1, p. 11-20, 2011.

PRECIADO, Beatriz; BUTLER, Judith. *Entrevista*: *Preciado & Butler* [parte i]. Revista Têtu, n. 138, 2008. Disponível em: <http://lusoqueer.blogspot.com.br/2013/10/preciado-butler-parte-i.html>. Acesso em: 19 mar. 2017.

RIBEIRO, Vândiner. *Currículo e MST*: relações de poder-saber e a produção da "subjetividade lutadora". 2013, 228 f. Tese (Doutorado em Educação) – Faculdade de Educação, Universidade Federal de Minas Gerais, UFMG, Belo Horizonte, 2013. Disponível em: <http://www.bibliotecadigital.ufmg.br/dspace/bitstream/handle/1843/BUOS-97HJUK/vandiner_ribeiro_21_marco_2013.pdf?sequence=1>. Acesso em: 16 set. 2016

ROSE, Nikolas. El gobierno en las democracias liberales "avanzadas": del liberalismo al neoliberalismo. *Archipiélago*: *cuadernos de la cultura*, n. 29, p. 25-40, 1997.

ROSE, Nikolas. Governando a alma: a formação do eu privado. In: SILVA, Tomaz Tadeu da (Org.) *Liberdades reguladas*. Petrópolis: Vozes, 1999. p. 30-45.

ROSE, Nikolas. Inventando nossos eus. In: SILVA, Tomaz Tadeu da (Org.). *Nunca fomos humanos*. Belo Horizonte: Autêntica, 2001. p. 137-204.

ROTELLO, Gabriel. *Comportamento sexual e AIDS*: a cultura gay em transformação. São

Paulo, Edições GLS, 1998.

SALIH, Sara. *Judith Butler e a teoria queer.* Tradução de Guacira Lopes Louro. Belo Horizonte: Autêntica, 2015.

SAVIC, Ivanka; LINDSTRÖN, Per. PET and MRI show differences in cerebral asymmetry and functional connectivity between homo- and heterosexual subjects. *PNAS*, v. 105, n. 27, p. 9403-9408, 2008.

SEDGWICK, Eve Kosofsky. A epistemologia do armário. *Cadernos Pagu*, Campinas, v. 28, p. 19-54, 2007.

SILVA, Luíza Cristina; SALES, Shirlei Rezende. "Aquele tesão repentino por si mesma": currículo da nudez autoexposta na produção de sexualidades e gênero na sociedade contemporânea interconectada. In: PARAÍSO, Marlucy Alves; CALDEIRA, Maria Carolina da Silva (Org.). *Pesquisas sobre currículos, gêneros e sexualidades.* Belo Horizonte: Mazza, 2018, p. 279-298.

SOUSA FILHO, Alípio. A política do conceito: subversiva ou conservadora? Crítica à essencialização do conceito de orientação sexual. *Bagoas – Estudos gays, gêneros e sexualidades*, Natal, v. 3, n. 4, p. 59-77, 2009.

SOUSA FILHO, Alípio. *Foucault*: o cuidado de si e a liberdade, ou a liberdade é uma agonística. 2017. Disponível em: <http://www.cchla.ufrn.br/alipiosousa/index_arquivos/ARTIGOS%20ACADEMICOS/ARTIGOS_PDF/FOUCAULT,%20O%20CUIDADO%20DE%20SI%20E%20A%20LIBERDADE.pdf>. Acesso em: 10 jul. 2017.

TOLEDO, Lívia Gonsalves; TEIXEIRA FILHO, Fernando Silva. As lesbiandades entre o estigma da promiscuidade e da ilegitimidade. *Temáticas*, v. 1, n. 40, p. 69-106, 2012.

VIESENTEINER, Jorge Luiz. Nietzsche e Deleuze: sobre a arte de transfigurar. *Discusiones Filosóficas*, n. 18, p. 187-204, 2011.

WIKIHOW. Como fazer de tudo. 2017. Disponível em: <http://pt.wikihow.com/P%C3%A1gina-principal>. Acesso em: 16 jul. 2017.

15

Corpo em trânsito e desterritorializações de gênero no currículo da cidade com a arte[1]

Gláucia Carneiro

Nos últimos anos, temos assistido ao surgimento de uma série de artistas que produzem, por meio de variadas linguagens, obras que tensionam os binarismos, as naturalizações, bem como as normatizações de gênero[2] e sexualidade em nosso país. Essas diversas linguagens vêm sendo chamadas de "Arte *Queer*". Em tais manifestações artísticas, podemos destacar as "Performances *Queer*" como um saber do/pelo corpo. As Performances *Queer* acionam um corpo desejante e micropolítico em que a dissidência sexual, ao fugir as marcações de gênero e sexualidade estratificadas, encontra na Arte e nas Teorias *Queer*[3] uma reterritorialização possível, quer dizer, a criação de novas corpografias urbanas. É possível um "Corpo *Queer*" em deriva pelas ruas do centro de Belo Horizonte ser o disparador de novas estéticas na cidade? Como o modo de caminhar *queerizante* do corpo em obra de um@ artista nômade pode produzir outras formas de transitar e compor com a cidade?

---

[1] O presente capítulo resulta de uma cartografia em curso realizada pela autora, bolsista do CNPq, para a elaboração de uma tese de doutorado no Programa de Pós-Graduação da FaE/UFMG, sob orientação da Profa. Dra. Marlucy A. Paraíso.

[2] "O gênero não deve ser meramente concebido como a inscrição cultural de significado num sexo previamente dado", defende Butler (2010), "tem de designar também o aparato mesmo de produção mediante o qual os próprios sexos são estabelecidos" (BUTLER, 2010, p. 25).

[3] O uso do termo "*Queer*" pela cultura popular vem se tornando cada vez mais comum nas últimas décadas. A origem remonta a fins dos anos 1980, nos EUA, como resposta ao padrão de gênero binário, às normas e à opressão social a tudo que diverge que é "excêntrico", "esquisito" e "diferente" (SPARGO, 2017). Apesar de compreender as críticas que são feitas as apropriações de termos, expressões e teorias estrangeiras, sobretudo, pelo Pensamento Decolonial (PEREIRA, 2017), para fins desse trabalho, optamos por utilizar a palavra "*Queer*" pelo fato d@ artista que realiza as performances pesquisadas se autodenominar como uma pessoa *queer*.

Proponho discutir os modos como um "Corpo em Trânsito de Gênero", isto é, um corpo *queer* produz afecções no Currículo da Cidade com a Arte, bem como tal corpo é produzido por afectos que atravessam esse currículo. A proposta deste capítulo é apresentar algumas análises produzidas numa cartografia em curso, que mapeia as "linhas de fuga" traçadas pelas derivas urbanas de um@ artista que faz *Performances Queer* na cidade de Belo Horizonte. Discute, portanto, como a arte de caminhar de um modo dissonante dispara saberes que alteram tanto a lógica de certas linguagens artísticas mais tradicionais, como, também, problematizam determinadas normas de gênero e sexualidade e, possibilitam, assim, a criação de outros modos de ser e viver a urbanidade em nossos dias.

É importante destacar que uma nova política de gênero agenciada aos "Estudos *Queer*" vem sendo gestada nos últimos anos, dentro e fora da academia, mas tal política não pode e nem deve ser pensada como uma forma de "enquadramento" ou uma "categoria" estanque. Assim, o "*Queer*" neste capítulo, refere-se muito mais a um "acervo de engajamentos" em incessante "posição de desacordo com o normal e a norma", seja a norma da heterossexualidade dominante, seja uma certa "identidade" gay/lésbica (SPARGO, 2017), seja a institucionalização do *Queer* como uma "escola de pensamento". Afinal, como questiona Ranniery (2018) no nono capítulo deste livro, como nossas pesquisas poderão explorar as categorias de gênero e sexualidade no atual clima político que enfrentamos, sem, entretanto, cairmos nas armadilhas de uma "analítica cultural", sendo necessário, portanto, transformar essas categorias em um "operador de perspectivas" (RANNIERY, 2018).

Destaco que iniciei os estudos sobre o currículo da cidade com o intuito de investigar alternativas que visassem devolver a cidade para as pessoas, visto que têm sido construídas, planejadas e modificadas para os carros. As cidades tornaram-se cada vez mais temidas e distantes das pessoas, transformando-se, em meros "locais de passagem". Por mais banal que possa parecer, uma maneira de tornar a cidade mais segura é haver pessoas "caminhando por suas ruas" (CARERI, 2013). Assim, o aspecto "movente" e "inventivo" dos signos que circulam e deslocam sentidos na cidade tem me desafiado a pensar "um currículo que se move", isto é, um "currículo nômade" (PARAÍSO, 2015), feito de "matérias" e "materiais móveis" e, que, "em seus movimentos", "inventa outros possíveis" (PARAÍSO, 2015, p. 270).

De acordo com essa visão ampliada da noção de currículo, já que "o campo do currículo se abriu e, aos poucos, foi aceitando contribuições das mais diferentes áreas" (PARAÍSO; SILVA, 2016, p. 380), é possível, sim, pensar a cidade como uma "superfície de inscrições" (LARROSA; SKLIAR, 2001), a cidade como "uma máquina de ensinar" (MAKNAMARA; PARAÍSO, 2013), que dispara "experiências de aprendizagens" e funciona "como um currículo" (BONAFÉ, 2010 p. 442). Na mesma linha do que mostram Filho e Maknamara (2018) no Capítulo 16 deste livro, ao apontarem o sentido mais amplo trazido pelas pedagogias culturais e pelos estudos pós-críticos, o currículo é assumido aqui como "algo mais ampliado", que ultrapassa "os muros das escolas". A cidade é uma rede de lugares de existências, de densidades e de superfícies corpóreas. É um lugar de encontros, de conhecimentos, saberes, afetos, vivências e experiências. O espaço, o terreno, o chão, enfim, as ruas são, para mim, educadora ligada às ações culturais e artísticas da/na cidade, um convite irrecusável: um currículo a ser explorado.

A partir de inúmeras deambulações realizadas pensando as ruas do centro da cidade de Belo Horizonte como verdadeiras salas de aula, deparei-me com a questão do *corpo em trânsito* na arte. Sendo um *ato estético*, o caminhar tem desempenhado um papel crucial em muitos movimentos de vanguarda artística que começam no Dadaísmo, passam pelo Surrealismo e chegam no Situacionismo. Mais recentemente, o caminhar como obra de arte tem se manifestado na Land Art e nas Performances (Arte Corporal).[4] Tal *deslocamento estético* consiste em sair da cidade rotineira, mais praticada e conhecida de todos/as e fazer ver o que a arte faz de melhor, a criação de "possíveis". Caminhar nesse sentido é operar com a criação, é movimentar, explorar e experimentar o que está em "vias de tornar-se". Trata-se de, no deslocamento, acionar uma "potência impessoal", os devires (DELEUZE, 1996). Ao caminhar inventamos, portanto, outras cidades. A errância urbana vem sendo praticada por artistas e poetas, mas, também, por filósofos/as, arquitetos/as e escritores/as que vagueiam pelos "espaços lisos e estriados" (DELEUZE; GUATTARI, 2000, p. 183) da cidade. A errância artística produz certas (re)configurações de sentidos na corporalidade urbana contemporânea.

Como parte da realização da cartografia em curso, realizo experiências deambulatórias que me possibilitam pensar "com" e "entre" a seguinte composição: "Caminhar + Arte + Cidade". Direciono meu olhar e invisto meu desejo, nesse processo, para as Performances Urbanas, sobretudo as *Performances Queer*. Tais performances deslocam a arte de seus caminhos costumeiros e provocam novas cartografias corporais, fazendo a linguagem artística *gaguejar*; produzindo "uma língua menor" (DELEUZE; GUATTARI, 2014) tanto na arte, quanto na cidade.

A Arte *Queer* é uma linguagem artística que surge, sobretudo, a partir da década de 1990 com um caráter político de denúncia. Inclui artistas que trabalham nas margens e desenvolvem obras que desafiam o mercado de arte. Em seu artigo "Quem tem receio da Arte *Queer*?", Rosa Maria Blanca (2017) discute o estranhamento e os riscos que sofrem artistas que ousam desenvolver trabalhos considerados excêntricos e/ou anormais.[5]

---

[4] Ver: <http://enciclopedia.itaucultural.org.br>.

[5] Haja vista as recentes polêmicas envolvendo as acusações de promoção de pedofilia e zoofilia da exposição "*Queermuseu*, cartografias da diferença na arte brasileira", no Brasil, que foi cancelada um mês antes da data de seu encerramento. Ver: <https://www.publico.pt/2017/09/12/culturaipsilon/noticia/exposicao-*queer*-cancelada-em-porto-alegre-apos-protestos-1785196>.

O argumento desenvolvido neste capítulo é o de que *o modo de caminhar queer*, tomado aqui como uma experimentação ética, estética e política, é um componente pedagógico relevante do Currículo da Cidade com a Arte por tensionar as normas de gênero e criar novas possibilidades para os corpos na cidade. Com o intuito de explorar as questões apresentadas até aqui, sem a pretensão de esgotá-las, apresento o Currículo da Cidade com a Arte a fim de demonstrar como o *Artivismo Queer* atravessa esse currículo. Em seguida, desenvolvo o conceito de *corpo aberto* de José Gil (2009) e o relaciono com o processo de metamorfose corporal demandado pelo modo de vida *queer*. Antes de finalizar, desenvolvo o tema do Artivismo *Queer*, entendido aqui como criações estéticas voltadas para ações micropolíticas, usando a análise de duas performances, a fim de apontar possibilidades de abertura, tanto no campo da arte, quanto no campo do currículo, pensando, assim, o Artivismo *Queer* como uma forma de re-existência na cidade.

CORPOGRAFIAS *QUEER*: MÁQUINAS DE ENSINAR QUESTÕES SOBRE GÊNERO E SEXUALIDADE NO CURRÍCULO DA CIDADE COM A ARTE

Ed Marte é o nome d@ artista de Belo Horizonte que faz derivas pelas ruas com o objetivo de problematizar a questão das normalizações de gênero na cidade. É uma pessoa popular, presença marcante nas marchas, protestos e ocupações, mas também nos blocos de carnaval e em muitos outros eventos políticos e artísticos da capital mineira. Ed, como é chamad@ pela maioria das pessoas que @ (re)conhece nas/das ruas, apresenta um corpo que performa na fronteira entre o feminino e o masculino. @ artista construiu para si um corpo híbrido, heterotópico e não binário. Com longos cabelos, barba e seus looks femininos, Ed Marte não é uma personagem e nem se fantasia de mulher, não se trata disso. El@ inaugura outros devires em seu modo de vestir, outros modos de ser se fazem visíveis em sua existência.

Na cartografia em curso são traçadas linhas móveis, os mapas, que são produzidas nas conexões estabelecidas entre *o corpo em trânsito* d@ artista *queer*, o corpo das pessoas que participam de suas performances, o corpo em construção da cartógrafa e a maneira como todas essas conexões produzem efeitos no *corpo da cidade*. Entendo a cartografia como uma prática investigativa de caráter aberto, que se faz sempre em movimento, experimentando e explorando um território. Essa pragmática de pesquisa é inspirada nos trabalhos de Gilles Deleuze e Félix Guattari e tem sido utilizada em pesquisas de diferentes campos do conhecimento, mas sempre fazendo movimentar as coisas e o pensamento.

As performances urbanas de uma maneira geral e as *Performances Queer* de um modo particular fazem com que o Corpo e o Fora[6] possam atravessar-se mutuamente. São práticas que produzem uma "partilha do sensível" (RANCIÈRE, 2005) na cidade, mediante "corpografias urbanas" dissidentes.[7] Uma corpografia urbana é um tipo de cartografia realizada pelo e no corpo das pessoas que transitam pela cidade, ou seja, é um tipo de sensibilidade urbana inscrita na pele dos/as transeuntes (BERESTEIN, 2008). É o registro no corpo da experiência de se praticar cotidianamente uma cidade. Trata-se de uma espécie de grafia urbana que fica inscrita e (re)configura o corpo de quem experimenta a cidade a pé. Entendo as Performances *Queer* cartografadas, isto é, as derivas praticadas por Ed Marte, como uma "corpografia" (BERESTEIN, 2008), um modo de "escrita de si" (FOUCAULT, 2004) que é produzida no corpo d@ artista *queer*, da cartógrafa e das pessoas que passam na rua durante as performances. Assim, as corpografias urbanas *queer* cartografadas no Currículo da Cidade com a Arte extraem as intensidades das experiências ativadas com o corpo. Essas corpografias acionam saberes outros sobre gênero e sexualidade, que geram e fazem circular sensibilidades urbanas não pautados pela lógica da heteronormatividade.

As performances urbanas engendram uma forte dimensão micropolítica ao buscarem aberturas no/do corpo para que aja uma reinvenção de suas *forças* e uma desinvenção de suas *formas*.[8] Nas Performances *Queers*, produzidas por Ed Marte, há a afirmação de uma "força ativa" ou, de uma "força criativa", que leva a um "devir" ativo do corpo. Essas performances são importantes processos de "desterritorialização" (DELEUZE; GUATTARI, 2000), na medida em que colocam na cena urbana uma espécie de corpo capaz de fazer *desvios* nas normas de gênero e sexualidade. Um corpo que se constrói de forma livre e não binária.

O corpo em trânsito d@ artista adquire, assim, uma "densidade política" (PRECIADO, 2014) relevante para as lutas por direitos das pessoas GLBT, por dar visibilidade ao que os/as artisvistas *queer* denominam de "fechação", isto é, a não adequação às normas corporais e comportamentais de gênero e sexualidade. E, se tal corporalidade produz (dis)rupturas no Currículo da Cidade com a Arte é porque as linhas de segmentaridade duras, que compõem o diagrama da cidade, são explodidas pela Arte que faz surgir "linhas de fuga" (DELEUZE; GUATTA-

---

[6] Conceito criado por Maurice Blanchot e que coloca em cheque a questão do "autor" como "substância" de algo interior e pessoal ao sujeito. Com base em Blanchot, Foucault e Deleuze desenvolvem tal conceito no campo filosófico, relacionando-o às condições de subjetivação e de agenciamento, respectivamente.

[7] Uso aqui o termo "dissidentes" em contraposição da ideia de "diversidade" sexual e de gênero, já bastante normalizada e muito próxima do discurso da tolerância, atrelada à visão multicultural que ultimamente vem sendo cooptada pelo neoliberalismo.

[8] Veja uma discussão sobre essa relação entre formas e forças no currículo em PARAÍSO, 2015a.

RI, 1997). Imagine que você está caminhando pelas ruas e ao virar uma esquina depara-se com o corpo híbrido de Ed Marte. Que deslocamentos a visão desse "corpo estranho" provocaria em você?

Ativista de Si Mesm@s, artistas *queer* colocam a própria pele em risco numa sociedade que continua "desumana e intolerante com quem resiste às normas, borra as fronteiras e é diferente" (THÜRLER; TRÓI; GARCIA, 2017, p. 25). Estando na rua, Ed Marte encontra-se frequentemente expost@ ao escárnio, ao deboche e a toda sorte de comentários transfóbicos, apesar de nunca, durante a investigação, ter cartografado nenhum incidente ou violência envolvendo @ artista. A sensação que tenho durante a realização da cartografia é a de que o inusitado da experiência provocada pelo encontro das pessoas com o corpo-masculino-vestido-de-mulher d@ artista causa bastante espanto e estranhamento nas pessoas.

Mas o fato é que dificilmente teremos sujeitos políticos mais sensíveis sem nos questionarmos sobre a produção, distribuição e circulação de outros corpos e de outros afectos na cidade. Os afectos são entendidos aqui como "relações", "agenciamentos" ou "encontros" com outros corpos que, por sua vez, "aumentam ou diminuem a potência de existir e/ou a força de agir" (SPINOZA, 2007, p. 276). A maneira como somos afectados/as por esse corpo estranho, demonstra que o corpo pode ser um local de constante (des)construção, que se faz e (re)faz diante de nossos olhos, desafiando algumas verdades heteronormativas. Daí a importância de mapear *os caminhos desviantes* traçados na cidade pelas derivas de um@ artista *queer*.

As andanças *queerizantes* de Ed Marte disparam algumas (des)aprendizagens[9] nos/as habitantes da cidade e promovem novos processos cognitivos e de produção do *Outro*, de uma subjetividade pautada na diferença. Esses saberes, acionados pela experiência[10] de confronto/encontro com o corpo em obra de Ed Marte, demonstram que a cidade é realmente um currículo. Um currículo que se encontra atravessado pela arte e pela política.

O *Currículo da Cidade com a Arte* é, portanto, um currículo singular, por se tratar de um currículo aberto, vital, efêmero e viral, que *curriculariza* os/as habitantes da cidade sob uma perspectiva nômade. Deleuze e Guattari (2000) destacam a necessidade de uma "sabedoria menor", "não institucionalizada", "nômade" na ativação do pensamento, ou seja, na atualização de saberes que produzem agenciamentos mediante uma atitude de guerrilha, para que as pessoas possam combater as "sobrecodificações" das formas rígidas de pensar, sentir e agir, em um mundo repleto de preconceitos.

---

[9] Desaprendizagens no sentido de questionarem certos cânones corporais, pilares do processo de colonização e disciplinarização do corpo ao longo da modernidade.

[10] Experiência é compreendida aqui como a entende Larrosa (2002): um "caminho, passagem, risco, perigo", uma "necessidade de abertura" e uma "predisposição" (LARROSA, 2002, p. 26) para o novo.

Quando Ed Marte sai para as ruas, o seu modo de vestir *queer* aciona linhas que desterritorializam as marcas de gênero e de sexualidade, tencionando a composição: vestir + caminhar + resistir, já que suas roupas são do universo feminino, como maiôs, vestidos, saias e acessórios considerados "de mulher", como colares, pulseiras e brincos. As derivas de Ed Marte são anunciadas em sua página na internet, fato que, algumas vezes, gera um pequeno aglomerado de pessoas que acompanham a movimentação d@ artista.

Os deslocamentos provocados pelo corpo em trânsito de gênero d@ artista acionam um currículo nômade (PARAÍSO, 2015) que *se move* mediante os zigue-zagues da vida e que faz do "caminhar uma obra de arte" (CARERI, 2013). É por essa razão que o currículo da cidade com a arte é um "currículo móvel", que age por contágios vários e se efetua mediante a realização de movimentos autônomos – como a criação de mostras, oficinas e inúmeras intervenções urbanas de artistas como Ed Marte e outr@s artistas e coletivos de arte –, bem como na produção de projetos de formação comunitária; na criação de *sites*, blogs e páginas de redes sociais que partilham saberes voltados para a temática GLBT na cidade; e na elaboração de eventos, shows, performances e ocupações. É um currículo que promove desterritorializações e reterritorializações múltiplas e tem diferentes maneiras de circular e distribuir poderes, saberes e afectos no território urbano.

É um currículo que se dá em meio à vida. A vida que ora irradia forças no pensamento e o arranca de suas formas fixas; ora é o pensamento que desliza nas intensidades, tirando o tempo dos eixos, arrancando a vida do sistema orgânico que a capturava (PELBART, 1998). Do corpo codificado e normatizado ao corpo desgenerificado produzido nas Performances *Queer* são estendidas linhas capazes de subverter toda a obviedade de um corpo, atualizando um modo estranho, esquisito e excêntrico de experimentar a vida, em toda sua potência de invenção.

Trata-se de um currículo que *canta* (PACHECO, 2011), mas, se precisar, levanta os punhos e *grita*. Um currículo que *dança* (SANDER, 2006) na frequência da cidade. Um currículo que *provoca*: organiza protestos e promove debates. Um currículo-vírus, que suscita *devires* e ensina por meio de *contágios* e proliferações diversas. Trata-se de currículo que afirma a potência da vida e diz: Venha! Deixe-se enfeitiçar pelo *fora*, pelo aberto e pelas variações que compõem a vida em sua singularidade.

Sendo a diferença algo da ordem do imprevisível, do imponderável, nunca da ordem das certezas, das normatizações, o currículo da cidade com a arte funciona ao modo de um "Bartleby", personagem do escritor Melville, que Deleuze (1997) exalta por causa de uma sentença enigmática proferida por tal protagonista e que permeia todo o conto "I prefer not do" que, numa apropriação livre, pode ser entendido como "eu preferiria não": preferiria não ser razoável; preferiria não ter razão. No caso das Performances *Queer*, poderíamos dizer: eu preferia não ter que afirmar que sou do gênero feminino ou masculino. No lugar do ou isso, ou aquilo, aciona a força do "e", *eu sou tudo, meu Amoooooor*, brinca Ed Marte, quando alguém pergunta se el@ é homem, gay ou homossexual.

É um currículo *intempestivo*, isto é, "contra a sua época, a favor de um tempo por vir" (NIETZSCHE, 2003), que ativa a força do pensamento e o faz derrapar para fora das avenidas centrais da normatividade e, mesmo assim, continua rodopiando e bailando pelas margens nas zonas autônomas e marginais da cidade. O currículo da cidade com a arte não é nada cartesiano e nem assujeitado, já que a arte libera a vontade da moral. É, sim, um currículo frenético, pulsante, que eleva o querer até a sua enésima potência (NIETZSCHE, 2011). Ao traçar os caminhos mais *desarrazoáveis* e *delirantes* possíveis, Ed Marte parece até ter saído das páginas do "Manifesto Contrassexual" de Paul B. Preciado (2014). O corpo em trânsito (espacial e de gênero) d@ artista apresenta uma densidade política, capaz de contra-atacar, apenas com a sua presença as normas e os códigos binários vigentes. O currículo da cidade com a arte torna-se, assim, um contrassenso, um currículo sinuoso, feito de curvas e desvios, que curriculariza os/as aprendizes que vai encontrando pelo caminho de um modo livre, como nas aprendizagens inesperadas que adquirimos sem perceber numa viagem ou quando ousamos fazer um trajeto novo. Aliás, o currículo da cidade com a arte pode ser mesmo tomado como uma "obra aberta" (ECO, 2016) ou uma espécie de "elogio aos errantes" (BERESTEIN, 2012), aos que ousam produzir um modo de vida errante e libertário.

Mas vá devagar, não pense que esse é um currículo fácil de ser apreendido, muito menos cartografado, devido à imensidão, a amplitude e os perigos que implicam esse andarilhar ao modo *queer*, sob o céu aberto. Além de uma abertura para o desconhecido, que Nietzsche (2011) teria nomeado como uma dimensão selvática e primitiva de nossa subjetividade, sendo, por isso, considerada perigosa, subversiva e desviante, é preciso, também, que a cartógrafa se mantenha sob uma "atenção flutuante" (PASSOS *et al.*, 2009). É necessário que tenha um bom plano de coordenadas traçado se deseja sair por aí caminhando e cartografando os devires, isto é, os trajetos extensivos e os percursos intensivos das produções artísticas desse currículo. É muito fácil perder-se nos labirintos de um currículo, assim, tão aberto.

Foi por essa razão que realizei um (re)corte e elegi as derivas realizadas nas Performances *Queer* como as *máquinas de ensinar* a serem cartografadas na investigação em curso. As caminhadas *queerizantes* de Ed Marte pelas ruas da cidade propõe *uma abertura* nos corpos para passagens de força, para as distribuições de intensidades e desterritorializações de gênero, favorecendo, mediante os encontros com a sua presença estranha, que uma multiplicidade de novos territórios existenciais possam surgir e que esses corpos não se reduzam a diversidade, a tolerância e, em especial, ao condicionamento estético.

A seguir, discuto as maneiras como o corpo pode se tornar aberto, imperfeito, inacabado, vulnerável, poroso, atravessado pelo fora, relacional, múltiplo e em devir em seus encontros com a arte, ante o corpo sólido, fechado, individual, autônomo e senhor-de-si fabricado pelos dispositivos de controle que tentam, em vão, congelar os movimentos provocados pela diferença. Para isso lanço mão do conceito de "corpo aberto" de José Gil (2009).

METAMORFOSES E ABERTURAS DE UM CORPO EM TRÂNSITO DE GÊNERO NO CURRÍCULO DA CIDADE COM A ARTE

Gil (2009) argumenta que os movimentos corporais e os movimentos de pensamento se misturam em um corpo em obra. Digamos que, quando há uma grande intensidade de criação artística, quando "a consciência se deixa invadir pelos movimentos do corpo", os dois elementos (corpo e pensamento) convergem para um espaço único em que uma espécie de osmose se produzirá entre o corpo e o pensamento. "É nesse processo de atualização do movimento virtual em movimento do corpo no espaço e em movimento de pensamento que ocorre a impregnação da consciência pelo corpo" (GIL, 2009, p. 3). Mas consciência aqui não guarda nada de essencialista ou de universalidade. "Eu posso até acreditar que sou, de certo modo, essencial e singularmente eu mesma", mas essa "crença", esse "senso de individualidade e autonomia" é, em si, "um constructo social e não o reconhecimento de um fato natural" (SPARGO, 2017, p. 40). Assim, as "palavras que uso e os pensamentos que tenho estão ligadas às construções da realidade" (SPARGO, 2017, p. 40) da sociedade e dos grupos da qual faço parte.

Geralmente ouvimos dizer que é necessário "tomar consciência do corpo". Mas, o que Gil (2009) está propondo é uma osmose entre o pensar e o corporar. É como se o corpo todo entrasse numa espécie de devir, numa metamorfose no encontro com a arte. Algo parecido com o que Deleuze e Guattari (1997) denominaram de Corpo sem Órgãos. Retirado de Artaud, o Corpo sem Órgãos funciona muito mais como uma prática, ou conjunto de práticas, em vez de uma noção bem definida. Faz parte de um estilo de vida nômade. Não se compreende o Corpo sem Órgãos, vive-o (DELEUZE; GUATTARI, 1997). Muitas vezes o próprio organismo é uma prisão. Muitos poderes são inscritos cotidianamente em nossos corpos. Com Foucault (1996) aprendemos a pensar mediante uma ontologia histórica de nós mesmos; com esse autor pudemos compreender e problematizar a produção do chamado corpo dócil, isto é, "um corpo que pode ser submetido, utilizado, transformado e aperfeiçoado" (FOUCAULT, 1996, p. 120). Ed Marte encontrou uma forma de desfazer-se desse corpo normatizado e produziu um outro corpo para si. Um corpo que desterritorializou as normas de gênero, desfazendo-se de tudo aquilo que o aprisionava.

Discutir as metamorfoses de um corpo em obra implica, então, nessa tomada de "consciência" do corpo. Mas, no caso das Performances *Queer*, isso não ocorre à maneira de uma "atenção fenomenológica", mas na linha de uma *abertura*, uma disposição do corpo para "uma instância de recepção das forças do mundo", uma maneira de no corpo queerizado "devir as forças, as intensidades" (GIL, 2009, p. 2) que desafiam as verdades sobre os corpos. Trata-se de uma metamorfose na direção daquilo que Foucault (2004) denominou de "experiência de si", uma transformação na relação com as coisas, com os outros, consigo mesmo e com a verdade. Não se trata de uma experiência pessoal, mas, de uma "experiência-limite", que "desbanca o sujeito e a sua fundação e o arranca de si, abre-o a própria dissolução" (PELBART, 2015).

As ações performáticas de Ed Marte sugerem que seu corpo passou por esse processo de dessubjetivação, de metamorfose. Tal metamorfose parece ter se iniciado com o esvaziamento ou um tipo de nudez inerente ao ato de despir-se das normas de gênero e de sexualidade que @ artista foi experimentando até alcançar outro modo de ser. É preciso, então, que haja esse esvaziamento para que o corpo possa ser atravessado por outras forças. Esse movimento de abrir-se, de adentrar o não lugar nas normas de gênero e escavar um espaço no corpo para a ruptura com a norma, acionando os devires e implementando uma "invenção de si", isso não é algo fácil de experimentar, compreender e nem conceituar.

Contudo, o modo como @ artista pensa o seu corpo pode fornecer algumas pistas sobre o processo de metamorfose de gênero por el@ experimentado. Em uma de nossas conversas, Ed Marte faz o seguinte relato: *"eu deixo os pelos crescerem naturalmente. Já tem mais de um ano que não faço a barba. O cabelo também tem muitos anos que eu não corto. Não depilo nenhum lugar, deixo crescer tudo naturalmente. Eu acho que é uma coisa natural, da expressão do corpo. Já teve época que eu tirava a barba. Até já teve caso até de depilar as pernas. Na época eu buscava fazer uma montagem mais fiel, tipo querer 'parecer' uma mulher mesmo"*. Mas atualmente Ed não deseja se tornar uma mulher, el@ se considera do gênero livre, sem definição: *"Pra mim é tranquilo, eu posso usar roupas do universo masculino, do universo feminino, ter essa liberdade de usar o que quiser pra me sentir bem, por gostar da roupa, por achar bonito e, também, pra criar. Eu me vejo como um processo de criação"*.[11]

De acordo com Gil (2009), os limites de um corpo vão se alargando indefinidamente e ganhando uma profundidade inimaginável com a arte. Ao mesmo tempo, é o corpo todo que se transforma. Assim, a "vida como obra de arte" a que se refere Foucault (2004) pode ser ativada pelo corpo em trânsito de gênero d@ artista. O corpo pode se tornar uma obra de arte, pautando-se na atualização de um *cuidado de si*, de uma *prática de liberdade* que também é um abandono de si, de uma identidade fixa de gênero. Foucault (2004) nos mostrou que esse "cuidado de si" é uma ética

[11] Trecho de uma conversa transcrita para o Diário de Campo.

equivalente a um "desapego de si" ou, quem sabe, uma desconstrução de si para que estivéssemos à altura de algo muito maior que é a vida, em toda a sua fluidez.

No caso d@ artista aqui apresentad@, seu corpo em obra parece ter apagado alguns traços ou marcas de gênero e sublinhado outros ao construir para si um corpo híbrido, heterotópico e dissidente. Trata-se de um corpo transformado em um feixe de forças. Precisamente, as crianças têm esse *corpo aberto*, um corpo que é como que "o avesso do corpo do paranoico, fechado, hostil e revestido daquela carapaça caracterial" (GIL, 2009, p. 11).

A educação, enquanto um dispositivo de disciplinarização dos corpos ao longo dos séculos, em sua constante busca por identidades e enquadramentos, foi paulatinamente capturando o corpo aberto e poroso da criança e o transformando em um corpo fechado às diferenças. Isso dificulta a abertura e a livre expressão de corpos dissidentes no espaço escolar, desde a sua mais tenra infância. No Capítulo 12 deste livro, Silva (2018, p. 261) argumenta que as *infâncias queer* estão em muitos lugares demandando das pessoas adultas um olhar com "mais hospitalidade e amorosidade". Mesmo que a arte atravesse muitas fronteiras com suas vanguardas e rupturas, as normas de gênero e sexualidade ainda são impostas nas escolas e, em outros espaços sociais, por forças sociopolíticas, culturais, religiosas e morais, de caráter arbitrário. É ainda "uma tarefa ardorosa comunicar-se pessoal e artisticamente em uma cultura dominada por conceitos normativos higienistas" (MASSUELA, 2017). Por isso tudo, é ainda muito difícil para o currículo escolar abrir-se aos territórios existenciais mais divergentes.

Sob esse ponto de vista, além da abertura do corpo seria importante também abrir espaços nos currículos escolares para os agenciamentos de fluxos e as intensidades que surgem dos encontros com o diferente e a diferença. A vida, a vida autenticamente vivida, diz Gil (2009), é, toda ela, "uma espécie de ligação elétrica" (GIL, 2009, p. 11). Abrir o corpo significa, então, entrar em contágio e deixar-se afetar pelo curto-circuito provocado pelo encontro com os devires, com as diferenças.

QUEM PRECISA DE UM "GÁS", AÍ? SUBVERSÕES, RESISTÊNCIAS E ATIVISMO MICROPOLÍTICO DAS PERFORMANCES *QUEER*

> Juraci invade a cena: um homem com um boné, vestido de laranja e carregando uma grande maleta de ferramentas caminha pelo salão principal do museu. Ele se aproxima de um grupo de pessoas e anuncia: "Soube que pediram um gás aqui". Faz-se então uma espécie de procissão pelos ambientes do museu na medida em que o artista simplesmente caminha e observa os objetos ao redor. Atrás dele um público espera que algo aconteça. Juraci, então, para em frente a um grande espelho e começa a exibir seus "objetos transfigurantes". Em seguida, se despe, ficando completamente

> nu e, lentamente, como em uma lenta liturgia gestual do universo feminino, começa a se travestir. Calcinha, meias, maiô, salto alto, maquiagem, óculos de sol, bolsa, perfume, celular, nenhum detalhe é esquecido. Desfilando, finaliza sua produção e passa a entregar alegóricas notas de um real em troca de abraços; dados em toda pessoa de quem se aproximava. Abraços disparados pelos afectos *queer* que se constituem para além dos binarismos que insistem em enquadrar o corpo. "Juraci", enfim, já não é homem ou mulher, é o corpo que ele/ela bem quiser. [Trecho do "Pequeno Manual das (Ina)propriações de uma cartografia nômade"][12]

Juraci: a ação artística encenada por Ed Marte no Museu de Arte da Pampulha para a Exposição *Outra Presença*[13] tem como objetivo discutir a (in)visibilidade de corpos dissidentes de gênero e sexualidade na cidade. Ed Marte começa a ação vestido como homem. Um homem forte, másculo, que carrega uma pesada caixa de ferramentas. Na sequência, @ artista circula pelos salões do museu e grita: *"quem aí precisa de um gás?"* Num primeiro momento somos levados a acreditar que se trata do "gás de cozinha", já que @ artista se encontra vestido como um entregador de gás. Mas durante o desenrolar da ação artística, percebemos que o signo "gás" a que se refere @ artista remete a outros sentidos. Quem em nossos dias não anda mesmo precisando de um "gás" para recarregar as energias, sobretudo no atual contexto brasileiro em que os afectos tristes tomaram de assalto a nossa vida? Seria o Artivismo *Queer* uma espécie de gás que estamos precisando para potencializar nossas existências?

A ação se desenrola na medida em que Juraci para em frente a um grande espelho e começa sua transição de gênero. A pesada caixa de ferramentas torna-se uma maleta repleta de adereços femininos e uma TRANSformação é acionada no corpo d@ artista, que rapidamente vai *outrando-se* e entrando em um devir-mulher. O espelho já não é capaz de fixar a imagem do homem que segundos antes estivera parado em sua frente. O corpo TRANSformara-se numa matéria de criação irônica, debochada e que nos fazia rir da provisoriedade das marcas de gênero. Mesmo não sabendo o que pode um corpo (SPINOZA, 2007), desde que não o impossibilitemos, ele nos permite abrir- nos para a virtualidade dos possíveis e trazer ao presente o Fora que não cessa nunca de nos atravessar, que nos convida a nos (re)inventarmos, pensarmos, bem como vivermos de outros modos possíveis.

A escolha do nome "Juraci", que serve para homens e mulheres, também compõe o mesmo jogo de sentidos ativados pela TRANSmutação presente na performance, assim como o gás, a caixa de ferramentas e o espelho, todos esses

---

[12] O "Pequeno Manual das (Ina)propriações de uma Cartografia Nômade" compõe o plano de escrita da tese em andamento.

[13] A exposição "Outra Presença" teve curadoria de Marco Paulo Rolla, Nathália Larsen e Ana Luisa Santos e tinha como objetivo proporcionar a realização de ações que remetessem a presença do corpo no espaço, vinculado a conceitos que perpassassem o indivíduo, a arquitetura, o museu e a cidade. Ver: <http://outrapresenca2013.blogspot.com.br>.

signos, tornam-se aspectos do hibridismo encenado pel@ artista. Tudo enfim é outra coisa, nada é o mesmo, tudo muda e se TRANSforma, deFORMAndo a forma anteriormente dada. Tudo é movimento, tudo é devir! Nada é fixo!

Os currículos também podem ser assim, os currículos também podem se TRANSformar e assumir formas outras. Paraíso (2015) afirma que um currículo pode ser feito da mesma matéria de uma vida, como um mar aberto ou uma onda onde "tudo move, tudo muda" (PARAÍSO, 2015, p. 49). Afinal, vivemos o tempo da diferença (PARAÍSO, 2015, p. 50). E a vida, em seu processo de variação contínua, nos mostra que o currículo não é uma via de mão única. Deleuze (2003) afirma que "não sabemos como alguém aprende" (DELEUZE, 2003, p. 21), mas, de qualquer modo, não se pode pensar em um aprendizado sem mudanças, sem movimentos, sem o encontro com as diferenças.

Se o corpo é esse lugar no qual os poderes exercem seu domínio, é também o corpo o vetor de uma fuga possível porque a vida na qual o corpo se insere é sempre algo indomável, ela é o lugar da invenção, da eterna diferenciação. A ação artística "Juraci" traz, no bojo de seu processo criativo, a força que a arte tem de inventar modos de vida originais, que rompem com a maneira fascista de controlar os devires do corpo. A seguir apresento outra performance realizada por Ed Marte com o objetivo de mostrar aqui como o corpo é um território real, que existe de muito modos e que não pode viver sempre escondido, camuflado, capturado por afetos tristes, seja dentro de um uniforme escolar, de trabalho, seja preso "dentro de um armário", ou varrido para debaixo do tapete de uma norma qualquer.

> O burburinho começa quando @ artista chega ao Parque Américo Rennê Giannetti – conhecido como Parque Municipal de Belo Horizonte – maquiad@, trajando um maiô, meia arrastão, salto alto, echarpe e chapéu, segurando uma sombrinha em uma mão e, na outra, uma placa com os dizeres: "Tire uma foto com Ed Marte". Antes mesmo de encontrar um local para pendurar sua placa e dar início à performance, uma profusão de olhares curiosos provocam um burburinho ao redor d@ artista. Além da curiosidade, outros "blocos de sensações" são disparados como, por exemplo, o riso, o senso de humor, o espanto, o estranhamento, a inquietação e até mesmo o repúdio que aquele corpo estranho e esquisito vai provocando nas pessoas. O parque está lotado e @ artista resolve ficar bem em frente ao lago onde muitas famílias passeiam de barco, pedalinho ou no cisne. Do outro lado do lago, avista-se a roda gigante e o carrossel onde muitas crianças se divertem. Contornando o lago, vemos o vai e vem de cavalinhos e charretes, bem como vendedores ambulantes de algodão doce e os fotógrafos de *lambe-lambe*. Tudo isso provoca uma sensação de estranhamento ainda maior. @ artista, então, se posiciona ao lado da placa. Não passam cinco segundos e a primeira pessoa passa, lê a placa, olha para @ artista e não esconde o riso ao perceber se tratar de "tirar uma foto" com um homem alto, de barba, salto e batom, portador de um olhar brejeiro e suave vestido de maiô. A grande maioria das pessoas que passa em frente ao lago (e depara-se com a cena), resolve parar e participar com grande entusiasmo da performance, aceitando tirar uma foto com @ artista. [Trecho do "Pequeno Manual das (Ina)propriações de uma cartografia nômade"]

Prazer, Ed! Retratinhos com você: ir e vir, devir. Essa é a vida de um corpo em trânsito de gênero, que faz derivas pelas ruas da cidade de Belo Horizonte. Trata-se de uma vida em constante *transitividade*, que se faz da e na rua, caminhando e *outrando-se*. Na performance relatada acima o corpo nômade de Ed Marte vai percorrendo as ruas do centro até chegar ao maior e mais popular parque da cidade. A ação acontece em um sábado e o parque está lotado. Ninguém entende muito bem o que significa aquela ação: quem sabe a gravação de uma cena para um programa de televisão ou a propaganda de uma peça de teatro, já que no parque existe uma sala de teatro.

Assim, quem aceita participar do jogo proposto pela performance *queer* se vê agenciado com um corpo excêntrico, estranho e diferente. A presença de Ed Marte no parque cria uma atmosfera de estranheza na dita normalidade que rodeia a todos/as, criando deslocamentos de sentido, inversões e desterritorializações nas normas de gênero e sexualidade, frequentemente assumidos pelos/as habitantes da cidade.

Venho percebendo nessa cartografia que nossas reações, seja de perplexidade, de indignação, de compaixão e até de luta, parecem ter se tornado tão rarefeitas e anestesiadas pelos excessos de imagens relacionados à corporalidade que quando nos deparamos, por exemplo, com um corpo embriagado caído no chão ou uma criança suja pedindo uns trocados, quase não os enxergamos. É como se tais corpos tivessem perdido sua "densidade política" (PRECIADO, 2014). Essa saturação de imagens, bem como a frenética aceleração dos corpos que circulam pelos espaços urbanos interferem na nossa capacidade de afectar e sermos afectados/as por outros corpos na cidade. Durante as derivas de Ed Marte pelas ruas, por exemplo, percebo na cartografia que a maioria dos corpos se desloca apressadamente e dispõe de pouco tempo para prestar atenção na ação performática d@ artista. Mas há sempre aquelas pessoas que param, questionam, se assombram e são de alguma forma, mesmo que efêmera, afetadas por essa ação.

E se o *afecto* diz respeito à intensidade, à mudança e à variação em nossa potência de agir (SPINOZA, 2007), a *afecção* é sempre o estado de um corpo que sofreu a ação de outro. As afecções produzem os fluxos, as variações contínuas (DELEUZE, 2002), são uma espécie de agitação em nosso corpo e em nosso pensamento. Desse modo, até mesmo os devires passam pela ação dos afectos. O que implica sempre na passagem de uma força de deslocamento, de uma transição ou transformação em nossos valores. Por isso os *afectos queer* aqui relacionados são componentes pedagógicos importantes no currículo da cidade com arte, pois produzem efeitos e efetuações nas sensibilidades e nas corpografias urbanas contemporâneas.

Os encontros dos corpos das pessoas na rua com o corpo em trânsito de um@ artista *queer* favorece que uma nova rede de sentidos seja colocada em cena nas ruas, produzindo mudanças no grau de sensibilidade das pessoas que cruzam com @ artista, de modo a desdobrar e a decompor certos (des)afectos, incômodos e abjeções e, assim, levantar dúvidas sobre as formas engessadas de gênero e sexualidade, normalmente aceitos como "naturais". Tais encontros são capazes de (re)criar, no espaço urbano, uma temporalidade outra, uma outra "duração" nessa plataforma acelerada que são as ruas da cidade. Trata-se de uma duração capaz de fazer o/a transeunte enxergar que existem outros modos de vida que compõem com a cidade. Por isso na cartografia em curso é importante estar atento/a aos devires acionados pelo corpo, com seus movimentos de ruptura e invenção, como também às forças reativas que impedem que os devires entrem em ação.

Encontrar um corpo *queer* nas ruas, em um parque ou em um museu, por exemplo, pode nos ajudar a tensionar certos padrões sexuais e de gênero. Tais encontros abrem um campo de possibilidades antes represado, ou no mínimo impensável, em relação às trocas afectivas que se estabelecem entre os corpos na cidade. Desse modo, o *artivismo queer*, suas ações estéticas e micropolíticas, que se valem de estratégias variadas que amplificam, sensibilizam e problematizam as reivindicações dos grupos GLBT, vem abrindo cesuras no campo da arte, tanto quanto no campo da educação de uma maneira mais ampla, já que as cidades, em suas práticas de urbanidade, também ensinam muitas coisas às pessoas enquanto essas transitam por ruas.

Sendo possível experimentarmos a multiplicidade, a descontinuidade, a abertura para as diferenças e quem sabe até a liberdade de uma possível (des) construção de si enquanto caminhamos pelas ruas da cidade. Tais experiências se tornam realizáveis na medida em que uma circulação de afectos e saberes, que desafiam antigas linguagens sexistas, machistas e até transfóbicas são atravessadas pela arte nas ruas. Desse modo, o *artivismo queer* pode, sim, ser um "gás" a mais que energiza práticas já exaustas e cansadas de experimentar sempre os mesmos saberes e dizeres sobre o corpo e a sexualidade na cidade.

Referências

BERENSTEIN, Paola. Corpografias urbanas. *Vitruvius. Arquitextos*, São Paulo, v. 8, 2008.

BERENSTEIN, Paola. *Elogio aos errantes*. Salvador: EdUFBA, 2012.

BLANCA, Rosa Maria. Quem tem receio da arte queer? *Revista Cult*. São Paulo, Dossiê Artivismo das dissidências sexuais e de gênero, n. 226, ano 20, p. 40-45, ago. 2017.

BONAFÉ, Jaume. La ciudad en el curriculum y el curriculum en la ciudad. In: GIMENO, Jimeno. *Saberes e incertumbres sobre el curriculum*. Madrid: Ed Morata, 2010.

BUTLER, Judith. *Problemas de gênero*: feminismo e subversão da identidade. Tradução de Renato Aguiar. Rio de Janeiro: Civilização Brasileira, 2010.

CARERI, Francesco. *Walkscapes: o caminhar como prática estética*. São Paulo: Editora G, 2013.

DELEUZE, Gilles. *Espinosa, filosofia prática*. São Paulo: Escuta, 2002.

DELEUZE, Gilles. O atual e o virtual. In: ALLIEZ, Éric. *Deleuze filosofia virtual*. São Paulo: Editora 34, 1996.

DELEUZE, Gilles. *Proust e os signos*. Rio de Janeiro: Forense Universitária, 2003.

DELEUZE, Gilles; GUATTARI, Félix. *Kafka: por uma literatura menor*. Belo Horizonte, São Paulo: Autêntica, 2014.

DELEUZE, Gilles; GUATTARI, Félix. *Mil Platôs 4*: capitalismo e esquizofrenia. São Paulo: Editora 34, 1997.

DELEUZE, Gilles; GUATTARI, Félix. *Mil Platôs 5*: capitalismo e esquizofrenia. São Paulo: Editora 34, 2000.

ECO, Umberto. *Obra aberta*: forma e indeterminação nas poéticas contemporâneas. São Paulo, Perspectiva, 2016.

FERRAZ, Wagner. Movimento 1: Para compor um corpo dançante. In: ZORDAN, Paola (Org.). *Secretações*. v. 1. Porto Alegre: INDEPIn, 2013. p. 144-144.

FILHO, Evanilson Gurgel de Carvalho; MAKNAMARA, Marlécio. Falhas e ruptura de gênero e de sexualidade nos currículos: por onde passa a luz? In: PARAÍSO, Marlucy Alves; CALDEIRA, Maria Carolina da Silva (Org.). *Pesquisas sobre currículos, gêneros e sexualidades*. Belo Horizonte: Mazza, 2018, p. 345-363.

FOUCAULT, Michel. O uso dos prazeres e as técnicas de si. In: FOUCAULT, Michel. *Ditos e escritos V*: Ética, política, sexualidade. Rio de Janeiro: Forense Universitária, 2004. p. 198-199.

FOUCAULT, Michel. *Vigiar e punir*. São Paulo: Vozes, 1996.

GIL, José. Corpo aberto. In: FONSECA, Tania M; ENGELMAN, Selma (Org.). *Corpo, arte e clínica*. Porto Alegre: UFRGS, 2009.

GUIMARÃES, Rafael; BRAGA, Cleber. Vidobras dissidentes na música pop brasileira. *Revista Cult*, São Paulo, Dossiê Artivismo das dissidências sexuais e de gênero, n. 226, ano 20, p. 28-31, ago. 2017.

LARROSA, Jorge. Notas sobre a experiência e o saber da experiência. *Revista Brasileira de Educação*, n. 19, p. 20-28, jan.-fev.-mar.-abr. 2002.

LARROSA, Jorge; SKLIAR, Carlos. *Habitantes da Babel*: políticas e poéticas da diferença. Belo Horizonte: Autêntica, 2001.

MAKNAMARA, Marlécio; PARAÍSO, Marlucy Alves. Pesquisas Pós-Críticas em Educação: Notas Metodológicas Para Investigações com Currículos de Gosto Duvidoso. *Revista da FAEEBA-Educação e Contemporaneidade*, v. 22, n. 40, 2013.

MASSUELA, Amanda. Artistas refletem sobre a arte militante. *Revista Cult*, São Paulo, Dossiê Artivismo das dissidências sexuais e de gênero, n. 226, ano 20, p. 32-33, ago. 2017.

NIETZSCHE, Friedrich. *Assim falou Zaratustra*. Tradução de Paulo César de Souza. São Paulo: Companhia das Letras, 2011.

NIETZSCHE, Friedrich. *Segunda consideração intempestiva*: da utilidade e desvantagem da história para a vida. São Paulo: Singular Digital, 2003.

PACHECO, Eduardo. *Por uma (des)educação musical*. 2011. Dissertação (Mestrado) – Universidade Federal do Rio Grande do Sul, Porto Alegre, 2011.

PARAÍSO, Marlucy Alves. Currículo-nômade: quando os devires fazem a diferença proliferar. In: COSTA, Marisa V. (Org.) *Estudos culturais e educação*. Canoas: Ulbra, 2015. p. 268-289.

PARAÍSO, Marlucy Alves. Um currículo entre formas e forças. *Educação*, v. 38, n. 1, p. 49-58, jan.-abr. 2015a.

PARAÍSO, Marlucy Alves; SILVA, Sandra. Perspectivas teóricas das pesquisas em currículo. *Currículo sem Fronteiras*, Pelotas, v. 16, n. 3, p. 380-387, set.-dez. 2016.

PASSOS, Eduardo; KASTRUP, Vírginia; ESCÓSSIA, Liliana. *Pistas do método da cartografia*: pesquisa-intervenção e produção de subjetividade. Porto Alegre: Sulina, 2009.

PELBART, Peter Pal. A experiência em Foucault. In: KIFFER, Ana (Org.). *Michel Foucault no Brasil*. São Paulo: Editora Nau, 2015.

PELBART, Peter Pal. *O tempo não-reconciliado*: imagens de tempo em Deleuze. São Paulo: FAPESP; Perspectiva, 1998.

PEREIRA, Pedro Paulo G. Corpo, sexo e subversão: reflexões sobre duas teóricas queer. *Interface - Comunicação, Saúde, Educação*, v. 12, n. 26, p. 499-512, 2018. Disponível em: <https://dx.doi.org/10.1590/S1414-32832008000300004>. Acesso em: 3 jun. 2017.

PRECIADO, Paul B. *Manifesto contrassexual*. São Paulo: n-1 Edições, 2014.

RANCIÈRE, Jacques. *A partilha do sensível*: estética e política. São Paulo: Editora 34, 2005.

RANNIERY, Thiago. Manifesto Beyoncé no currículo: a força da música e o brilho erótico do corpo que dança. In: PARAÍSO, Marlucy Alves; CALDEIRA, Maria Carolina da Silva (Org.). *Pesquisas sobre currículos, gêneros e sexualidades*. Belo Horizonte: Mazza, 2018, p. 199-218.

SANDER, Jardel. *Camelos também dançam*: movimento corporal e processos de subjetivação contemporâneos, um olhar através da dança. 2006. Tese (Doutorado) – Pontifícia Universidade Católica de São Paulo, São Paulo, 2006.

SILVA, João Paulo de Lorena. Crianças queer no currículo escolar: demandando visibilidade e bagunçando as normas de gênero. In: PARAÍSO, Marlucy Alves; CALDEIRA, Maria Carolina da Silva (Org.). *Pesquisas sobre currículos, gêneros e sexualidades*. Belo Horizonte: Mazza, 2018, p. 261-278.

SPARGO, Tamsi. *Foucault e a teoria queer*: seguido de Ágape e êxtase: orientações pós-seculares. Belo Horizonte: Autêntica, 2017.

SPINOZA, Baruch. *Ética*. Tradução e notas de Tomaz Tadeu. Belo Horizonte: Autêntica, 2007.

THÜRLER, Djalma; TRÓI, Marcelo de; GARCIA, Paulo César. Outras cenas de enfrentamento, ontem e hoje. *Revista Cult*, São Paulo, Dossiê Artivismo das dissidências sexuais e de gênero, n. 226, ano 20, p. 24-27, ago. 2017.

16

Falhas e rupturas de gênero e de sexualidade nos currículos: por onde passa a luz?[1]

Evanilson Gurgel de Carvalho Filho
Marlécio Maknamara

PÉ NA ESTRADA

O que significa afirmar que "*há uma falha em tudo*", em se tratando das intersecções entre currículo, corpos, gêneros e sexualidades? Recorrendo ao dicionário, o substantivo *falha* é uma "fratura de uma superfície; fenda, lasca".[2] Também é "falta de perfeição; defeito, erro". Uma falha é algo a ser combatido ou no mínimo consertado. É um problema, exige comprometimento para resolvê-la, seja remendando os cacos, cobrindo as fendas, seja limpando as lascas da superfície. Quando se torna verbo, o problema é de ordem maior: *falhar*. Incorre em erro, falta, ausência, não acertar. E quando adjetiva algo? *Falho*. "O que falta; carente, desprovido, falto".

Nosso objetivo neste capítulo é, em um primeiro momento, elencar as falhas e rupturas de corpos, gêneros e sexualidades nos currículos do Cinema de Retomada para, em um segundo momento, evidenciar as luminosidades que se espraiam nas conexões feitas entre esses campos. Assim, trabalhamos na ambiguidade do *lacunar* e da *potência*, isto é, daquilo que falha, que falta, que omite, para pensar novas possibilidades, novos caminhos, novas estratégias para subversão, novos atravessamentos

[1] O presente capítulo é parte de uma pesquisa de mestrado realizada com financiamento da Capes no Programa de Pós-Graduação em Educação da UFRN, sob a orientação do Prof. Dr. Marlécio Maknamara.
[2] Tanto este quanto os demais significados das palavras foram obtidos em uma breve busca pelo Google.

de fronteiras. Logo, argumentamos que diante da aridez, do escasso e da carência nas intersecções entre corpos, gêneros, sexualidades e currículo, podemos trabalhar dentro da perspectiva do célebre, das possibilidades e do inusitado.

O capítulo está organizado em dois eixos principais. O primeiro é intitulado "*Há uma falha em tudo...*", no qual inicialmente listamos alguns procedimentos de segurança para os viajantes-curriculistas que optarem por embarcar conosco nessa viagem. Em seguida tecemos algumas considerações ante o que encontramos de lacunar na trinca corpos-gêneros-sexualidades conectada ao currículo do Cinema de Retomada. Por sua vez, no segundo eixo, "*... e é assim que a luz entra*", fazemos um recorte desse período do cinema brasileiro baseando-nos em uma análise de representação de algumas das obras dirigidas pelo diretor cearense Karim Aïnouz: "Madame Satã" (2002), "O Céu de Suely" (2006) e "Praia do Futuro" (2014). Esse eixo pretende se fazer e tentar chegar a alguma resposta à seguinte pergunta: Sendo o cinema a "imagem em movimento", as luzes que atravessam as telas e compõem o nosso imaginário podem ser as mesmas que atravessam as falhas de gênero e sexualidade nos currículos?

"*HÁ UMA FALHA EM TUDO...*": CURRÍCULO DO CINEMA DE RETOMADA

Nus em plena praça pública do Recife, homem e mulher esticam os braços para darem as mãos como numa recriação[3] urbana do afresco "A Criação de Adão" de Michelangelo. Em tempos de repressão da ditadura militar, um soldado e um artista circense dançam enquanto os versos de "A Noite do Meu Bem" arranham na vitrola. Entre troca de olhares acanhados, "[...] a ternura de mãos se encontrando",[4] a noite se enfeita quando o soldado confessa: "eu nunca tinha dançado com um homem assim antes".[5] Em lágrimas, um vendedor de quinquilharias reverencia uma bunda.[6] Uma mulher enlutada se masturba com o seu nebulizador.[7] Um vaqueiro que sonha em ser estilista toma emprestada uma revista erótica e desenha uma roupa sobre o corpo nu de uma mulher.[8] Adolescentes descobrindo seus desejos e afetos trocam seu primeiro beijo.[9] Uma prostituta olha fixamente

[3] "Febre do Rato", dirigido por Cláudio Assis.
[4] Trecho da referida canção.
[5] "Tatuagem", dirigido por Hilton Lacerda.
[6] "O Cheiro do Ralo", dirigido por Heitor Dhalia.
[7] "Amarelo Manga", dirigido por Cláudio Assis.
[8] "Boi Neon", dirigido por Gabriel Mascaro.
[9] "Eu Não Quero Voltar Sozinho", dirigido por Daniel Ribeiro.

para câmera e fala sobre os seus sonhos: "ter uma *vida-lazer*, para mim e minha filha e mais nada".[10] Uma jovem mulher decide recorrer à clandestinidade da venda do seu único bem para perseguir seus sonhos, não sem antes perguntar ao seu amante: "tu ficaria comigo se eu fosse rapariga?"[11] Uma *drag queen* negra num Rio de Janeiro conservador dos anos 1930 responde a um insulto homofóbico: "eu sou bicha porque eu quero e não deixo de ser homem por causa disso não!"[12]

Como numa colcha de retalhos essas cenas, que à primeira vista podem parecer tão distintas entre si, vão se costurando umas às outras em uma sutura que revela suas semelhanças. Os pontos dos retalhos nem sempre são precisos; enxergar, por exemplo, alguma simetria entre o nó dado entre a representação de masculinidade hegemônica em "Tropa de Elite" com as agruras de uma *drag queen* em "Madame Satã" parece um exercício incoerente. E o que dizer de entrelaçar corpos, gêneros e sexualidades? Um trabalho hercúleo. Porém, à medida que as particularidades de cada um desses tecidos vão revelando novos traços, cores e formas capazes de confundir-se aos outros forros, conseguimos, por fim, vislumbrar as suas similitudes.

De início, apontemos a primeira simetria: todas as cenas descritas são oriundas do chamado "Cinema de Retomada" (ou "Cinema Pós-Retomada"), período que assinala o ressurgimento da produção cinematográfica em nosso país depois de um momento de estagnação vivenciado no início do governo Collor. Com a extinção do Conselho Nacional de Cinema (Concine) e a Empresa Brasileira de Filmes S.A. (Embrafilme), a produção cinematográfica no Brasil se viu quase que reduzida a zero.[13] Portanto, o termo "não diz respeito a uma nova proposta estética para o cinema brasileiro, nem mesmo se refere a um movimento organizado de cineastas em torno de um projeto coletivo" (MARSON, 2006, p. 11). Seu vínculo é com o novo ciclo de produção no audiovisual brasileiro "surgido graças às novas condições de produção que se apresentaram a partir da década de 90, condições essas viabilizadas através de uma política cultural baseada em incentivos fiscais para os investimentos no cinema" (MARSON, 2006, p. 11).

Para além dessa afinidade, as cenas descritas são emblemáticas em seus discursos e em suas representações. Oferecem poderosas imagens[14] sobre corpos, gêneros e sexualidades e possuem o frescor de algo novo e o sabor da irreverência resultante de uma "atmosfera de liberdade política que passou a reinar após vinte anos de ditadura militar" (NAGIBI, 2012, p. 18). São cenas que intimidam e nos

[10] "Viajo Porque Preciso, Volto Porque Te Amo", dirigido por Karim Aïnouz e Marcelo Gomes.

[11] "O Céu de Suely", dirigido por Karim Aïnouz.

[12] "Madame Satã", dirigido por Karim Aïnouz.

[13] Em 1992 houve o lançamento de apenas 3 filmes brasileiros, um número ínfimo se comparado à média de 80 filmes por ano durante a década de 1980.

[14] Estamos entendendo por *imagem* "aquilo que é tornado visível por um discurso" (MAKNAMARA, 2011, p. 17).

convocam a olhar com mais rigor as conexões existentes entre corpos, gêneros e sexualidades concatenadas às categorias de classe, raça e etnia. E sobretudo, entendendo que "o cinema é produtor da realidade" (DELEUZE, 1992, p. 80), essas cenas tornam-se espaços profícuos para discutir construções de corpos-gêneros-sexualidades a partir de suas possibilidades imagéticas.

Por fim, acreditamos que mais do que cenas, elas são *encontros*. O filósofo Gilles Deleuze confessou em uma entrevista a sua crença não na cultura, mas em encontros.[15] E por sua definição, "não se tem encontros com pessoas [...] e sim com coisas, com obras: encontro um quadro, encontro uma ária de música [...], assim entendo o que quer dizer um encontro" (DELEUZE, 2001). Portanto, para Deleuze, o encontro com um filme vai além da mera contemplação apática de uma obra naquele breve instante de tempo que dura uma sessão. Mais que isso, alude à possibilidade do encontro com uma ideia diante de uma exposição de arte ou mesmo em suas idas semanais ao cinema, estando sempre à espreita "de algo que passa dizendo para mim" (DELEUZE, 2001). Por fim, enfatiza: "temos encontro com coisas, antes de os ter com pessoas!" (DELEUZE, 2001).

Se o cinema tem nos possibilitado tantos e imprevisíveis encontros, não poderíamos deixar de atinar a importância da música nessas nossas andanças. Embora não seja o objeto de pesquisa que perseguimos, fazemos coro a Deleuze quando ele tão melodicamente declara: "a música é a história dos devires e a potência do devir" (DELEUZE, 2001). Instrumentista das palavras, as ideias do filósofo harmonizam-se com "Anthem", uma das mais conhecidas canções do cantor Leonard Cohen de tal maneira que as vozes de ambos soam quase que indissociáveis. É como se a entonação rouca do filósofo francês cadenciasse a do cantor canadense quando este último vocaliza: "Toque os sinos que ainda pode tocar, esqueça a sua perfeita oferenda. *Há uma falha em tudo. É assim que a luz entra*".[16] Este último trecho especialmente nos inspirou a escrita deste texto e a partir dele intentamos conexões entre a trinca corpos-gêneros-sexualidades com o currículo do cinema.

Partindo do pressuposto de que uma falha não apenas existe, mas que é através dela que precisamos atravessar caso queiramos vislumbrar a luz, é necessário listar alguns procedimentos de segurança para os sujeitos que desejam embarcar conosco nessa viagem, os *viajantes-curriculistas*. Primeiro passo: compor a bagagem de modo diversificado. Trazer nossos teóricos favoritos em nossas malas. Beber da água de Foucault, Deleuze, Guattari, Butler, Louro, Silva, entre outros

[15] "O Abecedário de Gilles Deleuze", uma série de entrevistas feita por Claire Parnet e filmadas entre 1988-1989, com o acordo de que só seria exibida após a morte do filósofo. O programa foi divulgado no Brasil pela TV Escola, Ministério da Educação. Para referenciar os ditos do filósofo nessas entrevistas, utilizamos "(DELEUZE, 2001)", sem numeração de páginas uma vez que se trata de um material audiovisual.

[16] "*There is a crack in everything/ that's how the light gets in*".

e outras. É imprescindível também que ampliemos nossa noção daquilo que é capaz de ensinar, trazendo em nossas bagagens o reconhecimento de que

> a educação envolve um conjunto de processos através do qual indivíduos são transformados ou se transformam em sujeitos de uma cultura. Tornar-se sujeito de uma cultura envolve um complexo de forças e de processos de aprendizagem que hoje deriva de uma infinidade de instituições e "lugares pedagógicos" para além da família, da igreja e da escola, e engloba uma variada gama de processos educativos, incluindo aqueles que são chamados em outras teorizações de "socialização". (MEYER, 2009, p. 222)

O currículo dos filmes, pelos significados estes que disponibilizam, ensina, de maneira cativante e atraente, modos particulares de ser e de estar em uma sociedade (LOURO, 2000, 2008). Assim, por meio da noção de pedagogias culturais, reconhecemos que as instâncias culturais ensinam "sem ter o objetivo explícito de ensinar, entretanto, é óbvio que elas ensinam alguma coisa" (SILVA, 2016, p. 140). Para além de uma mera listagem de conteúdo a ser trabalhado em sala de aula, o currículo que aqui evocamos enseja a possibilidade de devir-artista para seus viajantes-curriculistas.

Torna-se um espaço profícuo para artistagens, fabulações, danças, cânticos e júbilos; configura-se em um "artefato com muitas possibilidades de diálogos com a vida" (PARAÍSO, 2009, p. 278); nos permite, a partir de Nietzsche, pesquisar por "novos meios de expressão filosófica" que "deve prosseguir, hoje, relacionada à renovação de outras artes, como, por exemplo, o teatro e o cinema" (DELEUZE, 1988, p. 18-19); e, finalmente, nos autoriza responder ao tão famoso questionamento de Flaubert: "*quando é que seremos artistas, nada mais que artistas, mas realmente artistas?*"[17] O viajante-curriculista em seu devir-artista é capaz de responder: "*agora!*" Porém, afastada qualquer pretensão de delimitar um espaço-tempo habitável, isto é, um período que possa descortinar o que se era e o que se tornará, consideramos que o viajante-curriculista não é artista e tampouco o chegará a *ser*, mas já está *sendo*.

Elencamos como segundo passo cartografar[18] itinerários cambiantes. Embora pareça incoerente delimitar caminhos que mudam de rota a gosto do currículo e dos seus discursos, é importante estar atento aos seus desvios, aos seus devires e aos seus desvarios. É achar que chegou no ponto de chegada, mas ver-se contemplando a linha de partida. É estar à deriva, em passos cambiantes e à espreita de um currículo errante, deslocando-se sem caminhos previamente tra-

---

[17] Gustave Flaubert foi um dos maiores escritores franceses do século XIX. Sua obra mais conhecida é *Madame Bovary* (1857).

[18] Segundo Corazza (2009, p. 101), nesse devir-viagem que aqui evocamos, a artistagem docente "expressa-se pela exploração de meios, realização de trajetos e de viagens, numa dimensão extensional". Portanto, para aqueles e aquelas que nos seguem nesse itinerário "da fabricação de um currículo", a *cartografia* é essencial. Ela é feita "com mapas, caminhos, planos de viagem, encontros e muito pouco (quase nada) de memória" (CORAZZA, 2009, p. 101).

çados, sendo sujeito nômade e cigano, itinerante e errático. É borrar, transladar e admitir que as fronteiras "vem sendo constantemente atravessadas e [...] que o local social no qual alguns sujeitos vivem é exatamente a fronteira" (LOURO, 2001, p. 542). É *desejar*, lembrando a todo instante com Deleuze que "desejar é delirar" e que "o delírio é geográfico-político" (DELEUZE, 2001), "porque faz construir e expandir territórios e faz lutar para desamarrar as teias que dificultam o fluxo da vida" (PARAÍSO, 2009, p. 284). É ter em mente que "os habitantes do território curricular precisam aceitar deixar o mapa, e arriscar uma viagem sem percurso definido, sem ponto de chegada" (PARAÍSO, 2010, p. 599).

Por fim, é indispensável que joguemos nossas identidades numa pira de fogo. Como já nos disse Mia Couto, "preciso ser um outro para ser eu mesmo".[19] Para quem anseia desbravar esse "território político" (SILVA, 2016, p. 148) do currículo, é preciso compreender "os processos pelos quais, através de relações de poder e controle, nos tornamos aquilo que somos", observando que o currículo é "uma questão de saber, identidade e poder" (SILVA, 2016, p. 147). Em nossos percursos, em vez de priorizar os lugares plácidos e costumeiros das *identidades*, privilegiamos nos ancorarmos em meio às paisagens turbulentas da *diferença*, considerando que "um currículo é diferença por natureza; é pura diferença; é diferença em si" (PARAÍSO, 2010, p. 588). Pleiteamos pelo seu uso dado seus movimentos de criação e pela sua potência, uma vez que se trata de um

> território de multiplicidades de todos os tipos, de disseminação de saberes diversos, de encontros "variados", de composições "caóticas", de disseminações "perigosas", de contágios "incontroláveis", de acontecimentos "insuspeitados". Um currículo é, por natureza, rizomático, porque é território de proliferação de sentidos e multiplicação de significados. (PARAÍSO, 2010, p. 588).

É justamente nesse devir rizomático e contagioso de Deleuze e Guattari (1997, p. 19), que "não é um nem dois, nem relação de dois, mas entre dois, fronteira ou linha de fuga, de queda, perpendicular aos dois" (DELEUZE; GUATTARI, 1997, p. 91) que desejamos nos guiar. Partimos então do princípio de que "não existe nada de durável, pois tudo está em movimento" (AZEREDO, 2009, p. 52) para nos deslocarmos, ora em zigue-zagues frenéticos, ora em passos lentos e em linhas retas. Espreitamos, dessa maneira, a iminência de devir-artista e buscamos outros modos não essencialistas de posições de sujeito, para ser *eu*, para sermos *nós*.

Apenas diante da iminência de uma viagem potencialmente intranquila, entremeada pela suspeição e evocando tamanha contingência que estaremos prontos a dar o primeiro passo, um por vez, rumo a qualquer lugar ou a lugar

---

[19] Verso do poema "Identidade" de Mia Couto, do livro *Raiz de Orvalho e Outros Poemas*.

nenhum. Dorothy[20] optou pela estrada dos tijolos amarelos e culminou em sua chegada na cidade das esmeraldas. Mas o que aconteceria se Dorothy tivesse escolhido a estrada de tijolos vermelhos? Optar pela esquerda ao invés da direita? A história "O Mágico de Oz" mostra que nossas escolhas não implicam mudanças apenas em nossos destinos, mas em todos que estão a nossa volta. Se Dorothy optasse por um caminho diferente, talvez não tivesse esbarrado com o homem de lata, ajudado o espantalho a encontrar um cérebro ou até mesmo jamais regressaria ao seu lar. Sapatinhos de rubi à parte, o mesmo para nós viajantes-curriculistas: currículo implica necessariamente em seleção, escolha, triagem, eleição. A produção de um currículo está nesse "ou" que as escolhas de Dorothy evocam, uma vez que um currículo é "sempre o resultado de uma seleção: de um universo mais amplo de conhecimentos e saberes, seleciona-se aquela parte que vai constituir, precisamente, o currículo" (SILVA, 2016, p. 15).

É nesse espaço que as *falhas* emergem e são clarividentes aos nossos olhos de viajantes-curriculistas: se um currículo está ligado ao disciplinamento dos corpos, às classificações e regulações das condutas, à produção de sujeitos, ele também está diretamente envolvido na produção dos corpos, dos gêneros e das sexualidades. Isso porque os discursos são práticas que formam sistematicamente aquilo de que falam (FOUCAULT, 2005), logo, concorrem para os processos de subjetivação[21] dos indivíduos envolvidos pelos mecanismos de tais discursos. Mas de que produções estamos falando quando focalizamos tais currículos? Que posições de sujeito esses currículos têm contemplado? Têm instituído quais condutas como normais e relegando quais corpos como abjetos? Essas perguntas nos possibilitam perscrutar por quais currículos têm praticado a "hospitalidade de gênero e sexualidade" que Paraíso (2018, p. 29) alude no primeiro capítulo deste livro. Trata-se de uma hospitalidade que "recebe as diferenças, deixa-as habitar, acolhe e dá matéria para que elas se expandam".

Provocados por esses questionamentos, optamos por significar o Cinema de Retomada como um currículo. As cenas descritas na introdução desse tópico são emblemáticas em mostrar como a abordagem das temáticas de corpos, gêneros e sexualidades concorrem para os processos de subjetivação e o privilégio da representação de determinadas posições-de-sujeito. A nossa "prata da casa" é capaz de, nesses exemplos, desvelar a diversidade de formas de vivenciar nossos gêneros e sexualidades; apresentar diferentes maneiras de como podemos obter prazer através de nossos corpos; eleger modos de como libertar-se dos grilhões que nos amarram a determinados estereótipos de gênero e intuir outros modelos de masculinidades e feminilidades para além dos hegemônicos.

[20] Personagem principal de "O Mágico de Oz", filme de 1939 dirigido por Victor Fleming.

[21] Por "subjetivação" estamos entendendo, à luz de Rose (2001, p. 53), os "processos pelos quais somos "fabricados" como sujeitos de um certo tipo".

Porém, é possível observar que, para além dessas obras evidenciadas, existem outras que "espalham tristeza, desânimo ou indiferença" (PARAÍSO, 2015, p. 52). São filmes que, também significados como currículos, pouco se – e nos – permitem desejar. Desejo este que é "fábrica, potência, alegria, é fundamental para aprender, para pensar, criar, construir, enfrentar os poderes, as dificuldades da vida, movimentar, deixar passar algo, produzir alegrias, viver"...! (PARAÍSO, 2009, p. 278). Como o Cinema de Retomada não se configura como um movimento estético e unificado, ele é "composto não de uma única, mas de várias identidades, algumas vezes contraditórias ou não-resolvidas" (HALL, 2006, p. 12). Há, portanto, uma pluralidade das representações nos filmes brasileiros que chegam até as telas de cinema. Para cada exemplo de obras que trazem uma mulher insubordinada (como "O Céu de Suely") ou um homossexual sem estereótipos (representado em "Praia do Futuro") há tantos outros que retratam a submissão feminina (não raramente nas comédias de costumes da Globo Filmes) ou a caricatura da figura gay ("Crô – O Filme" é um exemplo preciso).

Nesse universo de filmes do Cinema de Retomada, destacamos como falhas alguns exemplares do chamado cinema *mainstream*. Englobando obras que chegam facilmente ao grande público e arregimentam inúmeras salas de cinema, esses filmes figuram sempre nas grandes bilheterias do cinema brasileiro atual. Segundo os últimos dados divulgados pelo Observatório Anual de Cinema, o "Anuário Estatístico do Cinema Brasileiro", dos 10 filmes com maiores bilheterias em 2015, nove são do gênero comédia, excetuando apenas um filme infantil derivado de uma novela de grande apelo popular entre essa faixa etária. É bastante notório o número de continuações ("Meu Passado Me Condena 2", "Até que a sorte nos separe 3", "S.O.S Mulheres ao Mar 2", "Qualquer Gato Vira-Lata 2") e de adaptações de programas de televisão em um formato cinematográfico ("Vai que Cola – O Filme", "Os Caras de Pau em O Mistério do Roubo do Anel"). Essas produções reúnem entre 500 e 700 salas de cinema em seus lançamentos, ante números mais modestos de produções menos robustas, tal qual as 91 salas que o longa "Que Horas Ela Volta?" aglomerou quando de sua estreia. Com uma expressiva quantidade de filmes classificados no gênero da comédia, observamos uma representação estereotipada das sexualidades não heterossexuais (a representação do "gay afetado" e "engraçado", da lésbica "machona" e "sisuda", por exemplo) e da manutenção das características que engendram a masculinidade e a feminilidade hegemônica. Quanto à última característica, destacam-se alguns lugares-comuns, tais como o homem numa posição superior e de chefia em atributos típicos masculinos e as mulheres histéricas em busca de um amor, ressaltando e reiterando sempre a heterossexualidade como norma. Não é mais necessário comprar um ingresso ou dar *play* no filme para que esses problemas saltem aos nossos olhos. Eles costumam começar até mesmo pelos títulos dos longas. A exemplo de "Loucas pra Casar" o qual destaca: a histeria feminina como um comportamento coletivo a todas as mulheres; acoplando ao desejo de, invariavelmente, casar-se; e reiterando a heteronormatividade, uma vez que mesmo loucas, jamais cederiam aos "desejos invertidos" de encontrar o matrimônio nos braços de outra mulher.

Entretanto, não se trata de um monopólio do gênero da comédia. Filmes como "Tropa de Elite" e "Tropa de Elite 2 – O inimigo agora é outro" também concorrem para a manutenção de posições-de-sujeito bastante caras para um modelo de masculinidade hegemônica. A primeira cena do icônico personagem Capitão Nascimento é bastante reveladora nesse aspecto: no Rio de Janeiro tomado pelo tráfico e a proliferação das milícias, o capitão de um batalhão de operação da Polícia Militar encara o morro com um olhar altivo. Sobre o seu corpo repousa uma indumentária que, tão logo foi apresentada ao público, tornou-se símbolo desse modelo de masculinidade.[22]

Há, portanto, falhas no Cinema de Retomada. Mas se essas falhas existem e é por elas que temos que atravessar caso desejemos vislumbrar a luz, quantas possibilidades haveria num *currículo-desejo* para os viajantes-curriculistas? Inúmeras! Um currículo pode ser um "lugar privilegiado de contágio do desejo" (PARAÍSO, 2009, p. 286), possibilitando acessar locais antes inacessíveis, turbulentos a um primeiro contato. Portanto, basta que esse contato se metamorfoseie em contágio para que nós experimentemos novas sensações por meio de sua potência. Através das falhas, evidenciadas nos filmes que perpetuam estereótipos e que produzem desânimo, letargia e apatia quando surgem em nossos trajetos – *há uma falha em tudo* – podemos atravessá-las como feixes de luz – *e é assim que a luz entra*. Desse modo aparentemente paradoxal, somos capazes de vislumbrar saídas para aquilo que está mortificado nesses currículos-ossificados, estéreis. E se é mesmo "do inusitado que nasce o currículo-desejo" (PARAÍSO, 2009, p. 281), ele germina de onde menos esperamos: do próprio currículo-murcho; da aridez dos discursos; das paupérrimas representações de corpos, gêneros e sexualidades no cinema de retomada; das "salas de ossos secos"; dos professores e das professoras que temem e não arriscam; dos alunos e das alunas que sofrem, mas que ressurgem e vivem.

[22] Sobre suas vestimentas terem caído no gosto do público, ver as seguintes notícias veiculadas durante a exibição dos longas "Tropa de Elite" e "Tropa de Elite 2": "Farda do Bope vira moda após o Tropa de Elite" – <http://noticias.terra.com.br/brasil/noticias/0,,OI1955723-EI306,00Farda+do+Bope+vira+-moda+apos+o+Tropa+de+Elite.html>, – (visto em 31/07/17), "Roupas de Capitão Nascimento serão leiloadas no Rio" – <http://entretenimento.r7.com/cinema/noticias/roupas-de-capitao-nascimento-serao-leiloadas-no-rio-20101211.html> – (visto em 31/07/17).

"... É ASSIM QUE A LUZ ENTRA"

Luz... Imagens obtidas por uma câmera super-8 surgem em tela numa tonalidade azulada da cor do céu. Trata-se do céu de Hermila, a protagonista de "O Céu de Suely", que irrompe em abraços e sorrisos ao lado de Mateus, seu grande amor. Uma narração em *off* nos apresenta melhor a essa paixão, "a maior paixão do mundo" segundo a própria personagem.

> *Eu fiquei grávida num domingo de manhã. Tinha um cobertor de lã escura. Mateus me pegou pelo braço e disse que ia me fazer a mulher mais feliz do mundo. Me deu um CD gravado com as músicas que eu mais gostava. Ele disse que iria casar comigo ou então morria afogado.*

Após a apresentação dos dois apaixonados, uma música romântica é executada: "tudo o que eu tenho, meu bem, é você/ sem seu carinho eu não sei viver/ volte logo, meu amor..."[23] Um corte brusco nos põe a espreitar a personagem que agora acalenta um bebê dentro de um ônibus. Uma placa na rodovia anuncia um ponto de chegada: "Aqui começa Iguatu". Hermila se posiciona no meio-fio, segurando seu filho com uma mala ao lado. Retorno da filha pródiga. Por trás dela, um céu excessivamente azul. Um prenúncio?

...Câmera... Sons de aplausos e ovações de um público muito animado. Uma tela escura mostra alguns nomes dos envolvidos no longa-metragem enquanto cogitamos quem seria essa pessoa tão celebrada. Em vez de dar continuidade ao festejo, um corte abrupto posiciona a câmera no rosto machucado de um homem negro, que olha fixamente para o espectador. Ouvimos, em *off*, um policial descrevê-lo: "é pederasta passivo, usa as sobrancelhas raspadas e adota atitudes femininas alterando até a própria voz". Após o fim da sentença, uma tela enegrecida e lantejoulas douradas formam o letreiro do filme, o nome artístico daquele que receberia os festejos que ouvíamos anteriormente: "Madame Satã".

...Ação! Em vez de uma música romântica, um barulho frenético. No lugar de um instrumental calmo, um som convulsivo. Dois motoqueiros correm em suas respectivas motos. O céu também surge em cena. Sol escaldante. Areia. Cata-ventos eólicos giram ao gosto da ventania. Ação, aventura, perigo. Os motoqueiros se despem e correm para um imenso mar azulado que parece refletir o céu. O letreiro "Praia do Futuro" em um amarelo vivo surge em tela e os motoqueiros somem no mar. Apenas um deles regressará.

---

23 "Tudo o que eu tenho", canção da cantora Diana. É uma versão brasileira da música "Everything I Own" de David Gates: <https://www.youtube.com/watch?v=16pHSws4vGY>. Acesso em: 5 out. 2017.

No tópico anterior nós expusemos algumas das fraturas que existem nas conexões entre corpos, gêneros e sexualidades com o Cinema de Retomada. Os exemplos que iniciam o primeiro tópico mostram que há possibilidades subversivas para as representações de tipos subjetivos não hegemônicos em nosso cinema e que, consequentemente, concorrem para a produção de outras subjetividades. Há falhas? Certamente, uma vez que o Cinema de Retomada não diz respeito a um movimento estético nos moldes de, por exemplo, o Cinema Novo.[24] Mas também há luzes que atravessam essas falhas, pois os filmes podem suscitar "a leitura de discursos situados em interstícios, fendas e brechas dos aparelhos de poder/conhecimento" (SOUSA, 2011, p. 146). Nesse cenário, o viajante-curriculista confunde-se com Hermila em "O Céu de Suely", com Donato de "Praia do Futuro" e com João Francisco dos Santos de "Madame Satã". Todas essas figuras emblemáticas e seus respectivos filmes concorrem para a criação de *currículos-desejo*, seja pelo corpo da mulher como possibilidade de libertação, o homossexual heroico ou a figura de uma *drag queen* negra cujo corpo emerge como lócus de manifesto artístico em sua explosão de som e fúria.

Elencamos o cinema de Karim Aïnouz por suas afinações teóricas e metodológicas com o que buscamos em nossas jornadas. Sua filmografia alude à "insustentável leveza do ser": o ser mulher, o ser homossexual, o ser *drag queen* negra e marginalizada ou tão somente ser. Também concorre para a produção de outras posições de sujeitos para além das comumente evocadas no cinema brasileiro *mainstream*. Ao compor, por exemplo, um protagonista homossexual numa posição que remete ao heroísmo e que não se reduz a trejeitos afeminados tão comuns nas "comédias pastelão", Aïnouz contrapõe as expectativas do modelo de masculinidade hegemônica.

Mas o que pode um filme? E mais especificamente, que podem os filmes de Karim Aïnouz? E a que nos servem, viajantes-curriculistas? Compreendemos que o cinema pode emergir como um dispositivo cuja "acolhida, ruptura, conformidade, resistência, crítica ou imprevisíveis combinações" (LOURO, 2000, p. 423) constitui-se como uma poderosa e sedutora pedagogia cultural (LOURO, 2000). Selecionamos, portanto, algumas cenas emblemáticas dessa filmografia para dissecá-las a partir de elementos da análise de representação. Compreendemos a representação como "inscrição, marca, traço, significante", sendo a "face material, visível, palpável, do conhecimento" (SILVA, 2010, p. 32), incidindo diretamente sobre a produção de subjetividades e sendo evocadas e veiculadas nos diversos artefatos culturais da contemporaneidade. Não se trata, portanto, de um

[24] "Cinema Novo" é um movimento cinematográfico que surgiu no final dos anos 1950 no Brasil, tendo como uma das suas principais vozes o diretor Glauber Rocha. Esse movimento visava contrapor os interesses industriais da cultura cinematográfica em nosso país com base em uma estética diferenciada inspirada pela Nouvelle Vague francesa e pelo Neorrealismo italiano.

> contraponto à realidade (ou seja, ela não deve ser compreendida como um reflexo ou um falseamento da realidade), mas sim como sua constituidora. Nessa perspectiva, entende-se que todos os discursos sociais produzem representações e todas as representações "fazem" sentido, isto é, tem efeitos sociais. (LOURO, 2000, p. 444)

Há algumas cenas em "O Céu de Suely" em que a posição de sujeito "mulher", combinada a outras posições de sujeito – "nordestina", "pobre", "mãe" –, é lentamente dissolvida na fogueira que Karim Aïnouz acende, solvendo as representações usuais que poderíamos presumir que surgiriam em um filme. Uma mulher que decide rifar o corpo para fugir de sua cidade natal já é material suficiente para suscitar essas e outras discussões. Não satisfeito, o diretor ainda cria outros matizes na aquarela de feminilidades com a qual pinta suas personagens femininas: a exemplo de tia Maria, que trabalha como mototáxi, veste roupas tidas como "masculinas", demonstra nutrir sentimentos a uma amiga e não pede intercessão a alguma santa costumeira da igreja católica, mas que "Bruce Lee que me ajude!"

A própria Hermila destoa das expectativas daquilo que seria uma representação "fidedigna" de mãe: seu filho já não mama, mesmo estando em idade de aleitamento materno – "meu leite secou..." Ela também não nega que "às vezes dá vontade de deixar ele no mato e sair correndo", contrapondo o já puído mito do amor materno que Badinter (1985) desconstruiu em sua obra. Em outra cena, quando vai até a casa da mãe de Mateus para tentar obter alguma resposta sobre o seu paradeiro, o roteiro nos relembra da responsabilidade costumeira dos cuidados ao filho que respinga no homem, mas deságua na mulher. "Meu filho tem só 20 anos. Você sabe o que é isso?", pergunta a mãe de Mateus à Hermila, sem se dar conta de que ela também é uma jovem – mas o "ser mulher" parece fustigar completamente o "ser jovem". Isso se deve ao fato de que "as características que, em geral, são colocadas como fazendo parte da juventude, tais como confusão, indefinição, irresponsabilidade, transgressão e impetuosidade, referem-se, em geral, ao masculino" (SOARES, 2009, p. 105) Há também o marcador identitário que vai diferenciar Hermila das demais moças da cidade, colocando-a em outra posição de sujeito que não a nordestina: "Esse cabelinho, é moda *lá*?", pergunta tia Maria ao reparar na franja loira que Hermila ostenta em sua testa. E ao fazer bicos para complementar a renda, Hermila rompe com outro padrão de feminilidade hegemônica, quando a sua amiga, ao vê-la trabalhando num posto de gasolina, afirma que "é a primeira vez que eu vejo uma mulher lavando carro".

Mas talvez o seu maior ato subversivo é quando anuncia: "Eu vou me rifar, tia". Entretanto, não é Hermila que penhora a carne, mas *Suely*. Hermila teme o que atitude tão insubordinada poderia ocasionar, chegando até mesmo a questionar a seu amante se ele ficaria com ela caso ela fosse "rapariga". Sobra então para Suely o trabalho espúrio. Quando vai premiar o ganhador da rifa, Suely dança, melancolicamente, diferente de todas as outras vezes que aquele corpo surgiu dançando durante o filme. Após a cena de sexo com o premiado, corta-se para um plano que evidencia o céu azul. Depois do aluguel de si a preço de sonho, a partir dali só restaria mesmo o paraíso como bússola.

Em "Praia do Futuro", a todo momento Karim Aïnouz parece brincar com as expectativas do seu público. O diretor reforça vários signos atribuídos comumente à masculinidade hegemônica para depois desconstruí-las uma a uma. Essa masculinidade é talhada, por exemplo, na crença da hiperatividade inata aos meninos, que posteriormente é metamorfoseada em agressividade aos homens. Além disso, sugere que a prática de esportes é um lugar central de constituição dessa posição de sujeito (GROSSI, 2004). Há inúmeros momentos em que os símbolos atribuídos à masculinidade são evocados e desfeitos na mesma medida e intensidade, porém, destacaremos uma cena bastante simbólica.

Em um momento de discussão, ao ser chamado de covarde, Donato empurra violentamente Konrad. Após esse desentendimento, há uma cena em que Konrad monta uma moto, peça por peça, reiterando posições-de-sujeito consideradas típicas de um modelo de masculinidade hegemônica (a força, a destreza, a habilidade em trabalhos manuais etc.) acompanhado de alguns símbolos, como a moto (que reverbera a energia, o vigor, a rapidez, a efemeridade, a aventura) e a oficina (um lugar específico para o labor masculino). Nessa mesma cena, logo após terminar seu serviço, Konrad chora devido à recente briga, desconstruindo essa posição de sujeito "macho-alfa", figurada no ditado essencialista "homem -não-chora". Como bem pontuado por Soares (2009, p. 105), "o amor também é generificado" de forma que homens e mulheres não se posicionam da mesma maneira numa relação de amor romântico e se, por um lado, as lágrimas são estimuladas às mulheres, por outro, não são destinadas aos homens (GROSSI, 2004).

De modo similar, Freitas (2018) traz no quinto capítulo deste livro um registro sobre essa inadequação das lágrimas nos corpos masculinos, no qual o choro se torna algo "que deve ser submetido a uma série de exercícios para que possa ser suprimido" (FREITAS, 2018, p. 120). Diferentemente do que ocorre com as meninas que "ao chorarem, não é feito nenhum exercício de controle sobre o choro [...], nenhuma norma é explicitada, nenhum comportamento é sugerido" (FREITAS, 2018, p. 123). Esses jogos de (re)construção e desconstrução de posições de sujeito demandadas por uma masculinidade hegemônica sugere a fluidez das nossas subjetividades, demonstrando que, embora sejamos "fabricados como sujeitos de um certo tipo" (ROSE, 2001, p. 53) , isso não significa que outros *tipos* (e aqui nos referimos a outros padrões não hegemônicos de masculinidade) não sejam criados em espaços como o cinema. Ao eleger um homossexual que performa características tão facilmente associadas ao modelo hegemônico da masculinidade, Karim Aïnouz alude as possibilidades que existem nos processos de subjetivação, criando uma posição de sujeito diferente das comumente estabelecidas nos artefatos culturais. Não é uma decisão moralista tomada pelo diretor e tampouco quer dizer que há algo de errado ou absurdo em homossexuais que performam feminilidade. É, numa guinada foucaultiana, demonstrar que "o sujeito é um lugar determinado e vazio que pode ser efetivamente ocupado por indivíduos diferentes" (FOUCAULT, 2005, p. 107), inclusive pela fluidez de características tidas como masculinas ou femininas, desfazendo-se de qualquer ranço essencialista.

Os corpos das personagens também adentram as arenas dessas discussões. Na produção de subjetividades generificadas, o corpo "é um dos alvos preferidos [...] e sobre o qual bastante visivelmente incidem estratégias e significações atreladas a gênero" (MAKNAMARA, 2011, p. 47). Podemos analisar essas obras segundo a ambiguidade da tradução em português do conceito de "*bodies that matters*" cunhado pela filósofa Judith Butler. Para Butler, entende-se por gênero o "mecanismo através do qual se produzem e se naturalizam as noções de masculino e do feminino" (BUTLER, 2006, p. 70). No esteio dessa discussão, tanto Hermila quanto Donato e João Francisco, de alguma maneira ou de outra rompem com a "norma produtora, reguladora e normalizadora dos corpos" (BUTLER, 2006, p. 208). Hermila, em sua empreitada de rifar o próprio corpo, vê a sua promessa de "uma noite no paraíso" tornar-se o seu inferno particular ao se deparar com o conservadorismo dos moradores de sua cidade. Donato e João Francisco são ainda mais incoerentes na relação estabelecida entre a trinca corpo-gênero-sexo, tornando-se corpos sem importância, esquivos e ilegítimos, que "deixam de contar como corpo" (BUTLER, 2013, p. 170). Esses corpos abjetos,[25] sem peso, colocados "à margem das preocupações curriculares" (PARAÍSO, 2016, p. 209), são corpos que não *importam*. Daí o duplo sentido da expressão "*bodies that matters*": *matters* tanto significa matéria, isto é, peso – corpos que pesam, que têm massa, que através de sua matéria constitutiva materializam as normas regulatórias, como também denota relevância, isto é, os corpos que de fato importam. Consequentemente, os corpos de Hermila, Donato e João Francisco nem pesam – já que não materializam em si os discursos regulatórios de masculinidade e feminilidade; tampouco importam – uma vez que enquanto corpos abjetos, são alvos de patologização, vigilância e normalizações. Os corpos de Hermila, Donato e João remetem aos corpos de que Carneiro (2018, p. 333) trata no capítulo anterior do presente livro: são corpos que promovem "desterritorializações e reterritoralizações múltiplas" e têm "diferentes maneiras de circular e distribuir poderes, saberes e afectos".

---

[25] Estamos entendendo por abjeção o "espaço que a coletividade costuma relegar aqueles e aquelas que considera uma ameaça ao seu bom funcionamento, à ordem social e política" (MISKOLCI, 2016, p. 24).

FIM DA ESTRADA? VISLUMBRANDO PAISAGENS DERRADEIRAS...

Se o cinema realmente é "o modo divino de contar a vida", como nos alertou Federico Fellini, talvez possamos afirmar que a filmografia de Aïnouz é um modo profano de inventar inúmeras vidas. Ao eleger corpos subversivos, transgredir as fronteiras de gênero e operar com sexualidades dissidentes, o diretor promove em seus filmes uma reviravolta nos moldes conservadores de posições de sujeito. Assim, disponibiliza outras posições de sujeito, com suas luzes que perpassam as falhas no Cinema de Retomada. Segundo Louro (2008, p. 82), por intermédio do cinema como prática social, as "posições-de-sujeito e práticas sexuais de gênero vêm sendo representadas como legítimas, modernas, patológicas, normais, desviantes, sadias, impróprias, perigosas, fatais etc". Consideramos que, a partir de suas protagonistas que desviam das normas, sejam elas de corpos (a paródia de uma *drag queen* e um corpo rifável), gêneros (o rompimento com a masculinidade e feminilidade hegemônica) e sexualidades (as distintas representações da homossexualidade), seus filmes tornam-se um fluxo de contracorrente ao cinema *mainstream* que constrói seus enredos sob uma ótica masculina e heterossexual (LOURO, 2000). Isso não quer dizer que sua filmografia tenha o poder de elucidar de uma vez por todas as problemáticas que ensejam a construção e a representação do masculino e do feminino e da pluralidade sexual no cinema brasileiro. Porém, "seus resíduos e vestígios persistem, algumas vezes por muito tempo" (LOURO, 2008, p. 82). E reiteradas e ampliadas pelo cinema de retomada, essas posições-de-sujeito podem "assumir significativos efeitos de verdade" (LOURO, 2008, p. 82).

Ainda como bem sintetizou Louro (2000, p. 423), "com a imagem há sempre investimento de emoções". Foi assim quando um trem chegou à estação de Ciotat na primeira exibição pública de um filme pelos irmãos Lumière em 1895, deixando o público aturdido com aquela experiência inovadora. E não tem sido assim desde então? Consideramos que as luzes que atravessam as telas através dos filmes são as mesmas que atravessam as falhas de corpos, gêneros e sexualidades nos currículos. Agora, em vez do susto pela imagem acachapante de um trem, contemplamos Hermila partindo rumo ao infinito após penhorar sua carne num consórcio que prometia ao ganhador uma noite no paraíso, possibilitando a sua fuga – e com isso, perseguir o seu próprio céu ou o chão das rodovias. Nada de espectadores correndo com medo de um trem atravessar a tela. Agora, a emoção é de outra ordem e evocada pelo vislumbre de um homossexual sendo retratado para além dos estereótipos em "Praia do Futuro". E como esquecer o emblemático ato final de "Madame Satã", enquanto ouvimos a sentença que condenaria João Francisco dos Santos a dez anos de confinamento sendo abafada pela narração em *off* da *drag queen*? Dor transformada em potência de vida, em alegria, em devir.

Linhas de fuga sendo traçadas para escamotear o vivido – a princesa Jamacy se confundindo com Madame Satã que se confunde com João Francisco que se confunde conosco, "reles espectadores"...

Ao que consta, Louro (2000, p. 429) acertou: "a vida 'real' parece terminar como os filmes!" Isso porque "não há obra que não indique uma saída para a vida, que não trace um caminho entre as pedras" (DELEUZE, 1992, p. 179). Hermila/Suely, Donato e João Francisco/Madame Satã delineiam em suas trajetórias mais saídas do que chegadas, mais idas do que vindas e mais devir do que ser. Essa errância demonstra algumas das características mais importantes das personagens e aquilo que deveríamos convocar em nossos currículos: a potência do desejo e a inconformidade com aquilo que nos oprime. O desejo é o que nos move e aquilo que potencializa o nosso fluxo. A inconformidade é o agenciamento: afinal, "não há desejo que não corra para um agenciamento" (DELEUZE, 2001), operando sempre em cofuncionamento (DELEUZE, 1996). Disparar, fugir, correr, por entre estradas esburacadas, oceanos, de ônibus, de moto, no sertão de Iguatu, nas águas da Praia do Futuro, nas ruas da Lapa, na praia-sem-água de Berlim, pelo corpo, *pela* vida, *para* vida. Assim, e só assim poderemos vislumbrar currículos que desatem os nós que dificultam o trânsito, que operem para a produção de alegrias e que façam as luzes que atravessam as falhas serem fluxos de multiplicidade, focos de criação e o amparo para os viajantes-curriculistas.

Quanto à luz, o último que sair que a apague? Melhor, que deixe encadear até que ela se alastre por entre as falhas dos currículos e seu lume inebrie professoras e professores, alunas e alunos...

Referências

AZEREDO, Vânia Dutra de. Devir. In: AQUINO, Julio Groppa; CORAZZA, Sandra Mara (Org.). *Abecedário*: educação da diferença. Campinas: Papirus, 2009. p. 52-54.

BADINTER, Elisabeth. *Um amor conquistado*: o mito do amor materno. Rio de Janeiro: Nova Fronteira, 1985.

BUTLER, Judith. Corpos que pesam: sobre os limites discursivos do 'sexo'. In: LOURO, Guacira Lopes (Org.). *O corpo educado*: pedagogias da sexualidade. Belo Horizonte: Autêntica, 2013. p. 151-172.

BUTLER, Judith. *Deshacer el gênero*. Barcelona: Paidós, 2006.

CARNEIRO, Gláucia. Corpo em trânsito e desterritorializações de gênero no currículo da cidade com a arte. In: PARAÍSO, Marlucy Alves; CALDEIRA, Maria Carolina da Silva (Org.). *Pesquisas sobre currículos, gêneros e sexualidades*. Belo Horizonte: Mazza, 2018, p. 327-344.

CORAZZA, Sandra Mara. O docente da diferença. *Revista Periferia*, Duque de Caxias, v. 1, n. 1, p. 91-110, jan.-jun. 2009.

DELEUZE, Gilles. Desejo e Prazer. *Cadernos de Subjetividade*, São Paulo, número especial, p. 13-25, jun. 1996.

DELEUZE, Gilles. *Diferença e repetição*. Rio de Janeiro: Graal, 1988.

DELEUZE, Gilles. *O abecedário de Gilles Deleuze*. Entrevista concedida em vídeo a Claire Parnet. Vídeo. Editado no Brasil pelo Ministério de Educação, "TV Escola", série Ensino Fundamental, 2001.

DELEUZE, Gilles. *Conversações*. São Paulo: Editora 34, 1992.

DELEUZE, Gilles; GUATTARI, Félix. *Mil platôs 4*: capitalismo e esquizofrenia. São Paulo: Editora 34, 1997.

FOUCAULT, Michel. *A arqueologia do saber*. Rio de Janeiro: Forense Universitária, 2005.

FREITAS, Daniela Amaral da Silva. Relações de Gênero nos kits de literatura afro-brasileira distribuídos pela Secretaria Municipal de Educação de Belo Horizonte: razão e emoção para regular corpos na literatura infantil. In: PARAÍSO, Marlucy Alves; CALDEIRA, Maria Carolina da Silva (Org.). *Pesquisas sobre currículos, gêneros e sexualidades*. Belo Horizonte: Mazza, 2018, p. 115-138.

GROSSI, Miriam Pillar. Masculinidades: uma revisão teórica. *Antropologia em Primeira Mão*, Florianópolis, v. 75, n. 1, p. 1-37, 2004.

HALL, Stuart. *A identidade cultural na pós-modernidade*. Rio de Janeiro: DP&A, 2006.

LOURO, Guacira Lopes. Cinema e Sexualidade. *Educação & Realidade*, Porto Alegre, UFRGS, v. 33, n. 1, p. 81-97, jan.-jun. 2008.

LOURO, Guacira Lopes. O cinema como pedagogia. In: LOPES, Eliane Marta Teixeira; FILHO, Luciano Mendes Faria; VEIGA, Cynthia Greive (Org.). *500 anos de educação no Brasil*. Belo Horizonte: Autêntica, 2000. p. 423-446.

LOURO, Guacira Lopes. Teoria queer – uma política pós-identitária para a educação.

Revista Estudos Feministas, Florianópolis, v. 9, n. 2, p. 541-553, 2001.

MAKNAMARA, Marlécio. *Currículo, música e gênero*: o que ensina o forró eletrônico? 2011, 151 f. Tese (Doutorado em Educação) – Faculdade de Educação, Universidade Federal de Minas Gerais, Belo Horizonte, 2011.

MARSON, Melina Izar. *O cinema da retomada*: estado e cinema no Brasil na dissolução da Embrafilme à criação da Ancine. 2006, 203 f. Dissertação (Mestrado em Sociologia) – Instituto de Filosofia e Ciências Humanas, Universidade Estadual de Campinas, Campinas, 2006.

MEYER, Dagmar E. Corpo, violência e educação: uma abordagem de gênero. In: JUNQUEIRA, Rogério Diniz (Org.). *Diversidade sexual na Educação*: problematizações sobre a homofobia nas escolas. Brasília: MEC; UNESCO, 2009. p. 213-233.

MISKOLCI, Richard. *Teoria queer*: um aprendizado pelas diferenças. Belo Horizonte: Autêntica, 2016.

NAGIB, Lúcia. Além da diferença: a mulher no cinema de retomada. *Devires*, Belo Horizonte, v. 9, n. 1, p. 14-29, jan.-jun. 2012.

PARAÍSO, Marlucy Alves. Currículo e relações de gênero: entre o que se ensina e o que se pode aprender. *Revista Linhas*, Florianópolis, v. 17, n. 33, p. 206-237, jan.-abr. 2016.

PARAÍSO, Marlucy Alves. Currículo, desejo e experiência. *Educação & Realidade*, Porto Alegre, v. 34, n. 2, p. 277-293, maio-ago. 2009.

PARAÍSO, Marlucy Alves. Diferença no Currículo. *Cadernos de Pesquisa*, São Paulo, v. 40, n. 140, p. 587-604, maio-ago. 2010.

PARAÍSO, Marlucy Alves. Fazer do caos uma estrela dançarina no currículo: invenção política *com* gênero e sexualidade em tempos do *slogan* "ideologia de gênero". In: PARAÍSO, Marlucy Alves; CALDEIRA, Maria Carolina da Silva (Org.). *Pesquisas sobre currículos, gêneros e sexualidades*. Belo Horizonte: Mazza, 2018. p. 23-52.

PARAÍSO, Marlucy Alves. Um currículo entre formas e forças. *Educação*, Porto Alegre, v. 38, p. 49-58, jan.-abr. 2015.

ROSE, Nikolas. Como se deve fazer a história do eu? *Educação & Realidade*, Porto Alegre, v. 26, n. 01, p. 33-57, jan.-jul. 2001.

SILVA, Tomaz Tadeu da. *Documentos de identidade*: uma introdução às teorias do currículo. Belo Horizonte: Autêntica, 2016.

SILVA, Tomaz Tadeu da. *O currículo como fetiche*: a poética e a política do texto curricular. Belo Horizonte: Autêntica, 2010.

SOARES, Rosângela. Sexualidade e Juventude em O Céu de Suely. *Educação em Foco*, Juiz de Fora, v. 14, p. 91-116, maio-ago. 2009.

SOUSA, Sandra Maria Nascimento. Gênero e (des)locamentos: "O Céu de Suely". *Revista Pós-Ciências Sociais*, São Luiz, v. 8, n. 16, p. 145-154, jul.-dez. 2011.

Minicurrículo dos/as autores/as

Marlucy Alves Paraíso é professora associada da Faculdade de Educação da Universidade Federal de Minas Gerais (UFMG) e do Programa de Pós-Graduação em Educação: Conhecimento e Inclusão Social da Faculdade de Educação da UFMG; pesquisadora PQ do CNPq (nível 1C) e criadora e coordenadora do Grupo de Estudos e Pesquisas em Currículos e Culturas (GECC-UFMG). É autora do livro *Currículo e Mídia Educativa Brasileira: poder, saber e subjetivação* (Argos). É organizadora e/ou coorganizou os seguintes livros: *Pesquisas sobre currículos e culturas: temas, embates, problemas e possibilidades* (CRV); *Desafios contemporâneos sobre currículo e escola Básica* (CRV); *Antonio Flavio Barbosa Moreira: pesquisador em currículo* (Autêntica); *Estudos curriculares: um debate contemporâneo* (CRV); *Metodologias de pesquisas pós-críticas em Educação* (Mazza). E-mail: marlucyparaiso@gmail.com

Maria Carolina da Silva Caldeira é professora do Centro Pedagógico da UFMG e do Programa de Pós-Graduação em Educação: Conhecimento e Inclusão Social da Faculdade de Educação da UFMG. Doutora e mestre em educação pela Faculdade de Educação da UFMG, é membro do Grupo de Estudos e Pesquisas em Currículos e Culturas da mesma instituição. Seus interesses de pesquisa relacionam-se com currículos, infância, alfabetização e modos de subjetivação.
E-mail: mariacarolinasilva@hotmail.com

Aline Nicolino é professora Associada da Faculdade de Educação Física e Dança da Universidade Federal de Goiás (FEFD-UFG) e do Curso de Mestrado em Direitos Humanos da Universidade Federal de Goiás. E-mail: aline.nicolino@gmail.com

Lívia de Rezende Cardoso é professora do Departamento de Educação (DEDI) e do Programa de Pós-Graduação em Educação (PPGED) da Universidade Federal de Sergipe (UFS). Líder do Grupo de Estudos e Pesquisas em Educação Científica (GEPEC) da referida instituição. Doutora pelo Programa de Pós-Graduação em Educação, Conhecimento e Inclusão Social – na linha de pesquisa Educação Escolar: Instituições, Sujeitos e Currículos – e pesquisadora do Grupo de Estudos e Pesquisa em Currículos e Culturas (GECC-UFMG). Licenciada em Ciências Biológicas e mestre em Educação pela UFS. Possui experiência na área de Educação e tem investigado infância, gênero, sexualidade, corpo e dispositivo em currículos.
E-mail: livinha.bio@gmail.com

Daniela Amaral Silva Freitas é doutora em Educação pelo Programa de Pós-Graduação em Educação na FaE/UFMG. Possui mestrado pela mesma instituição (2008), especialização em Educação Infantil pela UEMG (2006) e graduação em Letras – Licenciatura e Bacharelado pela UNICAMP (2004). É professora do curso de pedagogia da Faculdade de Educação da Universidade do Estado de Minas Gerais. Participa do GECC (Grupo de Estudos e Pesquisas sobre Currículos e Culturas) da FaE/UFMG e do NEPEL (Núcleo de Estudos e Pesquisas em Linguagem), da FaE/UEMG. Desenvolve trabalhos de ensino, pesquisa e extensão nas áreas de Linguagem (Literatura Infantil e Juvenil; Leitura e Escrita; Alfabetização e Letramento), de Currículo e de Diversidade (relações étnico-raciais). E-mail: danielaasfreitas@gmail.com

Filipe Santos Fernandes tem licenciatura em Matemática pela Universidade Federal de Juiz de Fora (UFJF) e doutorado em Educação Matemática pela Universidade Estadual Paulista "Júlio de Mesquita Filho" (Unesp-Rio Claro). Atualmente é professor da Faculdade de Educação da UFMG, atuando no Programa de Pós-Graduação em Educação: Conhecimento e Inclusão Social. Tem especial interesse por pesquisas que pensam a educação matemática junto com o saber, o poder e os processos de subjetivação. E-mail: fernandes.fjf@gmail.com

Gabriela Silveira Meireles é pedagoga, psicóloga e mestre em Educação. Participou do Grupo de Estudos e Pesquisas em Gênero, Sexualidade, Educação e Diversidade (GESED-UFJF) e também do Grupo de Pesquisas em Currículos e Culturas (GECC-UFMG). É doutora em educação pela UFMG e atualmente trabalha como professora adjunta na Faculdade Ozanam Coelho, onde desenvolve projeto de extensão relativo às questões de gênero e sexualidade na Educação Infantil. E-mail: gabrielasilveirameireles@gmail.com

Clarice Salete Traversini é doutora em Educação pela Universidade Federal do Rio Grande do Sul (UFRGS). Professora do Programa de Pós-Graduação em Educação e Curso de Pedagogia, desde 2005, vinculada à linha de pesquisa Estudos Culturais em Educação. Coordenadora do Grupo de Estudos Educação e Disciplinamento (GPED) e Membro do Núcleo de Estudos sobre Currículo, Cultura e Sociedade (NECCSO), desde sua fundação em 1996. Participa do GT 13 - Educação Fundamental da ANPEd. Seus interesses de pesquisa e orientação centram-se na análise e implementação de políticas curriculares e inclusivas, problematizando efeitos nos currículos e na constituição dos sujeitos escolares. E-mail: clarice.traversini@ufrgs.br

Sandra dos Santos Andrade é doutora e mestre em Educação pela UFRGS na linha de pesquisa Educação, Sexualidade e Relações de Gênero. Professora do Departamento de Ensino e Currículo da Faculdade de Educação da UFRGS e coordenadora da área Formação Pedagógica e Linguagem. Membro do Grupo de Estudos em Educação e Relações de Gênero (GEERGE) desde 1998. Tem interesse de pesquisa e orientação nas temáticas da juventude, gênero, inclusão e currículo.
E-mail: sandrasantosandrade@gmail.com

Marcos Vinicius da Silva Goulart é mestre em Psicologia Social e Institucional e licenciado em Filosofia pela UFRGS. Atualmente é aluno de doutorado do Programa de Pós-Graduação em Educação da UFRGS. Tem experiência como professor de Filosofia no Ensino Fundamental e Médio. É membro do Núcleo de Estudos sobre Currículo, Cultura e Sociedade (NECCSO) e do Grupo de Estudos Educação e Disciplinamento (GPED). E-mail: mvinicius.goulart@gmail.com

Thiago Ranniery é professor do Programa de Pós-Graduação em Educação e da Faculdade de Educação da Universidade Federal do Rio de Janeiro (FE-UFRJ). Doutor em Educação pela Universidade do Estado do Rio de Janeiro (UERJ) e mestre em Educação pela UFMG, é pesquisador do Núcleo de Estudos de Currículo (NEC-FE-UFRJ) e do grupo de pesquisas Currículo e Diferença (Proped-UERJ), com investigações sobre currículo, ética e políticas da ontologia.
E-mail: t.ranniery@gmail.com

Camila Amorim Campos é mestranda na linha de Currículos, Culturas e Diferença do Programa de Pós-Graduação em Educação da UFMG. É graduada em Pedagogia pela Faculdade de Educação da UFMG. Foi bolsista de Iniciação Científica do CNPq de outubro de 2010 a agosto de 2014 e de março de 2015 a janeiro de 2016, pesquisando currículo, culturas, gênero, modos de subjetivação, diferença e educação. É membro do GECC-UFMG, onde investigam as temáticas currículo, gênero, sexualidade, culturas, mídia, políticas de currículos e diferença.
E-mail: camilaamorimcampos@gmail.com

Darci Aparecida Dias Motta é pedagoga da Rede Municipal de Educação de Contagem, MG, atuando na Educação Infantil. Mestre em Educação pelo Programa de Pós-Graduação em Educação da UFMG na linha de Currículos, Culturas e Diferença.
E-mail: darcimotta@hotmail.com

André Márcio Picanço Favacho é professor do Programa de Pós-Graduação e da Faculdade de Educação da UFMG. É doutor em Educação pela Universidade de São Paulo (USP). Estuda e pesquisa a docência a partir das noções foucaultianas de discurso e experiência de si. Atualmente prioriza a pesquisa sobre análise do discurso pedagógico em diferentes textos: filosóficos, literários, históricos, jurídicos, políticos e educacionais; análise do discurso pedagógico em diferentes contextos da prática docente; experiência, ética e modos de subjetivação na educação e/ou na prática docente. E-mail: amfavacho@hotmail.com

João Paulo de Lorena Silva é graduado em Filosofia pelo Instituto Santo Tomás de Aquino (ISTA), mestrando no Programa de Pós-Graduação em Educação da UFMG e membro do GECC-UFMG. Suas atividades de pesquisa concentram-se nos seguintes temas: currículo e diferença, currículo e gênero, currículo e infâncias *queer*, currículo e sexualidade *e* filosofias da diferença no campo curricular. E-mail: joaopaulopalmas@gmail.com

Luíza Cristina Silva Silva é graduada em Geografia (licenciatura e bacharelado) pela Universidade Federal de Viçosa (UFV), mestra na linha de Currículos, Culturas e Diferença do Programa de Pós-Graduação em Educação da UFMG. Integrante do GECC-UFMG. Pesquisadora do Observatório da Juventude da UFMG. Seus interesses de pesquisa se concentram nos estudos de gênero e sexualidades, currículo, teoria feminista e movimentos sociais.
E-mail: luizacsilvaa@gmail.com

Shirlei Rezende Sales é professora adjunta do Departamento de Administração Escolar e do Programa de Pós-Graduação da Faculdade de Educação da UFMG. É membro do Observatório da Juventude da UFMG, do GECC-UFMG e do Ensino Médio em Pesquisa (EMPesquisa). Integra o conselho editorial do Periódico *Educação em Revista*. Organizou o livro *Propostas de rodas de diálogo*: *atividades e oficinas*, publicado pela Editora UFMG, e coorganizou os livros *Currículo*: *conhecimento e avaliação* e *Desafios contemporâneos sobre currículo e escola básica*, ambos publicados pela Editora CRV. E-mail: shirlei.sales@hotmail.com

Vândiner Ribeiro é professora adjunta no curso de Pedagogia, no Departamento de Práticas Educacionais e Currículo e do Programa de Pós-Graduação em Educação da Universidade Federal do Rio Grande do Norte (UFRN). Tem realizado pesquisas e orientações sobre as questões da diferença, em especial as discussões de gênero, no espaço escolar e na mídia.
E-mail: vandiner@gmail.com

Ivana Alice Teixeira Fonseca é professora adjunta no Departamento de Educação Física, na Faculdade de Educação Física e do Programa de Pós-Graduação em Saúde e Sociedade da Universidade Estadual do Rio Grande do Norte (UERN). Tem realizado pesquisas e orientações na área da fisiologia do exercício e treinamento esportivo. E-mail: ivanatfonseca@gmail.com

Gláucia Carneiro é doutoranda da linha de Currículos, Culturas e Diferença do Programa de Pós-Graduação da FaE/UFMG e membro pesquisadora do GECC-UFMG. Bolsista do CNPq.
E-mail: glaucia.carneiro.bh@gmail.com

Evanilson Gurgel é mestre em Educação e Licenciado em Ciências Biológicas pela Universidade Federal do Rio Grande do Norte (UFRN). Atualmente é doutorando no Programa de Pós-Graduação em Educação da UFBA. Foi professor de Ciências da Natureza e Matemática no ProJovem Campo: Saberes da Terra em Ceará-Mirim, RN. É membro integrante do ESCRE(VI)VER: Grupo de Estudos e Pesquisas com Narrativas em Educação/CNPq.
E-mail: evan.gurgel@hotmail.com

Marlécio Maknamara é doutor em Educação pela UFMG e membro pesquisador do GECC-UFMG. Foi professor auxiliar da Universidade Estadual de Alagoas (2004-2005), professor assistente da Universidade Federal de Sergipe (2006-2012), e professor adjunto da Universidade Federal do Rio Grande do Norte (2012-2016). Atualmente é professor dos Programas de Pós-Graduação em Educação da UFBA e da UFRN e Líder do ESCRE(VI)VER: Grupo de Estudos e Pesquisas com Narrativas em Educação/CNPq. E-mail: maknamara@ufba.br